KB239992

해체와 노스탤지어

포스트소비에트 문화와 소비에트 유산

Deconstruction and Nostalgia

Post-soviet Culture and Soviet Legacy

러시아 · 유라시아 연구시리즈 12/9

해체와 노스탤지어

포스트소비에트 문화와 소비에트 유산

Deconstruction and Nostalgia
Post-soviet Culture and Soviet Legacy

한양대학교 아태지역연구센터
러시아 · 유라시아 연구사업단 엮음

KSi 한국학술정보㈜

이 책의 내용은 2007년도 정부재원(교육과학기술부 학술연구조성사업비)으로 한국연구재단의 지원에 의해 연구되었음(KRF-2007-362-B00013).

서문

　이 책은 한국연구재단의 인문한국 해외지역연구사업 지원으로 한양대학교 아태지역연구센터 러시아·유라시아연구사업단(아젠다명: '유라시아 정체성과 문명 공존－유라시아학 체계 정립과 지역종합정보시스템 구축')의 문화영역에서 수행한 연구의 세 번째 성과물이다.

　포스트소비에트 유라시아 공간에서 역동적으로 전개되는 '전환과 지속의 다양한 문화적 기호들'을 총체적으로 조망한 우리의 1단계 연구는 우선 1년차 '유토피아의 환영'이란 세부 주제를 통해 포스트소비에트의 맥락에서 행해지는 소비에트 문화의 이론과 실제에 대한 반성적이고 비판적인 다양한 사유들을 집중적으로 조명하였다. 2년차 '해체와 노스탤지어'라는 세부 주제에서는 소비에트 시대를 비롯한 과거의 문화유산에 대한 포스트소비에트 시대의 양가적이고 복합적인 시선들을 면밀히 되짚어 보았다. 그리고 3년차에는 '현대 러시아 대중문화'라는 세부 주제 아래 오늘날 러시아의 지배적 문화 코드로서 등장한 대중문화 속에서 펼쳐지는 러시아인들의 새로운 문화 정체성의 추구 과정을 폭넓게 점검하였다.

　바로 이 책은 러시아·유라시아연구사업단 문화 영역의 1단계 2년차의 연구 결과물로서, 본 연구사업단에 소속된 문학·예술을 전공하는 전임연구원들과 러시아 문화에 남다른 관심과 능력을 겸비한 국내의 전문연구가들이 공동으로 수행한 연구 활동의 알찬 결실이다. 우리 연구진들은 러시아·유라시아연구사업단이 주관하거나 참여한 유라시아협의회, 워크숍, 학술대회 등의 여러 계기들 속에서 포스트소비에트 문화의 다양한 양상과 가능한 전망에 대해 꾸준히 고민해 왔으며, 마침내 이러한 공동의 관심과 노력의 결과들을 묶어 한 권의 책으로 선보이게 되었다.

포스트소비에트 러시아, 즉 소비에트 연방의 붕괴 이후 지난 20년 동안 러시아는 사회주의에서 자본주의로의 이행이라는 체제 전환 과정에서 실로 복잡하고 험난한 길을 걸어왔다. 역사적 행로의 중대한 전환은 무엇보다 정치·경제·사회 영역에서 커다란 격변을 야기했지만, 이에 못지않게 문화 영역에서도 적지 않은 변화를 낳았다. 이 와중에 문화는 현대 러시아인들이 '러시아의 길(Русский путь)'이라는 자신들의 새롭고 고유한 정체성을 추구하는 일상의 터전이자 그 흐름을 뚜렷이 반영하는 역사의 거울이었다.

포스트소비에트 문화 혹은 지난 20년간의 현대 러시아 문화는 해체/복원, 파괴/건설, 부정/긍정, 망각/기억, 탈신화화/재신화화 등의 양극단을 가로지르는 대단히 역동적이고 복합적인 발자취를 보여 주었다. 주지하다시피 페레스트로이카에서 시작하여 소비에트 연방의 붕괴로 본격화된 포스트소비에트 러시아의 초기는 사회주의를 비롯한 소비에트적인 것에 대한 거부와 자본주의로 대변되는 서구적인 것에 대한 추수로 특징지어진다. 사회주의 리얼리즘이라는 소비에트 시대의 지배적 문화 담론에 대한 부정과 함께 소비에트적 가치에 대한 탈신화화의 작업이 진행되었고, 이로 인한 공백은 화려한 서구 문화에 대한 기대로 채워졌다. 하지만 1990년대 중반 이후 자본주의적 개혁에 대한 기대의 좌절과 서구 문화의 모순적 본질에 대한 자각과 함께 점차 낯선 것에 대한 맹목적 추구에서 벗어나 자기 것에 대한 새로운 모색이 등장하게 된다. 이에 1990년대 후반 이후 본격화되는 것이 이른바 '노스탤지어' 현상이다. 과거에 대한 해체적 거부를 대신하는 복원적 화해로서 노스탤지어는 초기의 혼란과 환멸을 넘어 질서와 안정에 대한 희구를 내포하는 것으로서 고대, 제정 그리고 소비에트 러시아까지 포함하는 과거의 문화유산에 대한 새로운 해석과 수용의 움직임이다. 해체와 함께 전환기적 징후의 하나로서 노스탤지어는 선택적 기억 혹은 자의적 망각에 기초하면서도 러시아적 가치와 전통에 대한 광범위한 재의미화 혹은 재맥락화 작업이다. 이처럼 포스트소비에트 문화는 소비에트성에 대한 탈신화화와 러시아성에 대한 재신화화가 역동적으로 혼용되는 복합적인 과정으로서 글로벌한 형식으로 러시아적인 내용을 새롭게 구현하는 글로컬리제이션의 흐름 속에 놓여 있다. 요컨대 해체와 노스탤지어는 일종의 지배적 메커니즘으로서 대중에서 정치권력에 이르기까지 포스트소비에트 문화 공간의 전체에 걸쳐 고르게 작동하는바, 새로운 문화적 정체성의 추구라는 관점에서 이러한 메커니즘의 양상과 전망에 대한 다층적이고 실제적인 분석이 바로 이 책의 필자들의 공통된 관심이자 과제이다.

　이 책은 크게 세 부분은 구성되어 있다. 제1부가 포스트소비에트 문화의 흐름과 성격에 대한 이론적 진단이라면, 제2부는 현대 러시아 문학 작품들 속에 나타난 러시아성의 추구에 대한 실제적 분석

이며, 마지막 제3부는 영화, 건축, 뮤지컬 등의 예술 분야에서 드러
나는 포스트소비에트성의 양상에 대한 구체적 탐구이다.

먼저 제1부에서 소비에트 체제의 붕괴 이후 서구식 시장 경제
체제와 소비문화의 도입으로 인한 러시아 문화의 지형 변화, 특히
상업적 대중문화의 부상과 범람을 직시하는 김현택은 이른바 고급
문화와 순수문학의 위기 속에서도 러시아 문화의 특수성을 넘어
외래문화의 적극적 포용과 창조적 변용을 시도하는 비판적이고 창
조적인 인텔리겐치아의 노력에 주목하며 러시아 민족정체성의 재
정립 과정에서 그러한 역할의 중요성을 역설한다. 오원교는 포스트
소비에트 시대에 유라시아 공간의 소통과 연대의 새로운 틀로 주
목받는 유라시아주의적 전망들, 특히 그 속에서 핵심 요소인 동양
에 대한 인식과 평가를 비교분석하는 가운데, 유라시아주의의 근본
문제로서 다원성에 기초한 대화적 관계의 구축과 관계의 고리로서
'지배-이념' 혹은 '메타언어'의 창조를 과제로서 제기하며, 유라시
아 공간에 널리 퍼져 있는 인종중심적 민족주의, 러시아정교의 메
시아주의, 그리고 일련의 이슬람주의를 다민족, 다신앙, 다문화라
는 유라시아의 실체적 전제에 반하는 편향으로 비판한다. 포스트소
비에트 문화에서 광범위하게 나타나는 노스탤지어 현상을 글로컬
리제이션 현상의 하나로 규정하는 이문영은 노스탤지어의 어원과
특성, 메커니즘을 살피고, 그것의 러시아적 변형과 적용을 대중문
화를 중심으로 고찰하면서 다양한 설문조사와 통계에 기반해 현대
러시아 사회 속의 노스탤지어 현상에 나타나는 '기억의 정치학'의
문제, 그것과 새로운 러시아 정체성 사이의 관계를 조명한다.

한편 제2부에서 T. 톨스타야의 대표적 장편 소설 『키시』를 신화

와 반신화의 변주라는 차원에서 해석하고 있는 박미령은 인간에게 불을 가져다주고 인간을 창조한 프로메테우스 신화와 인류 최초의 여성이며 인간의 모든 고통의 원인인 판도라 신화가 반신화적으로 세속화되면서 신의 이야기가 인간의 이야기로 회귀하고 이를 통해 작가가 결국 현대 러시아의 인간, 역사, 문화와 그 의미를 진지하게 반추하고 있음을 보여 준다. V. 소로킨의 소설 『푸른 비계』와 리브레토 『로젠탈의 아이들』을 복제와 재생이라는 포스트모더니즘의 키워드로 고찰하는 윤영순은 포스트소비에트 시대에 만연한 키치 예술의 방식으로서 복제와 재생이 고전이나 원본의 권위에 녹아든 억압의 이념을 노출하고, 이를 통해 원본, 이데올로기, 이즘 등 다양한 형태의 권력에 저항하는 양태를 규명하여 이러한 소로킨적 저항의 방식을 해체를 지향하는 포스트소비에트 문학의 존재 방식 중의 하나로 명명한다. 이은경은 소비에트 붕괴 이후에 일어난 러시아문학뿐만 아니라 문화의 변화 그리고 급변하는 사회 속에서 향방을 잃은 인텔리겐치야와 궁지로부터 탈출의 모색 등과 같은 현실적인 문제들을 다루고 있는 V. 펠레빈의 『P세대』에 대한 분석을 통해 현대 러시아인들이 겪고 있는 박탈감과 공허감, 정신적 방황과 혼돈, 정체성 상실 등의 전환기 러시아 사회의 초상을 재구한다. 러시아의 어두웠던 과거와 절망적인 현재의 표징인 '체르누하'의 양상을 L. 페트루셰프스카야의 작품 「밤」과 「써클」을 통해 세밀하게 짚어 내고 있는 이항재는 작가가 그려 낸 가난, 질병, 알코올 중독, 이혼, 낙태, 절도 등의 체르누하의 요소들이 톨스타야, 울리쯔카야, 세르바코바 등의 여성작가들의 세태묘사와는 달리 오늘날 러시아 중하층 여성들의 절망적이고 출구 없는 삶의 조건이자 그들의 삶 자체임을 밝혀 준다.

마지막으로 제3부에서 포스트소비에트 시대의 러시아영화에 나
타난 역사적 재현의 문제를 영화『시베리아의 이발사』와『제독』을
중심으로 탐색하는 기계형은『시베리아의 이발사』에서 체르누하적
분위기를 일소하려는 영화계의 시도와 이념적 공백의 대안으로서
민족주의적 분위기의 고양을 간파하고,『제독』에서는 정치적 불안
과 사회적 혼란, 특히 경제적 어려움으로부터 벗어나면서 점차 우
경화되는 사회 분위기를 감지하며, 이러한 재현들이 내포한 역사의
왜곡 혹은 기억의 윤색을 경계한다. 포스트소비에트 시대, 특히 푸
틴 시대의 러시아 전쟁영화들의 특징들을 분석하고 있는 김성일은
대조국전쟁(제2차 세계대전)의 승리를 주제로 한 전쟁영화들에서
두드러지는 민족의식을 고양하는 애국주의적 경향과 함께, 과거의
전쟁영화들에서 소홀히 취급되었던 러시아군의 추악한 죄악, 독일
군들의 희생적 측면에 대한 인식의 전환을 지적하며, 나아가 아프
가니스탄 및 체첸 전쟁을 다룬 일련의 전쟁영화에서 전쟁의 의미
와 타 문화 및 소수자에 대한 새로운 이해에 주목한다. 이른바
1950년대 후반에서 1960년대 초반에 이르는 소비에트 시기, 즉 해
빙기를 알레고리적으로 보여 주는 A. 우치텔의 영화『우주를 꿈꾸
며』에서 멀고도 가까운 과거에 대한 역설적이고 이중적인 시선에
주목하는 김수환은 돌이킬 수 없는 과거이자 여전히 끝나지 않은
소비에트 시대, 혹은 이미 낯설지만 아직도 극복되지 않은 기억으
로서 해빙기를 향한 향수와 쓰디쓴 냉소라는 두 얼굴을 인식한다.
T. 베크맘베토프의 영화『나이트 워치』와『데이 워치』를 포스트소
비에트 러시아 사회의 위기의식과 극복의 모색이라는 차원에서 조

명하는 박영은은 두 영화가 원작소설을 바탕으로 디지털 온라인 게임의 스토리텔링을 활용하여 시나리오를 집필한 것이 '영화 흥행의 담보'와 함께 '현대 러시아의 정체성 모색'을 구현한 것으로 파악하며, 이러한 러시아의 정체성 찾기 의식이 디지털 게임 양식과 맞물려 러시아적 담론으로 재가공되는 양상과 의미를 규명한다. 포스트소비에트 시대의 새로운 러시아적 정체성 형성의 과정을 모스크바 소비에트 기념비들의 재의미화 과정과 새로운 기념비적 건축물의 등장을 통해 고찰하는 이지연은 Yu. 루쉬코프와 Z. 체레텔리의 프로젝트 속에 반영된 현대 러시아 문화 정체성의 혼돈과 문화적 혼종 현상을 분석하고 소비에트적인 것의 폐기와 자유주의적이고 서구적인 문화에 대한 지향으로부터 푸틴 집권 이후 소비에트적인 것의 재흡수와 재해석을 통한 문화 구조의 새로운 재편 과정을 분석한다. 마지막으로 포스트소비에트 시기의 문화 변동을 서구 뮤지컬의 등장과 수용의 양상을 통해 탐색하는 조유선은 뮤지컬 장르의 약진을 문화의 대중화와 상업주의의 맥락에서 파악하면서 대중문화의 생산/소비 메커니즘, 보다 구체적으로 뮤지컬의 제작 환경 및 시스템의 변화, 관객의 수용 양상을 통해 현대 러시아 문화가 당면한 정체성에 대한 모색의 과정을 살펴본다.

이처럼 이 책은 담론, 미디어, 문학, 영화, 건축, 뮤지컬 등의 다양한 분야에 걸친 포스트소비에트 문화의 현재적 흐름에 대한 실증적인 분석이자, 이에 근거한 현대 러시아 문화의 미래적 향방에 대한 총체적인 전망이다. 앞서 언급했듯이 소비에트 시대가 종말을 고한 이후 지난 20년간 포스트소비에트 시대의 러시아 문화는 혼란에서 좌절, 좌절에서 환멸 그리고 다시 환멸에서 기대 등이 점철된 대단히 복잡하고도 역동적인 행로를 밟아 왔다. 유구한 역사가 말해 주듯이 러시아 문화는 때로는 쉽사리 가늠하기 어려울지라도 언제나 뚜렷이 실체를 간직하고 자신의 고유한 길을 걸어왔다. 해체/복원, 파괴/건설, 부정/긍정, 망각/기억, 탈신화화/재신화화 등의 포스트소비에트 문화의 복합적이고 역동적인 진화는 그 자체로 또 다른 러시아의 길의 추구이자 현대 러시아의 자기 좌표의 모색이다. 러시아 문화에서 현재적 양상의 복잡다기함만큼이나 미래적 전망은 결코 간단치 않다. 질서와 안정에 대한 대중적 희구와 권위와 지배를 향한 권력의 야욕이 함께 빚어내는 소비에트적 과거의 노스탈지어적 소환은 당분간 지속될 여지가 적지 않지만 최근 러시아 시민 사회가 보여 주는 자유와 정의에 대한 진지한 갈망은 인본주의적 가치를 지향하는 진정으로 러시아적인 문화의 도래에 대한 기대를 품게 한다. 이런 맥락에서 이번 공동 연구의 경험과 성과가 포스트소비에트 문화의 현재를 보다 넓고 깊게 이해하고 미래를 올바르게 전망하는 데 소중한 밑거름이 되기를 바란다.

끝으로 본 러시아·유라시아연구사업단이 주관한 이번 공동 연구에 흔쾌히 응해 함께 노력해 주신 외부 연구가들과 문화 영역의 연구사업에 각별한 애정을 가지고 조언과 질책을 아끼지 않으시는 엄구호 소장님 그리고 동료 연구진들에게 깊이 감사드린다. 아울러 바쁜 일정에도 불구하고 이 책의 출판을 위해 힘써 주신 한국학술정보(주)의 출판사업부에도 각별한 고마움을 전한다.

한양대학교 아태지역연구센터
러시아·유라시아연구사업단

| 목차 |

제3부 예술 / 285

제1부

담 론

Ⅰ. 포스트소비에트 러시아 문화와 민족정체성*

김현택

* 본 논문은 『슬라브 연구』, 제21권 제2호(2005)에 게재된 것으로 한국외대 러시아연구소의 동의를 얻어 다시 수록한다.

Ⅰ.
포스트소비에트 러시아 문화와 민족정체성

1. 머리말: 러시아 문화의 특수성

　18세기 초 표트르 대제가 주도한 국가적 차원의 서구문물 도입 정책은 러시아의 근대화라는 대의 아래 러시아인들의 생활과 정신 문화를 근본적으로 변화시켰고, 표트르 시대의 개혁 이후 러시아 국가는 고대 러시아 왕국과 근대적인 제정러시아로 확연히 구분되는 분기점을 맞게 되었다. 하지만 정치제도는 물론 교회제도의 개혁까지를 포함한 표트르의 전면적인 서구화 개혁은 러시아 사회정치 제도의 발전이라는 긍정적 측면과 더불어 러시아 고유의 문화 정체성 상실이라는 문제점을 동시에 내포하고 있었다. 그리고 이로부터 촉발된 슬라브주의와 서구주의 양자 간의 갈등과 대립은 오랜 논쟁을 거듭하며 현재까지 지속되고 있다. 서구와 러시아라는 상호 모순적인 두 문화 중심의 공존과 양극성으로 규정할 수 있는 이 같은 갈등 구조는 러시아 문화의 고유한 특성인 이중성의 중심

축을 구성하고 있다.[1]

다른 한편으로, '인간에 의한 인간의 착취'를 종식시키고 계급구조의 불평등을 타파한다는 이상 실현을 목표로 하던 사회주의 혁명과 함께 탄생한 소비에트 체제는 이후 혁명적 에너지를 상실하면서 새로운 삶과 현실을 구체화하기보다는 오히려 과거 러시아 역사로 회귀하여 이전의 삶의 유형을 반복하는 결과를 초래했다. 황제를 정점으로 한 강력한 통치체제는 당 중심의 강력한 통제정치로 탈바꿈했고, 소비에트 정권의 권력체계는 새로운 특권 지배계층 노멘클라투라를 탄생시켰다. 또한 제정 러시아 황실에서 궁정시인이 차지하던 자리에는 사회주의 리얼리즘에 충실한 작가들이 주도하는 어용공식문화가 들어섰고, 이러한 어용공식문화에 저항하는 비판적 문화는 러시아 반체제 운동의 맥을 이었다.

또한, 고전주의적 전통에 충실해야 했던 소비에트 문화계에서 당이 공식적으로 표방하는 이념은 반드시 따라야 하는 행동강령이 되었고, 개인보다는 집단, '나'보다는 '우리'를 위한 예술이 권장되었으며, 외국 문화, 특히 미국과 서구의 문화는 부르주아 문화로 철저히 배척되었다.[2] 문화 예술계를 장악하고 통제하기 위한 소련 문화 정책의 두 기본 축은 넉넉한 재정 지원과 창작된 작품에 대한 엄격한 검열이었다. 당의 공식 이데올로기와 지침에 비판적이고 저항하는 반체제 문화가 하나의 전통으로 뿌리내리면서 소비에트 문화는 공식문화와 비공식문화로 양분되었고, 비공식문화는 또다시

---

[1] Б. А. Успенский, "К проблеме генезисе тартуско-московской семиотической школы," *Ю. М. Лотман и тартуско-московская семиотическая школа*(Москва: Гнозис, 1994), C.268~269.

[2] 김현택, 「러시아 문화」, 정한구·문수언 외, 『러시아정치의 이해』(서울: 나남출판, 1995), 81쪽.

체제 내의 망명문화와 해외 망명문화로 분화되었다.[3] 하지만 1960년대 흐루시초프 시대를 거쳐 고르바초프의 페레스트로이카에 이르는 기간 동안, 한정된 언더그라운드 공간을 탈피하고 과감하게 수면 위로 부상한 일부 인텔리겐치아의 반체제운동은 공식 문화와 비공식 문화 사이의 경계를 부분적으로 해체했으며, 그 후 페레스트로이카와 글라스노스트를 거치면서는 러시아 문화 전통에 내재하던 이분화 현상, 즉 공식문화와 비공식문화의 양립구도가 사실상 와해되었다.

이와 관련하여 아이러니한 것은 페레스트로이카에서 소련 붕괴 이후로 이어지는 전환기적 상황 속에서, 비판적 저항정신으로 대표되는 러시아 문화의 다양한 실험정신과 생산적 에너지의 분출이 오히려 크게 위축되었다는 점이다. 검열과 통제가 사라진 이후 창조적 에너지를 힘차게 분출시킬 것으로 기대되던 러시아 문화는 기대와 달리 방향을 상실하고 표류하기 시작했다. 그 주된 이유는, 소비에트 체제에서 공식문화에 대한 잠재적 저항세력이나 대립구도로 존재하던 지식인들이 이전의 타성을 극복하는 데 실패했기 때문이다. 바꾸어 말하면, 정치화된 공식문화에 맞서는 것을 주요 목표로 삼으면서 자신도 모르는 사이에 정치화되었던 비공식 대항문화, 즉 반체제 엘리트 문화는 공격과 비판의 대상이 사라지자 목표를 잃고 혼란에 빠져들었다. 제한된 창작의 자유 범위 안에서 늘 긴장을 느끼며 작업하던 작가와 예술가 대다수는 갑자기 밀려온 자유의 물결 앞에서 일시적으로 혼수상태를 겪은 셈이었다. 더욱이 소련 체제 붕괴 이후 도입된 시장경제체제 아래에서 문화와 예술

---

3) 같은 책, 86쪽.

은 경제력에 의해 지배당하는 또 다른 형태의 예속성을 드러냈다. 과거 소비에트 시대에 문화계를 옥죄던 정치적 검열 대신 시장 논리가 위력을 행사하는 경제적 검열이 러시아 문화계를 다시 압박하기 시작한 것이다.

본 논문에서는 소련 체제 해체와 시장경제체제 도입 이후 외적, 물리적 측면에서부터 뚜렷이 감지되기 시작한 포스트소비에트 러시아의 급격한 변화 양상이 정신적 영역에서는 어떻게 투영되고 있는지를 러시아 문화계의 최근 변화상황을 중심으로 살펴보면서, 이 과정에서 핵심 쟁점으로 떠오른 러시아 민족정체성 문제를 러시아 문화전통의 맥락 속에서 조명해 보고자 한다.[4] 또한 본 논문은 혼란과 파행을 거듭하던 옐친 시기를 지나 안정감을 찾아가고 있는 푸틴 정부 하에서 러시아 정신문화는 어떤 모습으로 변화되고 있는지를 진단하는 데 관심의 초점을 맞추면서, 정체성의 위기에 처해 있는 러시아의 문화적 상황에서 지식인들의 각성과 위기 탈출을 위한 탐색 과정도 함께 살펴볼 것이다.

---

[4] 민족정체성이란 명확하게 경험할 수 없지만 사람들의 마음속에 떠다니는 역사 침전물 같은 것으로 특정한 사회 환경이 만들어 낸 집단적 성향이며 사고방식이자 행동 체계이다. 그것은 민족 구성원들이 공통의 방식으로 세계를 재현하고, 특별한 유형에 의거 분류, 선택, 평가, 행위할 수 있는 감정적 지표를 제공한다. 이런 면에서 민족 정체성은 구성원들이 공통적인 환경과 역사적 경험을 통해 정서적으로 하나가 되는 유대감의 원천이다. 또한, 그것은 하나의 집단을 독특한 형태로 아우르는 정신적 매개체로 기능하며, 동시에 과거의 모든 민족적 기억과 경험을 통합하면서 매 순간 인지하고 평가하며 행위함으로써 끊임없이 새롭게 만들어지는 정신의 주조물로 기능한다. 끝으로, 민족 정체성은 민족 공동체 모두에게 적용될 수 있는 내면화된 정신구조로서 집단 무의식이지만, 동시에 지속적으로 변화되고 재생산될 수 있는, 켜켜이 쌓여 있는 의식의 단층이기도 하다. 본 논문에서 논의되는 민족정체성(national identity) 개념은 기본적으로 다음과 같은 민족주의 연구가들의 이론에 의거한다. Eric Hobsbawm, *Nations and Nationalism Since 1780: Programme, Myth, Reality*(New York: Cambridge University Press, 1990); Ernest Gellner, *Nations and Nationalism*(Ithaca, NY: Cornell University Press, 1983); Benedikt Anderson, *Imagined Communities: Reflections on the Origin and Spread of Nationalism*(London: Verso, 1991). 이와 동시에 이지명, 『넘쳐나는 민족 사라지는 주체 - 민족 담론의 공존을 위해』(서울: 책세상, 2004), 92~122쪽 참고.

2. 문화의 상업화와 민족정체성의 문제

러시아 문화학자 미하일 엡스타인(M. Epstein)은 공산주의 사회는 '미래사회'였기 때문에 사회주의체제의 붕괴로 인한 '탈공산주의 사회'는 '미래 이후(After the Future)'의 사회라고 주장한 바 있다.[5] 소련 사회주의체제가 공식 해체되고 '미래 이후'가 시작되었던 1991년부터 10여 년이 흐르는 동안 러시아는 과거 어떤 체제와도 비교하기 힘든 새로운 국가로 탈바꿈했다. 러시아 문화에서 오랜 전통으로 이어져 온 공식문화와 비공식문화, 국내문화와 망명문화, 엘리트문화와 대중문화의 대립과 양립구도는 무너지고, 국가적 통제와 정치에 예속돼 있던 문화는 완전한 자유 앞에 개방되었다.[6] 하지만 오랫동안 국가의 재정적 지원에 익숙해 있던 러시아 문화계는 경제적 생산논리가 지배하는 자본주의 문화의 속성에는 전혀 무방비 상태였다. 따라서 문화계에 대한 국가의 재정이 단절되자 러시아 문화·예술계는 심각한 위기에 직면할 수밖에 없었다. 소비에트 체제의 해체와 더불어 러시아 문화는 시장논리로부터 자유로울 수 없는 상황에 처하게 되었으며, 경제 논리가 지배하는 본격적 소비 사회의 도래는 러시아 문화계가 감당해야 하는 냉엄한 현실이 되었다.

한편, 소련 붕괴 이후 시장경제체제를 도입한 민주 러시아의 건설 초기 단계에서 권력을 차지한 세칭 '민주세력'은 무엇보다 먼저 소

---

[5] Mikhail Epstein, *After the Future: The Paradox of Postmodernism and Contemporary Russian Culture*, translated by Anesa Miller-Pogacar(Amherst, MA: University of Massachusetts Press, 1995), p.335.

[6] 김현택, 「러시아 문화」, 100~101쪽.

비에트 권력 구조와 사회주의 경제 시스템을 파괴하는 데 주력했다. 이들의 당면 과제는 국가 잠재력에 활력을 불어넣기 위해 먼저 소비에트 관료체제를 해체시키는 일이었다. 그다음 단계로는 혼란기의 민주적 개혁과정에서 새로운 경제 지배계층으로 변신하는 데 성공한 과거의 당 관료 및 산업계 인사들이 막강한 영향력을 행사하는 이익집단 세력으로 탈바꿈하면서, 기존의 '소비에트 인간형(homo Sovieticus)' 대신 새로운 '경제적 인간형(homo economicus)'이 러시아 사회의 주도 세력으로 부상했다. 특히 이 과정에서 엄청난 부를 축적한 속칭 '신(新)러시아인(новый русский)'으로 불리는 신흥 부호들이 신흥 자본주의 사회의 상류층을 형성하고 소비문화의 이상적 모델로 등장하면서, 러시아에서 전통적으로 소중한 덕목으로 여기던 정신적, 종교적 가치는 뒷전으로 밀려나고 지금 당장의 삶과 현세의 물질적 풍요 문제가 더 절실한 관심사로 대두되기 시작했다. 그 결과 러시아는 역사상 가장 세속화된 시기에 진입하였다.

이러한 변화 과정에서 가장 두드러진 현상은, 서방 세계의 물질 문명과 상업 문화가 러시아 사회 전체에 빠르게 파고들면서 러시아인들의 문화적 의식과 전통까지도 잠식하게 되었다는 점이다. 실제로 서구적 생활양식의 도입, 상품의 대량 소비, 서구식 정치 경제 체제의 이식 등으로 대변되는 자본주의 문물의 무분별한 수용은 시장경제구조의 세계화 물결을 타고 러시아 사회 전반으로 급격히 확산되었다. 그리하여 러시아 국민들 사이에서는 미국 문화를 중심으로 한 서방 세계의 상업적 대중문화와 가치를 숭배하고 모방하는 경향이 고조되는 한편으로, 러시아 문화의 소중한 유산과 정신적 가치를 경시하거나 폄하하는 풍조도 만연하게 되었다.

이와 관련하여 이 시기 러시아 문화계에서 일어난 가장 중요한 변화는 상업적 대중문화의 전면적 부상과 대대적 유통이다.[7] 정치에 절대적으로 예속되어 있던 과거와는 달리 문화·예술 분야는 검열의 굴레에서 완전히 해방되어 전면적인 자유를 만끽하게 되었지만, 대신 과거의 명예로운 지위와 권위 또한 상실하고 대량으로 유포되는 자본주의 상업문화에 의해 완전히 압도당하는 상황이 발생했다. 소비에트 시기와 소련 붕괴 직후 사회적 혼란기에도 '텅 빈 상점'과 대조를 이루면서, 러시아인들이 느꼈던 자부심의 보루를 자임하던 '관객으로 꽉 찬 공연장'도 과거의 신화가 되고 말았다. 따라서 고급 예술 문화를 일상생활의 현장에서 쉽게 접하고 향유하던 러시아 국민 대중의 긍지는 경제력을 독점한 신흥 부유층의 무분별한 소비행태와 날로 치솟는 공연장 입장료 앞에서 무력화될 수밖에 없었다.

러시아의 정신문화와 사상을 대표하고 주도하던 순수문학의 권위역시 대량으로 유통되는 경영, 법, 회계, 외국어 등의 실용적인 성격의 서적들과 '마담소설(дамские романы)'이나 탐정소설(детективные истории) 등의 흥미본위의 상업소설 앞에서 무너졌으며, 이런 변화는 과거 순수문학 일변도의 출판시장 흐름을 순식간에 바꿔 놓았다.[8] 이런 현실은 특히 시장경제체제 하에서 러시아인들의 주된 관

---

7) Stephen Lovell and Rosalind Marsh, "Culture and Crisis: The Intelligentsia and Literature," Catriona Kelly and David Shepherd(ed.), *Russian Cultural Studies: An Introduction*(Oxford: Oxford University Press, 1998), pp.80~82.

8) "탐정소설"의 폭발적인 인기는 1990년대 러시아 문화, 특히 문학 분야에서 가장 두드러지게 나타난 특이한 현상이라고 할 수 있다. "소비에트 시절 우리 국민들은 탐정소설들을 전혀 읽지 않았다."라는 빅토르 먀스니코프(Viktor Miasnikov)의 말처럼, 소비에트 시절에는 아주 생소했던 탐정소설이 포스트소비에트 러시아에서는 많은 독자층을 사로잡았고, 보리스 아쿠닌(Борис Акунин)의 예에서 알 수 있듯, 더 나아가 순수문학의 영역 안에까지 진출하게 되었다. Viktor Miasnikov, "The Street Epic," *Russian Studies in Literature 38, 3*(2002), p.11. 보리스 아쿠닌의 탐정소설들에 대한 연구로는 다음을 참조 바람.

심이 어느 방향으로 이동하고 있었는지를 단적으로 보여 주는 중
요한 척도가 되었다. 요컨대, 이것은 러시아 지성사의 전통에서 꾸
준히 지속되어 왔던 "저주받은 문제들(проклятые вопросы)"에 대
해 고민하고 그 해결책을 모색하던 러시아 순수문학 전통이 외곽
으로 밀려나고 그 자리를 흥미 위주의 역사소설이나 연애 이야기,
모험담이나 스릴러 등 대중적 취향의 통속물이 장악한 것을 의미
한다. 일부 작가들은 이와 같은 위기 상황을 돌파하기 위해 러시아
문학의 정신적 전통과의 단절을 시도하면서, 대신 체르누하(чернуха)[9]
로 요약될 수 있는 폭력이나 냉소주의, 암울한 사회현실 등 러시아
가 직면한 어두운 단면들을 사실적으로 묘사하는 전략을 선택하기
도 했지만, 그것으로 대중의 바뀐 기호에 부응하고 상업적 성공을
거두기에는 역부족이었다.

다른 한편, 이 시기 러시아 사회에서 일어난 변화의 구체적 징후
들은, 러시아인들의 삶과 문화의 다양한 측면, 이를테면 시각(색상,
조명, 의상, 광고, 건축, 영화), 청각(러시아 민요와 전통적 대중가요
대신 미국의 팝송이 판을 치는), 촉각(둔탁하게 닫히는 낡은 소비에
트 시대 건물의 문짝 대신 부드럽게 열리고 닫히는 서구식 호텔의
자동문, 고급 인테리어), 미각(러시아 전통음식 대신 일본의 스시를
비롯한 외국 음식을 맹목적으로 선호하는), 후각(전통적인 러시아

Elena Baraban, "A Country Resembling Russia: The Use of History in Boris Akunin's Detective Novels," *Slavic and East European Journal 48, 3*(2004), pp.396~420.

[9] "체르누하(чернуха)"는 1991년 소련 붕괴 이후 혼란기에 빠진 러시아 사회의 암울한 양상들을 집중적으로 다루고 묘사한 소설이나 영화 작품들을 통칭하는 예술 용어이다. 1990년대 러시아 문화, 그중에서도 특히 문학과 영화에 나타난 "체르누하"에 관한 좀 더 자세한 논의와 분석에 대해서는 다음 논문들을 참조 바람. Андрей Зорин, "Крече, круче, круче……: История победы: Чернуха в культуре последних лет," *Знамя 10*(1992), С.198~204; Seth Graham, "Chernykha and Russian Film," *Studies in Slavic Cultures 1*(2000), pp.9~27; Mark Lipovetsky, "Strategies of Wastefulness, or the Metamorphoses of Chernukha," *Russian Studies in Literature 38, 2*(2002), pp.58~84.

흑빵이나 청어요리에서 나는 시큼한 냄새 대신 향수와 화장품 향기) 등 거의 모든 감각의 차원에서 발견할 수 있다.[10] 이렇게 소련 시절과 현저하게 달라진 삶의 양태와 질감은 또한 감각적 차원에서뿐만 아니라 문화 예술계에서도 쉽게 감지된다. 상업화가로 전락하여 주문 생산에 의해 자신의 그림을 고가로 판매하는 과거의 저명 화가들, 최고급 유흥업소의 댄서로 전업한 유명 극장의 전직 발레리나들, 광고 카피라이터나 통속소설 번역으로 생계를 꾸려 나가는 일부 시인과 소설가들, 대학 강의보다는 고액 개인교습에 열중하는 예술 계통 교수들의 삶이 그런 예들이다.

이러한 상황에서 가장 큰 충격을 받은 것은 다름 아닌 러시아인들의 자부심의 근원이었던 고급문화, 그리고 이 분야와 연관된 창조적 인텔리겐치아이다. 세계 여러 나라 중에서 고전문학작품을 가장 즐겨 읽는다는 러시아의 독서열, 시인이 시인 이상의 대접을 받는 나라, 세계 최고 수준의 볼쇼이 발레를 비롯하여 높은 수준의 연극이 대중화되어 있는 공연문화 등의 신화는 급속히 퇴색했으며, 대표적 문화 예술인들의 권위와 영향력은 급격히 위축되었다. 이와 반비례하여 대중을 상대로 하는 상업문화와 예술은 날로 번창하고 있다.[11] 그리고 시각에서부터 촉각에 이르기까지 거의 모든 면에서 새로운 상업문화에 익숙해지기 시작한 현대 러시아 시민들은 무기력하고 암울한 사회의 자화상을 더 이상 보고 싶어 하지 않는다.

---

[10] 1990년대 러시아 사회와 문화 전반에 걸쳐 일어난 변화 양상들을 오감의 차원에서뿐만 아니라 시간과 공간의 차원에서도 매우 흥미롭게 분석, 설명하고 있는 연구로는 다음을 참조 바람. Christoph Neidhart, *Russia's Carnival: The Smells, Sights, and Sounds of Transition*(Lanham, MD: Rowman and Littlefield, 2003).

[11] 미디어, 시각 및 공연 예술, 음악, 연예와 오락, 소비문화 등, 소련 붕괴 이후 1990년대 러시아 문화·예술계의 풍경을 완전히 장악한 상업적 대중문화에 관한 가장 심도 있는 최신의 연구로는 다음을 참고 바람. Birgit Beumers, *Pop Culture Russia!*(Santa Barbara, CA: ABC-CLIO, 2005).

하지만 매스미디어의 위력이 맹위를 떨치고 상업적 대중문화의 영향력이 더욱 증대되는 문화적 변혁기의 러시아 사회에서 문학과 같은 엘리트 문화에 위기감이 팽배한 것이 사실이라면, 그러한 위기 상황을 솔직히 인정하고 그 본질을 올바르게 파악하려는 노력 역시 무엇보다도 필요한 작업일 것이다. 이런 점에서 빅토르 펠레빈(В. Пелевин)은 그러한 노력의 전위에 서 있는 작가이다. 비록 펠레빈이 저속한 대중문화의 세계를 고상한 고급 문학에 결합시킨 유일한 작가는 아니지만, 이점에서 그는 누구보다도 가장 적극적이었고 상업적 측면에서뿐만 아니라 예술적 차원에서도 가장 눈부신 성과를 보여 주었다.

실제로, 초기 단편집 『푸른 등불(Синий фонарь)』(1991)에서 『전환기의 변증법(Диалектика переходного периода)』(2003)에 이르기까지 펠레빈의 작품들은 엘리트 문화와 대중문화 사이를 넘나들며, 할리우드 영화나 중남미 멜로드라마, TV 광고나 만화책 주인공을 러시아의 종교철학, 극우 민족주의 담론, 은세기의 신비주의, 고전 문학 전통 등과 한데 뒤섞는, 에코(Umberto Eco)가 말한 바 있는 21세기 문화의 "잡종적 혼합"의 모범적 사례를 보여 준다. 그중에서도 특히 1999년에 나온 소설 『P세대(Generation П)』는 대중문화와 매스미디어의 꽃이라 불리는 광고의 미학을 고급문화의 장에 과감하게 끌어들여 파격적인 예술 형식과 내용을 선보임으로써 침체기에 놓여 있던 러시아 문학에 활력을 불어넣음과 동시에 새로운 지평을 열어 놓은 작품으로 평가받고 있다.[12]

---

[12] 소설 『P세대』는 발표된 지 한 달도 안 되어 40만 부 이상 팔려 나갔으며, 이러한 판매 수치는 러시아어로 번역되어 팔려 나간 『해리 포터 (*Harry Potter*)』의 판매 부수에 버금가는 것이었다. 하지만 『P세대』는 상업적 측면에서만 큰 성공을 거둔 것은 아니었다. 이 소설은 작품 외적으로는 러시아 문단 안팎에

또한, 펠레빈의 『P세대』는 1990년대 포스트소비에트 러시아의 문화·예술계에서 활발하게 논의되어 왔던 러시아 민족정체성 문제를 본격적으로 다루고 있는 가장 대표적인 문학 작품이라는 점에서도 특히 주목할 만하다. 사실, 이 시기 러시아 문화에서는 "새로운" 러시아의 민족정체성 문제가 뜨거운 이슈가 되었음에도 불구하고, 소설을 포함한 순수문학 분야는 대체로 이 문제와 관련된 문학적 표현이나 형상화를 거의 시도하지 않았다고 해도 과언이 아니다. 이런 점에서 펠레빈의 소설 『P세대』가 갖는 의미는 아주 크게 다가온다. 이 소설을 통해 펠레빈은 위와 같은 포스트소비에트 시대 러시아 문화의 주된 흐름과 이슈 가운데 하나를 정확히 간파하고 이를 문학적으로 형상화해 냈기 때문이다.

그런데 펠레빈의 소설에서 민족정체성의 문제는, 그것이 무엇보다도 첨단 '자본주의의 신화'로 불리는 광고의 담론들을 통해 아이러니한 방식으로 제기되거나 표현되고 있다는 점에서 특히 흥미롭다. 이와 관련하여 더욱더 흥미로운 점은 1998년에 있었던 러시아의 경제 위기 이후 자국산 상품에 대한 상업 광고가 매스 미디어와 거리 곳곳에 본격적으로 등장하면서 러시아 고유의 민족 정서에 호소하거나 문화적 전통을 환기시키는 경향이 짙어졌다는 점이다. 이 점은 특히 러시아 민족 문화의 자긍심을 대표하는 상징적 인물들, 러시아 민족의식을 대변하는 핵심 개념이나 이미지들을 광고 문안에 빈번하게 사용하는 최근의 광고들에서 가장 분명하게 드러

서 "펠레빈 신드롬"을 불러일으키며 그의 문학적 위상을 한껏 높여 주었을 뿐만 아니라, 작품 내적으로는 광고, 컴퓨터 게임, 약물 실험 등 상업적 대중문화의 다양한 소재들을 창조적으로 적극 활용하여 새로운 형식의 예술을 선보임으로써 러시아 문학에 새로운 지평을 열어 주었다. Pavel Basinskii, "The Pelevin Syndrome: A New Writer is as Old as the World," *Russian Studies in Literature* 37, 3 (2001), pp.89~96 참조 바람.

나고 있다.[13] 그리고 펠레빈이 자신의 소설 『P세대』에서 민족정체성의 문제를 제기하고 표현하는 것도 바로 이와 같은 광고의 담론들을 통해서이다.

『P세대』는 바빌렌 타타르스키라는 젊은 시인 지망생이 소련 해체 이후 급변한 사회 현실 앞에서 시인의 길을 포기하고 거리 가판대 점원이 되어 생계를 꾸려 가던 중 우연히 만난 문학대학 동기생의 제의로 광고회사에 들어가 카피라이터가 되는 사연과 함께 시작한다. 이렇게 광고 카피라이터로서 새로운 인생을 시작한 타타르스키에게 광고회사가 부여한 최초의 임무는 흥미롭게도 러시아 민족정체성 논의에서 핵심 개념 중 하나로 거론되곤 하는 "러시아 사상(Русская идея)"을 담고 있는 광고 카피를 만드는 것이었다. 그러나 광고 카피에 "러시아 사상"을 담아 내려는 타타르스키의 최초의 시도는 보기 좋게 실패하지만, 이후 그는 몇 번의 시행착오를 거친 다음 기발한 광고 문구들을 만들어 내면서 승승장구하며 광고업계 최고의 자리에 오르게 된다. 그런데 여기서 주목해야 할 점은 이 과정에서 타타르스키가 서구의 소비상품들을 선전하기 위해 창조한 광고 문안들이 많은 부분 러시아 전통 문화, 그중에서도 특히 러시아 고전 문학에서 발원하고 있다는 점이다.

가령, "조국의 연기는 우리에게 달콤하고 유쾌한 것이다. 팔러먼트"[14]라는 미국산 담배 "팔러먼트(Parliament)" 광고 문구는 알렉산드

---

13) 러시아 상업 광고와 민족정체성에 관한 좀 더 자세한 연구로는 다음을 참고 바람. Jeremy Morris, "The Empire Strikes Back: Projections of National Identity in Contemporary Russian Advertising," *Russian Review 64*, 4(2005), pp.642~660.

14) Виктор Пелевин, *Generation П, Сочинения в двух томах, т. 2* (Москва: Вагриус, 2004), C.170.

르 그리보예도프(А. Грибоедов)의 희곡『지혜의 슬픔(Горе от ума)』에서 가져온 "조국의 연기"를 키워드로 삼고 있다. 특히, "러시아는 이성으로 이해할 수 없다, 러시아는 오직 믿을 수만 있을 뿐이다. 스미르노프"[15]라는 미국산 보드카 "스미르노프(Smirnoff)"를 위한 광고 문구는 무엇보다도 먼저 러시아 전통문화와 서구의 소비상품, 각기 다른 문화의 언어와 대상을 혼합하여 아이러니하고 코믹한 효과를 불러일으킨다. 다시 말해 "러시아는 이성으로 이해할 수 없다, 러시아는 오직 믿을 수만 있을 뿐이다."라는 러시아어 문장은 19세기 러시아 시인 표도르 츄체프(Ф. Тютчев)의 시구를 원용한 것으로서 라틴문자로 음역 표기되고 있는 반면, 미국산 보드카 "스미르노프"의 상표명은 영어로 표기된다. 또한, 광고 전단에 그려진 츄체프의 모습은 위 아래로 뒤집혀져 있다.

　　그러나 이러한 광고 문구들은 단순히 표면적인 차원에서 코믹한 효과만을 불러일으키는 것은 아니다. 좀 더 심층적 차원에서 그것은 현 단계 러시아 문화 상황과 민족정체성의 문제를 매우 기발하고 아이러니한 방식으로 표현하여 전달하기도 한다. 이점은 타타르스키가 다국적 의류회사 "갭(Gap)"을 위해 만든 광고 문안에서 다음과 같이 분명하게 드러난다: "러시아는 항상 문화와 문명 사이의 갭으로 악명이 높았다. 그러나 지금은 더 이상 문화도 없고, 더 이상 문명도 없다. 남아 있는 것은 오직 갭, 그들이 당신을 보는 방식이다."[16] 일종의 언어유희로서 영어로 작성된 이 광고 문안에서 첫 번째 "갭"은 "간극"을 의미하며 두 번째 "갭"은 다국적 의류회사

---

15) 같은 책, 185쪽.
16) 같은 책, 192쪽.

상표인 갭(Gap)을 가리킨다. 여기서 특히 중요한 점은, "항상 문화와 문명 사이의 간극으로 악명이 높았던" 러시아에 지금은 문화도 문명도 없고 대신 그 자리에 서구의 소비문화를 대표하는 상품 가운데 하나인 "갭"만이 존재한다고 말하면서, 작가는 러시아 문화의 현주소, 즉 소비사회의 득세에 밀린 러시아 전통 문화의 위기 상황을 직설적으로 표현하고 있다는 점이다. 여기서 알 수 있듯, 펠레빈은 광고의 미학을 문학 속에 과감하게 도입하여 한편으로는 새로운 형식과 내용의 소설을 선보임으로써 고급문화와 상업문화의 모범적인 접목 사례를 보여 주고 있고, 다른 한편으로는 소비상품으로 대변되는 외래문화를 적극 끌어들임으로써 러시아 전통문화의 위기 상황을 환기시킴과 동시에 그것의 소중함을 강하게 일깨운다고 할 수 있다.

이와 비슷한 맥락에서, 니키타 미할코프(Н. Михалков)의 영화 『시베리아의 이발사(Сибирский цирюльник)』(1999) 역시 러시아 사회 전반에 만연한 상업적 대중문화와 그 현실을 과감하게 포용하여 러시아의 민족의식과 문화적 자긍심을 널리 떨친 작품으로 볼 수 있다. 비록 이 영화가 평론가들 사이에서 대중의 취향에 영합하고 상업적 성공만을 노린 심미성이 낮은 작품으로 평가되기는 했지만, 미할코프는 이 영화를 통해서 러시아와 그 문화가 갖고 있는 소중한 정신적 가치를 러시아 대중의 집단적 의식 속에 되살리고자 시도했다. 그러한 시도는 무엇보다도 먼저 러시아 제국의 영광과 위용을 시각적으로 화려하게 재현하여 보여 주는 것에서 가장 분명하게 찾아볼 수 있지만, 영화의 서사 곳곳에 숨어 있는 러시아 전통 문화의 상징적 의식과 "민족 사상"에 의해서도 확고하게 뒷받침되고 있다.[17] 이렇게 함으로써 미할코프는 역설적이게도 영화라는 고도로 상업화된 문화 상품을 통해서 진정으로 '러시아적'이고 '러시아다운' 것이 무엇인지 대중으로 하여금 진지하게 생각하게 하면서 러시아 문화의 정신적 가치에 자긍심을 갖도록 만들었다. 그러나 이점은 비단 미할코프의 영화에서만 나타나고 있는 현상이 결코 아니다. 위기에 빠진 러시아 문화 예술계에서 상업 문화의 적극적인 포용과 활용은 알렉세이 발라바노프(А. Балабанов) 감독의 연작 영화 『형제(Брат)』(1997, 2000)에서도 뚜렷이 나타나고 있기 때문이다.[18]

여기서 더욱 중요한 점은 작가 펠레빈이나 영화감독 미할코프 등이 단순히 예술가의 차원에서 머물고 있는 것이 아니라, 러시아 인텔리겐치아의 일원으로서 러시아 민족과 사회의 주요 쟁점들에 대해 비판적인 발언과 견해를 적극적으로 펼치고 있다는 점이다. 이런 점에서 비판적으로 사고하며 창조적으로 활동하는 러시아 인텔리겐치아의 전통이 러시아에서 완전히 소멸된 것은 결코 아닌 것을 확인할 수 있다. 그리고 이들은 최근 러시아 사회와 삶에서 동시에 진행되고 있는 급격한 변화가 궁극적으로 "우리는 누구인가?", "우리는 무엇을 해야 할 것인가?" 같은 러시아 문화 전통 고유의 근본적인 물음으로 귀착되고 수렴되는 과정에서 핵심적인 역할을 담당하고 있다. 1990년대가 소비에트 체제의 해체에 따른 혼

---

[17] Anna Lawton, *Imaging Russia 2000: Film and Facts*(Washington, D.C: New Academia Publishing, 2004), p.95.

[18] 민족정체성 맥락 안에서 이에 관한 좀 더 구체적이고 자세한 분석으로는 다음을 참고 바람. Susan Larsen, "National Identity, Cultural Authority, and the Post-Soviet Blockbuster: Nikita Mikhailkov and Aleksei Balabanov," *Slavic Review 62, 3* (2003), pp.491~511.

란의 시기였다면, 푸틴의 등장과 함께 어느 정도 안정감을 확보한 러시아는 정체성 탐색 단계에 접어들었다고 할 수 있다. 혼란과 불안의 실험단계였던 옐친 시대부터 뚜렷하게 감지되기 시작한 다양한 변화의 바람은 안정과 번영의 단계에 접어든 푸틴 시대에 와서도 여전히 지속되고 있기는 하지만, 이와 동시에 중요한 새로운 국면을 보여 주고 있다. 이 같은 징후는 '새로운 민족정체성'의 모색과 정립을 둘러싸고 고급문화와 대중문화 전반을 아우르면서 최근 러시아 문화계 안팎에서 활발하게 진행되고 있는 러시아 인텔리겐치아의 진지한 논의와 성찰에서 구체적으로 포착할 수 있다.

3. 러시아 인텔리겐치아와 민족정체성의 모색

1991년 소련 공산주의 체제의 해체 이후 러시아에 도입된 시장경제체제는 러시아 사회 문화 전반에 걸쳐 심각한 문제와 혼란을 야기했다. 그러한 원인에 대해 러시아의 많은 연구가들은 개혁을 기획한 사람들이 서양의 경험을 활용하려 했던 것은 타당하다고 할 수 있지만, 러시아만이 지니고 있는 서양도 동양도 아닌 고유의 특성인 독자적 문명과 문화, 그리고 많은 수의 다양한 민족과 광대한 영토를 아우르는 유라시아의 특정 공간이라는 사실을 고려하지 않았다는 점을 지적한다. 따라서 사회 문화적 삶의 양상이 더 깊은 변형을 거칠수록 러시아의 독자적 특성이 더욱 많이 고려되어야 한다는 목소리가 높아지고 있다. 그것은 세계 문화의 하나를 이루고 있는 러시아 민족의 정체성 회복과 전 세계적 맥락 속에서 러시아 문화의 위상을 찾는 중요한 문제가 해결되어야 한다는 각성의 목소리라 할 수 있다.

한편, 러시아를 파국으로 이끈 '민족의 질병' 목록을 언급하면서 철학자 일리인(И. Ильин)은 "신앙정신과 정교회, 군대의 충성심과 내구력, 명예와 양심, 민족성, 가족, 문화 전반의 위기"[19] 등을 구체적으로 지적하고 있다. 이러한 진지한 위기의식에서 시작된 '러시아다움'에 대한 성찰은 러시아의 민족정체성을 되찾는 것이 가장 시급하다는 자의식으로 나타났다. 앞서 살펴본 바와 같이, 갑작스러운 시장경제체제의 도입과 더불어 문화의 상업화, 문화의 소비시대 앞에서 자국의 고유한 문화적 전통이 해체되고 가치관의 혼란이 야기된 상황 앞에서 많은 러시아인들은 문화적 자의식에 깊은 상처를 입고 심각한 위기의식을 경험하게 되었다. 그리고 이러한 상황은 러시아의 지성들로 하여금 러시아의 당면 현실이 무엇이고, 러시아 문화의 현주소가 어디에 있는지에 대해 위기감을 갖고 숙고하도록 만들었다. 이러한 위기의식은 현재의 상황이, 러시아가 오랜 세월에 걸쳐 공유해 온 역사적 경험을 통해 체득한 집단적 정서나 관념, 가치나 의식에 기초한 정신적 동질성이 약화되고 분열되면서 민족 공동체의 존립 자체까지도 위협할지 모른다는 위기감에 다름 아니다.

이제 21세기 인류가 지향하는 보편적 가치를 포괄하면서 러시아 국가와 민족의 지향점을 제시하고 새로운 민족정체성을 정립해야 하는 현재 상황에서 러시아 인텔리겐치아의 역사적 의미와 주도적

---

[19] И. Ильин, "Что нам делать?" *Русская идея I*(Москва: Искусство, 1994), С.424~428.

역할이 또다시 크게 주목받고 있다. 그것은 민족정체성의 문제와 '러시아적인 질문들'이 과거에서 현재에 이르기까지 '인텔리겐치아'로 통칭되는 러시아 지식인들의 가장 중요한 관심사이자 논의대상이었기 때문이다.[20] 그리고 민족정체성 논란에 이론적 토대를 마련해 주고 철학적 개념을 제공해 준 것도 역시 러시아 인텔리겐치아였다. 러시아의 인텔리겐치아는 흔히 서구에서 말하는 '지식인(intellectual)'이라는 개념과 동일시해서는 안 된다. 서구에서 이해하는 지식인이 지적인 능력을 갖고 창작활동에 종사하는 학자나 작가, 예술가 등을 총칭하는 개념으로 통용된다면, 러시아의 인텔리겐치아는 그 이상의 무엇, 이를테면 도덕적 사상과 종교적 신념, 세계관의 사상적 특징을 갖춘 지식인 그룹이라 할 수 있다.[21] 러시아에서는 현재 시장경제체제와 민주주의가 점진적으로 뿌리를 내리고 있다. 이런 러시아가 과거의 권위주의적 정치전통과 외국에 대한 피해의식을 극복하고, 독창적 문화 예술 자산을 인류의 보편적 가치에 접목시킬 수 있는지 여부는, 현재로서는 러시아 국민 대중보다도 러시아 인텔리겐치아가 주도적으로 해결하고 짊어져야 할 무거운 짐으로 남아 있다는 자각이 일고 있다.

또한, 변화하는 러시아 사회는 러시아 인텔리겐치아의 활동 방식에도 적지 않은 영향을 미치고 있다. 이와 관련하여 흥미로운 양상 가운데 하나는, 1990년대 말까지 여론 형성과정에서 미미한 위치에 머무르던 러시아 지성계의 비중 있는 인사들이 최근 들어서 의

---

[20] Robert Service, *Russia: Experiment with a People*(Cambridge, MA: Harvard University Press, 2003), p.243.

[21] Н. Бердяев, "Образование русской интеллигенции и её характер. Славянофильство и западничество," *Истоки и смысл русского коммунизма*(Москва: Наука, 1990), С.17.

사소통 매체로서 위력을 상실한 책 대신 신문이나 TV 등 대중 매체를 적극 활용하기 시작했다는 사실이다.[22] 솔제니친(A. Солженицын)과 보이노비치(B. Воинович) 같은 저명 작가들이 자신들의 도덕적 메시지를 설파하고 정치, 사회적 논쟁을 전개하기 위해서 문학보다 TV에 의존하는 것이 좋은 사례이다. 이는 과거 고급문화를 대표하던 인사들이 대중문화와 대중매체와 본격적인 교류를 시작했다는 신호인 동시에, 체제 붕괴의 충격에 휘둘려 일시 침묵하던 인텔리겐치아가 오늘의 러시아 사회가 직면하고 있는 근본 문제인 민족 정체성에 대해 대중을 상대로 목소리를 내기 시작했다는 흥미로운 단서이기도 하다.

과거 공식 이데올로기에 맞서 저항하는 일로 자신들의 존재이유를 찾던 러시아 인텔리겐치아는 러시아의 특수성을 강조하던 전통적 사고의 패러다임에 더하여, 21세기 세계화 시대에 부응하면서 인류가 지향하는 보편적 가치를 포괄하는 동시에 러시아 국가와 민족의 지향점을 제시해야 하는 새로운 도전에 직면해 있다. 러시아 역사에서 문화 예술이 화려한 꽃을 피웠던 시기는 러시아가 서구를 비롯한 외국을 향해 문호를 개방하고 선진 문물을 적극 수용하던 시기와 일치한다. 현재 러시아는 역사상 어느 시기보다 개방의 문을 활짝 열고 다양한 민족의 문화와 예술을 향유하는 시대를 살고 있다. 이렇듯 대중 매체를 통해 러시아 대중과의 직접적인 의사소통의 장을 열었던 인텔리겐치아의 공통점은 이들이 새로운 민족정체성의 모색을 위해 적극적으로 노력하고 있다는 데서 찾을 수 있다. 이런 점에서 현 단계 러시아 인텔리겐치아 역시 러시아

---

[22] Catriona Kelly and David Shepherd, *Russian Cultural Studies*, p.83.

문화에 고유한 지적 전통을 계승하고 있다고 할 수 있다. 그러나 이들이 보여 준 새로운 민족정체성의 모색 과정은 전통적 '러시아 사상'의 고답적 반복이 아니라 그것의 현대적 변용을 통한 발전적 계승이다.

이와 관련하여 특기할 점은 타계하기 직전까지 러시아 정신문화의 살아있는 구현자로 추앙받던 인문학자 리하초프(Д. Лихачёв)의 사상과 실천이다. 리하초프는 "서방으로부터는 최고의 공기만"을 호흡하면서 "우리 어머니 러시아로부터는 최고의 우유만을 마시라."라고 설파했던 사상가 멘쉬코프(М. Меншиков)의 이상적 모델을 한 단계 더 발전시켜, 사회 지도층과 젊은 세대를 향해 통합과 조화의 "균형 잡힌 정체성" 정립을 위해 노력할 것을 호소한 바 있다.[23] 리하초프의 이 같은 사상적 행보는 러시아 인텔리겐치아의 당면 현실에 대한 진단과 향후 전망 중에서 가장 주목할 만한 것으로서, 포스트소비에트 러시아 문화와 민족정체성의 모색 과정에서도 중대한 의미를 지닌다.

민족정체성이 공통적인 환경과 역사적 경험을 통해 정서적으로 하나가 되는 정신적 구조라고 할 때, 러시아의 민족정체성은 무엇보다도 먼저 19, 20세기 러시아 지성들의 아젠다에서 핵심을 이루는 '러시아 사상'이라는 개념 속에 집약되어 있다고 할 수 있다. 러시아의 독특한 지리적 위치, 역사적 경험, 문화적 특성에서 나온 이 개념은 러시아 '메시아니즘'과도 잇닿아 있는 것으로, 러시아 민족정체성에 대한 논의에서 예나 지금이나 불변적인 요소로 남아 있

---

[23] James Billington, *Russia: In Search of Itself*(Washinton, D.C: Woodrow Wilson Center Press, 2004), pp.60~65.

다.24) 솔로비요프와 베르자예프에 의해 주창된 이 개념에 따르면, 러시아는 동과 서 어느 쪽에도 속하지 않고, 대신 이 둘 사이를 이어 주는 가교로서 기능한다. 그리고 러시아의 특별한 역사적 소명 의식과 대립적 요소들을 그 안에 품어 통합, 조화시킨다는 러시아의 독특한 민족성 역시 바로 여기에서 기인한다.

통합과 조화의 "균형 잡힌 정체성" 정립을 위해 노력할 것을 주문한 리하초프 역시 이 같은 '러시아 사상'의 역사적 전통 위에 서 있다고 할 수 있다. 그것은 또한 소련 체제 해체 이후 러시아가 혼란의 와중에 정신적 좌표를 일시적으로 상실한 채 동서양의 가치 체계 사이의 극단을 치달던 끝에, 푸틴 정권의 출범과 함께 다시 균형감 있는 행보를 유지하며 자신의 위치와 위상을 새롭게 정립하려는 구체적인 움직임 속에서 가시화되고 있다는 점에서 특히 경청할 만하다.

러시아 인텔리겐치아의 활동과 자각은 또한 TV와 같은 대중매체를 통한 비판적 목소리를 적극적으로 내는 것에서뿐만 아니라, 전통적인 언론 출판물을 활성화시키고자 하는 노력으로도 구체화되고 있다. 러시아 언론들은 경제적 어려움에도 불구하고 소비에트 시기보다 훨씬 다양한 목소리를 내고 있으며, 대중의 요구에 부응하고 있다는 평가를 받고 있다. 이전에 중앙에서 통제되고 검열되던 체제 순응적 언론들은 대중들로부터 외면당하고, 현재 러시아의 정치·사회문제 전반을 다루는 독립적이고 비판적인 신문들은 경제적 난관 속에서도 인기를 얻고 있다. 그러한 대표적 신문들로는

---

24) Vladimir Kantor, "Is the Russian Mentality Changing?," Wendy Helleman(ed.), *The Russian Idea: In Search of a New Identity*(Bloomington, Indiana: Slavica, 2005), p.23.

「논증과 사실(Аргументы и факты)」, 「독립신문(Независимая газета)」, 「오늘(Сегодня)」 등을 들 수 있다. 이러한 신문들이 대중에게 높은 인기와 호응을 얻고 있는 이유는 무엇보다 체제와 제도권 내에서도 비판적이고 독립적인 지성의 목소리를 당당하게 내고 있기 때문이다.

그리고 무엇보다 중요한 것은, 언제나 러시아 인텔리겐치아 운동의 중심에 서 있었고, 러시아 문화의 핵을 이루고 있는 문학과 각종 예술분야의 새로운 움직임이라 할 수 있다. 러시아의 삶과 문화에서 예술과 윤리는 동전의 앞뒷면처럼 서로 분리할 수 없는 일체감을 형성했다. 고상하고 낭만적인 개인의 감정뿐 아니라, 불행한 사람들의 아픔과 고통, 사회체제가 양산하는 부조리를 있는 그대로 묘사하는 일은 19세기 러시아 작가들과 인텔리겐치아들에게 부여된 권리이자 의무였다. 19세기 러시아의 리얼리즘은 당시 현실에서 뚜렷하게 드러난 사회악뿐만 아니라, 은폐된 삶의 이면들을 낱낱이 조명함으로써 시대상의 거울 역할을 했다. 동시에 그것은 이상에 대한 진지한 고찰이었으며, 미래로 나아가기 위한 중요한 발판이기도 했다.

그리고 여기서 더욱 분명한 것은 러시아에서 예술은 언제나 '예술' 이상이었다는 점이다. 기법 면에서 완성도를 추구하고 창조물에 외적, 내적 아름다움을 부여하는 것 이외에도 러시아의 예술가들과 수용자들은 예술 속에서 그 이상의 것을 찾고 추구했다. 예술은 감정의 그릇일 뿐 아니라 윤리의 도구였으며, 종교적 진리를 설파하는 수단이기도 했다. 인간의 창조, 가치 평가, 객관적 진리의 발전, 커뮤니케이션 수단으로서의 예술은 러시아 문화에서 다른 어느 나라에 못지 않게, 또는 그 이상으로 중요한 역할을 수행했다. 그것은 종교적 진리를 깨닫는 수단으로서, 역사와 사회의 미묘한 흐름을 진단하는 풍향계로서, 정신적, 미적 즐거움을 주는 유희의 대상으로서, 의사소통의 수단으로서, 그리고 개인의 자유를 실현하는 가장 효과적인 출구로서 존재한다. 다시 말해 러시아의 예술은 현실과 유리되어 존재하는 순수한 유희의 공간이라기보다 삶에 깊이 뿌리를 내리고 삶 위에서 열매를 맺는 정신의 나무이자 러시아 문화의 흐름을 주도하는 중심축으로 존재해 왔다.

시장경제체제가 정착되고 있는 현대 러시아 문화의 특징은 정신 문화를 대표하는 상징체계의 변화에서도 분명하게 드러난다. 러시아의 민족의식이나 국가 이념, 이상적 가치나 자부심 등을 표상하는 상징체계의 변화는 특히 러시아가 변화된 질서 내에서 새로운 민족정체성을 모색, 정립하려는 노력의 일단을 보여 준다. 여기서 발견되는 뚜렷한 양상 가운데 하나는 새롭게 형성되고 변화하는 "재현의 체계(system of representations)"로, 민족정체성에 대한 탐색과 정립 과정이 정부 차원의 문화정책과 인텔리겐치아를 중심으로 한 민간 차원의 문화 운동 분야에서 동시에 이뤄지고 있었다는 사실이다. 이 같은 과정은 '신생 러시아'의 국가(國歌)나 문장 같은 문화적 상징체계의 재정비에서 보는 것처럼 정부 차원의 문화정책에서 뿐만 아니라 과거 소비에트 잔재의 폐기, "우리가 잃어버린 러시아"의 복원이라는 차원에서 진행된 거리와 도시의 원래 이름 찾기, 모스크바 '구세주 사원(Храм Христа Спасителя)' 재건 사업을 비롯한 전국 각지의 교회와 수도원의 복원 및 기능회복 등과 같은 문화운동으로 구체화되었다.[25] 또한 공식 국경일이나 기념일이 변경되거나 새로 지정되었고, 무참하게 살해된 니콜라이 2세 황제로 대표되는 러시아 제국 황실이 상징적 의식을 거쳐 복권되기도 했다. 옐친 정부를 거쳐 푸틴 정부에 들어와서도 러시아는 민족적, 국가적 의미를 갖는 문화적 상징들의 체계화 작업을 계속하였다. 이 과정에서 특정 사안을 두고 러시아 국민들 사이에 국론 분열의 양상이나 의견의 불일치가 나타나기도 했지만, 이들은 모두 통합된 민족의식의 고양, 문화적 자부심의 고취, 새로운 정체성의 정립 등과 같은 대의로 수렴, 통합되었다.

이와 관련하여, 포스트소비에트 시대 러시아에서 정부 차원의 문화적 상징체계의 복원과 러시아 민족정체성의 확보 노력이 오히려 '러시아의 정신'이 극복해야 할 또 다른 '공식문화'의 창조이자 경계해야 할 대상이 될 수도 있다는 우려감이 없는 것은 아니다. 하지만 다시 한 번 강조하자면 이러한 노력은 위로부터 일방적으로 강제되거나 주도되었던 것이 아니라, 무엇보다도 정부와 민간 사이에서, 사회 각계각층에서 폭넓은 의견 수렴 절차와 공감대 형성 단계를 거치며 전개되었다는 점에서 과거 소비에트 시절의 그것과는 근본적으로 다르다. 그리고 이런 점에서 그러한 노력은 '러시아 정신'이 극복해야 할 또 다른 '공식문화'의 창조에 대한 우려감보다는 오히려 러시아 국민에게 바람직한 '공동문화'의 조성에 대한 기대감을 심어 주었다고 할 수 있다.

이런 맥락에서, 포스트소비에트 시대 러시아의 새로운 민족정체성 모색은 무엇보다도 먼저 문화적 상징체계의 재정비 과정에서

---

[25] '구세주 사원'은 러시아 정교문화의 상징으로 40여 년에 걸쳐 건축되어 1883년에 완공되었지만, 1931년에 스탈린에 의해 파괴되었다. 스탈린은 이 자리에 '소비에트 궁전'을 건립할 계획이었지만, 계획은 실현되지 못했고 결국 사원이 있었던 자리는 수영장이 들어서게 되었다.

분명히 찾아볼 수 있다. 이와 관련하여, 특히 흥미로운 점은 소련 붕괴 직후 옐친 대통령에서 푸틴 대통령에 이르기까지 '신생' 러시아의 국가(國歌) 채택 과정에서 일어난 일련의 움직임이다. 알려진 바와 같이, 옐친은 새로운 러시아 건설에 착수하자마자 소련 체제의 유산을 전면적으로 부정하면서 대표적 문화적 상징인 국가를 비롯한 소련 시대의 국가 상징들을 전부 폐기해 버렸던 것과는 달리 푸틴 대통령은 집권 이후에 구소련의 국가의 재도입을 결정했다.[26] 영화감독 니키타 미할코프의 아버지인 시인 세르게이 미할코프(С. Михалков)가 소비에트 시대 국가의 곡에 새 가사를 작사하였다.

1943년과 1977년 각각 두 차례에 걸쳐 소련 국가의 가사 수정 작업을 담당한 바 있는 미할코프는 이번에는 과거 전통을 유지하면서 국민의 사고와 감정이 변화, 발전되는 과정을 반영하는 설득력 있고 감동적인 내용을 가사 내용에 추가하였다. 새로 만든 러시아 국가의 가사가 이전의 그것과 다른 점은 어떤 위대한 인물도 언급하고 있지 않다는 사실이다. 미할코프는 대신 로마노프 왕조 시절의 국가와 마찬가지로 러시아에 "신의 가호"가 있기를 호소하고 있다. 구소련 국가의 곡을 그대로 차용한 러시아 국가의 또 하나 특징은 러시아의 공식 호칭을 "러시아 연방"이라고 하지 않고 "러시아"라고 부르면서 거기에 "신성하고" "사랑스런"이라는 형용사를 덧붙이고 있다는 점이다. 여기서 알 수 있듯, 소비에트의 유산과 러시아 제국의 전통을 상호 결합시킨 새로운 러시아 국가는, 푸틴

---

[26] 이에 관한 자세한 연구로는 다음을 참조 바람. Martin Daughtry, "Russia's New Anthem and the Negotiation of National Identity," *Ethnomusicology 47, 1*(2003), pp.42~67.

정부가 진행하고 있는 새로운 민족정체성 탐색과 정립 과정의 두드러진 특징 중 하나로 과거의 문화적 유산에 대한 적절한 변용을 보여 주는 구체적인 사례이기도 하다.

새로운 민족정체성 모색과 관련하여 진행된 문화적 상징체계의 재정비 노력은, 러시아 정신문화의 중심이자 상징인 모스크바를 중심으로 전개된 도시의 거리와 광장들의 이름을 바꾸는 과정에서도 찾아볼 수 있다. 이 같은 과정은 신생 러시아의 새로운 상징 문화를 창조하기 위한 노력의 일환으로 볼 수 있으며, 그것이 갖는 중요성은 "장소와 관련된 지리적 향방에 대한 의식을 장소와 관련된 인식론적, 나아가서는 이념적 좌표에 대한 의식과 하나로 결합시켜 주기 때문이다."[27] 실제로, 1991년부터 최근까지 모스크바의 많은 거리와 광장은 이전의 이름을 버리고 새로운 이름으로 불리고 있다. 가령, "고리키 거리(ул. Горького)"는 "트베르스카야(Тверская)"로 "레닌 광장(пл. Ленинская)"는 "파벨레츠키 광장(пл. Павелецкая)"으로, "마르크스 대로(проспект Маркса)"는 "아호트느이 리야트(Охотный ряд)"로, "일리이치 광장(пл. Ильича)"은 "로고쥐스카야 자스타바(Рогожская застава)"로 각각 변경되었다. 하지만 이러한 명칭 변경 과정은 과거 소비에트 정권 시절에 있었던 것처럼 특정한 이념이나 이상과 관련되어 있는 것은 아니다. 정확히 말해서 그것은 러시아에서 공산주의의 붕괴와 함께 일어난 이념적, 정신적 공백상태를 메우기 위한 노력의 일환으로 전개되었다. 따라서 여기에는 어떤 통일된 사상이나 이념이 결여되어 있는 것이 사실이지

---

[27] Graeme Gill, "Changing Symbols: The Renovation of Moscow Place Names," *Russian Review 64*, 3(July 2005), p.480.

만, 이 같은 과정이 공동체 사회의 상징적 질서 확립 차원, 러시아의 새로운 민족정체성 모색 및 정립과 긴밀하게 연관되어 있는 것은 분명하다.

이와 비근한 예는 모스크바 시내의 풍경을 장식하는 소비에트 시절의 기념비들을 재정비하는 과정에서도 발견된다.[28] 구체적인 예로, 1957년 흐루시초프의 집권기에 건립되기 시작하여 소련 체제 붕괴 이후인 1995년에 완공된 제2차 세계대전 전승 기념공원(Парк победы) 조형물 앙상블의 중심에 서 있는 '성 게오르기' 동상은 오늘날 러시아 사람들 사이에 민족정체성을 함양하고 고양시키는 기념비로 활용되고 있다. 흥미로운 것은 전승 기념공원이 소비에트 시절의 건축가들에 의해 건립되기 시작했을 당시에는 어떤 종교적 색채도 가미되지 않았었다는 사실이다. 그런데 소련이 붕괴되고 새로운 러시아 국가가 탄생하면서 정치 엘리트들은 이 전승기념 공원에 종교적 색채가 짙은 성 게오르기 동상을 추가로 건립하였다. 러시아 민속 문화에서 성 게오르기는 모스크바의 상징적 수호자이자 신성한 전사로서 백마를 타고 창끝으로 뱀을 찌르고 있는 모습으로 등장한다. 성 게오르기는 또한 러시아 정교에서 현재까지도 악을 물리치는 선의 수호자로 종교적으로 추앙받고 있으며, 과거 한때 러시아 국가 문장으로 사용된 적도 있다.[29]

이렇듯, 성 게오르기가 러시아의 민족 문화와 의식에서 함의하는 의미의 파장은 매우 넓다. 신생 러시아의 정치와 문화 엘리트들이

---

28) Benjamin Forest and Julier Johnson, "Unraveling the Trends of History: Soviet Era Monuments and Post-Soviet National Identity in Moscow," *Annals of the Association of American Geographers 92*, 3(2002), p.528.

29) Elena Hellberg-Hirn, *Soil and Soul: The Symbolic World of Russianness*(Brookfield: Ashgate, 1998), pp.17~18.

소비에트 시절의 전승기념 공원을 십분 활용하여 거기에 성 게오르기 동상을 건립한 데에는 그것이 러시아 국민의 민족의식에서 갖는 상징적 의미가 그만큼 크기 때문이다. 이것을 러시아의 민족 정체성의 상징적 재현 과정과 관련하여 설명하자면, 전승 기념공원에 세워진 성 게오르기 동상은 러시아 민족 문화의 자긍심을 고취하는 동시에 정의의 수호자로서 러시아 국가의 국제적 위상을 강조하는 복합적 의미의 조형물이라 할 수 있다. 이 같은 경향은 수많은 러시아 정교 교회와 수도원의 복원에서도 나타나는데, 그중에서도 특히 1997년에 모스크바 창건 850년에 맞춰 재건된 '구세주 사원'은 러시아 민족의 영광을 찬미하고 러시아 정신문화의 부활을 상징하는 가장 대표적인 사건으로 기록된다.[30]

4. 맺음말: 특수성에서 보편성으로

"러시아 연방(Русская федерация)"이라는 공식 국호를 갖고 '새롭게' 탄생한 러시아는 그 '새로움' 안에 중요한 의미를 많이 함축하고 있다. 탄생 후 부터 지난 20여 년 동안 갖은 우여곡절과 수많은 시행착오를 거쳤지만, 현재 러시아는 여러 정황으로 미루어 볼 때 정치적으로나 경제적으로 안정된 상황에 진입한 것으로 평가된다. 하지만 러시아의 '새로움'이 갖고 있는 의미의 파장이 러시아

---

[30] 나폴레옹의 러시아 침략을 저지한 1812년 '조국전쟁'의 승리를 기념하기 위해 건설된 이 웅장한 사원은 스탈린 시대에 폭파해체된 후 노천 수영장 공간으로 사용되다가 러시아 국내외에서의 대대적인 모금 운동을 통해 원래 모습대로 복원되었다.

사회 곳곳에서 아직도 뚜렷이 감지되고 있을 정도로 변화의 물결은 여전히 현재진행형이다. 변화의 물결이 거셌던 1990년대와 21세기의 문턱을 넘어선 현 시점 사이에 어떤 차이가 있다고 한다면, 그것은 변화의 속도와 규모의 차이일 뿐이다. 이런 점에서 현재의 러시아는 점진적 변화의 국면에 진입해 있다고 말할 수 있을 것이다.

이와는 달리 '새로운' 러시아의 초기 단계는 가히 '혁명적'이라 할 수 있는 급진적인 변화의 소용돌이 속에서 지나갔다. 이 과정에서 나타난 특징적 현상 가운데 하나는 구체제(ancien régime)에 대한 전면적 부정이었다. 이 무렵 옐친 정부로 대표되는 '새로운' 러시아는 소련 체제의 모든 유산을 악으로 규정하면서 철저히 부인하고 거부하는 과격한 양상을 보였다. 그 대신 러시아는 이전에 전혀 경험해 보지 못한 서구식 정치제도와 경제체제, 문화생활 등을 무비판적으로 받아들이고 곧바로 현실에 적용하는 무모한 실험을 감행했다. 문제는 여기에서부터 시작되었다. 러시아에 전혀 생소한 시장경제체제를 체계적인 준비 없이 전면적으로 도입함으로써 러시아의 정치 경제는 극심한 혼란에 직면했을 뿐만 아니라 러시아 전통 문화의 흐름이 갑자기 단절되는 심각한 정신적 위기도 야기되었다.

특히, 시장경제체제의 도입과 함께 러시아 문화계에 일어난 갑작스런 변화는 러시아 사람들의 삶의 양태와 질감 자체를 완전히 뒤바꾸어 놓았다. 따라서 지금 우리가 러시아 곳곳에서, 그리고 러시아 사람들에게서 오감을 통해 감지할 수 있는 구체적인 삶의 양식은 소련 체제가 붕괴되던 1991년 전 후의 시기의 그것과는 판이하게 다르다. 시장경제체제의 도입은 또한 고급문화의 상업적 대중화를 급속하게 진행시키는 결과를 초래하였다. 문화의 상업화는 더욱이 러시아의 문화적 풍경 자체를 바꾸어 놓기에 이르렀다. 그러나 "새로운" 러시아에서 일어난 문화적 변혁은 이처럼 감각적, 가시적 차원에서만 진행된 것이 아니었다. 그것은 러시아의 새로운 민족정체성 탐색과 밀접하게 맞물리면서 보이지 않는 의식의 차원에서도 활발하게 진행되었다. 문화적 상징체계의 재정비 작업이 그 대표적인 예라 할 수 있다. 그리고 이 과정에서 중요한 역할을 담당한 사람들은, 소련 붕괴 직후의 정신적 공황 상태에서 벗어나 조심스레 자신들의 목소리를 내기 시작한 문화 엘리트들, 비판적으로 사고하는 창조적인 인텔리겐치아였다.

여기서 우리가 간과해서는 안 될 사실은 러시아의 문화적 변혁이 처음에는 소련의 과거 유산에 대한 전면적 부정과 거부, 서방문화의 무조건적 인정과 수용 등의 형태로 나타났지만, 이후 시행착오와 성찰의 과정을 거치면서 또 전 세계적인 추세가 되고 있는 세계화(Globalization)의 맥락 안에서 과거 전통과 현재 현실, 러시아 고유문화와 서구식 외래문화, 엘리트 고급문화와 상업적 대중문화 사이에 조화와 상생의 길이 적극적으로 모색되고 있다는 사실이다. 페레스트로이카 시대에 교육받으면서 이전의 경직된 사고에서 벗어나 러시아를 바깥 세계와 비교해 볼 수 있는 안목을 갖게 된 러시아의 젊은 세대, 특히 30대 중반부터 40대 초반 사이의 작가나 예술가 그리고 사업가들에게서는 러시아의 장래에 대한 자신감과 러시아가 세계사의 흐름에 합류하여 기여할 수 있다는 확신감도 감지할 수 있다.

이 같은 분위기는 특히 문화계의 최전방에서 왕성하게 활동하고 있는 예술가 집단이나 공적 담론을 생산하며 사회 여론을 주도하는 지성계 대표들, 정책입안자들의 구체적인 행보에서도 폭넓게 찾아볼 수 있다. 이런 의미에서, 지난 20여 년 동안 일어난 러시아 문화의 급격한 변화는 궁극적으로 자신들의 전통을 변화한 시대 및 사회 상황 속에서 창조적으로 변용시키기 위한 역동적인 탐색 및 실천 과정이었다고 할 수 있다.

참고문헌

김현택. 1995. 「러시아 문화」. 정한구·문수언 외. 『러시아정치의 이해』. 서울: 나남출판.

이지명. 2004. 『넘쳐나는 민족 사라지는 주체 — 민족 담론의 공존을 위해』. 서울: 책세상.

Бердяев, Н. 1990. "Образование русской интеллигенции и её характер. Славянофильство и западничество." *Истоки и смысл русского коммунизма*. Москва: Наука.

Зорин, Андрей. 1992. "Крече, круче, круче……: История победы: Чернуха в культуре последних лет." *Знамя* 10. С. 198~204.

Ильин, И. 1994. "Что нам делать?" *Русская идея 1*. Москва: Искусство.

Пелевин, Виктор. 2004. *Generation П, Сочинения в двух томах*. Москва: Вагриус.

Успенский, Б. А. 1994. "К проблеме Генезиса тартуско-московской семиотической школы." *Ю. М. Лотман и тартуско-Московская семиотическая школа*. Москва: Гнозис.

Anderson, Benedikt. 1991. *Imagined Communities: Reflections on the Origin and Spread of Nationalism*. London: Verso.

Baraban, Elena. 2004. "A Country Resembling Russia: The Use of History in Boris Akunin's Detective Novels." *Slavic and East European Journal* 48, 3. pp.396~420.

Basinskii, Pavel. 2001. "The Pelevin Syndrome: A New Writer is as Old as the World." *Russian Studies in Literature* 37, 3. pp.89~96.

Beumers, Birgit. 2005. *Pop Culture Russia!*. Santa Barbara, CA: ABC-CLIO.

Billington, James H. 2004. *Russia: In Search of Itself*. Washington, D.C: Woodrow Wilson Center Press.

Daughtry, Martin. 2003. "Russia's New Anthem and the Negotiation of

National Identity." *Ethnomusicology* 47, 1. pp.42~67.

Epstein, Mikhail N. 1995. *After the Future: the Paradox of Postmodernism and Contemporary Russian Culture*. translated by Anesa Miller-Pogacar. Amherst: University of Massachusetts Press.

Forest, Benjamin and Johnson, Julier. 2002. "Unraveling the Trends of History: Soviet Era Monuments and Post-Soviet National Identity in Moscow," *Annals of the Association of American Geographers* 92, 3. pp.524~547.

Gellner, Ernest. 1983. *Nations and Nationalism*. Ithaca, NY: Cornell University Press.

Gill, Graeme. 2005. "Changing Symbols: The Renovation of Moscow Place Names." *Russian Review* 64, 3. pp.480~503.

Graham, Seth. 2000. "Chernukha and Russian Film." *Studies in Slavic Cultures* 1. pp.9~27.

Hellberg-Hirn, Elena. 1998. *Soil and Soul: The Symbolic World of Russianness*. Brookfield, VT: Ashgate.

Hobsbawm, Eric. 1990. *Nations and Nationalism Since 1780: Programme, Myth, Reality*. New York: Cambridge University Press.

Kantor, Vladimir. 2005. "Is the Russian Mentality Changing?." Wendy Helleman, ed., *The Russian Idea: In Search of a New Identity*. Bloomington, Indiana: Slavica.

Kelly, Catriona. 1998. "Popular Culture," Nicholas Rzhevsky, ed., *The Cambridge Companion to Modern Russian Culture*. Cambridge: Cambridge University Press.

Larsen, Susan. 2003. "National Identity, Cultural Authority, and the Post-Soviet Blockbuster: Nikita Mikhailkov and Aleksei Balabanov." *Slavic Review* 62, 3. pp.491~511.

Lawton, Anna. 2004. *Imaging Russia 2000: Film and Facts*. Washington, D.C: New Academia Publishing.

Lipovetsky, Mark. 2002. "Strategies of Wastefulness, or the Metamorphoses of Chernukha." *Russian Studies in Literature* 38, 2. pp.58~84.

Lovell, Stephen and Marsh, Rosalind. 1998. "Culture and Crisis: The Intelligentsia and Literature." Catriona Kelly and David Shepherd, ed., *Russian Cultural Studies: An Introduction*. Oxford: Oxford University

Press.

Miasnikov, Viktor. 2002. "The Street Epic." *Russian Studies in Literature* 38, 3. pp.10~24.

Morris, Jeremy. 2005. "The Empire Strikes Back: Projections of National Identity in Contemporary Russian Advertising." *Russian Review* 64, 4. pp.642~660.

Neidhart, Christoph. 2003. *Russia's Carnival: The Smells, Sights, and Sounds of Transition*. Lanham, MD: Rowman and Littlefield.

Service, Robert. 2003. *Russia: Experiment with a People*. Cambridge, MA: Harvard University Press.

II. 포스트소비에트 시대의 유라시아주의와 동양*

오원교

* 본 논문은 『러시아연구』, 제19권 제1호(2009)에 게재된 것으로 서울대 러시아연구소의 동의를 얻어 다시 수록한다.

Ⅱ. 포스트소비에트 시대의 유라시아주의와 동양

1. 들어가며

　러시아 지성사에서 소위 '러시아의 길(Русский путь)'은 일종의 '근본 문제'로서, 동양과 서양 혹은 두 세계 사이에서 러시아의 독자적 위상과 고유한 사명에 관한 영원한 물음이다. 실상 이 '저주스런' 물음에 대한 전통적인 대답들은 역사적으로 두 세계 중의 어느 하나에 대한 선택이라는 배타적 경향을 띠어 왔다.[1]

　하지만, 지리적, 역사적, 문화적 실체로서 유라시아성(Eurasianness)을 염두에 둘 때, 러시아의 정체성은 동양 혹은 서양이라는 어느 하나가 아니라, 동양-서양이라는 둘 다에 함께 비춰서만 정당하게 인식될 수 있다. 동양과 서양을 동시에 아우르는 러시아의 지리적

---

[1] 이를테면, "우리는 러시아를 동양으로 간주할 수 없다. 러시아는 유럽에 속한다."(В. Г. Белинский); "그렇다, 스키타이인이 우리다, 그렇다, 아시아인들이 우리인 것이다."(А. Блок) 등의 주장이 그것이다. 이에 대해서는 오원교, 「고대 러시아 문학 속의 동양」, 『노어노문학』 제19권 제2호(2007), 240~241쪽 참조.

좌표, 즉 유라시아적 공간은 유럽과 아시아의 연결과 종합이라는 러시아의 고유한 성격과 본질을 역사적으로 규정해 왔다. 말하자면 동양과 서양은 러시아라는 하나의 정체성을 구성하는 두 가지 원리로서 동등하게 영향력을 행사하고 있으며, 따라서 두 힘의 조화로운 통일은 러시아의 고유한 사명이라 말할 수 있다.[2]

이처럼 러시아를 유럽뿐만 아니라 아시아에 연관 지웠던 역사와 지리는 '서구화' 혹은 '유럽화'로 상징되는 표트르 대제의 위로부터의 개혁도 제거할 수 없는 엄연한 실체였다. 그럼에도 불구하고 러시아의 유라시아성, 특히 그것의 한 축인 러시아의 동양성(Easternness)은 러시아 정체성에 관한 논쟁에서 아주 오랫동안 타자적 지위에 머물러 왔으며, 따라서 마땅한 조명을 받지도 못한 채 학적 관심의 바깥에 놓여 있었다.

러시아 땅에 슬라브인들이 나타나기 이전으로까지 거슬러 올라가는 러시아와 동양의 관계의 역사적 뿌리는 물론이고, 키예프 루시 시대(10~13세기)에 이미 본격화된 아시아계 유목민들과의 다양한 접촉뿐만 아니라,[3] 러시아에 동양적 요소를 실질적으로 각인시킨 두 세기 반에 걸친 몽골-타타르의 지배(13~15세기)조차도 벗어나야 할 민족의 수치이자 역사의 짐으로서 회피되었다.[4] 이후 16~17세기 세계사 속에서 유럽의 부상은 러시아의 지배자들과 엘

---

[2] 실상 이러한 견해는 러시아의 유라시아성을 고민하는 대부분의 국내외 연구가들의 공통된 입장이기도 하다. 이를테면, "결국 러시아의 과제는 동양과 서양, 아시아와 유럽 중 그 어느 한쪽으로 동화되는 것이 아니라, 그 상반적인 경향성을 종합하는 데 있다"라는 지적이 그 한 가지 예이다. 신범식, 「고전적 유라시아주의의 두 측면에 대한 일고찰」, 『러시아연구』 제8권 제2호(1999), 393쪽.

[3] 이에 대해 자세한 것은 니콜라이 V. 라쟈노프스키, 『러시아의 역사 I: 고대-1800』, 이길주 옮김(까치, 1991), 17~30쪽 참조.

[4] H. C. 트루베츠코이, 『유럽과 인류』, 박지배 옮김(지만지, 2008), 137쪽; 올랜드 파이지스, 『나타샤 댄스』, 체계병 옮김(이카루스 미디어, 2005), 533쪽.

리트들로 하여금 그것에 더욱 가깝게 만들었고, 표트르 대제 이후 유럽은 러시아의 정신적, 물질적 삶의 지향점이 되었다. 18~19세기 동양에 대한 러시아의 인식은 오리엔탈로 칭해진 국가들에 대한 강점을 정당화하기 위하여 저열한 타자로서 형상화된 아시아에 대한 유럽의 지배 담론에 의해 틀지어졌다. 아시아에 대한 유럽의 문명화라는 사명으로 표현된 서양의 제국주의적 기획에 러시아도 동참한 것이었다.[5]

그러나 러시아의 유럽적 정체성에 대한 서양의 부인 속에서 (범)슬라브주의자들로 알려진 러시아의 민족주의자들은 러시아의 정체성의 기초로서 자신들의 고유한 제도들, 이를테면 러시아정교와 농촌공동체 등을 찬미하게 되었고, 점차 동양에 대해서도 관심을 갖게 되었다.[6] 그 후 19세기 말경 실제로 몇몇 러시아 지식인들은 유럽에 대한 대안으로서 아시아로 향했다.[7]

러시아의 유라시아적 정체성에 대한 최초의 본격적인 숙고는 제

---

[5] 사이드는 동양을 관계하는 독특한 방식으로서 오리엔탈리즘에 관한한 프랑스나 영국 정도는 아니라고 해도, 러시아도 독일, 스페인, 포르투갈, 이탈리아, 스위스 등의 서유럽국가들과 마찬가지로 오랜 전통을 가지고 있다고 말한다. 이에 대해서는 E. W. 사이드, 『오리엔탈리즘』, 박홍규 옮김(교보문고, 1999), 14~15쪽 참조.

[6] 예컨대 대표적 범슬라브주의자인 다닐렙스키(Н. Я. Данилевский)는 유럽 문명이 인류 문명의 최고의 체현이라는 대표성을 거부하고, 세계 문명의 다중심주의에 입각해서 유럽과 아시아와는 구별되는 독특한 역사-문화적 발전 유형으로서 슬라브 세계를 선구적으로 제시했다. 이에 대해서는 신범식, 「고전적 유라시아주의의 두 측면에 대한 일고찰」, 390~391쪽 참조.

[7] 제정 러시아 말기 제국주의적 정책이 더욱 일반화되고 소위 '황화론(黃禍論)'과 '정아론(征亞論)'이 지식인 사회의 아시아 담론을 지배하는 가운데, 이른바 '동양주의자들(восточники)'로 알려진 좌절한 슬라브주의자들-대표적으로 우흐톰스키(Э. Э. Ухтомский), 비테(С. Ю. Витте), 코쥐노프(Б. Кожинов) 등-은 지리적, 인종적, 문화적 차원에서 러시아와 동양의 동질성과 정치적 차원에서 서구 제국주의에 대한 대응을 통해 상호 존중과 평화공존에 기초한 유라시아적 연대와 협력을 모색하였다. 당대의 '황색 러시아(Желтая Россия)' 운동을 지지했던 동양주의자들의 대표격인 우흐톰스키는 러시아 내부의 동양은 물론이고, 외부의 동양, 특히 중국과 인도와의 유기적 친화에 대한 새로운 이론을 정초하면서, "아시아, 우리는 언제나 그것에 속했다. 우리는 아시아의 삶을 살아왔고, 그것의 관심을 느껴 왔다. 우리를 통해서 동양은 점차적으로 스스로에 대한 인식과 보다 높은 삶에 이르게 되었다"라고 주장했다. 이에 대해 자세한 것은 S. K. Pandey, "Asia in the Debate on Russian Identity." *International Studies* 44.(2007), p.326; 정희석, 「제정 러시아 말기의 아시아연대론」, 『中蘇研究』 통권105호(2005), 167~198쪽 참조.

정 러시아의 몰락과 소비에트 연방의 성립이라는 유라시아 공간에서 벌어진 역사적 대격변에 의해 계기 지워졌다. 이를 주도한 것은 러시아에 대한 유럽과 아시아의 영향을 인식하고, 동시에 양자로부터 구별되는 제3의 세계로서 러시아의 고유성을 자각한 망명 지식인 집단인 소위 고전적 유라시아주의자들이었다. 하지만 1920~1930년대에 걸친 '러시아의 길'에 대한 국외에서의 치열한 논쟁에도 불구하고, 당시 소비에트 연방 내에서 러시아의 정체성 논쟁은 마르크스-레닌주의 이데올로기의 독점적 군림 속에서 설 자리를 잃었으며, 공식 이데올로기의 영향력이 다소 줄어든 포스트 스탈린 시대에 이르러 일시적으로 관심을 끌었다.

페레스트로이카와 글라스노스트 시대는 지배 이데올로기의 파편화와 함께 러시아의 정체성 논쟁을 위한 새로운 공간을 제공했고, 정체성의 문제는 담론적 차원뿐만 아니라 국내외 정책의 차원과도 밀접하게 관련되어 활발하게 논의된다. 포스트소비에트 시대에는 초기의 신(新)서구주의적 입장의 한계가 점차 드러나면서 소위 신(新)유라시아주의가 주목받기 시작하였고, 특히 아시아적 가치와 원리에 대한 관심이 부활된다. 말하자면 러시아의 새로운 정체성은 동양적 원리와 서양적 원리 중의 어느 하나에 대한 배타적 옹호와 선택에 의해서가 아니라 양자에 대한 통합적 사고에 기초한 새로운 유라시아적 전망을 구체화함으로써 확보될 수 있다는 주장이 설득력을 얻게 되었다. 바로 여기에서 '동양에 대한 인식과 평가'의 문제가 새롭게 부각된다.

돌이켜 보건대, 서구 유럽의 오리엔탈리즘의 영향 하에서 (반)주변부 혹은 (반)중심부의 위상을 강요받거나 자임해 온 러시아에서 동양은 유럽적 정체성 혹은 슬라브적 정체성의 추구과정에서 하나의 실체로서가 아니라 서양과 반대되는 형상, 관념 혹은 경험으로서 취급되었고, 서양을 정의하기 위한 타자로서 이차적이고 부정적인 역할을 수행해 왔다. 지리적 실체는 말할 것도 없고, 역사적 실체이자 문화적 실체이기도 한 동양은 '현실의 지리학'이 아니라 '상상의 지리학'에 기초한 가상과 허구의 이미지, 즉 독특한 러시아적 오리엔탈리즘에 의해 규정되어 온 것이 사실이다.

이러한 맥락에서 러시아 지성사에서 러시아의 정체성에 대한 유라시아적 전망의 구체화인 유라시아주의는 일종의 '인식론적 전환'으로서 간주될 수 있다. 러시아의 동양성이 지정학적, 지경학적, 지문화적 실체라고 할 때, 문제는 그것에 대한 상상적 구상이 아니라 현실적 담론이다.

이러한 관점에서 본고는 다양한 유라시아적 전망들 속에서 드러나는 동양에 대한 인식과 평가를 비판적으로 비교분석해 보고자 한다. 여기에서 핵심은 동양이 유라시아적 정체성의 구성적 실체인가 혹은 러시아의 자기인식을 위한 도구적 범주인가의 여부일 터인데, 그것이 다양한 유라시아주의 담론의 이론적 정합성과 실천적 진정성을 가늠하는 중요한 척도이기 때문이다. 덧붙여 특별히 주목할 것은 서양에 대한 러시아의 양가적이고 모순적인 관계가 그것의 동양과의 관계에 영향을 끼쳤으며, 많은 경우 러시아와 동양의 관계는 오히려 러시아와 서양의 관계에 비춰 비로소 의미를 획득했다는 일종의 역사적 역설이다.

주지하다시피 고전적 의미에서 유라시아적 공간은 소비에트 연방의 해체와 함께 정치적 차원에서는 고유한 전일성(全一性)을 사실상 상실했다. 하지만 역사적, 문화적 차원에서 유라시아성은 여전히 실재적이며, 유럽과 아시아로부터 구별되는 유라시아 공간의 고유성과 변별성을 최종적으로 규정하고 있다. 이에 유라시아적 전망들, 특히 그것들 속에서 동양에 대한 인식과 평가는 단지 러시아라는 지리적 경계 내에만 머물 수 없다. 유라시아주의에 관련된 동양에 대한 러시아적 시각들과 러시아의 내외부에 존재하는 동양적 시각들은 엄밀하게 관계 지워지고 비교분석되어야 한다. 이러한 대화적 만남을 통해 유라시아라는 다민족, 다신앙, 다문화 공동체의 상생의 담론으로서 유라시아주의의 잠재성과 현실성이 온전하게 조망될 수 있기 때문이다.[8]

유라시아적 정체성의 인식에서 동양의 위상에 대한 고찰은 일차적으로 유라시아의 실체적 성격을 해명하고, 나아가 유라시아주의의 이론적 본질을 규명하며, 궁극적으로 유라시아주의에 대한 반성적 지향에 일조할 것이다.

---

[8] 유럽과 아시아라는 두 대륙으로 이뤄진 하나의 공간을 의미하는 '유라시아'라는 용어는, 여전히 논란거리이지만, 이미 상당히 오랫동안 이 공간의 한 부분인 카르파트에서 태평양에 이르는 대지, '러시아'를 일컬어 왔다. 또한 역사적으로 러시아의 유라시아적 토대의 형성은 동양으로의 지리적 외연의 확장과 그것의 문화적 내포의 심화 과정에 다름 아니었다. 말하자면 우선 지정학적 경계로서 동양은 역사의 초기에는 주로 비잔틴과 관련된 동방 기독교(슬라브정교)의 세계와 관계되었고, 13~15세기에는 몽골로 대표되었으며, 16~19세기를 지나면서 러시아의 제국주의적 팽창과 함께 우크라이나와 흑해, 카프카스, 중앙아시아, 시베리아, 극동아시아에까지 이르게 되었고, 마침내 20세기 이후에는 러시아의 권외 세계, 즉 중국, 한국, 일본 등 동아시아로까지 확대되었다. 이와 함께 문화적 경계로서 동양은 '타타르의 지배'와 '표트르의 개혁'이라는 역사적 결절점을 통과하면서 동방 기독교로부터 점차 이슬람교, 힌두교, 불교, 유교 등의 다양한 문화권으로 심화되었다. 본고에서는 '유라시아'와 '동양'이라는 범주의 이러한 역사적 역동성을 전제하면서, 무엇보다도 유라시아적 정체성 혹은 전망의 맥락에서 차르-소비에트 러시아의 지리적 토대로서 '유라시아'를, 그것의 구성적 한 축으로서 '동양'을 논의의 중심 범위로 삼고자 한다.

2. 유라시아주의 속의 동양

'러시아의 길'로 상징되는 러시아 문화의 고유성과 자주성에 대한 탐색을 주요한 이론적 실천적 과제로 삼는 고유한 담론의 하나인 유라시아주의는 러시아 지성사 속에서 결코 짧지 않은 역사를 지니고 있다. 그것은 러시아 역사의 격변기에 일종의 '전환시대의 논리'로서 반복적으로 등장한다.

그 최초의 형태는 1917년 러시아 혁명 이후 새로운 러시아적 삶의 대안을 모색하고 있던 망명 지식인들 사이에서 널리 퍼져 나갔던 이른바 '고전적 유라시아주의'이다. 그 후 고전적 유라시아주의는 자칭 '마지막 유라시아주의자'였던 구밀료프(Л. Н. Гумилев)에 의해 계승되었다. 그리고 바야흐로 세계화 시대라는 새로운 역사적 단계에 조응하여 지난 시대의 유라시아주의적 원칙들을 혁신적으로 발전시키면서 대안적 담론의 하나로 '신유라시아주의'가 등장하게 된다.

지적했듯이 동양의 요소에 대한 새로운 인식과 평가는 러시아 지성사에서 유라시아주의를 두드러지게 만드는 변별적 특징이다. 유라시아주의에서 동양은 단순히 지리적 경계의 표지가 아니라 유라시아성이라는 역사적, 문화적, 정치적 성격을 규정하는 또 하나의 핵심적 요소이다. 하지만 고전적 유라시아주의에서 신유라시아주의에 이르기까지 담론적 진화의 과정 속에서 동양은 실로 다양한 색채와 경향성을 부여받았다.

1) 고전적 유라시아주의에서 동양

20세기 초 러시아 사상의 르네상스 시대에 등장한 고전적 유라시아주의[9]는 '러시아의 길'이라는 문제를 숙고하면서 독자적인 실체로서의 러시아에 대한 새로운 관점의 필요성을 우선적으로 제기하였다. 고전적 유라시아주의의 출발이 유라시아 민족들의 원초적인 고유성과 원칙적인 자주성에 대한 탐색이었다면, 그것의 결과는 서양적인 것과 동양적인 것의 공존과 상생에 대한 인식이었다.

고전적 유라시아주의자들은 러시아를 무엇보다도 유라시아라는 지정학적 공간에 위치한 독특한 역사적·문화적 세계로 규정하였다. 서양과 동양이라는 두 세계의 경계에 위치하는 제3의 대륙으로서 유라시아는 독자적 발전장(месторазвитие)이며, 그것은 역사적으로 유럽 문화와 아시아 문화의 고유한 연결과 종합이라는 러시아 문화의 본질적이고 대안적인 성격을 결정한다.[10]

고전적 유라시아주의는 러시아 문화의 고유성과 존재성에 대한 후기 슬라브주의적 전통을 발전적으로 계승하는 가운데, 그 자체를 부정하는 서구주의에 반대하고, 동시에 동양적 요소를 적극적으로 평가하였다. 유라시아주의는 타타르-몽골로 대표되는 투르크 유목민의 세계를 러시아의 역사에 처음으로 포함시켰으며, 슬라브와 투

---

[9] 대표적 이론가로는 언어학자이며 문화이론가 트루베츠코이(Н. С. Трубецкой), 지리학자이자 경제학자 사비츠키(П. Н. Савицкий), 예술학자 숩친스키(П. П. Сувчинский), 역사학자 베르나츠키(Г. В. Вернадский), 철학자 플로롭스키(Г. В. Флоровский), 카르사빈(Л. П. Карсавин), 인문학자이자 문학연구가 야콥슨(Р. О. Якобсон), 사회평론가 스뱌토폴크-미르스키(Д. П. Святополк-Мирский), 인문학자 코제브니코프(А. В. Кожевников), 문화-문학연구가 일린(В. Н. Ильин), 법학자 알렉세예프(Н. Н. Алексеев), 작가 이바노프(В. Н. Иванов), 역사학자 비칠리(П. М. Бицилли) 등이 있다.

[10] Евразийство(формулировка), *Евразийская хроника.* Вып. 9(Париж, 1927), С.3.

르크의 공생을 러시아 역사의 중심적 사실로서 인식하였다. 아시아 세계는 단순히 질료가 아니라 러시아 역사의 능동적 주체, 형식-형성적 요소로 간주되었던 것이다.

러시아 역사에서 동양적 요소의 재인식이라는 차원에서 고전적 유라시아주의자들에게 몽골제국은 핵심적 대상이다. 몽골제국은 유럽에 대한 러시아의 상대성과 나머지 비(非)서구 세계에 대한 러시아의 보편성을 주장하는 논거로서 제시된다. 몽골제국－특히 칭기즈 칸의 유산－은 시공간적으로 러시아에 다양성 속에서 드러나는 고유성과 함께 보편성을 제공했는데, 유라시아주의자들에 따르면, 동양과 서양이라는 이중적 속성을 함께 지닌 국가만이 세계의 중심이 될 수 있기 때문이다.[11] 말하자면 광활한 영토를 통일했던 몽골제국은 단일한 공간으로서 유라시아가 요구하는 자연적이고 역사적인 과제를 실현했으며, 러시아인들에게 향후 러시아 국가성의 중심을 이루는 제국적 전통을 심어 준 것으로 평가된다. 또한 몽골제국은 유라시아주의자들에게 종교적인 모델이었다. 타종교에 대한 관용에도 불구하고 고유한 중심주의를 통해서 몽골제국은 일종의 문화적 원칙으로서 유라시아의 권위주의를 표현했다. 따라서 몽골 제국 시대는, "타타르 시기가 없었다면 러시아는 존재할 수 없었을 것이다"[12]라는 사비츠키(П. Н. Савицкий)의 주장처럼, 러시아의 역사에서 암흑기 혹은 고난기가 아니라 자율적 러시아 문

---

[11] 유라시아주의자들은 러시아 이념의 반(反)서양적 벡터와 친(親)동양적 벡터의 단초이자 메시아적 권리의 정당화 기제였던 '모스크바 － 제3로마' 이론을 변형하여 취하였는데, 세계의 지리적 중심이 비잔티움으로부터 몽골을 거쳐 모스크바로 전이되었다는 것이다.

[12] П. Н. Савицкий, "Степь и оседлость," *На путях. Утверждение евразийцев.* Кн. 2(М., 1922), С.342.

화의 성립기인 셈이다.

고전적 유라시아주의에 따르면, 타타르-몽골과 러시아의 오랜 기간의 상호적 문화 변용은 공통의 국가 건설에 국한되지 않는다. "투르크인들의 러시아화와 함께 러시아인들의 투르크화가 진행되었고, 이 두 요소의 유기적 혼용은 독특한 새로운 전체를 창조했으며, 그것은 단순히 슬라브적이기보다는 슬라브-투르크적인 새로운 러시아의 정체성이었다."[13] 모스크바 공국은 국제 정치의 영역에서 스텝(초원)제국의 연속성을 체현하였고, 러시아의 동방진출은 제국의 계승자로서 자기 역할의 실현이었다. 따라서 카프카스, 중앙아시아 그리고 극동의 통합은 자발적이고 자연스러우며 비폭력적인 행위로서 기술된다. 타타르의 지배는 러시아의 동양성과 제국으로서 그것의 사명을 인식하는 역사적 계기가 되었다는 것이다.

이처럼 고전적 유라시아주의자들은 러시아의 동양성에 대한 적극적인 주장을 펼쳤는데, 그들에게 러시아는 유럽보다는 아시아에 훨씬 더 가깝다. 하지만 동양에 대한 고전적 유라시아주의자들의 관심은 아시아 그 자체가 아니라 러시아의 동양성의 실현이었으며, 그것은 서양에 대적하는 손쉬운 방법이었다. 따라서 그들에게서 동양은 단지 러시아의 동양이었으며, 내적인 이국주의였다. 스텝의 세계는 러시아의 거울이며, 그것은 유라시아주의자들이 어떻게 다뤄야 하는지를 알지 못하는 진정한 타자성을 표현하는 그 자체로서의 아시아와는 구별된다. 이처럼 몽골제국으로 대표되는 동양에 대한 고전적 유라시아주의의 해석은 다분히 선택적이고 따라서 제

---

[13] Н. С. Трубецкой, "Наследие Чингис-хана: взгляд на русскую историю не с Запада, а с Востока," *История, культура, язык*(М., 1995), С.248.

한적이었다.

이러한 역설은 종교와 관련해서 더욱 분명하게 드러난다. 고전적 유라시아주의자들은 고유한 기독교적 감정을 결코 포기하지 않는다. 고전적 유라시아주의는 러시아 문화의 지배-이념(идея-правительница)의 근간을 러시아 민중의 원초적인 종교적 심성과 세계인식에서, 다름 아닌 슬라브정교에서 찾는다.[14] 비록 고전적 유라시아주의자들은 다른 종교를 부정하지 않지만, 슬라브정교만을 러시아 문화가 고유성과 정신성을 간직할 수 있는 유일하게 바람직한 기독교의 형식으로 간주한다. 나아가 유라시아 세계에서 문화의 유기적 통일은 참된 보편적인 신앙인 슬라브정교에 의해서만 가능하기에 그것의 통일성은 오직 러시아 민족에게서만 간직된다고 주장하기에 이른다.[15] 따라서 러시아 정교와 동양의 종교들 사이의 어떠한 종합도 사실상 불가능하며, 러시아정교와 동양의 종교들 사이의 근접성에 대한 발언은 단지 외면적 수사에 불과하게 된다.[16] 비(非)기독교적 동방은 러시아에게 바로 타자, 낯섦의 체현인 것이다. 동양의 종

[14] 이에 관해 카르사빈은 "모든 개성들과 마찬가지로, 문화는 그것에 전형적인 특질들에 의해서, 인종적 자질들의 집합에 의해서 그리고 지리적인 경계들에 의해서가 아니라 그것의 본질, 즉 그것의 이념이라 불리는 것에 의해서 규정된다. (……) 문화는 그것의 종교적 특질 속에서 무엇보다도 완전하게 이해되는데, 왜냐하면 그것은 그 속에서 보다 완전하게 실제화하며, 종교적인 특질 없이는 그것은 비(非)규정적으로 발육부진상태로 남게 된다. (……) 본질적으로 종교는 문화를 창조하고 규정하며 문화는 종교적 현상 중의 하나이되 그 반대는 아니다"라고 주장하였다. Л. П. Карсавин, *Философия истории*, (СПб., 1993), C.166~199.

[15] 카르사빈과 알렉세예프 등은 문화 영역에서 교회의 역할을 추상화하여 사회 영역에서 최소 교회로서 국가의 기능을 이상화, 절대화하였는데, 이러한 경향은 고전적 유라시아주의가 절대 체제의 지배 이데올로기에 포섭되거나 영합하게 되어 궁극적으로 자기 분열하는 원인으로 작용하였다. 여기에서 베르쟈예프(Н. А. Бердяев)는 '교회의 권위에 의지한 국가적 전체주의의 강화'라는 의도를 일찍이 간파했다.

[16] 유라시아주의자들에 의해 조상 숭배, 자연 숭배에 기초한 동양의 종교는 러시아인들의 종교적 심성에 너무나 낯선 것으로 간주된다. 이슬람 교의는 너무나 빈약하고 진부하며 속된 것으로서, 일종의 다신론으로서 불교의 열반은 성스러움에 대한 추구가 아니라 정신적 자살행위로서, 그리고 유일신 개념의 부재 때문에 힌두교도 신비적이고 미신적인 의례로서 평가된다. 이에 대해서는 М. Рарюэль, "Мыслить Азию или мыслить Россию," *Неприкосновенный запас*. № 3(29), (2003), http://magazines.russ.ru/nz/2003/29/lar.html(검색일: 2009년 3월 5일) 참조.

교에 대한 유라시아주의자들의 개방성도 순전히 이론적이다. 유라시아는 다민족적, 다신앙적 공간으로 기술되지만, 러시아정교만이 미래의 유라시아 국가의 이데올로기를 표현할 가치가 있는 것으로 간주된다. 서양에 충격을 가하고 그것으로부터 스스로를 구별 짓기 위해 유라시아주의자들은 아시아 민족들의 문화를 인정하지만, 결코 자신을 이 문화의 통합적 부분으로 사고하지 않는다. 유라시아주의에서 동양적 요소들은 단지 서양적 요소들에 대한 반(反)명제로서 러시아적 정체성의 재구성을 위해 소환될 뿐인 것이다.

결과적으로 '동방으로의 출발(Исход к Востоку)'[17]은 러시아 역사의 고유성과 자주성의 맥락에서 동양적 요소에 대한 새로운 인식과 평가의 시도이지만, 서양과의 관계에서 러시아의 특수성을 정당화하기 위한 동양의 일방적 전유이며, 아시아성의 긍정은 유럽성의 부정을 위한 소극적 규정인 셈이다.

이와 같은 고전적 유라시아주의자들의 동양에 대한 태도는 몽골적 요소에 대한 비(非)역사적 이상화에 의한 지나친 동양중심주의(востокоцентризм)으로 비판받았지만, 러시아정교 중심의 분리주의 혹은 선민사상에 입각한 소위 '미래주의 시대의 슬라브주의적 경향'[18]이 훨씬 강했다고 볼 수 있다. 따라서 그것은 유라시아 내에서 슬라브 민족의 헤게모니적 역할에 대한 근본적인 비판과 회의를 낳는 시발점이 된다. 왜냐하면 다민족, 다신앙, 다문화 공동체인 유라

---

[17] 『동방으로의 출발. 예감과 성취. 유라시아주의자들의 주장(Исход к Востоку. Предчувствия и свершения. Утверждение евразийцев)』은 1921년 불가리아의 소피아에서 출간된 공동 논문집으로 고전적 유라시아주의의 태동을 알린 최초의 저작으로 간주된다.

[18] Ф. А. Степун, "Россия между Европой и Азией," *Новый журнал*. Кн. 69. (М., 1962), C.255.

시아에서 특정 민족, 특정 신앙, 특정 문화 자체에 배타적 선차성(주도성)을 부여하는 것 자체가 대단히 문제적이기 때문이다.[19)]

2) 신(新)유라시아주의에서 동양

1980년대 중반 이후 새롭게 등장한 유라시아주의, 즉 신유라시아주의[20)]는 고전적 유라시아주의와 마찬가지로 새로운 '러시아의 길'의 추구라는 시대적 요구에 대한 대응이다. 이러한 유라시아주의에 대한 새로운 관심은 러시아라는 다일적(多一的) 공동체를 통합할 수 있는 지배 이념의 상실과 부재에 의해 근본적으로는 동기 지워지지만, 1920년대와 유사하게 보다 직접적으로는 이른바 낡은 이념에 대한 대안으로 간주되었던 개혁 이념, 즉 서구적, 자유주의적 모델과 세계화에 대한 반감에서 비롯되었다.

주지하다시피 신유라시아주의도 러시아 현대사의 소용돌이 속에서 역동적인 진화를 겪어 왔으며, 이론적, 실천적 차원에서 내외적 다양성이 두드러진다. 하지만 마찬가지로 그 과정에서 동양적 가치와 원리에 대한 인식과 평가는 가장 핵심적인 문제들 중의 하나로 작동하고 있다.

동양의 문제에 관한 한 신유라시아주의는 19세기 낭만적 오리엔

---

19) 고전적 유라시아주의에 대한 비판적 견해에 대해서는 오원교, 「신(新)유라시아주의 ― 세계화 시대의 러시아적 대안 문화론」, 『슬라브학보』 제20권 1호(2005), 173~174쪽; 신범식, 「고전적 유라시아주의 의 두 측면에 대한 일고찰」, 277~282쪽 참조.

20) 신유라시아주의의 대표적인 이론가로는 두긴(А. Г. Дугин), 파나린(А .С. Панарин), 카라-무르자(А. А. Кара-Мурза), 침부르스키(В. Л. Цимбурский), 파스투호프(В. Б. Пастухов), 티타렌코(М. Титаренко), 예 라소프(Б. С. Ерасов), 코쥐노프(В. В. Кожинов), 말랴빈(В. В. Малявин), 파쉔코(В. Я. Пащенко), 체 스노코프(Г. Д. Чесноков) 등이 있다.

탈리즘의 영향을 받은 고전적 유라시아주의의 동양에 대한 이상화를 공유하지 않는다. 신유라시아주의자들은 이슬람 근본주의에 대한 두려움을 지니며, 중앙아시아와 몽골의 문화에 대한 특별한 애착을 가지고 있지 않다. 오히려 그들은 경제적 역동성의 본보기로서 아시아-태평양 지역을 선호하기도 한다.[21]

러시아적 틀뿐만 아니라 보다 넓은 규모에서, 즉 유라시아적 틀 혹은 세계적 범위에서 문화적 복수성의 유지와 발전은 신유라시아적 구상의 본질적 특성이며, 그것은 일종의 폭넓은 '보수적 다원주의(консервативный плюрализм)'로 칭해진다. 신유라시아주의는 서구가 반(反)슬라브주의적, 반(反)이슬람적 노선을 견지하는 만큼 반(反)서구적 입장을 견지한다. 또한 신유라시아주의는 고전적 유라시아주의에서 한계로 지적되었던 신(新)슬라브주의, 동양중심주의, 종교중심주의를 거부한다. 특히 서양적/동양적, 슬라브적/투르크적 요소들의 미래적 통합은 순전히 종교적인 토대 위에서는 불가능하며, 여기에서 어떠한 세계교회주의(экуменизм)도 도움이 되지 못한다고 인식한다. 따라서 종교적 요소를 특수한 문명적 요소로서 포괄하는 인본주의적 '메타언어(метаязык)'의 창조가 필수적이라고 간주한다. 한마디로 종래의 '러시아의 이념'을 넘어서는 '유라시아의 이념'이라는 유라시아 문화의 새로운 근간의 발견과 긍정의 노력이 필요하다는 것이다.

이와 같은 맥락에서 신유라시아주의자들은 러시아를 세계화 시

---

[21] 이러한 경향은 소비에트 연방의 해체에 따른 유라시아 공간의 전일성의 상실과 냉전체제의 종식과 더불어 다극적 세계 질서의 출현에서 비롯된다. 이에 대해서는 А. Умланд, "Постсоветские правоэкстремистские контрэлиты и их влияние в современной России," *Неприкосновенный запас.* № 1(57), (2008), http://magazines.russ.ru/nz/2008/1/um8.html(검색일: 2009년 3월 5일) 참조.

대의 거대한 문화 혁명의 중심축이 되어야 한다고 생각한다. 유라시아 문화는 미국적 삶의 형상을 복사하는 단일한 양식의 아틀란티스적 문화의 획일화, 동질화에 대한 대안이 되어야 한다는 것이다. 이러한 의미에서 신유라시아적 구상에서 러시아의 문화적 사명의 범인류적 중요성은 분화되고 자유로우며 문화적으로 다극적인 세계의 발전에 기여하는 데 있다. 유라시아주의의 대륙적 구상은 새로운 세계 질서와 아틀란티스주의의 무한한 지배에 대한 지구적 문화의 대안적 출발점으로서 세계적인 의미를 갖는다.

신유라시아주의의 대표적 이론가인 파나린(A. C. Панарин)은 과거의 모더니즘 시대와는 달리 현대의 포스트모더니즘 시대를 경제(물질)가 아니라 문화(정신)가 지배하는 시대로 파악한다. 따라서 현대는 물질주의에 예속되어 있는 인간을 구원할 수 있는 일종의 '세계 이념'이 필요하다고 주장한다. 그의 견해에 따르면 포스트소비에트 공간의 전일성의 회복은 근본적으로 이러한 새로운 시대정신과 사명을 유라시아 민족들이 어떻게 자기화하느냐에 달려 있다. 이에 신유라시아주의는 러시아적 고립주의는 물론이고 러시아정교적 근본주의에 기초한 범슬라브주의 구상의 전개에도 대응할 수 있는 유일하게 확실하고 효과적인 방안으로 인식된다. 그리고 바로 여기에서 유라시아주의적 전망의 의미화와 정당화의 근거가 발견된다.[22]

하지만 파나린은 점차 유라시아주의적 입장에 대한 강조 대신에 러시아 민족주의의 고유한 주제인 러시아 문명의 변별성에 대한

---

[22] 이에 대해서는 A. C. Панарин, "Евразийский проект в постиндустриальную эпоху," *Социальная теория и современность. Евразийский проект модернизации России: "за" и "против."* (М., 1995) 참조.

러시아 정교의 공헌으로 관심을 이동하였다. 유라시아주의 이념들은 미국적 세계화에 대한 저항에서 러시아정교의 문명 혹은 러시아의 사명에 대한 보다 보편적인 시각 속으로 용해되었다. 정교와 이슬람이 공유하던 미래의 유라시아국가의 위대한 전통의 이념은 동방 정교가 유라시아 문명의 중심적 주제가 되면서 뒤로 밀려나게 된다. 러시아의 본성이 정교 문명 속에 내재한다는 주장은 러시아의 정체성에서 종교의 역할에 대한 보다 독단적인 주장과 정교를 믿는 슬라브족들 사이의 자연적인 연계에 대한 믿음을 내포한다. 그에 따르면 투르크 세계는 러시아의 중요한 동양적 요소이지만, 수많은 무슬림들을 통합할 수 있는 유일한 힘은 기독교 국가로서 러시아이다. 즉 러시아는 제국의 복원에 기초가 되는 문명적 다원주의의 지구적 보호자로서 행위한다는 것이다. 파나린은 투르크-무슬림 세계에 대한 긍정적인 시각을 지니지만, 본질적으로 그 자체로서가 아니라 러시아 정체성의 한 요소로서만 간주한다. 이슬람에 대해서도 현실적 동맹자이면서도 동시에 실제적 경쟁자로서 인식한다. 파나린은 슬라브와 투르크 세계뿐만 아니라 오히려 러시아와 극동 아시아의 통합을 중요시해야 한다고 주장한다: "서양의 헤게모니적 야망과 이슬람의 팽창주의에 대해 러시아는 중국과 극동의 호랑이들과 연계하여 대응해야 한다."[23]

이처럼 범슬라브적 보수주의 전통을 계승하고 근대화된 민족주의를 제안하는 파나린의 신유라시아주의는 구밀료프의 생물학 이론과 두긴의 극우적 지정학보다는 고전적 유라시아주의에 더욱 가

---

23) А. С. Панарин, "Парадоксы европеизма в современной России." *Россия и мусульманский мир.* №3. (М., 1997), С.12.

깝다. 그러나 비(非)러시아 문화, 특히 이슬람 문화를 포함하는 유라시아의 정체성을 정교 문명으로 정의하려는 시도는 근거미약하다. 유라시아가 정교 문명과 엄격히 동일시된다면, 유라시아주의는 단순히 고전적인 러시아 민족주의의 수단에 불과하며, 제국은 동양에 대한 러시아의 패권적 의지의 표명에 다름 아닌 것이기 때문이다. 결과적으로 파나린의 정체성 담론은 다름에 대한 지나친 추구에서 맴돌 뿐 공존에 대한 대안적 사고로 나아가지 못하였다.

한편, 또 다른 신유라시아주의의 대표적 이론가 두긴(А. Г. Дугин)은 일찍이 고전적 유라시아주의자들의 사상을 발전적으로 계승하고 확장하는 데 앞장섰지만, 유라시아 제국의 역사적, 지리적, 종교적 정당성에 관한 이념들을 발전시키기보다는 메타과학이자 세계관으로서 사회와 역사에 대한 해석의 체계인 유라시아의 지정학을 정초하는 데 노력을 집중하였다. 그는 바로 지정학적 벡터의 통일 속에 키예프 러시아, 모스크바 공국, 로마노프 러시아, 소비에트 러시아, 그리고 현대 러시아라는 먼 현상들을 통합할 수 있는 현실적 중심이 있다고 역설한다. 따라서 그는 유라시아의 분열은 반(反)역사적이고 비(非)윤리적이며, 미래에 대한 어떠한 밝은 전망도 제시하지 못하는 것으로 간주한다. 여기에서 유라시아 민족들 사이의 새로운 상호 관계와 새로운 민족공동체의 건설 방안, 즉 모든 민족들을 가치 충만한 미래로 인도할 수 있는 안내망으로서 신유라시아주의가 제기된다. 유라시아적 이념에 기초하고 유라시아적 문화에 의해 구축되는 유라시아적 정체성만이 서구 문화의 헤게모니적 영향과 지배에 맞서 조화로운 세계문화공동체를 세우는 첩경이라는 것이다.[24] 두긴의 지정학은 한층 더 유라시아적인데, 과거의 사회주의 블록을 포함하는 국제적 차원에서의 유라시아주의를 제창하였다. 그는 세계화와 민족국가의 유지라는 현재적 대안을 거부하고 지역적 제국의 창설을 요구하면서 유라시아를 집단적 자치 제국(коллективный имперский суверенитет)으로 제시하였다: "몇몇 지역적 제국으로 구성되는 다극적 세계라는 유라시아적 해결책만이 미국에 의해 주도되는 현재의 세계화 과정에 맞설 수 있는 강력한 이론적 잠재력을 지닌 확실한 대안이다. 러시아는 대서양주의에 대한 역사적 대안을 추구하는 화신이며, 여기에 그것의 지구적 사명이 있다."[25] 이러한 차원에서 두긴은 고전적 유라시아주의의 동-서양의 대립을 넘어 대공간의 연합 - <러시아-독일-일본-이란> // <미국-영국-중국-터키> - 을 주창한다.

두긴은 범슬라브주의와 군주제주의와 같은 인종중심주의적 민족주의를 낙후된 시각으로서 거부하고, 민족감정에 대해 국가 권력을 우위에 두고 미래에 초점을 두는 합리적이고 냉정한 민족주의를 옹호한다.[26] 두긴은 민족주의적 기획은 지적이고 올바르며 볼품 있는 일종의 '계몽된 민족주의'이어야 하며,[27] 특히 다른 민족들에 대한 문명적 사명과 함께 러시아 문화와 민족의 개방성을 강조하면서, '증오의 민족주의'가 아니라 '사랑의 민족주의'를 설파한다.[28] 그는 민족적 볼셰비즘을 정치화된 전통주의, 메시아적 희망

---

[24] А. Г. Дугин, "Евразийская платформа," *Независимая газета.* 15 Ноября 2000.

[25] А. Г. Дугин, *Наш путь: стратегические перспективы развития России* (М., 1999), С.47.

[26] 하지만 두긴은 인종 문제에 다소 모호한 입장을 취한다. 홀로코스트를 이유로 나치의 인종주의를 비난하면서도 독일 중심의 유럽 재편을 전망하며, 반(反)유대주의에 대한 비판을 지지하면서도 민족의 영혼으로서 인종에 대한 시각을 공유한다. 인종과 지정학, 민족주의와 국가를 명확히 대립시키고, 후자를 취하면서도 문명적 차이를 명확히 하기 위해 인종이라는 용어를 사용한다.

[27] А. Г. Дугин, *Евразийская миссия Нурсултана Назарбаева,* (М., 2004), С.144.

[28] А. Г. Дугин, "Единственный возможный национализм для России — национализм любви,"

의 근대적 표현으로 간주하고, 독일의 국가사회주의에서 제3의 길의 가장 완전한 체현을 발견한다.[29] 신유라시아주의자로서 두긴은 러시아 민족주의를 지구적 차원에서 펼쳐 보이고, 다양한 서구 사상의 매개자로서의 역할을 수행했다. 그는 다양한 정치적 근본주의를 근대화하고, 지정학 이론을 통해 러시아에 초강대국의 지위를 부여하며, 위계성과 전쟁을 찬미하는 등, 그의 이론적 색채는 너무나 복잡하다.[30]

한편 두긴에게서는 동양적 요소에 대한 인식의 전환을 발견할 수 있는데, 애초에 그는, 고전적 유라시아주의자들과 마찬가지로, 비(非)러시아 민족들, 특히 투르크-무슬림 민족들을 러시아의 유라시아적 정체성이라는 변별성을 확인시켜 주는 중요한 요소로서 인정하면서, 동시에 러시아가 지배하는 다민족적 유라시아와 함께하지 않는다면 잠재적 경쟁자 혹은 적으로서 간주하였다. 하지만 최근에는 급진적 이슬람주의(와합주의)는 대서양적인 것으로 부정하지만, 유라시아제국에서 전통적 이슬람, 수피즘, 쉬아파 등으로 대표되는 투르크-이슬람 세계의 주도적 역할의 가능성에 주목하고 있다. 또한 파나린과 마찬가지로 두긴은 내부의 동양을 넘어 외부의 동양─동아시아와 이란 등─으로 관심을 확대하고 있다.

이처럼 현대 러시아에서 신유라시아주의의 조류적 다원성과 입

---

http://www.vremya.ru/2006/118/4/155877.html(검색일: 2009년 3월 5일).

[29] А. Г. Дугин, *Тамплиеры пролетариата: национал-большевизм и инициатия.*(М., 1997), C.25.

[30] 두긴의 사고 속에는 전통주의, 종말론, 비교(秘敎)주의, 제국주의, 인종주의, 아리안주의, 신비주의, 민족주의 등이 모순적으로 결합되어 있다고 말해진다. 이에 대해 자세한 것은 M. Laruelle, *Russian Eurasianism: An Ideology of Empire,* (Washington, D.C.: Woodrow Wilson Center Press, 2008), pp.107~144 참조.

장의 다양성에도 불구하고, 전반적으로 고전적 유라시아주의의 계승뿐만 아니라 지양 혹은 변형이 나타나는데, 동양에 대한 도구주의적 인식의 강화와 제국주의적 오리엔탈리즘의 상존은 공통적으로 목격된다. 신유라시아주의는 사회-문화적인 차원에서 러시아의 대안적 정체성의 창조 혹은 고전적 유라시아주의처럼 동양에 대한 문화적, 사회적 친근성의 표현이라기보다는 아시아에서 러시아의 지속적인 중요성과 역할의 정당화와 궁극적으로 강대국의 하나로서 그것의 지위에 대한 합리화를 위한 것이다.[31]

말하자면 유라시아의 통합과 발전을 위한 새로운 이념, 새로운 가치의 창출을 위한 시도로서 신유라시아주의는 비록 러시아-슬라브정교적 요소와 투르크-이슬람적 요소의 공생체로서 단일한 유라시아적 문명의 존재 가능성을 역설하지만, 과거의 초제국에 대한 반사적 향수와 메시아적 사명에 대한 지나친 기대에서 비롯되는 러시아의 주도적 역할과 위상의 강조는 아시아적 요소에 대한 정당한 인식을 방해하고 있다. 따라서 민족적 다양성에 대한 수사적 숭배와 소수 민족의 자율성에 대한 기각이 특징적인데, 특히 동양적 원리에 대한 선택적 강조는 권위적이고 전제적인 지배 이데올로기로서 악용될 여지를 낳는다. 이러한 상황에서 그것은 초제국적 민족주의 이념의 부활을 부추기는 위험한 이데올로기적 신화이거나, 특정한 정치세력의 이익에 부합하는 위선적인 정치 강령 혹은 상황 논리에 머물 가능성도 있다. 더구나 다문화성(поликультурность)과 다중심성(полицентричность)이라는 신유라시아주의의 인식론적

---

[31] P. Rangsmaporn, "Interpretations of Eurasianism: Justifying Russia's Role in East Asia." *Europe-Asia Studies*. Vol. 58, № 3. (2006), p.372.

정당성에도 불구하고, 서양/동양, 유럽/아시아와 같은 세계에 대한 이분법적 독해는 여전히 문제적이다.[32]

3. 동양 속의 유라시아주의

지리상으로 유라시아의 동양에서 유라시아주의에 대한 본격적 관심은 러시아에서 신유라시아주의의 태동과 그 시기를 함께한다. 특히 다른 지역에 비해 유라시아성을 훨씬 강하게 담지하고 있는 타타르스탄과 카자흐스탄의 지식인들 사이에서 자기 정체성의 투르크적 요소에 대한 정당한 인식의 요구가 본격적으로 표출된 것은 1980년대 중반의 페레스트로이카와 1990년대 초의 소연방의 해체를 전후한 시기이다. 이 지역에서도 체제전환기의 새로운 정체성의 모색 과정에서 유라시아주의가 대두하게 되었는데, 1990년 중반에는 러시아적 문화와 투르크-무슬림적 문화의 양립성을 둘러싸고 유라시아주의가 주로 담론적 차원에서 논의되었다면, 1990년대 후반 이후, 특히 최근에는 이슬람 종교 단체와 민족 집단뿐만 아니라 정치 조직, 행정 기관을 포함한 사회 전체에서 보다 광범위하게 유라시아주의가 주목받기 시작하였다.

비(非)러시아-동양계 유라시아인들에게 러시아인들의 유라시아주의는 대체로 러시아 민족주의의 배타적 표현으로 받아들여지고,

---

32) 신유라시아주의에 대한 다양한 비판적 견해에 대해서는 오원교, 「신(新)유라시아주의 ─ 세계화 시대의 러시아적 대안 문화론」, 184~186쪽 참조.

따라서 그것의 러시아인-슬라브정교 중심주의 혹은 제국주의적 편향은 주된 비판의 대상이다. "유라시아는 러시아와 동의어가 아니다"라는 한 카자흐스탄 역사학자의 반박처럼,[33] 비러시아계 유라시아주의는 다민족, 다신앙, 다문화라는 유라시아적 공간의 다원적, 복수적 성격에 대한 전제적 인식 속에서 개별 민족의 고유한 권리와 자주적 위상에 대해 독자적인 입장을 제기한다. 비록 러시아에 대한 지정학적 경계－내부인가 외부인가－에 따라 입장이 다르지만, 러시아 유라시아주의의 난제인 메시아주의라는 보편주의적 열망 혹은 분리주의적 요구는 공통적으로 미약하거나 부재한다. 대신에 비러시아계 유라시아주의는 유라시아의 실체적 본성에 대한 철저한 지각 속에서 교향적 관계망의 구축과 대화적 소통의 기초인 지배-이념 혹은 메타언어의 창출을 위해 의미심장한 노력을 기울이고 있다.

1) 비(非)러시아계 러시아인들의 유라시아주의

(1) 무슬림 정당의 유라시아주의

러시아에서 유라시아주의를 표방한 최초의 무슬림 정당은 아흐타예프(Авар Ахмед-Кади Ахтаев)가 1990년 6월 아스트라한에서 타직과 다게스탄의 무슬림들을 중심으로 창당한 <이슬람부흥당(Исламская партия возрождения)>이다. <이슬람부흥당>은 범

---

[33] А. Нисанбаев, Е. Курманбаев, "Евразийская идея Чокана Валиханова," *Евразийское сообщество.* № 2. (1999), С.26.

소비에트 운동으로서 인구의 40%가 무슬림인 소비에트 연방이 통일성을 유지하고, 향후 이슬람 국가가 될 것을 희망하였다. 따라서 연방과 자치 공화국들의 독립에 대한 요구와 모든 종류의 범투르크주의 혹은 인종중심주의 그리고 과거 러시아 제국의 무슬림들 사이에 널리 퍼졌던 전통적 수피즘을 비난하였다. 지정학적 차원에서 아흐타예프는 러시아와 이슬람 국가들 사이의 반(反)서구주의 동맹을 주장하고, 나아가 두 세계의 문화적, 종교적 화해와 공생을 넘어 러시아의 이슬람으로의 개종을 역설했다.[34] <이슬람부흥당>은 이슬람만을 유라시아 대륙의 정신적 심장으로 여기면서 국가의 운명의 결정에서 러시아인들보다 무슬림들을 더 중요하게 간주하여, 결국 무슬림종무청에 의해 근본주의로 비판받았다.[35]

1994년 <이슬람부흥당>이 해체된 후, <러시아이슬람동맹(Союз мусульман России)>, <누르(빛)운동(Движение "Нур")>, 그리고 <러시아이슬람위원회(Исламский комитет России)>가 등장한다. 이 중에서 러시아 태생의 아제르바이잔의 무슬림 사상-활동가, 제말(Г. Джемаль)[36]이 주도한 <러시아이슬람위원회>는 유라시아의 지정학적, 민족적, 종교적 질서에서 무슬림의 지도적 역할을 강

---

34) 이러한 맥락에서 <이슬람부흥당>은 전통적 의미의 유라시아주의의 경계에 위치한다고 평가할 수 있다.

35) Г. Джемал, "Благодаря ИПВ, СССР мог стать восточным союзом России," *Россия и мусульманский мир,* № 8. (2000), С.28~32; В. Садур, "ИПВ – партия сохранения баланса." *Россия и мусульманский мир.* № 8. (2000), С.32~35; М. Салахеддин, "ИПВ – партия интеграции ислама в современное общество," *Россия и мусульманский мир.* № 8. (2000), С.35~38.

36) 주요 저작으로는 『러시아의 반(反)엘리트적 미래(Антиэлитарная судьба России)』(2002), 『러시아의 종말과 미국의 세계 지배(Конец России и американская ночь над миром)』(2003), 『러시아 – 저항의 영토(Россия – территория сопротивления)』(2004), 『이슬람의 해방(Освобождение Ислама)』(2004), 『예언자들의 혁명(Революция пророков)』(2006) 등이 있으며, http://www.archipelag.ru/authors/djemal/ 와 http://www.kontrudar.ru/에서 원문을 접할 수 있다.

조하는 아시아적 판본의 유라시아주의를 제창했다. 옐친 통치 초기에 제말은 정교-러시아인들과 다양한 민족적 배경을 지닌 러시아-무슬림들의 조화로운 공존을 믿었다. 그러나 급진적 이슬람주의자들과 접촉하면서, 세계 공동체를 위협하는 악의 세력인 미국과 선의 세력인 이슬람의 투쟁의 불가피성을 주장하며, 이 과정에서 서구의 영향 아래서 선량한 집단주의와 포괄적 국제주의(지구적 메시아주의)를 상실해 버린, 사멸해 가는 문명으로서 러시아의 역할에 회의적인 시각을 보냈다.[37]

최근의 저작들에서 제말은 서양의 국가들과 다르지 않게 소수민족들을 억압하고 수탈하는 잔인한 국가─강제적 러시아(기독교)화, 집단 이주, 민족 간의 갈등 유발 등─라는 러시아의 또 다른 이미지를 내세우며, 두긴의 신유라시아주의는 제국 러시아와 무슬림, 혹은 소수 민족 일반의 상생을 위한 것이 아니라 억압적 국가 전통의 지속을 위한 혐오스러운 이데올로기라고 강하게 비판한다.

오직 10월 혁명과 소비에트 초기를 예외적 역사로 간주하는 제말은 고통, 격동 그리고 해체를 겪은 후에 러시아 역사의 회귀 가능성을 완전히 버리지는 않는다. 러시아는 추한 제국주의적 전통과 결별하고 무슬림 세계와 동맹을 통하여 스스로를 재구성할 수 있다는 것이다. 하지만 이러한 변화를 당분간 무망한 것으로 판단하면서, 제말은 정의라는 보편적이고 궁극적인 지혜를 가진 무슬림들은 오직 자신만을 믿어야 하고 자신의 힘에 기대야 한다는 결론에

---

[37] 현재의 세계 상황을 주시하면서 제말은 소비에트 체제의 몰락과 함께 러시아 문명도 그것의 정신적 핵심을 상실하였고, 보편적 형제애에 기초한 유라시아제국의 건설이라는 정신적 메시아주의는 우둔한 물질주의와 편협함으로 대체되었다고 평가한다. 그는 러시아 문명의 해체의 주범으로 소비에트 시대의 부정적 유산인 관료주의를 지목하고, 그것이 러시아의 몰락을 가져올 것이라고 예견하였다. 위대한 러시아 문명은 현실이 아니라 기억 속에서만 아직 살아 있다는 것이다.

이르게 된다. 이처럼 제말은 러시아와 무슬림의 상호 작용이라는 유라시아주의의 기본적 매트릭스로부터 모든 종교를 포괄하는 압도적인 교의로서 순전히 이슬람에 기초한 국가를 전망하는 이슬람주의로 전환한다.[38]

한편, 니야조프(А. В. Ниязов)가 중심이 되어 1998년 창설한 <복지운동(Движение "Рефах-Благоденствие")>은 푸틴 정부의 외교 노선을 유라시아주의로 인식하여 지지하였는데, 2001년 <러시아 유라시아당(Евразийская партия России)>으로 전환하면서, 새로운 유라시아의 정신적 가치 체계의 창조를 요구하였다. 당원의 대부분인 카프카스, 타타르, 바쉬키르의 무슬림을 포함한 러시아의 모든 소수 민족의 이해를 대변하면서, 사회주의 없는 포스트소비에트의 전일적 공간의 재구성(Великая Россия - Евразийский союз)을 주창하였다. 특히 (고전적) 유라시아주의를 당의 이념적 토대로 간주하는 <러시아 유라시아당>은 정치적, 경제적, 사회적, 문화적 차원에서 러시아의 매개적 역할을 강조하고, 유라시아인들을 소비에트의 집단주의와는 구별되는 공동체(соборность)의 구성원들로 파악한다. 따라서 그것은 카자흐스탄의 술레이메노프(О. Сулейменов), 나자르바예프(Н. Назарбаев), 키르기스스탄의 아이트마토프(Ч. Айтматов) 등 수많은 유력인사들의 지지를 받았다. 니야조프는 쌍두독수리의 문장을 서/동, 정교/이슬람, 슬라브/투르크 간의 대화의 상징으로 해석하면서, 이슬람이 러시아정교와 함께 도덕적 타락으로부터 구원의 잠재력을 지녔음을 강조한다. 그는 두긴의 메시아주의와 국가

---

[38] 이에 대해 자세한 것은 D. Shlapentokh, "Islam and Orthodox Russia: From Eurasianism to Islamism," *Communist and Post-Communist Studies* 41. (2008), pp.34~43 참조.

파시즘을 경계하고, 유라시아경제공동체, 유라시아연방 등의 구상을 지지하며, 해외의 이슬람 세계와의 선린 관계를 중요하게 여긴다.[39]

니야조프는 두긴과는 달리 무슬림들을 러시아 정교도들과 동등하게, 심지어 러시아인들을 '어린 형제들'로 간주하고, 따라서 보다 넓은 범위에서 러시아인들은 무슬림들과 권력을 분담해야 한다고 믿는다. 니야조프의 유라시아주의는 중앙아시아, 특히 카자흐스탄, 키르기즈스탄과의 밀접한 관계를 함축한다. 또한 그는 미국에 대한 반대에서 중국과 인도의 긍정적 역할에 주목하지만, 특히 중국의 경우 장차 초강대국으로 부상하여 러시아와 이슬람 세계에 미국보다 더 위험한 존재가 될 수 있다고 파악하면서, 현재 중국과 인도를 러시아의 주요한 동맹국으로 여기기보다는 보다 더 적극적인 무슬림 세계의 역할을 기대한다. 따라서 러시아는 무슬림 국가들과 더욱 가까워져야 하며 이슬람 국가 기구에도 참여해야 한다고 주장한다. 두긴과 함께 니야조프도 미국을 러시아-유라시아 전체의 주요한 적으로 간주하고, 미국의 단극체제에 맞서 러시아-유라시아가 지정학적 질서 속에서 적절한 위상을 스스로 개척해야 한다는 데 동의하지만, 미국에 대한 이슬람 세력의 직접적 투쟁에 가담하기를 원치는 않는다.[40]

이처럼 러시아의 무슬림 정당들이 대표하는 유라시아주의는 다소 배타적인 이슬람주의적 경향이 드러나기도 하지만, 투르크-무슬

---

[39] 이에 대해 자세한 것은 <러시아유라시아당>의 홈페이지(http://www.eurasianparty.ru/)의 정강 참조.

[40] 이에 대해 자세한 것은 Shlapentokh, "Islam and Orthodox Russia: From Eurasianism to Islamism," pp.31~34 참조.

림들이 주체적으로 동참하는 유라시아공동체의 재건에 대해서 한 목소리를 내고, 슬라브-정교도들의 메시아적 역할에 대해서는 회의 어린 눈짓을 보내는 가운데, 점차 슬라브/투르크, 정교/이슬람의 화해와 상생의 전망이 힘을 얻어 가고 있는 형국이다.

(2) 무슬림 종단의 유라시아주의

러시아의 무슬림 종교 단체들은 모든 형태의 종교에 기반한 정치적 과격-급진주의를 거부하고, 세속 정권에 대한 단지 간접적인 영향만을 희망하며 충성을 다짐한다. 하지만 이러한 권력에 대한 예속적 입장은 일반 무슬림들의 이해를 완전히 포괄할 수 없기에 역설적으로 보다 급진적이고 반(反)정부적인 운동의 출현을 낳는 계기가 되기도 하였다. 유라시아주의와 관련하여 무슬림 종단에서 가장 핵심적인 문제는 러시아 정교와의 관계이다.

러시아의 가장 대표적인 이슬람 공식 기구인 <무슬림중앙종무청 (ЦДУМ: центральное духовное управление мусульман)>의 종무청장 타주딘(Талгат Сафич Таджуддин)은 러시아정교의 중심적 위상을 인정하고, 이슬람의 충실한 단역의 역할에 만족하면서 양자 사이의 친분관계 유지에 주력한다. 그는 러시아정교의 대주교를 '러시아의 최고의 정신적 지도자'로 받들며, "우리의 조국은 신성한 러시아이다"라고 반복적으로 설파한다.[41] 그는 이슬람을 소수 종교로서 인식하며, 그 외 세계교회주의와 텡그리즘(Tengrism)의

---

[41] Т. С. Таджуддин, "Наша родина – святая Русь," *Программные документы ОПОД <Евразия>*, (М., 2001), С.9.

숭배, 그리고 무슬림 공동체(umma)의 통일에 대한 거부는 무슬림들의 반발을 불러일으켰다.[42] 타주딘은 유라시아주의를 가장 조화롭고 진정한 러시아 애국주의이고, 러시아를 구원하고 그것이 세계적 영향력을 회복할 수 있게 하는 유일한 이데올로기로 간주한다.[43]

이와는 달리 타주딘과 경쟁관계에 있는 <러시아무슬림연맹(CMP: союз мусульман России)>의 가이누트딘(Равиль Гайнутдин)은 러시아정교의 배타성과 독점권 그리고 세속적 지향성에 대해 비판적인 입장을 취하며, 러시아에서 이슬람의 위상을 강조한다. 그에 따르면 중세 이후 유라시아 문명에서 이슬람 문화는 하나의 버팀목이었으며, 이것을 인정하지 않고서 유라시아문화의 본질을 이해할 수 없다.[44] 그는 러시아정교와 이슬람의 등가성에 주목하고, 소수민족에 대한 차별을 낳는 인종주의적 러시아 민족주의(러시아정교중심주의)에 반대하며, 이로 인한 이슬람의 과격화(와합주의)를 우려한다. 또한 러시아의 다신앙성과 다문화성을 강조한다: "우리의[유라시아주의의] 이념은 수많은 민족과 종교의 대표자들이 함께 살고 있다는 원칙에 기초한다. 그것은 수세기 동안의 러시아 역사, 민족들과 종교들의 공존이라는 러시아의 역사적 경험 그리고 러시아 문명의 변별성에 근거해야만 한다."[45] 가이누트딘은 자신

---

[42] 이러한 일련의 입장 때문에 타주딘은 자주 '소비에트 인간(soviet man)'으로 힐난 받는다. 이에 대해 자세한 것은 Laruelle, *Russian Eurasianism: An Ideology of Empire*, pp.157~158 참조.

[43] 하지만 타주딘의 이러한 다분히 친(親)러시아적인 입장은 2003년 이라크 전쟁이 발발하자, 미국을 비롯한 서방세계를 이슬람의 적으로 간주하면서 지하드(성전)를 선포함으로써 돌변했다. 예기치 못한 급진적 발언으로 그는 크렘린의 신뢰를 잃었고, 동시에 사회적 영향력에서 적지 않은 손실을 입었다.

[44] Laruelle, *Russian Eurasianism: An Ideology of Empire*, p.158.

[45] Р. Гайнутдин, "Российская федерация — это ее народы, исповедующие разные религии." *Россия и мусульманский мир*. № 3. (1997), С.4~5.

의 이념을 실현하는 방편으로 모스크바이슬람대학(1999)과 카잔의 러시아이슬람대학(1998) 설립을 지원했다.

이와 같이 러시아 내의 무슬림 종단을 대표하는 타주딘(ЦДУМ) 과 가이누트딘(CMP)은 외견상으로는 동일하게 유라시아적 전망을 내세우지만, 본질적인 차이를 내포하고 있다. 타주딘에게서 유라시아적 정체성이 기본적으로 러시아 중심의 'Русская идентичность' 이라면, 가이누트딘에게서 유라시아적 정체성은 원칙적으로 다원성에 기초한 'Российская идентичность'인 셈이다. 이것은 전자가 두긴의 정당, <유라시아(Евразия)>를 공공연하게 지지하는 반면에, 후자가 니야조프의 <러시아 유라시아당(Евразийская партия России)>을 실질적으로 지원하는 것과 무관하지 않다.

(3) 타타르스탄의 유라시아주의

역사적으로 타타르스탄은 450여 년 동안 러시아와 타타르가 끊임없이 일상적이고 사회적인 접촉을 해 온 지역으로서, 지리적, 역사적, 문화적으로 유라시아성을 가장 뚜렷하게 담지한 공간들 중의 하나이다. 공식적인 종교로서 이슬람이 이 지역에 도입된 것은 러시아가 정교를 도입하기 거의 반세기 전인 922년이다. 이후 우즈베키스탄 한국의 이슬람 혁명(1312)의 영향으로 급속도로 확산된 이슬람은 킵차크 한국이 해체되기 전까지 카잔 한국의 공식적인 종교로 남아 있었다. 주지하다시피 이 지역에 러시아 정교가 공식적으로 소개된 것은 이반 뇌제의 카잔 한국의 점령(1552)에서 비롯된다. 그 후 예카테리나 2세의 종교적 관용주의와 19세기 자디드

(Jadidism)을 비롯한 일련의 이슬람 개혁 운동, 소비에트 시기의 반(反)종교 정책 그리고 소연방 해체 이후 이슬람 부흥 운동 등의 일련의 역사적 과정을 거치면서, 타타르스탄의 이슬람은 러시아정교와 함께 엄연한 하위 문명의 하나로 자리매김되어 왔다. 유럽성을 대표하는 슬라브 문화와 동양성을 대표하는 투르크 문화의 접경지대에 위치하고 있는 타타르스탄은 오랜 기간 동안 지문화적인 매개의 역할을 수행해 왔다. 바로 이러한 타타르스탄의 고유성과 자주성은 오늘날 다양한 사회 영역에서 실제적인 호응을 얻고 있는 유라시아적 전망으로 표현된다.

타타르스탄에서 유라시아적 전망, 즉 유라시아주의는 무엇보다도 공식적 차원에서 적극적으로 장려된다. 일찍이 대통령 샤이미예프(M. Шаймиев)는 타타르스탄을 러시아의 종교적, 인종적 다양성의 상징으로 간주하였다. 그는 투르크-무슬림(타타르)의 민족적 정체성을 러시아성(유럽식의 근대성)과 러시아 국가에 대한 강한 충성과 결합하고자 하였다. 그는 몇몇 유라시아주의자들이 주장하는 것처럼, 상실된 타타르-몽골 제국의 재건이 아니라 러시아 연방 체제의 공고화를 주장하며, 민족적 차별에 대한 반대와 국제주의의 이점을 옹호한다. 그에 따르면 카잔은, 카자흐스탄의 나자르바예프(Н. Назарбаев)가 제안한 소위 '유라시아연방'의 미래의 수도이며, 타타르스탄은 러시아와 중앙아시아를 연결하는 가교이다. 샤이미예프는 이슬람을 타타르의 민족정체성의 결정적 요소로서 복원하는 한편, 세속 영역에서 철저한 교권반대주의적 입장을 견지하여 교육기관에서 특정 종교 교육을 불허할 뿐만 아니라 종교의 사회적 기능도 부분적으로만 인정한다. 정권의 이러한 입장은 러시아정교와 이슬람을 그 어느 때보다도 가깝게 만들었는데, 이를테면 러시아정교의 주교 아나스타시(А. Анастасий)와 이슬람의 무프티 갈리울린(Г. Галиуллин)은 서로의 종교적 이해가 상충되지 않도록 중대한 문제들에 대해 사전에 논의하고 적극적으로 협력한다. 두 종교에 있어서 오히려 문젯거리는 양자 사이에서가 아니라 무신론자들과의 관계에서 존재한다. 이러한 과정에서 타타르스탄에서는 자연스럽게 유라시아주의적 토대가 강화되었고, 그것은 체제 유지에 유용한 단순한 정치적 수사가 아니라, 공동체의 통합을 위한 대단히 실질적인 사회적, 문화적 담론이 되었다.[46] 이 가운데 가장 대표적인 담론은 하키모프(Р. Хакимов)[47]가 제창한 소위 '유로이슬람(Евроислам)'이다. 하키모프가 『우리의 메카는 어디인가?(Где наша Мекка?)』(2003)[48]라는 유명한 팸플릿을 통해 주창한 '유로이슬람'은 자디드 운동의 개혁주의 이념의 현대적 적용(Neo-jadidism)으로서, 유라시아주의－서양적 가치와 동양적 가치의 통합－에 근거한 일종의 해방 신학으로 일컬어진다. 그는 "타타르스탄의 이슬람은 이슬람적 가치들과 자유주의와 민주주의 이념을 유기적으로 결합시키기에 '유로이슬람'이라고 칭할 수 있다"[49]라고 선언하였

---

[46] 이러한 현상은 타타르스탄 정부와 러시아 정부의 독특한 연방관계의 모색, 복합적 정체성의 옹호, 공화국 민족주의의 추구, 이중국적/이중공용어의 허용 등의 화해와 상생을 위한 노력들에서도 구체화되고 있다. 이에 대해서는 김인성, 「타타르스탄정부와 러시아연방정부의 연방관계분석: 타타르스탄 '공화국 민족주의'를 중심으로」, 『슬라브학보』 제22권 2호(2007), 171~195쪽 참조.

[47] 하키모프(1947~)는 대통령 샤이미예프의 정치 고문(1991~2008)을 역임했고, <타타르스탄-신세기 (Татарстан-Новый век)> 정당의 정책담당이며, 타타르스탄 학술원 산하 '역사연구소' 소장이다. 현재는 '러시아의 연방주의의 전망: 이론적 실천적 제 측면(Перспективы федерализма в России: теоретические и практические аспекты)'이라는 연구 프로젝트를 수행하고 있다.

[48] Р. Хакимов, "Где наша Мекка?" (Казань, 2003), http://www.kazanfed.ru/dokladi/mecca_rus.pdf (검색일: 2009년 3월 5일).

[49] Р. Хакимов, "Евроислам' в межцивилизационных отношениях," НГ-религии, 23, Октября, 1997.

다. 유로이슬람은 전통주의적, 반(反)근대주의적 이슬람뿐만 아니라 보편주의적 이슬람을 반대한다. 그는 이슬람이 역사적 발전 과정에서 무엇보다도, 코란 자체가 정당성을 인정하듯이, 민족 문화에 뿌리를 둔다고 주장한다. 그에 따르면 이슬람은 근본적으로 다원적이며, 19세기에 폐쇄되었던 이슬람 교리에 대한 해석(ijtihad)을 개방해야 하며, 변화하는 세계에 대한 유연한 접근이 요구된다. 따라서 유로이슬람은 타타르스탄 이슬람의 현대화(유럽화)로서 무슬림들의 보편적인 종교적 세계관의 정화를 수반한다.

유로이슬람은 범투르크주의와 범이슬람주의를 현실부적합성을 이유로 제외하지만, 투르크 민족들의 통합의 필요성과 타타르의 주도적 역할에는 동의한다. 또한 타타르에 대한 차별적 시각에 반대하고 러시아 제국의 건설과 중앙아시아의 무슬림 세계와의 관계 정립에서 타타르의 역할에 주목한다는 측면에서 비록 부분적이지만 민족주의적 함의를 역시 내포한다.

또한 유로이슬람은 근대성에 대한 유라시아주의의 적극적 해석을 공유한다. 하키모프에 따르면 타타르스탄은 세속 국가, 민주적이고 자유로운 정치 체제, 그리고 첨단 과학 기술의 필요성을 인정하며, 이슬람은 사회를 재(再)전통화하는 것이 아니라 근대화하는데 기여해야 한다고 주장한다. 특히 그는 이슬람을 종교적, 세속적 영역을 통일하는 하나의 문화로서 간주하며, 신앙을 광신주의 혹은 극단주의가 아니라 교양 있는 사람의 자유로운 선택으로 인식한다. 이러한 맥락에서 그는 남녀의 양성 평등, 인간의 태생적 존귀성뿐만 아니라 무엇보다도 이슬람의 본래적 관용성을 강조한다. 그는 절대자의 단일성, 인류의 통일성에 대해 말하면서도 종교적 민족적 다원성을 항상 견지한다. 그는 이슬람이 동양과 서양을 결합할 수 있는, 억압과 강제가 아니라 해방과 진보를 위한 신앙이고, 그것은 정의, 자유, 앎에 대한 지향이며, 관용을 요구하고 폭력을 반대한다고 역설한다.[50]

하키모프의 유로이슬람은 비록 전통주의적 사제들에 의해서는 은밀한 세속화를 통한 강제적 근대화의 기도로서, 대중들에게는 지나치게 지적이고 엘리트주의적인 관점으로서, 정치적 반대자들에게는 지배 정권의 공식적 이데올로기의 선전으로서 적지 않은 비판을 받고 있다. 하지만 그것은 또한 시대의 역동성에 걸맞은 타타르스탄 이슬람의 유력한 대안으로 떠오르고 있다.

한편, 타타르스탄의 무슬림종무청(ДУМвРТ)의 사제들도 최근에는 자신들을 단순한 성직자가 아니라 계몽가, 역사가, 교사, 사회적 진보의 담지자로 자각하면서, 이슬람과 더 넓게는 타타르 민족의 세계관에 영향을 미친 러시아인들과의 5세기 동안의 공존을 악이 아니라 불가피한 역사적 운명이며, 간직해야할 긍정적 유산으로 간주한다. 이러한 맥락에서 타타르스탄의 이슬람종무청은 러시아 정교회에 대해 대단히 관용적이고 호의적인 태도를 지닌다.

비록, 최근에 샤이미예프 정권과 일부 무슬림들 사이에 갈등이 표출되기도 하지만, 그것은 타타르스탄을 전반적으로 지배하는 유라시아적 경향을 변화시키지는 못하며,[51] 오히려 타타르스탄의 유

---

50) 이에 대해 자세한 것은 R. Khakimov, "Euro Islam in the Volga Reign," *Journal of South Asian and Middle Eastern Studies*, Vol. XXVII, № 2. Winter, (2004), http://www.kazanfed.ru/en/authors/khakimov/publ1/(검색일: 2009년 3월 5일) 참조.

51) 예컨대, 전임 종무청장(무프티) 갈리울린(Г. Галиуллин)은 로마 교황에게 카잔을 방문해서 평화의 기도를 집전해 줄 것을 요청했다. 이 제안은 당시 수많은 러시아정교 사제들의 지지를 받았다. 이처럼 러시아인들과 타타르인들 사이의 진정한 상호 이해를 위한 노력은 다름 아닌 타타르스탄에서 유라시아적 가치들의 확산의 징표이다.

라시아주의는 러시아 연방의 여타 소수 민족들-바쉬코르토스탄, 알타이, 투바, 부랴티야, 칼믜키야, 야쿠티야-사하 등-에서 폭넓게 주목받고 있다.[52]

2) 카자흐스탄의 유라시아주의

130여 년에 걸친 결코 짧지 않는 러시아와 중앙아시아의 관계사는 중앙아시아에서 또 다른 유라시아적 공간을 창출했다. 중앙아시아도 소연방의 갑작스런 붕괴로 인해 유라시아적 공간의 가시적 해체를 경험했지만, 그곳에 역사적으로 각인되어 있는 유라시아성은 독립국가들의 정체성을 구성하는 핵심적 요소로서 여전히 작동하고 있다.

이러한 맥락에서 중앙아시아와 러시아의 연대를 기획하는 유라시아주의는 상실된 소비에트 연방에 대한 대안적 전망으로 제기되고 있으며, 무엇보다도 유라시아적 공간의 또 다른 해체에 일조한 일련의 색깔혁명과 해당 지역에 서양(미국)의 팽창에 맞서는 유력한 전략으로서, 통합의 새로운 기제로서 주목받고 있다.

유라시아주의는 중앙아시아의 신생독립국들 중에서 유라시아적 정체성이 가장 뚜렷하고 고유하게 실현된 공간인 카자흐스탄에서 특히 폭넓은 관심을 끌고 있다. 카자흐스탄의 유라시아주의는 기본적으로 보다 이데올로기적이고 민족적이며 러시아의 모델과 경쟁

[52] 이에 대해 자세한 것은, Л. Воронцова, С. Филатов, "Татарстанское евразийство: евроислам плюс европравославие," *Дружба народов,* № 8. (1998), http://magazines.russ.ru/druzhba/1998/8/voron.html(검색일: 2009년 3월 5일) 참조.

관계에 있다.

일찍이 카자흐 시인이자 역사가인 술레이메노프(O. Сулейменов)는 러시아 역사에서 투르크 민족들의 역할에 대한 적극적 독해를 통해, 소위 '맏형'으로서 러시아의 우월성을 인정하면서 민족들 간의 우호의 틀 내에서 카자흐 민족주의를 주창하였다. 그는 자신의 독창적 저서, 『Аз и Я』(1975)[53]에서 12세기 러시아 고대문학의 걸작, 『이고리 원정기』의 원본에 수많은 투르크 어휘와 표현들이 포함되어 있다고 주장함으로써, 몽골 침략 이전에 슬라브족과 투르크 민족의 인종적, 문화적 공생을 확증하려 하였다. 러시아 역사에서 투르크 민족의 위상에 대한 소비에트 역사학계의 공식적인 시각을 거부하는 이러한 입장은 러시아에 대한 적대성의 표현으로 여겨져 당대의 러시아 민족주의자들로부터 가혹한 비판을 받았고, 공산당 중앙위원회에까지 회부되었다. 1976년 학술원 모임에서 술레이메노프의 책은 고대 투르크 문명의 영향에 대한 과장과 고대 러시아에 대한 모욕이라고 비판받았다. 그리고 페레스트로이카 시대에 이 문제에 대한 또 한 번의 논쟁이 있었으나, 여전한 의견의 대립만을 확인하였다. 술레이메노프는 자신의 저서에서 유라시아 운명의 지배와 동양에 대한 개방성이라는 러시아의 위상을 제시하는 것이 아니라, 반대로 소비에트 오리엔탈리즘에 대한 비판 혹은 유라시아주의적 사고의 뒤집기를 시도하였다. 그는 러시아가 문화적으로 스

---

[53] 시, 역사, 언어학 등의 다양한 장르의 의도적 융합을 보여 주는 작품인 『Аз и Я』는 제목 자체부터 대단히 상징적인데, 그것은 각각 '나'를 의미하는 고대 러시아어와 현대러시아어의 문자의 교묘한 병치를 통해, 역사 속의 '나'와 현대의 '나', 슬라브와 투르크의 일차적 공존과 '아시아'―여기에서는 유라시아의 동의어인―로의 궁극적 결합을 암시하고 있다. 이에 대해 자세한 것은 Harsha Ram, "Imagining Eurasia: The Poetics and Ideology of Olzhas Suleimenov's AZ i IA." *Slavic Review* 60, № 2. summer, 2001, pp.289~311 참조.

텝의 일부가 되어야 하며, 생존을 위해서는 더욱 투르크적으로 되는 수밖에 없다고 일갈하였다. 슐레이메노프에 따르면 독립국 카자흐스탄은 다민족성, 똘레랑스 그리고 다양성이라는 유라시아의 표지를 보여 주고, 카자흐인, 러시아인 그리고 다른 소수민족들의 문화적 융합체가 되어 가고 있으며, 표제 민족인 카자흐는 이러한 복수성에 대한 고려 없이는 자신의 정체성을 규정할 수 없다.

온건한 민족주의와 문화적 국제주의에 바탕을 둔 이러한 사고는 독립 이후 카자흐스탄의 정치 지도자들과 지식인들에게서 커다란 공명을 낳았다. 타타르스탄의 유라시아주의가 러시아정교-이슬람의 관계에서 논해졌다면, 카자흐스탄의 유라시아주의는 러시아정교와 이슬람뿐만 아니라 광활한 초원에서 공존했던 모든 종교—네스토리우스교, 조로아스터교, 불교, 샤머니즘 등—를 포괄하는 더 넓은 지평을 지닌다.

이러한 맥락에서 아우에조프(Мурат Ауэзов)는 유라시아를 세계사의 중심축이자 위대한 종교들의 요람으로 간주한다. 그는 유라시아주의를 인류와 함께 생겨난 삶의 철학이자 구대륙의 민족들과 종교들의 만남의 양식으로 확대 해석한다.[54] 문학연구가 마므라예프(Бейбут Мамраев)도 현대의 유라시아주의를 단지 유라시아적 공간의 통일로서만 규정할 수 없으며, 그것은 초민족적이고 초정치적이기에 세계의 모든 문화의 모자이크적 통일에 대한 이념과 완전히 합치한다고 주장한다.[55]

---

[54] М. Ауэзов, "Евразийская духовная традиция и преемственность казахской культуры," *Культура казахстана: Традиции, реальности, поиски.* (Алматы, 1998), С.34.

[55] Laruelle, *Russian Eurasianism: An Ideology of Empire*, p.176.

카자흐스탄에서 유라시아주의는 담론적 차원에 국한되지 않으며, 나자르바예프 체제와 굳건하게 결합되어 있다. 이를테면, 나자르바예프는 일찍이 1994년에 비효율적인 <독립국가연합(СНГ)>을 대신해서 공산주의 이데올로기에서 자유로운 새로운 포스트소비에트의 정치적, 경제적 공간으로서 <유라시아 연방(Евразийский союз)>이라는 초국가적 기구를 제안했다. 나자르바예프는 비록 자신의 기획이 당시의 옐친 정부와 신생독립국가들로부터 커다란 호응을 얻지 못했을지라도, 1990년대를 통틀어 과거 소비에트 연방 국가들의 화해와 협력을 위한 구상을 실현하기 위해 지속적으로 노력했다. 그리고 마침내 2000년 10월 10일에는 러시아, 벨라루시, 카자흐스탄, 키르기스스탄, 타지키스탄 – 2006년에 우즈베키스탄도 참여 – 으로 구성된 <유라시아 경제공동체(Евразийское экономическое сообщество)>를 창설하였다. 타타르스탄에서와 마찬가지로 카자흐스탄 정부는 구밀료프의 유산을 적극적으로 평가하고, 유라시아의 중심국가로서 거듭날 것을 천명해 왔다. 이러한 맥락에서 나자르바예프는 카자흐스탄의 통합주의적 선의를 드러내고 독립 국가의 공식 이데올로기로서 유라시아주의를 제도화하는 본보기의 일환으로서 1996년에 아스타나에 <구밀료프 유라시아 대학(Евразийский национальный университет имени Л. Н. Гумилева)>을 설립하고, 그 산하에 <유라시아 센터>를 부설하여 유라시아주의에 대한 학문적 연구와 사회적 확산에 힘쓰고 있다. 또한 독립 이후 중앙아시아 각국의 표제 민족 집단에서 공통적으로 일어났던 인종적 민족주의(ethnonationalism) 경향을 경계하면서 카자흐 민족뿐만 아니라 다른 소수 민족들의 문화 부흥과 상호 교류를 적극적으로 지원하고

있다.56)

　카자흐스탄의 공식적 유라시아주의에 대하여 각각의 민족 집단
은 서로 다른 해석과 반응을 나타낸다. 국가의 카자흐화라는 민족
주의적 해석에 대해서는 카자흐인들이, 공인된 문화적 복수주의라
는 다원주의적 해석에 대해서는 소수 민족들이 각각 긍정적인 입
장을 취한다. 이런 가운데 러시아에 대한 정치적, 경제적, 외교적
관계에서 유라시아 국가로서 카자흐스탄의 위상은 환영을 받는 반
면에, 카자흐스탄에서 표제민족도, 소수민족도 아닌 지위로 살아가
고 있는 러시아인들의 위상은 다소 애매하고 난처하다.57)

　이러한 차원에서 나자르바예프는 문명의 교차로이자 다리로서
카자흐스탄의 위상을 강조하면서, "카자흐스탄은 유럽적 뿌리와 아
시아적 뿌리가 서로 얽혀 있는 아시아의 유일한 국가이며, (……)
서로 다른 문화와 문명의 결합은 유럽과 아시아 문화 속에서 최상
의 것을 취할 수 있게 한다"58)라고 역설한다. 유라시아주의는 단순
히 지리적 개념이 아니라 삶의 방식이자 구대륙의 민족과 종교의
결합의 양식이며, 동과 서의 대화의 추구에 국한되지 않고 포스트
모던 시대에 인류 발전의 길을 모색한다는 것이다. 대부분의 카자
흐 유라시아주의자들은 1920년대의 고전적 유라시아주의의 러시아

---

56) 예컨대, 1995년 헌법 제14조는 다른 일련의 요소들뿐만 아니라 인종에 근거한 어떠한 차별도 엄격하게
　금지한다고 명시하고 있다. E. Schatz, "The Politics of Multiple Identities: Lineage and Ethnicity in
　Kazakhstan." *Europe-Asia Studies*. Vol. 52. № 3. (2000), p.492.

57) 실상, 카자흐스탄의 공식적 국가이데올로기로서 유라시아주의는 현실 속에서 적지 않은 난제들에 부딪
　히고 있다. 다문화 공동체를 지향하는 유라시아주의의 이상과는 달리 소위 '카자흐화(kazakhification)'
　라는 편향이 대세를 형성하고 있으며, 이는 다른 민족 집단들을 곤경에 빠뜨리고 있다. 이를테면 1994년
　에 정점에 이른 후 최근에는 다소 주춤하고 있지만, 본국으로 러시아인들의 대대적인 이주 현상이 그
　실상을 대변한다.

58) Н. Назарбаев, *Евразийский союз: Идеи, практика, перспективы* 1994~1997, (М., 1997),
　С.27.

중심주의를 소비에트 유라시아주의로 칭하면서 거부하고, 두긴으로 대표되는 신유라시아주의의 파시즘적 경향과 제국주의적 색채에 대해서 비판적 시각을 견지한다. 이러한 맥락에서 카자흐스탄의 유라시아주의가 진정한 대안적 전망이 될 수 있을 것인가의 여부는 각별한 주목의 대상이다.[59]

4. 나오며

이상에서 살펴보았듯이, 유라시아주의적 전망들 속에서 동양에 대한 관심은 '동양중심주의'로도, 서양에 대한 동양의 도구주의적 대립으로도 혹은 아시아 민족들의 러시아의 지배에 대한 반감으로도, 집단적 자의식의 표출로도 일면적으로 단정 지을 수는 없다. 그것은 원칙적으로 유럽적 요소와 아시아적 요소의 공존과 결합인 유라시아 공간에서 아시아적 요소에 대한 정당한 고려이다. 말하자면 유라시아적 본성에 대한 균형 잡힌 시각의 발로이다.

유라시아주의를 유라시아 공간에서 다양한 민족(국가)들 사이의 새로운 상호 관계와 새로운 지역질서의 창조를 통한 대안적 공동체의 건설 기획으로 폭넓게 규정할 때, 해결해야 할 가장 근본적인 두 가지 문제는 1) 다민족, 다신앙, 다문화라는 유라시아성을 근거 짓는 다원성 혹은 복수성이라는 토대 위에서 대화적, 교향적 관계

---

[59] 한편 유라시아주의 담론의 이론적, 실천적 합리화라는 차원에서 최근의 두긴과 나자르바예프의 친선교류로 상징되는 러시아의 신유라시아주의와 카자흐스탄의 유라시아주의의 새로운 관계의 모색과 진전은 또 다른 관심거리이다.

망을 어떻게 구축하느냐, 2) 관계의 고리로서 소위 '지배-이념' 내지 대화의 기반으로서 '메타언어'를 어떻게 창조하느냐이다. 전자와 관련해서는 러시아와 동양을 막론하고 소위 인종중심적 민족주의의 폐해가 마치 보편적 경향처럼 폭넓게 퍼져 있음을 확인했다. 후자와 관련해서는 러시아정교의 메시아주의와 일련의 이슬람주의가 자주 제기되는바, 특정 민족과 마찬가지로 특정 종교에 기반한 보편주의는 무망하다는 점이 확인되었다.[60]

일찍이 고전적 유라시아주의의 정초자이자 비판가였던 플로롭스키(Г. В. Флоровский)는 "우리의[유라시아주의자들의] 질문은 옳았지만, 대답은 그릇된 것이었다. 문제는 옳았지만, 해결은 그릇되었다."[61]라고 자조적으로 술회한 바 있다. 실상, 많은 경우 유라시아주의자들의 오류는 다민족, 다신앙, 다문화라는 유라시아의 본질적 전제 자체에 대한 결과적 기각 혹은 망각에서 비롯되었다. 하지만 유라시아적 구상이 역사적 과거에 대한 '대답의 진리'가 아니라 동시대적 공명을 지닌 '물음의 진리'라는 점에 착안할 때, 여기에서 관건은 여전히 '문제 해결'의 선명성이 아니라 '문제 제기'의 올바름이다. 올바름은 유라시아라는 실체(존재)를 조망하는 상상(인식)의 자세이다. 유라시아주의에서 그것은 우선적으로 정의에 대한 희망으로서 차이에 대한 존중과 이질성을 극복하는 연대의 기초로서 톨레랑스를 포함해야 할 것이다.

---

[60] 결국 이러한 근본 문제들은 여전히 합리적 해결을 기다리고 있는 형국인데, 이러한 사정은 유라시아주의가 죽어 있는 완료된 이론이 아니라 살아 있는 진행형의 구상이라는 점을 역설적으로 보여 준다고 할 수 있다.

[61] Г. В. Флоровский, "Евразийский соблазн," *Современные записки.* № 34. (Париж, 1928), C.312.

이를 통해서 동양은 '상상의 지리'로서가 아니라 '현실의 지리'로서 유라시아적 전망 속에 온전히 자리 잡게 될 것이며, 유라시아주의는 참다운 다양성이 피어나는 유라시아공동체의 대안 이념이 될 수 있을 것이다.

참고문헌

김인성. 2007. 「타타르스탄정부와 러시아연방정부의 연방관계분석: 타타르스
    탄 '공화국 민족주의'를 중심으로」. 『슬라브학보』 제22권 2호.

라쟈노프스키, 니꼴라이 V. 1991. 『러시아의 역사 I: 고대~1800』. 이길주 옮
    김. 까치.

사이드, E. W. 1999. 『오리엔탈리즘』. 박홍규 옮김. 교보문고.

신범식. 1998. 「고전적 유라시아주의의 두 측면에 대한 일고찰」. 『러시아연구』
    제8권 제2호.

_____. 1999. 「현대 러시아이념과 정치과정에 나타난 '서양'과 '동양'의 문
    제」. 『슬라브학보』 제14권 2호.

오원교. 2005. 「신(新)유라시아주의 − 세계화 시대의 러시아적 대안 문화론」.
    『슬라브학보』 제20권 1호.

_____. 2007. 「고대 러시아 문학 속의 동양」. 『노어노문학』 제19권 제2호.

정희석. 2005. 「제정 러시아 말기의 아시아연대론」. 『中蘇硏究』 통권105호.

트루베츠코이, H. C. 2008. 『유럽과 인류』. 박지배 옮김. 지만지.

파이지스, 올랜드. 2005. 『나타샤 댄스』. 체계병 옮김. 이카루스 미디어.

Ауэзов, М. 1998. "Евразийская духовная традиция и преемсвтенность
    казахской культуры." *Культура казахстана: Традиции, реальности,
    поиски. Алматы.*

Воронцова, Л., Филатов, С. 1998. "Татарстанское евразийство: евроислам
    плюс европравославие." *Дружба народов.* № 8. http://magazines.russ.ru/
    druzhba/1998/8/voron.html(검색일: 2009년 3월 5일)

Гайнутдин, Р. 1997. "Российская федерация − это ее народы, исповедующие
    разные религии." *Россия и мусульманский мир.* № 3.

Джемал, Г. 2000. "Благодаря ИПВ, СССР мог стать восточным союзом
    России." *Россия и мусульманский мир.* № 8.

Дугин, А. Г. 1997. *Тамплиеры пролетариата: националбольшевизм и* инициатия. М.

_____. 1999. *Наш путь: стратегические перспективы развития России*. М.

_____. 2000. "Евразийская платформа." *Независимая газета*. 15 Ноября.

_____. 2004. *Евразийская миссия Нурсултана Назарбаева*. М.

_____. 2006. "Единственный возможный национализм для России −национализм любви." http://www.vremya.ru/2006/118/4/155877.html (검색일: 2009년 3월 5일).

Евразийство(формулировка, 1927 г.). *Евразийская хроника*. Вып. 9. Париж.

Карсавин, Л. П. 1993. *Философия истории*. СПб.

Назарбаев, Н. 1997. *Евразийский союз: Идеи, практика, перспективы 1994~1997*. М.

Нисанбаев, А., Курманбаев, Е. 1999. "Евразийская идея Чокана Валиханова," *Евразийское сообщество*. № 2.

Панарин, А. С. 1995. "Евразийский проект в постиндустриальную эпоху." *Социальная теория и современность. Евразийский проект модернизации России: "за" и "против."* М.

_____. 1997. "Парадоксы европеизма в современной России." *Россия и мусульманский мир*. №3. М.

Рарюэль, М. 2003. "Мыслить Азию или мыслить Россию." *Неприкосновенный запас*. № 3(29). http://magazines.russ.ru/nz/2003/29/lar.html(검색일: 2009년 3월 5일).

Савицкий, П. Н. 1922. "Степь и оседлость." *На путях. Утверждение евразийцев*. Кн. 2. М.

Садур, В(2000) "ИПВ − партия сохранения баланса." *Россия и мусульманский мир*. № 8.

Салахеддин, М. 2000. "ИПВ − партия интеграции ислама в современное общество." *Россия и мусульманский мир*. № 8.

Степун, Ф. А. 1962. "Россия между Европой и Азией." *Новый журнал*. Кн. 69. М.

Таджуддин, Т. С. 2001. "Наша родина − святая Русь." *Программные документы ОПОД <Евразия>*. М.

Трубецкой, Н. С. 1995. "Наследие Чингисхана: взгляд на русскую историю не с Запада, а с Востока." *История, культура, язык.* М.

Умланд, А. 2008. "Постсоветские правоэкстремистские контрэлиты и их влияние в современной России." *Неприкосновенный запас.* № 1(57). http://magazines.russ.ru/nz/2008/1/um8.html(검색일: 2009년 3월 5일).

Флоровский, Г. В. 1928. "Евразийский соблазн." *Современные записки.* Париж. № 34.

Хакимов, Р. 1997. "'Евроислам' в межцивилизационных отношениях." *НГ-религии,* 23. Октября.

_____. 2003. "Где наша Мекка? Казань." http://www.kazanfed.ru/dokladi/ mecca_rus.pdf(검색일: 2009년 3월 5일).

Khakimov, R. 2004. "Euro Islam in the Volga Reign," *Journal of South Asian and Middle Eastern Studies*, Vol. XXVII, №2. Winter. http://www.kazanfed.ru/ en/authors/khakimov/publ1/(검색일: 2009년 3월 5일).

Laruelle, M. 2008. *Russian Eurasianism: An Ideology of Empire,* Washington, D.C.: Woodrow Wilson Center Press.

Pandey, S. K. 2007. "Asia in the Debate on Russian Identity." *International Studies* 44.

Ram Harsha(2001) "Imagining Eurasia: The Poetics and Ideology of Olzhas Suleimenov's AZ i IA." *Slavic Review* 60, № 2.(summer).

Rangsmaporn, P. 2006. "Interpretations of Eurasianism: Justifying Russia's Role in East Asia." *Europe-Asia Studies.* Vol. 58, № 3.

Schatz, E. 2000. "The Politics of Multiple Identities: Lineage and Ethnicity in Kazakhstan." *Europe-Asia Studies.* Vol. 52, № 3.

Shlapentokh, D. 2008. "Islam and Orthodox Russia: From Eurasianism to Islamism." *Communist and Post-Communist Studies* 41.

Ⅲ. 지구지역적 현상으로서 노스탤지어 – 포스트소비에트 러시아의 과거 활용*

이문영

* 이 논문은 Moonyoung Lee, "Nostalgia as a Feature of "Glocalization": Use of the Past in Post-Soviet Russia," *Post-Soviet Affairs*, Vol. 27(2011, April-June)에 기반해 이를 수정·보완한 것임을 미리 밝힌다.

III.
지구지역적 현상으로서 노스탤지어
– 포스트소비에트 러시아의 과거 활용

1. 서론: 지구화와 노스탤지어

현재 지구화와 그에 따른 세계보편시스템의 형성은 정치, 경제, 사회, 문화의 영역에서 뚜렷하게 나타나고 있다. 특히 사회 전반의 현상을 특유의 이념적·가치평가적 구조로 재편하는 문화 속에서 지구화는 그 어떤 영역에서보다 복잡하고 다면적인 양상으로 전개된다. 문화적 지구화는 한편으로는 국제적 스탠더드에 준하는 문화 전략 및 상품이 전 세계적으로 보급, 확산되면서 동질적인 단일문화세계를 구축하는 과정이지만, 동시에 이러한 과정에 지역의 특수성이 능동적으로 개입해 글로벌 스탠더드 자체의 변형을 이끌어낸다. 다시 말해 문화 영역에서 지구화는 특유의 보편화와 표준화를 통해 개별문화의 지역적·민족적 특성을 중립화하지만, 이 과정에서 문화적 개성과 다양성에 대한 요구가 첨예해지고, 문화적 차이에 대한 감수성이 오히려 재고되는 역설적인 상황을 동반한다.

'글로컬리제이션(glocalization)'으로 규정되는 글로벌과 로컬의 이러한 작용·반작용 메커니즘은 지구화의 실제 전개과정에서 나타나는 가장 뚜렷한 특성이다.[1]

글로컬리제이션으로 구분될 수 있는 현상은 이에 개입하는 지역만큼이나 다양하다. 그중에서 이 논문은 현대 러시아에서 광범위하게 나타나는 노스탤지어 현상에 주목하고자 한다. 노스탤지어는 현재 많은 나라에서 공통적으로 나타나는 보편적 현상이다. 보임의 지적처럼 노스탤지어는 러시아만의 병리적 현상이라기보다 세계적 문화현상의 일종[2]으로 이런 의미에서 '글로벌'하다. 다른 한편 이는 지역의 문화적 정체성을 자신의 과거와 전통에서 찾으려는 경향으로, 문화적 지구화에 지역이 저항하는 방식의 하나로 규정될 수 있다는 점에서 '로컬'하다. 하지만 보다 본질적인 차원에서 현재의 노스탤지어가 지향하는 차이에 대한 감수성 자체가 지구화를 발생적 배경으로 한다는 점에서, 또 노스탤지어가 재현되는 형식이 지구화의 결과 해당지역이 자기화한 글로벌 문화문법과 뗄 수 없이 결합되어 있다는 점에서 이것은 순수히 글로벌하지도, 순수히 로컬하지도 않은, 그 혼성으로서의 글로컬리제이션인 것이다. 다시 말해 노스탤지어는 "글로벌한 언어를 사용해 로컬의 색깔을 표현하는 문화이기에 글로컬"[3]하다고 말할 수 있는 것이다.

---

[1] 지구화와 지역화, 문화적 혼성과 글로컬리제이션에 대한 자세한 것은 J. N. Pieterse, *Globalization and Culture: Global Melange*(New York: Rowman and Littlefield, 2009), pp.43~57; A. Appadurai, *Modernity at Large: Cultural Dimensions of Globalization*(Minneapolis: University of Minnesota Press, 1996), pp.32~43; 이문영, 「글로컬리제이션과 경계의 기호들」, 『러시아어문학연구논집』38집(2011), 270-272쪽 참조.

[2] С. Бойм, *Общие места: мифология повседневной жизни*(Москва: НЛО, 2002), С.297.

[3] S. Boym, *The Future of Nostalgia*(New York: Basic Books, 2001), p.67.

과거에 대한 노스탤지어의 사례는 다양하다. 옛 유고 연방에 속했던 발칸 반도에 부는 '유고 노스탤지어'나 '티토 노스탤지어'[4], 중국의 마오 열풍,[5] 한국의 '박정희 향수' 등 글로컬리제이션으로서 노스탤지어의 변체들은 다종다양하다. 가장 가까운 사례로 한국의 경우를 보자. <친구>, <말죽거리 잔혹사>, <써니> 등 과거를 소재로 한 헤아릴 수 없이 많은 영화들, 원더걸스에서 티아라까지 가요계를 강타한 복고풍 노래와 리메이크 붐, 김훈으로 대표되는 역사소설의 인기, 프랜차이즈 음식점인 '새마을 식당'의 등장과 쫀쫀이, 뽑기 등 과거 불량식품의 상품화 등 대중문화에서 일상문화에 이르기까지 노스탤지어는 현대 한국 문화산업을 관통하는 키워드 중 하나이다. 과거에 대한 향수는 "대한민국 건국 이래 처음으로 생긴 하나의 멘탈리티"이자, "획기적인 시대적 특성"[6]으로 규정될 만큼 이색적이면서 대중적인 현상이다.

러시아도 예외가 아니다. 1990년대 중반부터 노스탤지어는 러시아 사회에 뚜렷하게 가시화된 대중적 현상이 되었다. 여러 연구자들의 지적처럼 "지난 몇 년간 노스탤지어적 분위기가 러시아 사회를 관통하였고…… 그것은 구체적인 사회학적 연구의 수준뿐 아니라, 상식의 일종으로 받아들여졌다. 일상적 삶과 접촉하며 그것은

---

4) 「뉴욕타임즈」 2008년 1월 30일자 기사에 따르면 세르비아, 크로아티아, 슬로베니아, 보스니아 등 발칸 공화국들 사이에 구(舊)유고사회주의연방공화국과 티토(J. Tito) 전(前)대통령에 대한 노스탤지어가 사회 문화 영역에서 광범위하게 나타나고 있다고 한다. '유고 및 티토 노스탤지어'는 이러한 현상을 지칭하는 개념으로 현재까지도 지속되고 있다. 이에 대한 더 자세한 사항은 D. Bilefsky, "Oh, Yugoslavia! How They Long For Your Firm Embrace," *The New York Times*, January 30, 2008; M. Todorova and Z. Gill eds., *Post-Communist Nostalgia*(Oxford: Berghahn Books, 2010) 참조.

5) 중국의 노스탤지어 현상에 대해서는 다이진화(戴錦華), 「상상된 노스탤지어」, 백지운 옮김, 『문학수첩』 3권 2호(2005, 여름), 370~393쪽 참조.

6) 김항 외, 「그들에게서 무엇을 배울 것인가」(특집 좌담), 『문학동네』 55호(2008, 여름), 48쪽.

평균적 대중의 라이프스타일, 목표, 지향, 행동에 영향을 미치고, 일상성의 형성에 중요한 역할을 하고 있다……. 그 결과 그것은 공유된 사회적 자의식이나, 생각과 욕망의 방향에 반영되고 있다."[7]

이러한 노스탤지어의 대상은 고대 루시부터 제정러시아, 소련까지 러시아 역사 전체를 포괄하지만, 특히 대중적 호소력을 갖는 과거는 1970년대 브레즈네프 시기이다. 서구나 당시 소련 내외의 디시던트(диссидент)에게 심각한 '정체기(застой)'로 비판받던 이 시기가 현재 안정과 질서, 풍요의 상징으로 많은 러시아인에게 그리움과 동경의 대상이 되고 있다. 주목해야 할 것은 브레즈네프 시대에 대한 재평가가 소련 역사 전체로 확대되어 소련 시기 전체, 심지어 공포와 테러의 스탈린 시기 또한 노스탤지어적인 컬트의 대상이 되고 있다는 사실이다. 1990년대 말부터 러시아 식품회사 메타트르(Метатр)에서 판매하고 있는 샐러드 <CCCP> 시리즈는 이

그림 1. 러시아 샐러드 <CCCP> 시리즈 상품 표지 중 하나.

러한 '소비에트 노스탤지어(ностальгия по советскому)'를 상징적으로 보여 주는 재미있는 에피소드이다(그림 1). 샐러드 <CCCP>는 "러시아에서 가장 신선한 샐러드(Самые Свежие Салаты России)"라는 문장의 축어(acronym)이지만, 이것은 명백히 '소련(CCCP)'을 연상시키는 언어유희다. (유머의 차원에서라 할지라도) '신선함'과 '소련' 사이에 이와 같은 의미의 연합이 가능할 수 있다는

---

7) Г. Е. Зборовскийи и Е. А. Широкова, "Социальная ностальгия: к исследованию феномена," СоцИс, № 8(2001), С.32.

사실 자체가 소비에트 노스탤지어의 비밀을 함축적으로 보여 주며, 소비에트를 향한 러시아인의 이러한 정서를 외국인은 결코 쉽게 이해하지 못할 것이다.

노스탤지어 현상에 있어 러시아가 특히 문제적인 이유는, 첫째로 앞서 언급한 현대 노스탤지어 현상의 글로컬한 특성, 그 발생과 진화과정을 러시아의 사례에서 압축적으로 확인할 수 있기 때문이다. 한국과 같은 자본주의 국가가 직면한 노스탤지어는 거의 반세기에 걸쳐 점진적으로 진행된 지구화 과정 속에 이루어진 글로벌과 로컬의 상호 작용이다. 반면 러시아의 경우 이것은 불과 20여 년 만에 이루어졌다. 1990년대 초반 글로벌한 세계 정치와 경제에 과격하게 삽입된 지 채 10년도 되지 않아 자신만의 과거와 전통으로 돌아선 러시아의 경우에서 글로컬리제이션의 메커니즘을 생생하게 확인할 수 있다.

두 번째로 급격한 사회변동을 경험한 현대 러시아는 노스탤지어 현상의 원형적 본성을 효과적으로 설명해 준다. 노스탤지어는 이념 및 가치 체계의 교체가 이루어지는 전환기 사회에 본질적인 현상이다. 여러 학자들의 지적처럼 노스탤지어는 "주어진 사회의 규범 구조의 비정상적 불안정성과 불확실성의 징후"이며, "역사적 이행기의 부서진 파편들에 맞선 방어 작용이자, 이에 대한 대응"이다.[8] 따라서 그 표면적인 과거지향성과 달리 노스탤지어는 자기재정의, 새로운 정체성의 확립과 같이 매우 실제적이고 미래지향적인 목표를 갖기 마련이다. 가치적인 차원에서 사회주의에서 자본주의로,

---

[8] 순서대로 Ю. Левада, "'Человек ностальгический': реалии и проблемы," *Вестник общественного мнения*, No. 6(2002), С.13; Бойм, *Общие места*, С.297.

자본주의에서 다시 소비에트 과거로 급격하게 이동하는 러시아 사회의 역동성은 노스탤지어의 규정적 기능, 이를 통한 러시아인의 새로운 자기정체성 서술에 접근하도록 허락할 것이다.

세 번째로 새로운 정체성 형성과정과 긴밀히 연관된 노스탤지어는 과거와 권력의 문제를 첨예하게 제기한다. '노스탤지어의 정치학'이라 부를 수 있는 이러한 특성은 "노스탤지어의 힘이 다양한 정치적 의제들 속에 자유자재로 사용될 수 있는 그 가능성에 있다"9)는 통찰과 동일한 맥락에 놓여 있다. 보다 확대된 차원에서 이는 지구화 시대의 역설적 동반자라 할 수 있는 민족주의에 대한 현대의 보편적인 열광과도 무관하지 않다. 러시아의 노스탤지어 현상이 갖는 가장 중요한 의미 중 하나는 바로 이렇게 자기 민족의 과거와 전통에 대한 노스탤지어가 사회문화적 차원을 넘어 뚜렷한 정치적 기획으로 존재할 수 있다는 사실을 그것이 생생하게 입증해 주기 때문이다. 과거의 경영, 기억의 선택적 복원을 통한 특정 정치체제의 유지는 노스탤지어가 어떻게 권력의 수단으로 사용될 수 있는지를 보여 준다.

이렇게 러시아에서 나타나는 노스탤지어는 글로컬리제이션으로서 노스탤지어에 대한 다면적 이해를 가능하게 한다. 이런 문제의식에서 이 논문은 러시아에서 나타나는 노스탤지어 현상의 특성과 메커니즘을 관련 자료 및 설문조사 분석을 통해 고찰하고, 그 구체적인 발현 양상을 대중문화로 대표되는 문화적 재현의 영역에서 보다 자세히 살펴본 후, 이를 통해 현대 러시아 노스탤지어의 정치

---

9) M. Nadkarni and O. Shevchenko, "The Politics of Nostalgia: A Case for Comparative Analysis of Post-Socialist Practices," *Ab Imperio*, Vol. 2(2004, July), p.489.

학, 노스탤지어와 새로운 러시아 정체성간의 상관성에 대한 접근을 시도할 것이다.

2. 노스탤지어의 메커니즘과 러시아적 적용

그리스 어원에 따르면 노스탤지어는 '노스토스(νόστος, nostos)' 와 '알고스(άλγος, algos)'의 합성어이다. 노스토스는 '귀향(возвращение на родину)'을, 알고스는 '그리움, 또는 고통(тоска, боль)'을 뜻한 다.[10] 따라서 노스탤지어란 '(돌아가고자 하는) 고향에 대한 그리움(тоска по родине)'을 말한다. 이때 고향은 특정 개인의 구체적인 장소라기보다 이상화된 공간 일반이자, 이제는 존재하지 않는(어쩌면 한 번도 존재한 적 없는), 따라서 돌아갈 수 없는, 상실된 유토피아로서만 존재한다. 이렇게 명백하게 공간 범주로 출발한 노스탤지어는 실제 활용에 있어서는 자주 '과거에 대한 그리움(тоска по прошлому)'이라는 시간적 정의와 구별되지 않은 채 사용되었다. '고향'과 '과거'의 치환을 가능하게 한 것은 '상실'이다. 돌아갈 수 없는 고향과 돌이킬 수 없이 지나가 버린 시절. 노스탤지어가 자아내는 그리움과 고통은 바로 이 상실에 기인한 것이며, 상실을 통해 공간과 시간은 노스탤지어 개념 속에 결합된다.

---

[10] 노스탤지어는 1688년 독일계 스위스 의사 호퍼(J. Hofer)가 처음으로 만들어 낸 용어이다. 그 어원 및 정의, 특성에 대해서는 D. Boyer, "Ostalgie and the Politics of the Future in Eastern Germany," *Public Culture*, Vol. 18, No. 2(2006, Spring), pp.363~368; Boym, *The Future of Nostalgia*, pp.xiii~xix; Бойм, *Общие места*, С.297~304 참조.

중요한 것은 노스탤지어를 현재로 불러내는 것 역시 상실이라는 점이다. 이때의 상실은 노스탤지어에 본래적인 상실과 뚜렷이 구별된다. 후자가 보다 추상적인 시간성, 이상화된 공간성으로 보편화된 상실감이라면, 전자는 바로 눈앞의 현실로부터 파생되는 매우 직접적이고 구체적인 상실감이다. 앞서 언급했듯이 노스탤지어는 위기의 징후이다. 익숙한 규범과 질서가 무너지고 새로운 가치에 대한 신뢰가 구축되지 않은 급격한 사회변동의 시기, 정치·경제적 어려움과 사회적 혼란 속에 많은 사람들은 매우 실제적이고 현실적인 무력감을 경험한다. 이것이 잃어버린 시간과 공간을 현재로 소환하는, 즉 노스탤지어를 현재화하는 가장 중요한 동력이다. 레바다(Ю. Левада)가 말했듯이 "대중의 분위기에서 가장 좋았던 과거에 대한 그리움의 표현은 늘 오늘의 일상적, 실제적 이해와 결합되어"[11] 있는 것이다. 노스탤지어 속에 환기된 시공의 이상성(理想性)은 현재 부재한 가치체계를 대신해 현실을 판단하는 척도이자, 사고와 행동의 기준이 되며, 더 나아가 바람직한 미래의 이미지를 구성한다. 이와 같은 방식으로 노스탤지어 속에서 과거, 현재, 미래가 결합된다. 노스탤지어가 개인적, 또는 사회적 자기정체성의 문제와 연결되는 것은 이 지점에서이다. 스미르노프(И. Смирнов)의 지적처럼 노스탤지어 행위 속에서 "자기 자신이고자 하는 심리(психика, желающая быть собой)"는 변화의 연속으로의 역사 속에서 그것이 보장하지 못하는 자기동일성을 보증해 주는 것이다.[12]

현대 러시아 사회 속 노스탤지어의 메커니즘도 바로 이와 같다.

---

[11] Левада, "Человек ностальгический," С.7.

[12] И. Смирнов, "Общество без ностальгии," *Критическая Масса*, №. 1(2005), С.5.

그러나 적어도 러시아 사회변동의 초기, 즉 1980년대 중반 페레스트로이카부터 체제전환 직후까지만 하더라도 노스탤지어는 결코 대중적 현상이 아니었다. 물론 이 시기도 전환기적 혼란기였지만, 당시 대중적 정서를 지배한 것은 '어제에 대한 그리움'이 아니라, '내일에 대한 기대'였다. 구질서의 해체는 혼란이 아니라 변화로 인식되었고, 해체로 인한 공백은 기대로 채워졌다. 과거는 그리움의 대상이 아니라, 단절과 개혁의 대상이었다. 역설적인 것은 과거와의 단절이 선언된 이때가 과거에 대한 철저한 고증과 복원이 러시아 역사상 가장 활발히 진행된 시기라는 사실이다. 과거와의 단절은 기억의 이성적 작업을 통해 정당성을 확보하였다. 소련 시기 접근이 금지되었던 문서보관소가 열리고, 검열이 폐지되고, 매스미디어의 기능이 정상화되면서, 기억하기는 역사학자만의 과제가 아니라 일반대중의 일상이 되었다.

과거가 기억이 아니라 추억의 대상으로 질적 변화를 일으킨 시기, 즉 노스탤지어가 대중적 정서를 서서히 장악하기 시작한 정확한 시점에 대해서는 학자마다 견해가 조금씩 다르다. 과거에 대한 여론의 질적 변화를 레바다는 1993년에서 1994년 사이, 두빈(Б. Дубин)은 1994년에서 1995년 사이로 추정하고 있으며, 보임(С. Бойм)은 1993년에서 1996년 사이 러시아에 복고의 시대가 시작되었다고 주장한다.[13] 이들의 견해를 종합한다면 적어도 그 시작은 대략 1990년대 중반으로 추정할 수 있다. 세계 글로벌 시스템으로의 편입이 국가 위상의 바닥모를 추락으로, 서구적 민주주의와 자본주의 도입

---

13) Левада, "Человек ностальгический," С.7; Б. Дубин, "Сталин и другие. Фигуры высшей власти в общественном мнении современной России," *Мониторинг общественного мнения*, № 1(2003), С.17; Бойм, *Общие места*, С.296 참조.

이 실패로 끝나고, 심각한 경제 위기가 계속되면서 개혁의 기대는 환멸로 변하였다. 1993년 10월, 불과 몇 년 전 반동적 군부 쿠데타에 맞서 민주주의를 외치던 옐친이 그 상징인 의회에 내린 발포 명령은 변화에 대한 대중의 꺼져 가는 기대를 향한 일발이기도 했던 것이다.[14)]

대중에게 중요한 가치범주는 변화와 개혁에서 안정과 질서로 이동하고, 민주주의의 자율성보다 '강한 손(сильная рука)'의 보호를 원하게 된다. 그리고 그 모범은 이미 자신들의 과거 속에 풍부하다. 대중이 가장 그리워한 시기는 바로 얼마 전까지도 거센 비판의 대상이었던 소련 시기, 그중에서도 페레스트로이카를 역사적 필연으로 만든 브레즈네프 시기였다. 그 시절의 '극심한 정체'가 '최대한의 안정'으로 재의미화되면서 "좋았던 옛 시절(доброе старое время)"의 상징으로 부상한다. 이를 통해 소련 전체를 포함한 과거와의 화해가 시도된다.

재미있는 것은 앞선 시기 과거와의 단절이 기억의 활발한 작업을 동반하였다면, 이후 과거와의 화해는 망각의 기술을 우선적으로 요구했다는 사실이다. 과거를 그리워하거나 그 원형을 미래로 투사하기 위해서 그것은 이상적이어야 한다. 대중에게 필요한 것은 객관적, 역사적 실재로서의 브레즈네프 시기, 좋거나 나쁘고, 선하거나 악한 구체적 일상이 아니라, "상상된 총체로서 그 시대에 대한 보편적 이미지"[15)], 즉 망각의 기술로 재구성된 이미지인 것이다.

---

14) 실제로 10월 사태 직후인 1993년 12월 치러진 두마선거에서 개혁적 민주주의 세력이 대중의 외면을 받은 것이 이의 반증이다. 이 선거에서 지리놉스키의 극우 민족주의 정당, 공산당이 각각 25%, 13%의 높은 득표율을 보였다. 10월 사태와 관련해서는 И. Качановский, "Будущее либеральной демократии в России," *Общественные науки и современность*, №. 2(1995), С.52~56 참조.

이는 노스탤지어의 속성이기도 하다. 얀켈레비치(V. Yankelevich)는 다음과 같이 말했다. "사랑과 노스탤지어는 완전히 무의미할 정도로 자의적이어서, 객관적으로 공포와 혐오를 불러일으킬 대상을 향하기도 한다."[16] 노스탤지어의 라틴어 어원이 '무지하다'를 뜻하는 'ignonare'이기도 하다는 점에 주목하자. 망각으로 의도된 무지야말로 노스탤지어의 존재조건 중 하나이다.[17]

러시아 주요 여론조사기관 중 하나인 폼(ФОМ, Фонд общественного мнения)이 실시한 2006년 12월 설문조사 결과에 따르면 응답자의 61%가 브레즈네프 시기는 행복한 시절이었다고 대답하였다. 응답자 연령이 36세 이상일 경우 이 비율은 거의 75%까지 증가한다. 또 다른 여론조사기관인 브치옴(ВЦИОМ, Всероссийский центр изучения общественного мнения)의 2002년 설문조사 중 "당신 같은 사람에게 어떤 때가 가장 살기 좋았나?"라는 질문에 응답자의 49%가 브레즈네프 시기를 꼽았다. 2위를 차지한 것이 푸틴의 현재인데, 그 비율은 22%로 브레즈네프 시기의 절반에도 못 미친다.[18]

러시아인의 절대다수가 행복했던 시절로 긍정하고, 시민의 반이 가장 살기 좋았던 때로 추억하는 브레즈네프 시기는 실제 어떠했을까. 현대 러시아인의 이런 열광에 값하는 특성들이 해당 시기에

---

[15] Б. Дубин, "Лицо эпохи. Брежневскийпериод в столкновении различных оценок," *Мониторинг общественного мнения*, No. 3 (65)(2003, май-июнь), С.26.

[16] V. Yankelevich, *L'irreversible et la nostalgie*(P.: Flammarion, 1974), p.353. А. Кустарев, "Золотые 1970-е: ностальгия и реабилитация," *Неприкосновенный запас*, No. 2 (52)(2007), С.2에서 재인용.

[17] 밀란 쿤데라, 『향수』, 박성창 옮김(서울: 민음사, 2000), 11쪽. 스페인어로 노스탤지어를 뜻하는 '아뇨란자(añoranza)'는 라틴어 '이그노나레(ignonare, 무지하다)'에서 파생된 카탈로니아어 '에뇨라르(enyorar)'에서 파생되었다. 쿤데라는 이를 고향에서 떠나 그곳에 대해 알지 못해서 생기는 고통으로 해석하고 있다.

[18] 순서대로 ФОМ, "Л. И. Брежнев и его время,"(14 декабря, 2006) С.1; Дубин, "Лицо эпохи," С.25 참조.

존재했던 것은 부정할 수 없는 사실이다. 두빈에 따르면 당시는 1가구 1주택, 중등 이상의 교육 평준화, 생존이 아니라 삶의 미학에 대한 고려가 현실이 된 시기이다. 당시 소련은 대중사회, 즉 매스커뮤니케이션의 사회에 진입하였고, 몇 십 년간 전쟁도 없었다. 일반 가정마다 소박하지만 풍요가 있었고, 제한적이지만 여가 개념도 존재했다. "지나가 버린, 안정과 질서의 황금시대(ушедший золотой век стабильности и порядка)"로 대중의 의식에 새겨진 브레즈네프 시기에 대한 일반적 표상을 전적으로 허구적인 이미지로 볼 수는 없다.[19] 그러나 이런 표상은 일면적이다. 당시 사회 전체에 광범위하게 뿌리내렸던 공식-비공식의 이원구조처럼, 풍요와 안정과 질서는 결핍과 정체, 비효율성과 동전의 양면이었다. 쿠스타레프(А. Кустарев)의 비유를 들어 보자. "컵은 반은 차 있고 반은 비어 있었다. 그때는 컵이 비었다고들 말했지만, 이제는 컵이 꽉 차 있었다고 말한다. 이렇게 상반된 평가가 발생한 것은 왜일까?"[20]

노스탤지어는 기억하고자 하는 것만을 기억하게 한다. 이렇게 선택적 기억, 즉 선택적 망각의 원리에 재구성된 역사는 신화가 된다. 시간의 비가역성을 거슬러 현재로 소환되어 미래로 투사된 과거는 이미 역사가 아니라 신화이다. 불과 십 년 사이에 소련이라는 과거의 의미가 이렇게 역전된다. 정말로 "러시아는 예측할 수 없는 과거를 가진 나라"이다.[21] 신화 속에서 소련이라는 과거는 역사와 사실로서가 아니라, 상징과 이미지로 존재한다.

---

[19] 브레즈네프 시기에 대한 더 자세한 것은 Дубин, "Лицо эпохи," С.25~32; Кустарев, "Золотые 1970-е," С.1~7 참조. 인용은 전자의 С.26.

[20] Кустарев, "Золотые 1970-е," С.2.

[21] T. Sabonis-Chaffe, "Communism as Kitsch: Soviet Symbols in Post-Soviet Society," in A. Barker(ed.), *Consuming Russia; Popular Culture, Sex and Society since Gorbachev*(Durham & London: Duke University Press, 1999), p.378.

3. 대중문화 현상으로서 노스탤지어

1990년대 중반에 시작되어 1990년대 말부터 본격화된 러시아 내 노스탤지어 현상이 가장 활발하게 재현되고 유통된 것은 대중문화 산업에서이다. 앞서 언급했듯이 이는 노스탤지어 행위 속에 재구성된 과거가 주로 신화적 상징과 이미지로 존재한다는 점과 무관하지 않다. 더구나 대중문화는 본질상 다수 일반 대중의 사고와 기호를 목표로, 사회의 이념과 가치의 구조적 변화에 가장 즉각적으로 반응해 이를 순환·소비시킨다. 노스탤지어에 대중문화가 기민하게 반응한 것은 당연하다. 여러 연구자들의 지적처럼 "노스탤지어는 러시아의 새로운 상업문화의 수익성 높은 영역이" 되었고, "대중문화는 소련 과거에 대한 자기 식 신화를 창조하기 시작"한다.[22] 자국문화구조의 근본적인 재편과정에 따른 혼란과 수입된 서구 자본주의 문화의 공세 속에 무력하게 침몰해 가던 러시아 대중문화가 1990년대 말부터 부활의 조짐을 보이기 시작한 것은 여러 정치, 경제, 사회적 요인을 갖지만, 그중 무엇보다 중요한 것이 바로 이와 같은 과거의 활용에 기반해 이루어졌다.

영화를 예로 들어 보자. 브레즈네프 시기 연간 관람객수가 40억명을 넘고, 시민 한 명당 연간 평균 극장방문 횟수가 무려 22회에 달했던 소련과 달리, 1990년대 중반 러시아 영화산업의 현실은 "영

---

[22] 순서대로 S. Boym, "From the Toilet to the Museum: Memory and Transmorphosis of Soviet Trash," in A. Barker(ed.), *Consuming Russia*, p.384; B. Beumers, "Pop Post-Sots, or the Popularization of History in the Musical Nord-Ost," *The Slavic and East European Journal*, Vol. 48, No. 3(2004, Autumn), p.381.

화는 죽었다."라는 탄식이 나올 정도로 참담하였다. 1985년까지만 해도 평균 150편의 소련 영화 중 40여 편이 500만 명 이상의 관객을 동원했으나, 불과 10년 후인 1994년엔 50만 명을 동원한 영화조차 한 편도 없었다. 같은 해 모스크바 극장에서 상영된 영화의 73%가 미국영화, 15%가 유럽 영화였고, 러시아 영화의 극장점유율은 단 8%에 불과했다.[23]

러시아 영화가 몰락한 원인은 다양하지만, 과거와의 문제와 관련하자면 이는 당시 영화계를 장악한 '체르누하(чернуха)'와 관련이 깊다. 러시아의 어두운 과거와 현실에 대한 비판을 핵심으로 하는 체르누하는 앞서 언급했던 페레스트로이카와 체제전환 초기 러시아 사회에 활발했던 기억하기 행위, 이를 통한 과거와의 단절과 관련된다. 그러나 혼란과 위기가 계속되면서 영화보다 영화 같은 현실에 지친 대중들은 체르누하가 전하는 진실을 외면하기 시작했다. 이것이 러시아 영화의 위기의 원인 중 하나이다. 동시에 러시아 영화의 부활도 바로 이에 대한 문제의식으로부터 시작된다.

1990년대 중반 아스트라한(Д. Астрахан)의 <모든 것은 잘 될 거야(Все будет хорошо, 1995)>, 로고쥬킨(А. Рогожкин)의 <민족 사냥의 특성(Особенности национальной охоты, 1995)>, 셀랴노프(С. Селянов)의 <슬픔의 때는 아직 오지 않았다(Время печали еще не пришло, 1995)> 등으로 대표되는 "화해의 영화(cinema of

---

23) 인용된 수치는 "Системный кризис кинематографии," in Б. Сорочкин(ред.), *Эволюция культурной деятельности в новом столетии*, том. 1 (СПб.: Алетейя, 2005), C.231; S. Larsen, "In Search of an Audience: The New Russian Cinema of Reconciliation," in A. Barker(ed.), *Consuming Russia*, p.193; B. Beumers, "Cinemarket, or the Russian Film in 'Mission Impossible'," *Europe-Asia Studies*, Vol. 51, No. 5(1999, July), p.871, p.886 참조. 포스트소비에트 영화산업의 변화에 대한 더 자세한 사항은 이문영, 『현대 러시아 사회와 대중문화』(서울: 한울 아카데미, 2008), 83~116쪽 참조.

reconciliation)", 또는 "착한 영화(доброе кино)"로 분류될 수 있는 작품들이 등장한다.[24] 비슷한 시기 젊은 영화감독들 사이에서는 대중의 요구를 고려할 줄 아는 '산업으로서의 영화'에 대한 호소가, 미할코프(Н. Михалков)로 대표되는 기성감독들 사이에서는 '사명으로서의 영화'에 대한 강조가 호응을 얻으며 러시아 영화 부활을 위한 움직임이 조직화된다. 다음은 미할코프의 연설의 일부이다. "과거 소련을 묶어 주었고, 현재 미국을 단결시키는 애국적 정신을 다시 회복하기 위해 러시아 영화가 국가적 영웅의 신화를 창조해야 한다."[25] 강조점은 다르지만 두 그룹의 공통성은 과거의 따뜻한 수용, 즉 러시아성(русскость)의 가치와 그 역사적 연속성을 입증하는 것이었다. '노스탤지어의 영화화'라고 할 수 있는 이러한 움직임은 이미 형성된 노스탤지어 현상을 문화적으로 재현하는 동시에 이를 더욱 강화하였다. 이에 기반해 1990년대 말부터 2000년대 상반기 러시아 영화로 관객들의 귀환이 시작되었다. 1999년과 2000년 미할코프의 <시베리아의 이발사(Сибирский цирюлик)>가 박스오피스 1위를 차지한 것을 기점으로 2004년부터 2006년에는 3년 연속으로 <나이트워치(Ночной дозор)>, <터키 갬빗(Турецкий гамбит)> 등의 러시아 영화가 <반지의 제왕>, <다빈치 코드>, <킹콩> 등

---

24) "화해의 영화"는 러시아 문화연구자 라센(S. Larsen)이 1990년대 중반 러시아 영화에 나타난 새로운 경향을 지칭해 사용한 개념이고, "착한 영화"는 1996년 모스크바 키노타부르 오픈영화페스티발에서 리브네프(С. Ливнев), 호티넨코(В. Хотиненко), 토도롭스키(В. Тодоровский) 등의 젊은 러시아 감독을 중심으로 기획된 '저예산 영화 프로젝트' 기자회견에서 처음 사용되었다. 이 프로젝트는 '산업으로서의 영화' 콘셉트에 기반한 것으로, 그 결과 탄생한 작품이 바로 발라바노프(А. Балабанов) 감독의 영화 「형제(Брат)」이다. 이에 대해서는 Larsen, "In Search of an Audience," pp.195~196; J. Knox-Voina, "'Everything Will Be O.K.': A New Trend in Russian Film," *Russian Review*, vol. 56, No. 2(1997, April), p.287 참조.

25) 미할코프의 연설 내용, Beumers, "'Cinemarket', or the Russian Film in 'Mission Impossible'," p.875에서 재인용.

의 할리우드 대작을 물리치고 박스오피스 1위를 차지했다.

노스탤지어의 문화적 재현과 이를 통한 확대재생산은 영화에 국한되지 않는다. 오히려 그 가장 강력한 매체는 TV이다. 노스탤지어의 엄청난 상업적 가치를 최초로 확인시켜 준 것도 1995년 러시아 제1채널 OPT가 새해 전야에 방송한 <중요한 것에 대한 옛 노래들(Старые песни о главном)>이다. 이것은 소련 인기가요, 유명했던 영화 삽입곡 등을 현대 가수들이 다시 부르는 형식의 쇼 프로그램이었다. 높은 시청률과 인기로 인해 다음 해에도 연장 방송되었고, 불러진 노래들은 3장의 동명 앨범으로 출간되었다. 이후 "중요한 것에 대한 옛 노래들"이라는 의미심장한 제목은 노스탤지어에 기반한 복고적 리메이크의 상징이 되었다.

이 프로의 성공은 당시 러시아 TV를 통해 방영된 소련 영화들과 TV시리즈의 높은 시청률과 깊은 관련이 있다. 부활의 움직임에도 불구하고 아직 고전을 면치 못하던 러시아 영화와 달리, 1990년대 중반 러시아 TV는 대중들이 가장 사랑하는 매체가 되었다. 체르누하의 현실을 떠나 대중들은 TV 속 다른 시간(소련문화), 다른 공간(서구문화)으로 이동했다. 특히 TV에서 보여 주는 할리우드 영화, 북남미 TV 드라마와 더불어 가장 인기를 누린 것이 알렉산드로프(Г. Александров)의 뮤지컬 코미디 영화, 가이다이(Л. Гаидаи)나 라자노프(Э. Рязанов)의 1960~70년대 대중영화들, 그리고 <정오로 사라지는 그림자(Тени изчезают в полдень, 1971)>, <봄의 17번의 순간들(17 мгновений весны, 1973)>, <만남의 장소를 바꾸면 안 돼요(Место встречи изменить нельзя, 1979)> 등의 소련 TV영화들이었다. 포스트소비에트 러시아 TV에서 소련 영화는 높은 시청률을 보장하는 상품으로 1990년대 중반 TV에서 방영하는 장편영화의 반 이상이 소련영화였고, 이들은 할리우드 영화나 라틴 드라마만큼의 인기를 누렸다.26)

<중요한 것에 대한 옛 노래들> 류의 리메이크, 소련영화의 높은 시청률에 고무받은 TV 제작자들이 1990년대 말부터 러시아 TV 드라마를 직접 제작하기 시작한다. 1999년 상반기 OPT에서 처음 방송되어 50%의 경이적인 시청률을 기록하며 러시아 드라마 붐의 신호탄이 된 <부서진 가로등의 거리(Улица разбитых фонарей)>는 이러한 배경 속에 제작되었다. 장르, 인물, 플롯 등에 있어 이 작품을 비롯해 이후 러시아 드라마들이 모범으로 삼은 것은 앞서 언급한 소련 TV영화들이다. 소련 TV 시리즈의 스파이나 경찰이 2000년대 올리가르히, 마피아, 체첸반군 등 새로운 사회악과의 대결 속에서 부활했다. 한 연구자의 지적처럼 이 드라마들의 높은 인기는 무엇보다 이들이 시청자들에게 긍정적인 인물 유형과 삶의 모델을 제시해 준다는 점에 있었다. 정체성 형성에 있어 이 TV드라마들이 행한 역할은 "국가 이념으로서의 드라마(сериал как национальная идея)"27)라는 표현을 만들어 낼 정도로 강력한 것이었다.

러시아 드라마의 폭발적인 인기로 1999년 하반기부터 러시아 6대 전국채널의 황금시간대를 러시아 드라마가 장악하게 된다. 이 현상

---

26) 1990년대 중반 러시아 TV와 그 프로그램에 대해서는 F. Ellis, "The Media as Social Engineer," in C. Kelly and D. Shepherd(eds.), *Russian Cultural Studies*(Oxford and New York: Oxford University Press. 1998), pp.219~220; Д. Дондурей, "90-e: кино снимали для другой страны," in Д. Драгунский(ред.), *Либеральные реформы и культура*(Москва: ОГИ, 2003), С.101~104; Beumers, "'Cinemarket', or the Russian Film in 'Mission Impossible'," pp.888~892 참조.

27) А. Акупов, "Сериал как национальная идея," *Искусство кино*, No. 2(2000) 참조.

은 비슷한 시기 이루어진 러시아 영화의 부활과 겹쳐지면서 러시아 TV 프로그램 편성 자체를 획기적으로 변화시킨다. 1998년 TV 드라마의 66.2%가 수입드라마였던 데 반해, 2002년 TV 전체 방송시간 중 러시아 드라마 및 영화가 차지하는 비율은 43.1%로 북미(미국과 캐나다)의 37.1%를 넘어선다. 2003년에 그 비율은 각각 48.1%와 24.1%로 러시아산 문화상품의 TV 점유율이 미국의 2배를 넘어선다. 프라임타임의 경우 그 비율은 무려 53.6%/ 21.4%에 달한다. 2004년과 2005년 1,500만 명 이상의 시청률을 기록한 TV 영화(드라마)의 1위부터 10위까지가 모두 러시아에서 제작된 것이었다.[28]

영화와 TV의 사례에서 보이듯이 대중적 현상으로서 노스탤지어는 1990년대 중반부터 대중문화에 반영되기 시작하여, 1990년대 말부터 2000년대 초 러시아 문화 전반이 소생하는 실질적 동력이 되었다. 2004년 11월 러시아 3대 전국채널 중 하나인 엔테베(НТВ)의 위성채널 엔테베-플러스(НТВ-плюс)에 <노스탤지어(Ностальгия)>라는 독자채널이 탄생한 것은 상징적인 의미를 갖는다(그림 2). "노스탤지어-추억할 것을 가진 사람들을 위한 TV채널(Ностальгия-это телеканал для тех, кому есть что вспомнить)"이라는 콘셉트나, <Born in the USSR(Рожденный в СССР)>, <Back to the

그림 2. 소련 전문 독자채널 <노스탤지어>의 로고.

28) 인용된 수치는 "Телевидение. Конфликт интересов," Б. Сорочкин(ред.), *Эволюция культурной деятельности в новом столетии*, том. 1, С.253; D. Dondureyi and N. Venger, *Russian Film Industry 2001~2006*(Москва: СТС Media, 2006), pp.15~16, pp.34~40 참조.

USSR(Назад в СССР)> 같은 대표 프로그램의 제목이 보여 주듯이, 이 채널은 소련시절과 그 문화만을 전문적으로 다루는 채널이다. 뿐만 아니라 러시아뿐 아니라 CIS와 발틱 국가 등 구(舊)소련구성공화국들을 커버하는 방송망을 가진다.[29] 이렇게 시작 단계에 소련문화의 단순한 반복이나 리메이크에 불과하던 것이 포스트소비에트 공간 속에서 창조적으로 변형되기 시작한다. 이 창조적 변형의 가장 중요한 특성은 아래와 같다.

첫째, 소련 시기 공식문화의 규범이었던 사회주의 리얼리즘의 전통과 포스트소비에트 대중문화의 결합이다. 사회주의 리얼리즘에 대한 널리 퍼진 선입견과 달리 사회주의 리얼리즘에 있어 사상성만큼 중요한 요소는 '이해가능성'이었다. 스탈린 시기 영화정책을 주관했던 슈먀츠키(Б. Шумяцкий)의 '다수를 위한 영화' 개념이나, 사회주의 리얼리즘의 무서운 집행자 즈다노프(А. Жданов)의 "대중이 이해하지 못하는 예술은 필요 없다"와 같은 선언이 이를 잘 보여 준다. 사회주의 리얼리즘 속에서 기존의 고급문화와 대중문화의 혼합이 시도되고, 이 과정에서 대중의 이해가능성에 대한 고려가 최대화되면서 이후 소련 문화에는 서구적 의미의 대중문화보다 더 대중적인 문화현상들이 공식화되었다. 소련 시기 대중의 사랑을 받았던 영화들은 코미디, 멜로, 모험 등 서구 장르 영화와 동일한 예술적 관례에 기반하면서 이를 사회주의적 낙관과 결합시킨 대중영화들이었다. 또 당시 인기를 끌었던 '붉은 탐정이야기'나 '소비에트 서사시' 같은 문학 장르는 혁명이나 내전, 사회주의 건설과 같은 역사적 대서사, 그 속에서의 이념적 갈등을 흑백대결(인민의 적/사

---

[29] 채널 <노스탤지어>에 대해서는 공식홈페이지 www.nostalgiatv.ru 참조.

회주의 영웅), 해피엔딩(사회주의 영웅의 승리), 로맨스와 같은 대중소설 플롯과 결합한 것이다. 마리니나(A. Маринина)의 "카멘스카야 시리즈", 아쿠닌(Б. Акунин)의 "판도린 프로젝트"와 같이 포스트소비에트 러시아에 몰아친 대중소설 붐, 특히 추리소설과 역사소설에 대한 대중의 열광은 확실한 소련적 전사(前史)를 가진 것이다.[30]

이렇게 사회주의 리얼리즘은 포스트소비에트 시기 대중문화 코드와 결합할 수 있는 형식적 기반을 이미 가지고 있었고, 노스텔지어 현상은 그 이념적 배경이 되었다. 리포베츠키(M. Lipovetsky)의 지적처럼 사회주의 리얼리즘과 그 신화의 재활용은 최근 5년간 러시아 대중문화의 가장 뚜렷한 경향 중 하나이며, 그는 이러한 현상을 '포스트-소츠(post-Sots)'라고 명명하였다.[31] 고급문화 현상에 속했던 1970년대 소츠-아트(соц-арт)가 소련의 시각적 상징이나 문화적 아이콘을 비틀거나 뒤집어 사회주의 리얼리즘 신화를 비판했던 데 반해, 대중문화와 굳건히 결합한 포스트-소츠엔 이러한 성찰적 거리, 패로디 정신이 부재한 것이 특징이다. 다시 말해 "포스트모더니즘과 소츠-아트가 사회주의 리얼리즘 담론을 해체했다면, 대중문화(포스트-소츠)는 그것을 부활시키려는 듯이 보인다…….(소트-아트와 함께) 포스트모더니즘이 탈신화화했다면, 포스트-소츠는 재신화화하고 있다."[32]

---

[30] 잘 알려져 있듯이 마리니나, 아쿠닌 등의 인기작가가 대변하는 대중소설 붐은 포스트소비에트 문학의 가장 큰 특성이다. 카멘스카야(A. Каменская)와 판도린(Э. Фандорин)은 각각 마리니나와 아쿠닌의 다수의 작품에 반복적으로 등장하는 대표적 페르소나이다.

[31] 포스트-소츠에 대한 더 자세한 것은 M. Lipovetsky, "Post-Sots: Transformations of Socialist Realism in the Popular Culture of the Recent Period," *The Slavic and East European Journal*, Vol. 48, № 3(2004, Autumn), pp.356~362 참조.

[32] Beumers, "Pop Post-Sots," p.378, p.380.

두 번째 특성은 노스탤지어가 문화 통합적, 장르 소통적 기능을 담당하고 있다는 점이다. 대중문화의 위상 강화와 기능의 확대, 이로 인한 문화의 수직적·수평적 경계의 파괴와 같은 글로벌 문화 문법은 현재 러시아 대중문화에서도 보편적으로 발견되는 현상이다. 특히 대중문학, 영화, TV(드라마), 연극과 뮤지컬 등 장르 간 소통과 교류 현상은 세계 다른 나라에서처럼 러시아 대중문화에도 글로벌한 특성으로 나타난다. 러시아의 특수성은 이러한 소통의 내용적 동력이 노스탤지어와 과거의 활용에 있다는 점이다. 소련 대중소설 형식을 공유한 현대 대중소설, 러시아 민족주의 블록버스터, 국가이념으로서의 드라마는 그들이 공유한 러시아성에 대한 강조, 그 근원으로서의 러시아(소련) 과거에 대한 친화성을 바탕으로 소통하며 대중적 인기를 나눈다.

마지막으로 포스트소비에트 대중문화의 과거 활용에서 나타나는 세 번째 특성은 서구 대중문화의 세련된 형식, 발전된 테크놀로지와의 결합이다. 첫 번째 특성과 비교할 때 이것은 비교적 늦게, 즉 1990년대 말에서 2000년대 나타난다. 1990년대 중반 러시아 대중문화는 노스탤지어의 문화적 형식을 갖추지 못했다. 이때까지는 TV를 통해 수도 없이 보여 주는 소련 영화와 <중요한 것에 대한 옛 노래들> 수준의 리메이크가 전부였다. 또 이것은 수입된 서구 문화에 대한 열광과 아직 공존하고 있었다. 1990년대 말 포스트소비에트 대중문화가 서구 문화를 완전히 압도하기 시작한 것은 러시아적 내용이 글로벌한 문화코드와 결합한 이후부터, 즉 노스탤지어가 현대적인 문화적 형식과 유기적으로 결합한 이후이다.

2004년 1,600만 달러의 흥행으로 박스오피스 1위를 차지한 <나

이트워치>의 경우를 보자. 러시아 이교 중세를 배경으로 그 과거
와 현재를 넘나들며 전개되는 이 영화는 '슬라브 판타지'라는 러시
아 고유의 영화 장르에 해당한다. 하지만 이와 동시에 그 성공은
「반지의 제왕」이나 해리 포터 시리즈와 같은 글로벌한 판타지 블
록버스터의 존재를 배경으로 삼은 것이며, 관객이 특히 찬사를 보
낸 것은 기존 러시아 영화에서는 찾아보기 힘든 특수효과와 CG 기
술의 놀라운 수준이었다.

2001년 초연된 이후 <캣츠>, <미스 사이공>, <맘마미아> 등
대형 서구 뮤지컬을 제치고 부동의 1위를 고수하고 있는 러시아 뮤
지컬 <노르드-오스트(Норд-Ост)>도 마찬가지이다. 모스크바 관광
투어코스 중 하나가 될 정도로 이 뮤지컬은 포스트소비에트 러시
아 문화로서의 대표성을 인정받았다. 이 뮤지컬이 전달하는 메시지가
어떤 것일지는 그 원작이 1946년 스탈린상을 받은 카베린(В. Каверин)
의 사회주의 리얼리즘 소설 「두 명의 대위 (Два капитана)」라는 점
에서 이미 충분히 짐작 가능하다. "자신의 역사와 문화에 대한 러
시아의 자부심의 상징"이라는 평가를 받은 다분히 전통적인 기원
의 이 작품은 그러나 이와 동시에, 브로드웨이를 능가하는 최신 기
술력, 글로벌 흥행코드로 무장하고, 서구식 마케팅 전략에 따라 대
규모로 홍보되는 가장 첨단의 상품이기도 하다.[33]

이 세 가지 특성은 글로컬리제이션으로서의 러시아 노스텔지어
의 본질을 잘 보여 준다. 70여 년 전 스탈린이 "내용적으로는 사회
주의적, 형식적으로는 민족적"을 외쳤다면, 포스트소비에트 대중문

---

[33] <나이트워치>와 <노르드-오스트>에 대해서는 이문영, 『현대 러시아 사회와 대중문화』, 106~107쪽;
Beumers, "Pop Post-Sots," pp.383~393 참조. 인용은 후자의 p.393.

화는 "내용적으로는 러시아적(민족적), 형식적으로는 글로벌"을 외치는 듯하다. 표현은 반대이지만, 그 논리는 동일하다. 그렇다면 글로벌한 문화코드로 부활하여 재신화화되는 이 노스탤지어의 본질은 무엇인가. 대중성과 공감의 규모에 있어 새로운 문화정체성의 탄생이라 말할 수 있을 이것의 본질은 저 유명한 '사보르노스티(соборность)'로부터 '커뮤날노스티(коммунальность)'까지를 관통하는 '러시아 정신(русский дух)'의 고유성, 그 러시아성의 회복과 전통적 가치의 부활이다.

4. 노스탤지어의 정치학

노스탤지어가 전환기적 징후라면, 2000년대 푸틴 집권 이후 상대적인 안정을 회복한 러시아에서 그 현상이 점점 약화될 것이라고 전망하는 것이 논리적일 것이다. 그러나 상황은 전혀 그렇지 않다. 시간과 무관하게 노스탤지어 정서는 유지되거나, 오히려 강화되고 있다. "당신 같은 사람에게 어떤 때가 가장 살기 좋았나?"라는 질문에 브레즈네프 시기라고 대답한 응답자의 비율은 1995년 34%에서 2002년 49%로 늘어났다.[34] 또 브레즈네프 시대에 대해 좋았거나 행복했던 시절이라고 대답한 사람의 비율도 2001년 44%에서 2006년 61%로 증가하였다.[35] "러시아의 모든 것이 1985년

---

[34] 브치옴의 설문조사. Дубин, "Лицо эпохи," С.25에서 인용.

[35] 브치옴과 폼의 설문조사를 종합한 것으로 전자는 Дубин, "Лицо эпохи," С.25, 후자는 "Л. И. Брежнев и его время," С.1 참조.

이전 같다면 좋겠는가?"라는 질문에 동의한 응답자의 비율 역시 1992년과 2001년 사이 45%에서 54%로 증가했다.[36] 2010년 2월 행해진 브치옴의 한 설문조사에서 "'소련'이라는 단어를 들을 때 어떤 감정을 느끼는가?"라는 질문에 대해 대다수의 러시아인이 노스텔지어(31%), 자긍심(18%)과 같은 긍정적인 감정을 결부 지웠다.[37] 이런 경향은 "러시아에 가장 맞는 경제 체제는?"에 대한 응답비율의 변화에서 더욱 확연히 드러난다. 국가계획형과 시장형에 대한 연도별 선호비율은 아래 표와 같다.[38]

연도	1992	1995	1996	1998	2001
국가계획형 / 시장형(%)	28/51	39/32	42/34	50/34	56/30

체제전환 직후인 1992년의 51%를 제외하고 시장형에 대한 지지율은 30%대로 고르게 유지되는 반면, 국가계획형에 대한 찬성은 10년 사이 정확히 두 배가 되었다. 또 소련시대로 돌아가고 싶다고 대답한 응답자도 해가 갈수록 늘어나, 1995년과 2006년, 즉 거의 십 년 사이 세 배 가까이 증가한다. 다음의 표를 보자.[39]

연도	1995	1996[40]	1998	2000	2006
"돌아가고 싶다" (%)	13	39	14	18	36

---

36) Левада, "Человек ностальгический," С.8.

37) ВЦИОМ, "Советский и антисоветский: что такое хорошо и что такое плохо"(1 Февраля, 2010), С.1~4.

38) 표는 러시아의 주요 여론조사기관인 레바다센터(Левада-центр)의 자료에 근거한 것이다. Левада, "Человек ностальгический," С.8 참조.

39) 표는 레바다센터와 폼의 자료를 종합해 재구성한 것이다. Левада, "Человек ностальгический," С.12; ФОМ, "Л. И. Брежнев и его время," С.2 참조. (레바다센터 자료의 경우 같은 해 여러 번 조사가 진행된 경우는 가장 마지막 달의 결과를 제시하였다.)

물론 이러한 통계 결과로 러시아 대중이 실제 정치체제로서 소련식 사회주의의 복귀를 원한다거나, 그것이 가능하다고 여긴다고 판단할 수는 없다. 실제 "소련 시절로 돌아가는 것이 가능할까?"라는 질문에 대해서는 1994년과 2001년 모두 응답자의 절대 다수(각각 70%/76%)가 불가능하다고 대답했다.[41] 또 2005년 한 설문조사가 보여 주듯이 페레스트로이카에 대한 압도적으로 부정적 평가에도 불구하고, 이것이 역사적 필연이었다고 인정하는 비율이 그렇지 않다는 비율과 균형을 이루고 있다.[42] 중요한 것은 과거로의 실제적인 회귀 여부가 아니라, 그것이 대변하는 이념과 가치의 상징체계에 대한 수용성의 문제인 것이다. 이것을 상징적으로 보여 주는 것이, 특히 1990년대 말부터 가시화된 스탈린에 대한 재평가와 신화화 현상이다. 스탈린에 대한 평가의 변화를 추적해 보자.

1994년 "세계사에서 스탈린의 역할을 어떻게 평가하나?"라는 질문에 대해 응답자의 28%만이 긍정적이라고 대답했다. 유사한 내용의 2006년 2월 폼의 조사에서 그 비율은 거의 50%에 해당했다.[43] 1991년 "러시아와 소련의 국가, 사회, 문화 인물 중 10년 후에도 기억될 사람은?"이라는 질문에서 스탈린을 선택한 사람은 총 2,110명의 응답자 중 1%도 되지 않았다. 반면 1998년 실시된 설문인 "다음 중 누구를 혁명 이후 러시아사에서 가장 뛰어난 정치, 사회

---

40) 레바다는 1996년(3월 조사) 예외적으로 높은 수치가 나온 이유를 대선을 앞둔 당시 쥬가노프의 높은 인기와 관련되는 것으로 해석하고 있다. Левада, "Человек ностальгический," C.13 참조.

41) Левада, "Человек ностальгический," C.12.

42) 2005년 4월 폼에서 실시한 조사 결과 페레스트로이카가 개인과 국가에 해를 끼쳤다는 답변을 한 사람이 응답자의 60%를 초과하였다. 반면 그 역사적 필연성에 대한 인정여부는 각각 36%/37%로 비슷하였다. ФОМ, "Перестройка: 20 лет спустя"(14 Апреля, 2005), C.1~3.

43) 1994년과 2006년 자료는 각각 Дубин, "Сталин и другие," C.16; ФОМ, "Ползучая сталинизация," Коммерсант, 6 Марта, 2006, C.1 참조.

활동가를 뽑겠는가?"에서 스탈린은 레닌의 뒤를 이어 2위를 차지한다. 드디어 2000년 "20세기 러시아를 통치한 정치가 중 가장 뛰어난 사람은?"이라는 설문에서 19%의 지지율을 얻은 스탈린이 레닌을 제치고 1위를 차지한다.[44]

스탈린에 대한 태도의 변화가 그가 저지른 역사적 악행까지 미화하지는 않는다. 그러나 중요한 것은 당시 테러에 대한 객관적 평가가 스탈린에 대한 재평가에 영향을 미치지 않는다는 점, 오히려 스탈린의 이런 이중성, 즉 "사악한 천재(злой гений)"의 이미지가 더욱 치명적인 매력을 발휘한다는 점이다. 그리고 이 이미지는 누군가를 떠오르게 한다. 이반 뇌제-표트르 대제-스탈린에 이르는 철의 통치, '강대국(великая держава)' 이념의 현대적 계승자는 누구인가. 2001년 1,600명의 러시아인에게 "당신에게 행동 모델이 되거나, 도덕적 권위를 가진 사람을 거명할 수 있겠느냐"는 질문을 던진 결과, 표트르 대제-푸틴-스탈린이 나란히 1·2·3위를 차지했다.[45]

푸틴 집권 이후 경제적 안정성과 비례하여 나날이 높아지는 전체주의적 경향과, 사회적 안정성의 확보 이후에도 유지, 강화되는 노스텔지어 현상 사이에 상관관계를 부여하는 것이 그렇게 자의적이지는 않을 것이다. 1990년대 중반 노스텔지어가 당시 사회상황에 의해 대중 속으로부터 자연스럽게 시작된 현상이라면, 1990년대 말 이후 그것은 대중의 외부로부터 일차적인 동력을 얻고 있다. 그 외부가 발전된 시민사회도, 대안적 삶의 방식을 제시할 인텔리도 아닌, 정치권력이라는 사실에 주목할 필요가 있다. 다시 말해 글로

---

[44] 순서대로 Дубин, "Сталин и другие," С.13, С.16, С.19 참조.
[45] Дубин, "Сталин и другие," С.20.

벌한 자본주의 문화를 사회주의 전통과 화해시키고, 러시아 과거의 문화적 가치를 소급해 도열시키는 과정이 푸틴이 끊임없이 유포하고 자극하는 '새로운 러시아 정체성의 신화'에서 출발한다는 점이다. 물론 정치적으로 구성된 담론에 공명하는 사회적 토대와 분위기가 존재한다는 사실을 부정할 수 없다. 2005년 러시아 시민의 40%가 현재 체제에 많은 문제가 있지만 급진적 변화를 전혀 바라지 않는다고 고백했고, 러시아를 통합시켜 줄 수 있는 슬로건으로 민주주의나 진보가 아닌, '안정', '법과 질서', '강한 나라'를 택했다.[46] 그러나 시간이 흐를수록 새로운 정체성의 구조와 내용이 대중의 자발적 선택보다는 정치적으로 조직화된 이데올로기에 의해 추인되고, 정체불분명한 신화의 형식으로 확대재생산되는 경향이 강화된다는 사실을 부정하기 힘들다. 가장 무서운 것은 이 이념이 개인 속에 내면화되어 대중의 자발적 선택 자체를 변형시키는 것이다.

이러한 주장에 대해서는 여러 학자들로부터 동의를 얻을 수 있다. "1990년대에서 2000년대의 경계에 이루어진 정치적 수사 전략은 일반 공공의식 속에 우리 과거와 러시아의 부활 사이의 등식을 재구성할 가능성을 염두에 두고 형성되었고", "현대 러시아 사회를 노스탤지어 지향성이 지배하고 있다는 생각이 정치 엘리트와 저널리스트들에 의해 만들어져 열광적으로 지지되고" 있다.[47] 즈베레바가 지적하고 있는 러시아 정부의 '긍정적 민족정체성 건설 프로젝트(проект конструирования положительной национлальной идентичности)'

---

[46] ВЦИОМ(Л. бызов), "Перестройка XX лет спустя"(17 Марта, 2005), С.7.

[47] 순서대로 Г. Зверева, "Русский проект: конструирование позитивной национальной идентичности в современном российском государстве и обществе," *Eurasian Review*, Vol. 1(2008, November), p.15; Левада, "Человек ностальгический," С.7.

는 과거를 활용해 러시아만의 가치(집단주의, 유라시아주의적 사명, 러시아 민족의 우월성)를 강조하고, 그 합법적 계승자인 권력 주위에 대중 전체를 결집시키는 것이 목적이다. 집단 정체성의 창조와 민족통합의 시도는 입법, 행정, 역사교육, 국경일로 대표되는 상징체계, 매스미디어 등 다양한 영역에서 표출되고 있다.[48]

이 과정에서 특히 TV의 역할에 주목할 필요가 있다. 현재 러시아 전국을 커버하는 6대 주요 채널 모두가 직간접적으로 정부 통제하에 있다. 1990년대 올리가르히의 소유물이었던 TV는, HTB 사태가 상징하듯이, 푸틴이 올리가르히에 승리를 거둔 2003년 후 사실상 국가소유나 다름없는 상태로 전환되었다. TV의 국가 종속성으로 인하여 과거와 결합된 새로운 러시아 정체성 전략은 TV의 시청각적 이미지 속에 공격적으로 대중에게 전달되고 있다. 공익광고, 리메이크 프로, '국가이념으로서의 드라마'뿐만 아니라, 2004년 이후 러시아 민족주의 블록버스터에 대한 투자와 홍보 역시 대부분 TV를 통해 이루어졌다. 중요한 것은 극심한 사회적 양극화로 인해 현재 러시아 지방이나 시골 거주자, 노인이나 연금생활자, 저소득층 등 소외계층이 사회와 소통하는 유일한 채널이 TV 뿐이라는 점이다.[49] 지방 거주자일수록, 교육수준이 낮을수록, 나이가 많을수록 노스탤지어에 대한 감수성이 높아진다는 사실은 이와 무관하지 않을 것이다.

---

[48] 더 자세한 것은 Зверева, "Русский проект," С.15~46 참조.

[49] 포스트소비에트 러시아 TV에 대한 더 자세한 사항은 이문영, 『현대 러시아 사회와 대중문화』, 117~152쪽 참조.

5. 결론

노스탤지어는 보편적 정서이자 인류를 풍요롭게 하는 문화적 행위이다. 실제 대중문화 형식 속에 재현된 과거는 우리에게 평온함을 준다. 어쩌면 노스탤지어는, 이질적이고 혁신적인 것보다 익숙하고 관습적인 도식을 선호하며, 창조적·성찰적 기능보다 일상적·보상적 기능을 주로 담당하는 대중문화에 매우 적합한 대상일지도 모른다. 그러나 이것이 문화 외적 논리에 의해 외부로부터 부과되고 집단적 정서로 강요되어, 우리와 그들을 이분법적으로 가르는 기준이 될 때 노스탤지어는 더 이상 생산적인 힘을 발휘할 수 없다. 이 순간 노스탤지어에 본래적인 시공의 보편성은 전체주의로 변질되고 만다. 러시아에서 노스탤지어 현상의 강화와 서구(타자)에 대한 거부가 비례한다는 점이 이를 잘 보여준다. 1991년 한 통계에서 응답자의 60%가 서구에 대해 긍정적 평가를 내린 데 반해, 1997년의 한 통계에서는 응답자의 51%가 서구를 러시아를 이용해 자신의 이해를 해결하려는 '적'이라고 규정했다. "서구문화가 러시아에 부정적인 영향을 미친다"는 의견에 동의하는 비율은 1996년-1998년-2002년 순으로 각각 48%-61%-67%로 높아졌다.[50] 세계체제로의 편입 이후 시간이 흐를수록 다양성에 대한 지향이 오히려 낮아지고, 우리(Мы)로의 배타적 결속력이 강화되는 것, 이것이 자국문화 부활 속에 반영되고 확대재생산되는 것은 러시아 글로컬리제이션의 매우 우려스러운 특성이다.

---

[50] Дубин, "Сталин и другие," С.16~18.

앞서 한국의 노스탤지어 현상에 대해 언급했었다. 한국의 경우 러시아와 달리 과거의 정치적 활용이 그렇게 선명하게 드러나지는 않는다. 많은 사람들이 노스탤지어를 문화 영역에 제한된 현상으로 생각한다. 그러나 2007년, 외모에서부터 정치적 구호에 이르기까지 1960~70년대 독재자 박정희를 연상시키는 이명박이 50%에 가까운 지지 속에 대통령에 당선된 것이나, 현재 정치인 박근혜가 차지하는 정치적 위상과 노스탤지어 사이에 아무 관련이 없을까.

이명박의 당선으로 과거 15년간 한국을 통치했던 진보 성향의 정권이 보수 정권으로 교체되었다. 새로운 정권은 약속했던 경제 부활보다 역사 재구성에 먼저 착수했다. 재미있는 사실은 이러한 역사 재구성과 관련된 논란이 한국과 러시아 양국에서 청소년 대상 역사교과서를 둘러싸고 비슷한 시기에 벌어졌다는 사실이다. 러시아의 경우 2007년 출간된 한 역사교과서를 두고 정부는 국가의 애국적 입장을 반영한 모범적 교과서로 찬사를 보낸 반면, 역사학자들은 비전문

가들이 정부 주문에 맞춰 역사를 왜곡한 것으로 비판하며 팽팽히 맞섰다(그림 3). 한국의 경우 2008년 이명박 정권의 출범 이후 정부가 다수의 고등학교가 채택하고 있던 역사교과서의 좌편향적 시각을

그림 3. 2007년 러시아 교과서 논란의 대상이었던 현대사 교과서 표지.

그림 4. 2008년 한국 교과서 논란의 핵심이었던 금성출판사 역사교과서 표지.

수정할 것을 요구했고, 저자들은 이에 강하게 반발하였다(그림 4).
교과서 수정금지 가처분 신청을 낸 저자들에 대해 2011년 8월 서울
고등법원은 교과서 수정요구가 정당하다는 판결을 내렸다. 이렇게 한
국과 러시아 양국에서 일어난 교과서 논쟁은 권력과 기억의 미묘한 함수관
계, 더 나아가서는 노스탤지어의 정치학을 직간접적으로 입증해 준다.

한국 현대사 자체가 민주화 과정 자체였다면, 러시아는 그 시간
이 매우 짧았다. 그 결과 현재 러시아에는 권력을 견제하고 권력과
대중 사이를 조정할 매개체가 발달하지 못했다. 이런 상태라면 권
력이 독점한 과거가 배타적 민족주의나 전체주의로 변질될 가능성
이 매우 높다. 그것은 러시아인에게도 치명적일 것이다. 2002년 10
월 <노르드-오스트>가 공연되던 두브로프카 극장에서 체첸반군의
인질사태가 벌어졌다. 최악의 대(對)테러 작전으로 인질 40명을 포
함하여 러시아 시민 174명이 사망하였다. 러시아와의 전쟁에서 숨
진 체첸 군인의 미망인들로 구성된 이 테러리스트들이 "러시아 역
사와 문화에 대한 자부심의 상징"인 <노르드-오스트> 공연장을
복수의 타깃으로 삼은 것, 자민족주의에 바탕한 푸틴의 강경진압이
테러리스트는 물론 무고한 자국인의 대규모 희생을 초래한 것, 그
리고 뷰머즈(B. Beumers)가 지적했듯이, 참사 불과 넉 달 후 서둘러
공연을 재개한 <노르드-오스트>가 이 사건에 대한 어떤 애도의
뜻도 표하지 않았다는 것을 기억할 필요가 있다.[51]

---

51) 2002년 인질극에 대해서는 공식 추모사이트 www.nord-ost.org; B. Beumers, "Pop Post-Sots," p.393
참조.

참고문헌

김항 외. 2008. 「그들에게서 무엇을 배울 것인가」. 『문학동네』, 제55호(여름), 38~90쪽.

다이진화(戴錦華). 2005. 「상상된 노스텔지어」. 백지운 옮김. 『문학수첩』, 통권10호(여름), 370~393쪽.

이문영. 2011. 「글로컬리제이션과 경계의 기호들」, 『러시아어문학연구논집』, 38집, 269-292쪽.

이문영. 2008. 『현대 러시아 사회와 대중문화』. 서울: 한울.

쿤데라, 밀란(Milan Kundera). 2000. 『향수』. 박성창 옮김. 서울: 민음사.

Акупов, А. 2000. "Сериал как национальная идея." *Искусство кино*, No. 2. Retrieved July 30, 2007, from http://kinoart.ru/2000/n2-article1.html.

Бойм, С. 2002. *Общие места: мифология повседневной жизни.* Москва: НЛО.

Дондурей, Д. 2003. "90-е: кино снимали для другой страны." in Д. Драгунский(ред.). *Либеральные реформы и культура.* Москва: ОГИ.

Дубин, Б. 2003. "Лицо эпохи. Брежневский период в столкновении различных оценок." *Мониторинг общественного мнения*, No. 3 (65), С.25~32.

Дубин, Б. 2003. "Сталин и другие. Фигуры высшей власти в общественном мнении современной России." *Мониторинг общественного мнения*, No. 1, С.13~25.

Зборовскийи, Г. Е. и Е. А. Широкова. 2001. "Социальная ностальгия: к исследованию феномена." *СоцИс*, No. 8, pp.31~34.

Зверева, Г. 2008. "Русский проект: конструирование позитивной национальной идентичности в современном российском государстве и обществе." *Eurasian Review*, Vol. 1, С.15~46.

Качановский, И. 1995. "Будущее либеральной демократии в России."

Общественные науки и современность, No. 2, C.52~56.

Кустарев, А. 2007. "Золотые 1970-е: ностальгия и реабилитация." *Неприкосновенный запас*, No. 2 (52). Retrieved December 22, 2008, from http://magazines.russ.ru/nz/2007/2/ku1-pr.html.

Левада, Ю. 2002. "'Человек ностальгический': реалии и проблемы." *Вестник общественного мнения*, No. 6, C.7~13.

Смирнов, И. П. 2005. "Общество без ностальгии." *Критическая Масса*, No. 1. Retrieved December 22, 2008, from http://msgszines.russ.ru/km/2005/1/smi13.

Сорочкин, Б.(ред.). 2005. *Эволюция культурной деятельности в новом столетии*. Том. 1. СПБ.: Алетейя.

Appadurai, A. 1996. *Modernity at Large: Cultural Dimensions of Globalization*. Minneapolis: University of Minnesota Press.

Beumers, B. 1999. "Cinemarket, or the Russian Film in 'Mission Impossible'." *Europe-Asia Studies*, Vol. 51, No. 5, pp.871~896.

Beumers, B. 2004. "Pop Post-Sots, or the Popularization of History in the Musical Nord-Ost." *The Slavic and East European Journal*, Vol. 48, No. 3, pp.378~395.

Bilefsky, D. 2008.1.30. "Oh, Yugoslavia! How They Long For Your Firm Embrace." *The New York Times*. Retrieved July 30, 2008, from www.nytimes.com/2008/01/30/world/europe/30yugo.html?_r=1&ref=josip_broz_tito.

Boyer, D. 2006. "Ostalgie and the Politics of the Future in Eastern Germany." *Public Culture*, Vol. 18, No. 2, pp.361~381.

Boym, S. 1999. "From the Toilet to the Museum: Memory and Transmorphosis of Soviet Trash." in A. Barker(ed.). *Consuming Russia Popular Culture, Sex and Society since Gorbachev*. Durham & London: Duke University Press.

Boym, S. 2001. *The Future of Nostalgia*. New York: Basic Books.

Dondureyi, D and N. Venger. 2006. *Russian Film Industry 2001-2006*. Москва: CTC Media.

Ellis, F. 1998. "The Media as Social Engineer." in C. Kelly and D. Shepherd(eds.). *Russian Cultural Studies*. Oxford and New York: Oxford University Press.

Knox-Voina, J. 1997. "'Everything Will Be O.K.': A New Trend in Russian Film." *Russian Review*, Vol. 56, No. 2, pp.286~290.

Larsen, S. 1999. "In Search of an Audience: The New Russian Cinema of Reconciliation." in A. Barker(ed.). *Consuming Russia Popular Culture, Sex and Society since Gorbachev*. Durham & London: Duke University Press.

Lipovetsky, M. 2004. "Post-Sots: Transformations of Socialist Realism in the Popular Culture of the Recent Period." *The Slavic and East European Journal*, Vol. 48, No. 3. pp.356~377.

Nadkarni, M. and O. Shevchenko. 2004. "The Politics of Nostalgia: A Case for Comparative Analysis of Post-Socialist Practices." *Ab Imperio*, Vol. 2, pp.487~519.

Pieterse, J. N. 2009. *Globalization and Culture: Global Melange*. New York: Rowman and Littlefield.

Sabonis-Chaffe, T. 1999. "Communism as Kitsch: Soviet Symbols in Post-Soviet Society." in A. Barker(ed.). *Consuming Russia Popular Culture, Sex and Society since Gorbachev*. Durham & London: Duke University Press.

Todorova, M. and Z. Gill(eds.). 2010. *Post-Communist Nostalgia*. Oxford: Berghahn Books.

* 설문조사

ВЦИОМ. 2005.3.17. "Перестройка XX лет спустя." Retrieved July 17, 2008, from http://wciom.ru/arkhiv/tematicheskii-arkhiv/item/single/1138.html.

ВЦИОМ. 2010.2.1. "Советский и антисоветский: что такое хорошо и что такое плохо." Retrieved November 15, 2010, from http://old.wciom.ru/arkhiv/tematicheskii-arkhiv/item/single/13124.html?cHash=e893.

ФОМ. 2005.4.14. "Перестройка: 20 лет спустя." Retrieved July 17, 2008, from http://bd.fom.ru/report/cat/socium/hist_ro/result_90/of051502.

ФОМ. 2006.3.6. "Ползучая сталинизация." *Коммерсант*. Retrieved July 17, 2008, from http://wciom.ru/arkhiv/tematicheskii-arkhiv/item/single/2378.html.

ФОМ. 2006.12.14. "Л. И. Брежнев и его время." Retrieved July 17, 2008, from http://bd.fom.ru/report/map/dd064934.

* 인터넷 사이트

www.nord-ost.org
www.nostalgiatv.ru

* 그림 출처

그림 1: http://www.tiiC.ru/sub_news2.php?id_n=2748&titl=&id_ur=41
그림 2: www.nostalgiatv.ru
그림 3: http://www.mdk-arbat.ru/bookcard_all4.aspx?Book_id=1022700
그림 4: http://www.ohmynews.com/NWS_Web/view/at_pg.aspx?CNTN_CD=
       A0000990922

제2부

문 학

Ⅳ. 타티야나 톨스타야의 『키시(Кысь)』의 신화적 상상력 – 프로메테우스와 판도라 신화를 중심으로*

박미령

* 본 논문은 『노어노문학』, 제21권 제2호(2009)에 발표된 것으로 한국노어노문학회의 동의를 얻어 다시 게재한다.

IV.
타티야나 톨스타야의 『키시(Кысь)』의
신화적 상상력 - 프로메테우스와
판도라 신화를 중심으로

1. 들어가는 글

타티야나 톨스타야(Т. Толстая)의 대표적인 장편소설 『키시(Кысь)』
는 2000년에 발표되었지만 1986년부터 쓰기 시작해서 15년이 걸린
작품이다.[1] 이 작품은 기본적으로 안티유토피아[2]를 나타내고 있는
데, 러시아가 핵폭발로 멸망한 이후 다시 문명을 이루어 나가는 시
작점, 즉 고대 러시아로 돌아간 듯한 상황을 그리고 있다. 톨스타야
가 처음에 이 작품을 구상하게 된 것은 1986년에 일어난 체르노빌
원자력 발전소 참사의 충격에 기인한다. 그러므로 이 작품은 만일

---

[1] Г. Л. Нефагина, Русская проза конца XX века(М.: Флинта · наука, 2003), С.137

[2] 장르를 정의할 때, 타티야나 톨스타야의 『키시』에 대한 논쟁은 절정에 달한다. 이 작품이 안티유토피아
(антиутопия)다, 풍자소설(ромн-фельетон)이다, 스카스카소설(роман-сказка)이다, 회귀소설(retroroman)
이다 등 논쟁이 잇달았다. Л. Л. Трифонова, Е. В. Нифонтова, "Миф как форма культурного
кода в романе Т. Толстой <Кысь>," *Вестник АмГУ*, вып. 26(2004), С.97. 네파기나(Нефагина)
는 독특한 유형의 안티유토피아라고 정의하고(같은 책, С.138) 나탈리아 이바노바(Наталья Иванова)는
안티유토피아의 패러디라고 정의했다. N. N. Shneidman, *Russian literature 1995~2002: On the
Threshold of the New Millennium*(Toronto: Univ. of Toronto Press, 2004), p.126.

핵폭발이 일어나 러시아 또는 세계가 멸망한다면 하는 가정에서 출발한다.

톨스타야의 이 작품의 시간적 배경은 핵폭발이 일어난 후 200년 이 흐른 시점부터 시작되며 고대 러시아를 연상시킨다. 그만큼 모든 것은 원시적인 상태에 머물러 있으며 고대 러시아처럼 신화·민속적 세계관이 인간 사고를 지배한다. 이 작품은 근본적으로 신화·민속적 요소를 지니고 있으며 철학적 사유도 내포하고 있다. 모든 것이 전복된 시간을 다루면서 가장 근원적인 문제들, 즉 인간, 인간이 만들어 낸 문화, 자연과 인간, 과거와 현대, 그리고 미래에 대한 문제들을 독자들에게 질문한다. 자유롭고 파격적인 언어구사는 독자들을 낯설고 난해하게 만들며, 주인공 베네딕트와 화자는 고대의 이야기꾼들처럼 현대의 독자들을 신화·민속의 세계로 현혹한다. 환상문학을 즐겨 읽는 현대의 주인공들에게 그다지 낯설지 않을 것 같은 세계이지만 톨스타야의 세계는 러시아의 역사 자체를 새롭게 제시하고 있을 뿐만 아니라 '러시아', 또는 '러시아 말'에 대한 사유를 독자들에게 던지면서 당혹스럽게 한다.[3]

톨스타야가 이 작품에서 신화·민속적 요소를 풍부하게 사용하

---

[3] 『키시』가 발표된 후 비평가들의 반응은 다양했다. 파라모노프(Б. Парамонов)는 "키시는 뛰어난 작품임에는 틀림이 없다.", "키시는 러시아 삶의 백과사전이다."라고 하고 톨스타야에 대해서는 "러시아 문학의 걸출한 작가"라고 했다. Б. Парамонов, "Русская история наконец оправдала себя в литературе," *Время МN, 14 октября* 2000, http://www.guelman.ru/slava/kis/paramonov.htm(검색일: 2009년 2월 20일). 안드레이 넴제르(Андрей Немзер)는 부정적인 견해를 제시했다. 그는 『키시』가 레미조프와 자먀찐의 걸작을 모방하고, 스트루가츠키 형제들, 소로킨의 혐오스러운 느낌과 신문의 허접한 내용들을 칵테일해 놓은 것에 불과하다고 비판했다. 스테파냔(А. К. Степанян)은 톨스타야는 자신의 주인공들을 바깥에서 주시하기 시작했다고 하면서, 주인공들이 그녀에게는 아이러니의 대상이 되고 있다고 말했다. Н. Л. Лейдерман, М. Н. Липовецкий, *Современная русская литература 1950~1990-е годы, m. 2*(М.: Академия, 2003), С.472.

는 이유는 신화·민속적 요소가 러시아인의 세계관, 의식구조, 원형적 심리를 읽어 내는 소중한 자료일 뿐만 아니라 신화가 현대에도 계속 생산되고 있는 기호작용이라고 볼 때, 신화는 현대를 읽어 내는 기제로 사용될 수 있기 때문이다. 또한 작품의 설정이 아직 신화적 사고가 지배적인 시기이므로 신화·민속적 요소는 이 작품의 시간적·공간적·의식적인 측면에서 꼭 필요한 요소가 되고 있다. 그러므로 이 작품을 이해하기 위해서는 이 작품을 구성하고 있는 신화·민속적 요소에 대한 연구가 필요하다.[4] 그러나 본 논문에서 민속적 요소는 다음 연구과제로 남겨 두고 여기에서는 신화적 요소[5]가 어떻게 나타나고 있는지를 다룰 예정이다. 특히 프로메

---

[4] 이 작품에서는 민속 정령, 장례식, 축제, 민담, 속담, 민중가요 등 고대 러시아 민중의 삶을 재현한 듯한 묘사가 산재해 있다. 그러므로 신화·민속적 요소에 대한 연구논문은 비교적 많은 편이다. 신화 또는 민속적 요소를 다룬 선행논문은 Л. Л. Трифонова, Е. В. Нифонтова, "Миф как форма культурного кода в романе Т. Толстой <Кысь>," *Вестник АмГУ, вып. 2*(2004); О. А. Пономарева, "<Диалогизм> романа <Кысь> Т. Толстой(фольклорный, литературный и историко-культурный аспекты)," *ДиС. Автореф. АГУ*(Майкоп, 2008); Крыжановская Оксана Евгеньевна, "Антиутопическая мифопоэтическая картина мира в романе Татьяны Толстой <Кысь>," *ДиС. канд. филол. наук*(Тамбов, 2005) 등이 있다.

[5] 현대 문학작품에서 변주된 신화를 신(新)신화(неомифология)라고 한다. 신신화는 낭만주의 시대와 20세기 초에 등장해서 현대까지 여러 작가들에 의해서 이용되고 있다. 20세기 문학에서 신신화학의 철학적 기반은 후설의 현상학, 하르트만의 형이상학, 하이데거, 카시러, 야스퍼, 프레이저, 융의 사상이다. Л. В. Ярошенко, *Неомифологизм в литературе XX века*(Гродно, 2002), C.42. 연구가들로는 말리노브스키, 프레이저, 카시러, 레비스트로스, 엘리아데, 롤랑 바르트, 푸코, 프롭 등에 이르기까지 여러 사람이 있다. 현대 문학이론에서 신화에 대한 개념은 이전 시대 문화의 신화에 대한 이해와 근본적으로 결별하는 것이며, 일상적이고, 평범한 세계에 관계되지 않는 사건에 대해 이야기하는 여타의 텍스트를 의미한다. 신화에 대한 이런 접근방법은 20세기 초에도 이미 존재했다. 물론 서유럽은 훨씬 일찍부터 시작되었다. 이때, 연구가들은 19세기 초에 낭만주의가 신화에 열광했던 '재신화화(ремифологизация)'의 증가를 지적하고 있다. Т. М. Колядич, *Русская проза конца XX века*(М.: Академия, 2005), C.34. 러시아에서는 상징주의 시인들에 의해서 시작되었는데, 신신화는 기본적으로 고대 신화연구에 대한 큰 관심을 의미한다. 신화적 구조와 모티프가 작품들에 적극적으로 이용되기 시작했으며 이때 작가들은 그것을 그대로 답습하거나 이용하는 것에 그치지 않고 변형시키며 독특한 신화를 창조하기도 한다. 조이스의 『율리시즈』, 토마스 만의 『마법의 산』, 카프카의 『성』, 불가코프의 『거장과 마르가리타』, 안드레이 벨르이의 『페테르부르그』 등이 있다. Вадим Руднев, "Неомифологическое сознание," http://www.ucheba.ru/referats/30148.html(검색일: 2009년 3월 20일), 톨스타야의 『키시』도 신신화라고 볼 수 있다. 신화를 변주해서 새로운 신화를 창출하고 있기 때문이다. 그러나 본 논문에서는 이런 신신화적 요소를 신화라는 개념으로 포괄적으로 사용할 것이며 반신화를 통해서 어떻게 변주되어 가는지를 살펴볼 것이다.

테우스[6]의 신화성이 반(反)신화(antimyth)성[7]으로 변주되어 가는 과정을 살펴보고 판도라 신화의 상징적 의미가 작품에서 어떻게 반영되고 있는지를 살펴보면서 이 소설이 나타내고자 하는 의미를 풀어보고자 한다.

2. 프로메테우스적 형상과 불의 신화적 의미

신화는 인간이 세계를 인식하는 전통적인 방식이며, 문화 형성의 매개체이고, 정신·무의식을 형성하는 기본 단위이다. 그리스어로 '신화(myth)'라는 단어는 문자 그대로 전설, 이야기를 의미한다. 보통 신과 정령, 출생이 신적이거나 신과 연관된 영웅들, 태초에 등장해서 직접 혹은 간접적으로, 자연적으로도, 문화적으로도 세계를 창조하는 데 일조했던 시조들에 대한 이야기를 의미한다. 고대 사

---

[6] 헤시오드(Hesiod)의 『신통기(Theogonie)』에 소개된 프로메테우스는 인간을 위해 동료 신들을 배반한 부정적 형상으로 묘사되어 있는 반면, 아이스킬로스는 그의 비극 3부극 『프로메테우스』에서 신에 저항해 인간을 도운 긍정적인 면을 부각하였다. 쉘링에게 프로메테우스는 정신이라고 불리는 인간의 "근본"이다. 그는 인간 모두를 대신해서 속죄하고 있는 '고귀한 모범'인 것이다. 이규영, 「독일문학에 나타난 <프로메테우스>」, 『독일어 문학』, 제11집(2000). 103쪽. 그 외에도 괴테, 카프카, 브레히트 등 많은 독일작가들도 프로메테우스에 대한 글을 썼으며, 그 신화는 작가에 따라 다르게 변주되어 나타난다.

[7] 신화성과 반신화성은 동전의 양면과도 같아 구별이 명확하지 않은데, 반신화성은 신화성이 세속화, 또는 패러디되면서 격하되는 양상을 보이는 경우, 또는 뮈토스의 신화성에 로고스의 반신화성이 나타난다고 볼 수 있다. 그러나 송효섭은 자신의 논문에서 신화성과 반신화성을 단지 뮈토스와 로고스라는 말로 대치시킬 수 없는 이유는 신화성과 반신화성이 모두 뮈토스와 로고스의 상호 작용을 통해 발현되기 때문이라고 한다. 그 뮈토스는 또 새로운 로고스와 대립관계를 이루며, 같은 방식의 새로운 뮈토스를 만들어 낸다는 것이다. 송효섭, 「삼국유사의 신화성과 반신화성」, 『한국문학이론과 비평』, 제37집, 11권, 4호(2007), 9~10쪽. 어쨌든 반신화성도 신화성의 근간에서 파생됨으로 신화성이 항상 전제되어야 가능하다. 이런 반신화성은 신화를 반성적으로 보게 할 뿐만 아니라 비판하는 기제가 되기도 하며, 반대로 반신화성이 오히려 더욱 신화성을 띠게 되는 경우도 생겨나게 된다. 이 둘은 역동적인 관계를 유지하면서 서로 변주되어 간다.

회에서 신화는 세계를 이해하는 가장 근본적인 방법이었으며 세계가 창조되던 시기에 어떻게 현실을 인식하고 세계를 이해했는가를 나타내는 것이다. 즉 신화는 인류 정신문화의 최초의 형태이며 상상력으로 만들어 낸 최초의 사회형태이다.

『키시』에서는 핵폭발이 일어나 지구가 멸망하고 또 다른 인류가 생겨나 문화가 형성되어가고 있다. 이 작품에서는 폭발 이후 자연환경과 인간이 고대시대로 돌아간 것으로 묘사되어 있는데, 고대인은 주변의 자연과 사회 환경을 구분하지 않았으며, 그 때문에 고대인의 사고자체도 애매하고 구분이 모호한 특성이 있다. 정서적인 면에서도, 행동의 범주에서도 자연과 거의 구분되지 않는다. 이로 인해 모든 자연이 의인화되고 자연, 사회, 문화적 대상들이 은유적으로 표현된다. 영혼, 지성, 인간적인 감정, 인간의 모습을 자연적인 대상물에 부여하기도 한 반면에, 신화적인 선조들은 자연적인 대상물들, 특히 동물들의 특성들을 가지기도 했다. 우주의 힘, 성질, 그 세세한 것들이 영화(靈化)되고 감정을 가진 형상들로 표현되면서 기묘한 신화적 환상이 생겨난다.

『키시』에서는 신화시대처럼 인간과 동물의 구분이 없다. 폭발(Взрыв)[8]

---

[8] 이 작품에서는 Взрыв, Последствие, Прежние처럼 주요 단어들을 대문자로 표기하여 마치 고유명사처럼 사용한다. 그러나 정작 고유명사인 푸쉬킨(Пушкин)은 소문자 пушкин으로 표기되고 있다. 흔히 고유명사는 특정한 사물이나 사건, 인명을 가리킬 때 사용되며, 동일한 범주에 속한 것과 다른 것을 구분지을 때 사용된다. 그렇게 볼 때, Взрыв와 Последствие는 일반명사를 고유명사로 표현하여 그것이 가진 고유한 특성을 강조하고 있는 듯하며, Прежние가 고유명사로 사용된 이유는 다른 перерожденец와 голубчик와 구분 짓기 위한 의도로 여겨진다. 반면 푸쉬킨을 소문자로 표기하면서 보통명사화하여 푸쉬킨이 가진 문화적 상징이 푸쉬킨 개인의 것이 아니라 이미 보편적인 문화코드가 되었음을 드러내려는 의도로 여겨진다. 또한 푸쉬킨이 지닌 신화성을 해체하려는 의도로도 보인다. 고유명사의 푸쉬킨과 일반명사의 푸쉬킨에 대해서는 С. Г. Шулежкова, "Жизни мышья беготня(Пушкин и пушкин в романе Т. Толстой <Кысь>)," *Магнитогорский госуниверситет, Пушкин: Альманах,* вып. 3(Магнитогорск, 2002); Ольга Славникова, "Пушкин с маленькой буквы," *Новый мир,* № 3(2001) 참조.

전에 모스크바라고 불렸지만 지금은 표도르-쿠즈미치스크(Фёдор-Кузьмичск)라고 불리는 소도시가 이 작품의 공간적 배경이다. 이 소도시의 이름은 통치자 표도르 쿠즈미치(Фёдор Кузьмич)의 이름에서 유래한다. 표도르-쿠즈미치스크라는 소도시에는 세 가지 부류의 인간이 존재한다. 하나는 폭발 이전에 살았던 '이전시대 사람들(Прежние)'과 '퇴화인(перерожденец)'이 있으며, 폭발 이후에 태어난 '골루브치크(голубчик)'[9]가 있다. 이 세 부류 중에서 '퇴화인'과 '골루브치크'는 반인반수의 형상을 지닌다. 이것은 모두 폭발 이후에 생긴 '결과(Последствие)' 때문이다. '퇴화인'은 폭발 전에 '이전시대 사람들'과 같이 살았던 사람들이지만 이 작품에서의 위치는 극과 극이다. '이전시대 사람들'은 이 사회에서 높은 엘리트 계층에 속하는 반면에 '퇴화인'은 동물이나 가축의 위치에 있으면서 인간보다는 동물 취급을 받는 계층이다. 그들의 형상은 "사람이기도 하고 아니기도 하다. 얼굴은 인간과 닮았으며 몸은 털로 뒤덮여 있고 네발로 달린다. 네 발에는 장화가 신겨져 있다.(то ли они люди, то ли нет: лицо вроде как у человека, туловище шерстью покрыто и на четвереньках бегают. и на каждой ноге по валенку.)"[10] 이런 '퇴화인'은 주로 썰매 끄는 일을 한다.[11]

그리고 '골루브치크'는 방사선의 영향으로 태어날 때부터 '결과'를 가지고 태어났다. 이 '결과'라는 것은 핵폭발로 인해 생긴 결과

---

[9] '골루브치크(голубчик)'는 원래 친근한 사람을 부르는 호칭, 즉 '여보게, 자네'라는 의미의 호칭이다. 그러나 톨스타야는 핵폭발 이후에 태어난 사람들에게 이런 명칭을 부여함으로써 그들만의 동류의식을 부여하고 있다.

[10] Татьяна Толстая, *Кысь*(М.: Подкова, 2003). С.6. 이후로는 페이지만 언급.

[11] 퇴화인은 이 작품에서 이전시대에 차를 몰았던 사람들로, 특히 택시운전사와 연관된다.

를 의미한다. 즉 방사선노출로 인한 기형적인 변화를 지칭한다. 톨스타야는 고유명사처럼 첫 글자를 대문자로 사용해 '결과'라는 단어의 일반적인 의미와 구별하고 있다. 이런 '결과'는 초록색 밀가루를 뒤집어쓴 것 같은 사람, 아가미가 있는 사람, 수탉의 볏을 가지고 있는 사람, 늙어 가면서 눈에서 부스럼이 나오거나 그렇지 않으면 은밀한 곳에서 털이 무릎까지 자라나는 사람들을 만들어 냈다. 주인공인 베네딕트는 꼬리가 달렸고, 그와 결혼하는 올렌카와 그녀의 식구들은 짐승들처럼 날카로운 발톱이 자란다(16). 이런 '결과'를 보아도 알 수 있듯이 인간과 동물의 형상이 뒤엉켜 그로테스크한 분위기를 나타내고 있다. 이런 형상은 신화시대에는 자연스럽게 받아들여졌다. 예를 들면, 소머리에 사람의 몸을 한 미노타우로스와 상체는 사람이고 하체는 말인 켄타우루스가 있다. 반인반수의 형태는 이집트 신화에서 죽음의 신인 아누비스가 있고, 오이디푸스 신화에 등장하는 스핑크스 외에도 각국의 신화에 자연스럽게 등장한다. 신화시대에는 자연, 인간은 분리되어 있지 않았으며 서로 교배가 가능했고 자연스런 현상이었다. 『키시』에서 사람들이 그로테스크적인 '결과'에 대해서 당연하게 받아들이는 것과 유사하다. 그러나 이 작품에서 인간과 동물의 혼종은 신화시대와는 달리 인간의 과학이 빚어낸 참사에 의한 것이며, 현대 과학문명에 대한 경고의 메시지를 담고 있다는 점에서 반신화적이다.

우선 프로메테우스 신화가 여기서 어떻게 이용되고, 그것이 또한 어떻게 반신화로 변주되는지를 살펴보자. '프로(pro)', 즉 '먼저, 전'이라는 의미와 '메테우스(metheus)', 즉 '생각하는 자'에서 알 수 있듯이 지혜, 또는 이성을 상징하는 프로메테우스는 올림포스 최고의 신 중 하나로 인간과 가장 가까운 신이다. 그는 인간을 창조했고, 인간에게 필요한 지혜와 불을 가져다준 신이다. 그 결과 그는 제우스의 미움을 받게 되고 평생 독수리에게 간을 쪼아 먹히는 벌을 받게 된다.

이 작품에서 프로메테우스의 이미지와 연결되는 인물은 주로 남성등장인물들로 먼저 니키타 이바느이치(Никита Иваныч), 표도르 쿠즈미치, 쿠제야르 쿠제야로비치(Кудеяр Кудеярович), 베네딕트(Бенедикт)가 있다. 프로메테우스와 연관된 것 중에 가장 대표적인 상징은 불일 것이다. 불은 물질을 변화시키는 힘이 있기 때문에 창조적인 힘과 파괴적인 힘을 나타내고 힘과 에너지를 상징하기 때문에 남성성에 비유되곤 한다.[12] 그러므로 이 작품에서 불은 남성 등장인물과 연관된다.

우선 니키타 이바느이치와 프로메테우스와의 연관성을 살펴보자. 『키시』에서 니키타 이바느이치의 직업은 수석 보일러공이며, 이전 시대 사람이다. 폭발로 인해 생긴 그의 결과는 입에서 불을 뿜어내는 능력으로 그는 사람들에게 불을 제공하는 역할을 한다. 프로메테우스와 관련된 단어를 나열하면 '인간, 불, 문화, 지혜, 저항'을 들 수 있는데, 이 모든 특징을 지닌 등장인물은 니키타이다. 톨스타야는 신들 중에서 가장 인간을 위했고, 예술과 문화, 지혜, 전통, 그리고 무엇보다도 불과 연관된 프로메테우스의 신화적 상징을 니키타에게 투영하고 있다.

니키타는 인간에게 불을 나르는 역할을 하며, 이성과 지혜를 의미하는 책을 소유하고, 최고의 권력자인 표도르를 두려워하지 않는다.

---

[12] 이지훈, 『예술과 연금술』(창비, 2004), 127쪽.

그는 표도르뿐만 아니라 다른 무르자[13], 즉 이 도시의 귀족들에게 저항하고 반항하는 인물이다. 그러므로 베네딕트는 그를 부러워하며 그의 모든 면을 모방한다.

> Ни просить не надо, ни кланяться, ни челом бить, ни пугаться ― ничего. Свобода! Вот бы Бенедикту так! Вот бы так! …… (71)
> 부탁하지도, 머리를 숙이지도, 구걸하지도, 겁을 먹을 필요도 없다. 자유! 바로 이것이 베네딕트가 그토록 원하는 것! 바로 그것 아닌가! ……

> А ничего старик не боится, никто ему не надобен ― ни мурза, ни соседи. Потому такая сила ему дана, такое Последствие завидное: огонь у него внутрях вырабатывается. Да он захочет ― всю слободу спалит, да чего: весь городок, все леса вокруг, весь блин земной! Потому, знать, и начальство его стороной обходит, не придирается, как к нам, простым голубчикам; его же сила, и слава, и власть земная! …… (72~73)
> 노인(니키타 이바느이치)은 아무것도 두려워하지 않았고, 그 누구도 필요로 하지 않았다. 무르자도, 이웃도. 왜 그런 힘이 그에게 주어진 것인지, 그런 결과는 부러운 것이다. 불은 그의 내부에서 만들어지고 있다. 그는 원하기만 하면 마을 전체를 태울 수도 있다. 그리고 도시 전체, 주변의 숲, 이 땅을 몽땅 태워 버릴 수도 있단 말이지! 그런 이유로 지도부는 그를 피하고 평범한 골루브치크인 우리에게 하듯이 트집을 잡지 않는 것이다. 그는 힘도, 명성도, 권력도 가지고 있어! ……

니키타가 자신의 권위를 잃지 않을 수 있는 이유는 그가 '이전 시대 사람'이기 때문이다. 이들 역할은 고대의 신들과 같다. 이 작품의 시간적 배경은 핵폭발이 일어난 지 200년[14]이 된 시점이다[B

---

13) 무르자(мурза)는 이 작품에서 귀족이나 관리의 신분을 나타내는 말이며 원래 페르시아어에서 나온 말로 '왕자'를 뜻한다. 터키족 국가들, 타타르족에서는 귀족 신분을 지칭하는 말로 사용되었다.

14) 톨스타야는 자신의 작품에서 푸쉬킨을 자주 언급한다. 『키시』에서도 푸쉬킨은 풍자되고 있다. 그런 의미에서 우연의 일치일 수도 있겠지만 1999년이 푸쉬킨 탄생 200주년이라는 사실이 흥미롭다. 타티야나 톨스타야는 캐논의 힘에 저항하고자 했다. 전통을 따르지 않고 전통을 거스르면서 문학에서 새롭고 특이한 것을 제시하고자 했다. 톨스타야는 독자적이며 새로운 해석을 푸쉬킨에 대한 관심으로 설명한다. 그녀는 문학 발전의 근본적인 요소로서의 탈신화로 러시아 고전문학의 거인이 어떻게 이해되고 있는가

преддверии славной годовщины, двухсотлетия Взрыва, – ....
(130)]. 이전시대 사람들은 골루브치크와 같은 모습을 하고 있지만 늙지 않는 것이 특징이다. 그들은 고대의 신들처럼 불노불사이다.

니키타와 프로메테우스의 연관성은 위에서 언급한 것처럼 프로메테우스가 '미리 생각하는 자'라는 의미에서도 알 수 있다. 니키타는 '이전, 앞의'를 뜻하는 'Прежний'이다. 그리고 그는 자신이 호모 사피엔스임을 강조한다. 그는 자신에게 명령하는 귀족층의 무르자에게 명령하지 말 것을 주장한다. 그러면서 그는 '나는 당신들처럼 호모 사피엔스고, 시민이며 돌연변이죠![Я такой же хомо сапиенс, гражданин и мутант, как и вы!(68)]'라고 말한다. 자신이 호모 사피엔스, 즉 '생각하는 자'라는 주장은 '미리 생각하는 자'라는 의미의 프로메테우스와 연관성을 보이는 부분이다. 또한 권력이나 무르자에게 결코 굴복하지 않는 저항정신도 프로메테우스와의 연관성을 나타난다. 가스통 바슐라르는 불의 이미지를 분석하면서 프로메테우스를 '부정의 정신'으로 정의 내렸다.[15] 원래 불은 제우스의 것이다. 번개로 인간에게 불을 제공했던 제우스는 인간을 벌주기 위해 불을 거두어들인다. 인간들을 위해 프로메테우스는 불을 훔쳐 인간에게 갖다 주고, 그로 인해 제우스에게 벌을 받게 된다. 제우스는 그가 알고 싶어 하는 것을 미리 알고 있는 지혜로운 프로메테우스를 회유하지만, 프로메테우스는 제우스와 결코 타협하지 않는 주체적이고 강인한 의지

를 제시하려고 한다. 러시아 고전에 대한 자신의 태도를 톨스타야는 이렇게 표현하고 있다. "지금 모두 푸쉬킨에 대해 말하고 있지만 시인의 이상은 그 누구도 이해하지 못했다. 푸쉬킨은 영원한 진리를 잘 보여 주었다." Радка Атанасова, "Демифологизация А. С. Пушкина в романе Т. Толстой "Кысь," *Науч. сообщ. на СУБ кл. Добрич. т.* 7(2005), С.130.

[15] 이지훈, 같은 책, 126쪽.

를 보여 준다. 권력에 굴하지 않고 주체성과 정신적 고결함을 간직한 프로메테우스는 작가는 물론이고 예술전반에 걸쳐 가장 많이 재생산되고 재의미화되는 신이기도 하다.

또한 이전시대 사람들에 의해서 모든 문화가 만들어졌으며, 폭발 이후의 골루브치크가 생겨나게 되었다고 보아도 좋다. 왜냐하면 폭발 후 세상은 멸망했고 그들은 늙지 않아 인류를 다시 재건할 수 있었기 때문이다. 이들은 문화와 과학을 상징하는 불과 책을 소유함으로써 프로메테우스와 맥을 같이한다. 여기에 신화적이면서 반신화적 특징이 나타난다. 즉 영원불멸의 신과는 달리 '죽을 수 있다'는 것이다. 그러나 그들은 다른 이유로 죽는다[Прежние — они с виду, как мы. Мужики, бабы, молодые, старые — всякие. Больше пожилых. Но они другие. У них такое Последствие, чтоб не стариться. А больше никаких. И живут себе, и не помирают, от старости-то. От других причин — это да, это они помирают. Из совсем мало осталось, Прежних.(125)]. 그들은 늙어 자연사하는 것이 아니라 해를 당할 경우에만 죽는다. 그 누군가 또는 무엇이 해를 가하지 않으면 그들은 죽지 않고 영원히 살아갈 수 있다. 죽음은 인간에게 한하는 것이다. 그러므로 신의 특징을 지니고 있으나 다른 한편 죽음을 지닌다는 점에서 그들은 반신화적이다. 이들은 불사의 신의 변형이며 세속화인 것이다. 한편으로 신화 역시 인간의 상상력의 소산이라고 볼 때, 인간이 잊어버리면 신화 속의 신들 역시 소멸된다고 할 수 있다. 신화가 뮈토스에서 로고스로 전환되면서 반신화성이 나타난다. 이전시대 사람들이 자연적인 죽음을 겪지는 않지만 외부의 요인에 의해서 죽게 되는 것과 유사하다.

니키타와 프로메테우스의 가장 깊은 연관성은 불이다. 인간은 불을 이용해 문화를 형성할 수 있었고 더 오래 생존할 수 있게 되었다. 그러나 불은 불행과 슬픔의 원인이 되기도 한다. 제우스가 프로메테우스에게 벌을 주는 이유도 불을 통제하기에는 불완전한 존재인 인간에게 불을 넘겨주었기 때문이다. 그 불이 있었기에 인간의 문화는 급속도로 발전할 수 있었지만 그 불로 인해 인간은 파멸을 겪기도 한다. 결국 인간의 문명은 인간이 제어할 수 없는 지경에 이르면 곧 파멸로 이어지고 그것은 핵폭발과 같이 인류를 한순간에 멸망시킬 수 있다.

불은 권력이고 자유이며, 또한 이 작품의 마지막 부분에서 보여주듯이 파괴, 정화, 재생을 의미한다.[16] 이 작품에서 불로 인한 파멸 후 세계는 새로운 시작을 예고한다.

С этим огнем ведь как: погаснет он — ложись и помирай; разгорится не в меру — все пожрет, уничтожит, как и не было ничего! Он такой, огонь–то! Он норовистый. Он пищи требует, он, как все равно человек, всегда голодный. Все дай да дай! А перекормишь его — он тебя же и съест.(118) ⟨......⟩ А иной раз вся слобода выгорит. Что ж! — начинай жить сначала. (119)

불이란 건 정말이지. 꺼지면, 자다가 죽을 수도 있는 거야. 불이 지나치게 타오르면, 모든 것을 집어삼키고, 파멸시켜서 아무것도 남지 않게 되지! 불은 그런 거야! 그것은 다루기가 힘들어. 불은 먹을 것을 요구하고, 사람과 마찬가지로 항상 배고파지. 계속 주고 또 주어야 해! 그러나 지나치게 먹으면 그 불은 자네를 먹어 버릴 거야. ⟨......⟩ 그러나 언젠가 마을 전체가 불에 탈 거야. 아마도! 삶을 처음부터 다시 시작해야겠지.

---

16) J. E. Cirlot, A Dictionary of Symbols(Routledge & Kegan Paul, London and Henley, 1983), p.105.

항상 불은 물과 함께 종말론적 신화의 근간을 형성해 왔다.[17] 화자는 '류지(люди)'[18] 장에서 불이 가진 파괴적인 속성과 함께 작품의 결말을 암시한다. 파국은 불과 물의 만남, 즉 기름의 발견과 함께 찾아온다. 불은 문명 발전의 원동력이기도 하지만, 파괴와 죽음을 초래하는 원인이 되기도 한다. 그러므로 제우스가 염려했던 것처럼, 인간은 불로 자신을 파멸시키고 신의 세계를 위협하게 된다. 니키타는 자신이 베네딕트에게 부탁해 만든 소중한 푸쉬킨 목조상에 묶여 죽을 운명이었는데, 퇴화인 테렌티 페트로비치(Терентий Петрович)가 가져온 기름에 자신의 입으로 불을 붙여 붉은 저택, 즉 권력자가 사는 저택도, 이 저택 안에 있던 수많은 책들, 니키타의 처형을 보러 온 사람들을 태우면서 이 세계의 종말을 가져온다. 니키타와 그의 친구이며 역시 이전시대 사람인 레프 르보비치(Лев Львович), 그리고 베네딕트만 살아남는다. 베네딕트는 니키타를 보며 "삶이 끝났군요, 니키타 이바느이치(Кончена жизнь, Никита Иваныч)."라고 하자, 니키타는 "끝났군. 또 다른 삶을 시작하자꾸나[Кончена – начнем другую(316)]."라고 한다. 불에 의한 소멸은 환생과 연결된다.[19] 그러므로 불이 모든 것을 다 태워 버린 것

---

17) '최후의' 것, 세계의 끝에 대한 종말론적인 신화(эсхатологические мифы)는 비교적 늦게 발생하며 달력 신화, 시대의 교체에 대한 신화, 우주발생론적 신화들의 모델에 의거한다. 우주발생론적 신화의 대비로 종말론적 신화는 세계와 그 세계의 제요소들의 발생에 대해 이야기하는 것이 아니라 그것들의 소멸 – 전 세계의 소멸, 코스모스의 카오스화에 대해 이야기한다. 시대의 교체를 동반하는 파국에 대한 신화들(인간의 출현 전에 살았던 거인들과 신들의 옛 세대의 파멸에 대해서, 시기적인 파국과 세계의 재생에 대해서)을 세계의 종말적 파멸에 대한 신화들과 구분하기는 힘들다. 다소 발전된 종말론은 미국의 토착민들의 신화들에서, 고대 스칸디나비아, 인도, 이란, 기독교 신화에서 발견할 수 있다. 종말론적 파국보다 종종 권리와 도덕의 파괴, 불화, 신들의 복수를 요구하는 인간들의 범죄들을 더 선호한다. 세계는 불, 홍수로, 악마적인 힘과의 우주적인 전투의 결과로, 기아, 폭염, 추위 등 때문에 파멸한다. 이런 요소들은 러시아 작품에서 페테르부르그와 연관해서뿐만 아니라 시대의 혼란기에 많이 나타난다. Е. М. Мелетинский и др. *Мифологический словарь*(М.: Советская энциклопедия, 1991), С.655.

18) 『키시』의 각 장은 고대 러시아 자모의 명칭으로 구성되어 있다. 이것은 'Л'의 옛 명칭이다.

은 또 다른 시작과 연결되는 부분이며 니키타 자신은 이를 잘 알고 있다. 이는 프로메테우스가 앞의 일을 미리 내다볼 수 있는 능력을 갖춘 것과 연관된다.[20] 이뿐만 아니라 모든 것이 타 버리고 난 후 신화에서 신이 인간 세상에 내려와 임무를 다하고 승천하듯이 니키타와 반체제인사인 레프 르보비치는 하늘 위로 날아간다.

니키타가 프로메테우스와 연관되는 또 하나의 중요한 부분은 문화이다. 프로메테우스는 불과 지혜를 인간에게 줌으로써 예술과 과학이 생겨나고 그것을 발전시킬 수 있는 원동력을 제공했다. 니키타는 전통과 정신문화를 보존하는 일을 사명처럼 생각한다. 그는 폭발 전에 박물관에서 일했다. 예술과 과학은 물론이고 인간의 모든 기억들이 보관되어 있는 박물관에서 일했다는 사실은 프로메테우스와의 연관성을 드러낸다. 또한 신화는 과거의 박물관과 같다. 인간 문화의 기억들이 저장되어 있기 때문이다. 그는 같은 '이전시대 사람'인 안나 페트로브나(Анна Петровна)의 장례식에서 자신들의 동료들에게 정신문화를 보존해야 하는 것이 중요한 일임을 강조한다[Главное же — сберечь духовное наследие! Предмета как такового нет, но есть инструкция к пользованию, духовное, не побоюсь этого слова, завещание, весточка из прошлого!(133)]. 그는 정신문화를 보존하기 위해 푸쉬킨 상을 만들기로 하고 솜씨

---

19) 이지훈, 같은 책, 128쪽.

20) 『키시』에서 화자를 규명하는 작업은 재미있다. 화자는 베네딕트가 되었다가 제3자, 즉 전문 화자가 있는 듯 행동한다. 항상 '너(ты)'라는 청자를 설정해 놓는데, 여기서 'ты'와 화자, 베네딕트는 그 구분이 명확하지 않다. 또한 'ты'는 독자 자신들이 될 수도 있다. 그러므로 화자와 청자의 역할을 명확하게 구분하는 일이 힘들지만 적어도 화자는 앞일을 아는 사람이며 일어난 일을 '청자'에게 들려주는 옛 이야기꾼을 떠올리게 한다. 화자와 청자의 구분이 모호한 가운데 이 작품에서 마지막에 베네딕트만 남게 되는 설정이 마치 베네딕트가 자신이 겪은 이야기, 또는 들은 이야기를 맛깔나게 청자들에게 이야기해 준다는 가정도 해 볼 수 있다. 왜냐하면 이 작품의 화자는 베네딕트의 심리나 꿈 이야기조차 잘 알고 있으며 베네딕트와의 구분이 명확하지 않은 부분도 많기 때문이다.

좋은 베네딕트에게 부탁한다. 그러나 베네딕트가 만든 푸쉬킨의 상은 손가락이 여섯 개이고 다리 없이 상반신만 조각되어 있다. 또한 푸쉬킨은 뒷부분으로 갈수록 소문자로 표기된다[Все шесть пальцев оставил. А ног у пушкина нету, ноги резать не стали. Не успели. Только верхнее тулово, до кушака. А дальше ─ как ступа, гладкое. (177)]. 여기에 반신화적인 요소가 있다. 니키타는 푸쉬킨을 보존하려고 노력한다. 왜냐하면 니키타는 푸쉬킨이 그들의 전부라고 생각하기 때문이다[Пушкин ─ наше все: и звездное небо, и закон в груди!(163)]. 그러나 베네딕트는 왜 푸쉬킨이 그들의 전부인지 이해하지 못한다. 푸쉬킨은 니키타에게 러시아 문화와 정신의 상징이지만, 이를 이해하지 못하는 베네딕트는 푸쉬킨을 자신들과 똑같은 돌연변이로 만든다. 이것은 러시아의 푸쉬킨 신화가 베네딕트에게서 전복되고 왜곡되며 비하되는 순간이다. 새로운 시대의 새로운 인간인 골루브치크에게 푸쉬킨은 아무 의미도 지니지 못한다. 그들의 문화가 아니고 그들의 푸쉬킨이 아니기 때문이다. 그러므로 니키타가 마지막 장면에서 책을 포함해서 자신이 소중히 하던 문화유산을 다 태워 버린 것은 자신들처럼 새로운 인간인 골루브치크가 자신들의 도움 없이 그들만의 새로운 문화와 역사를 창조하기를 원했기 때문이다. 모든 것이 사라질 때 새로운 역사가 시작되며 거기서 새로운 신화가 창조된다.

불과 연관된 또 다른 등장인물은 이 세계의 통치자인 표도르 쿠즈미치이다. 니키타에게서 불은 저항과 재생, 삶의 에너지지만, 표도르 쿠즈미치에게는 반신화, 반문화와 연관된다. 베네딕트를 비롯한 골루브치크는 이 작품의 배경인 도시 표도르-쿠즈미치스크를 다스리는 표도르 쿠즈미치가 자신들에게 불을 제공한다고 믿는다. 표도르 쿠즈미치가 사람들에게 불을 공급하지만(19), 사람들은 그가 어디서 어떻게 불을 구해 주는지는 알지 못한다. 어떤 사람들은 하늘에서 내려온 것으로, 어떤 사람들은 표도르 쿠즈미치가 발을 구르면 땅이 붉게 타오른다고 한다(25~26). 여기서 새로운 신화가 창조된다. 실제로 표도르가 다스리는 세계의 불은 니키타가 공급하지만, 표도르에 대한 신화는 사실과 다르게 사람들의 상상 속에서 형성된다. 그러므로 새로운 신화는 반신화를 내포하게 된다.

표도르는 인간사에 필요한 문화를 창조한 인물로 문화영웅, 또는 프로메테우스에 비견될 수 있다.[21] 폭발 이후에 태어난 골루브치크들은 표도르를 대무르자(Набольший мурза)라고 부르는데, 그는 현대 문화와 흡사한 문화, 즉 문자와 산술법, 생활에 필요한 것들을 가르쳤고 발명했다(19). 그는 사람들에게 문화, 과학, 예술을 나눠준다. 그에게서 인간의 모든 물질문명과 정신문화가 나온다. 골루브치크들은 그의 은덕으로 살아가기 때문에, 그를 경외심으로 신을 섬기듯 숭배한다. 그러나 표도르의 형상은 보통의 인간보다 아주 초라하게 묘사되어 프로메테우스의 상징성은 여기서 반신화화된다. 그는 키가 작은 코차보다 크지 않으며, 겨우 베네딕트 무릎에 닿을 정도로 난장이다. 단지 코차의 손은 작지만 표도르의 손은 난로 뚜껑처럼 크고 계속해서 움직인다는 차이가 있다. 그 형상을 보고 베네딕트는 너무 평범한 것에 실망한다(63). 그리고 공경하는 마음이 사라지는 것을 느낀다[А Бенедикт не знал, что и думать:

---

[21] 그리스신화에서 프로메테우스는 인간에게 문화와 문명의 발전에 기본적인 것들을 제공하고 가르쳤다. 숫자, 문자, 농사, 우마의 이용, 야금술, 의약, 점복 등 다양한 것을 가르친다. 조지프 캠벨, 『원시신화』, 이진구 옮김(서울: 까치, 2003), 318쪽; 이윤기, 『그리스로마 신화』(서울: 웅진지식하우스, 2006), 275쪽.

первый свежий страх вроде отступил, а заместо него в душе — смурно, что ли. Надо бы сильнее благоветь, а благовеется как-то слабо, что ли.(65)]. 난장이면서 손이 유달리 큰 그의 신체구조의 부조화는 희화된다. 베네딕트에게서 표도르의 신화는 희화되면서 반신화화되고 있다.

표도르처럼 반신화적인 또 한명의 등장인물은 혁명을 일으켜 표도르를 몰아내고 권력을 잡은 쿠제야르 쿠제야르이치이다. 그는 퇴화인인 테렌티 페트로비치가 발견한 기름을 이용해 사람들에게 권력을 휘두른다. 그는 폭발 전에 인쇄된 책을 가진 사람들을 찾아내 책을 빼앗고 그들을 잡아가던 위생병[22]의 수장이었다. 그가 지닌 '결과'는 짐승과 같은 날카로운 발톱과 불빛을 내는 눈이다. 그는 이제까지 석탄에 불을 붙여 살던 사람들에게 기름을 통한 진보된 문화를 전하며 더 많은 권력을 쥘 수 있게 된다. 그러므로 그가 제거해야 하는 사람은 니키타 이바느이치였다. 왜냐하면 니키타는 그에게 저항할 수 있는 인물이며 불을 소유하고 있어서 기름으로 인간을 통제하려는 그에게 걸림돌이 되기 때문이다. 신화시대에 불은 권력을 상징한다.[23] 신화에서 불을 소유한 신이 최고의 신으로 숭배되는 것은 불이 인간 문명의 핵심임을 증명하는 것이다. 쿠제야르는 불의 지배자가 최고의 권력을 소유할 수 있다는 사실을 깨닫고 니키타를 제거하려 하며 자신의 위치를 공고히 하려 한다. 쿠제

---

[22] 『키시』에서 사람들로부터 책을 압수하고 체포하는 행위는 구소련시절 KGB가 행한 지식인들의 탄압을 연상시킨다.

[23] 번개의 신이 최고의 신이 될 수 있었던 이유는 불을 소유하고 있기 때문이다. 러시아 블라지미르 판테온의 신들 중에서 페룬(Перун)이 최고의 신인 이유도 이와 관련된다. 불을 소유한 신이 최고의 신이 되는 것은 그리스신화가 그렇듯, 가부장 사회를 나타낸다. 그 이전에 최고의 신은 여성신이었던 것에 비해, 남성성을 상징하는 불을 관장하는 신이 최고의 신이 되는 것은 가부장제의 강화와 연관된다.

야르의 야욕은 결국 이 세계의 파멸을 초래하는 결과를 낳는다.

이 작품의 주인공인 베네딕트 역시 프로메테우스, 또는 예수와의 연관성을 보인다. '이전시대 사람'인 어머니와 '골루브치크'인 아버지 사이에 태어난 그는 중간자의 입장에 있다. 인간 때문에 제우스에게 벌을 받는 고통을 감내하는 프로메테우스의 이미지는 예수와 비교되기도 한다. 베네딕트와 예수와의 연관성은 그의 선조의 이름에서 볼 수 있다. 베네딕트의 할아버지의 이름은 푸드 흐리스토포르이치(Пуд Христофорыч)이며, 그 아버지는 흐리스토포르 마트베이치(Христофор Матвеич), 그 아버지는 마트베이(Матвей) 뭣인가이다(138). 또한 베네딕트와 예수의 연관성은 둘 다 신적인 존재와 인간적인 존재의 결합으로 탄생되었다는 것과 목수[24] 일을 한다는 점이다. 이런 예수와 프로메테우스의 이미지는 종말 이후 그가 세상을 새롭게 이어 나갈 수 있는 최후의 인간이라는 희망의 상징이 되고 있음을 짐작케 한다. 그러나 여기에도 반신화적인 요소를 볼 수 있다. 예수와 프로메테우스는 인간을 위해 고통을 감내하지만 베네딕트는 인간을 버렸을 뿐만 아니라 자신의 인간성마저 잃는다. 이는 그의 이름인 '성스러움'과 반하는 것이기도 하다. 베네딕트의 이름은 라틴어에서 파생되어 'благословенный(축복받은, 신성한)'이라는 의미를 지닌다. 그러나 이 작품의 세계 속에서 베네딕트의 이름은 개의 이름으로 통한다[А отчего это у тебя, Бенедикт, имя собачье?(138)]. 베네딕트의 원래 의미인 '신성한'이란 의미가 폭발 이후의 세계에서는 '개의 이름'으로 전락한 점은 예수와 프로메테

---

[24] 이 작품에서 표도르 역시 자신을 이야기할 때, 목수임을 포함시킨다. 이는 자신의 권력이 하늘부터 왔음을 입증하고자 함이며 예수와의 연관성을 드러내고자 하는 것이다.

우스의 이미지에 대한 희화이며 반신화로 볼 수 있다.

베네딕트에게 나타나는 또 하나의 반신화성은 책과 관련된다. 책은 이 작품에서 신화임과 동시에 반신화이다. 책은 불과 마찬가지로 권력의 상징이고 그것을 소유한 인간은 전지전능한 신이 될 수 있지만 책은 오염되어 있다는 소문과 함께 더럽고 불결한 것으로 인식되고 있다. 여기에는 쿠제야르가 이끄는 위생병이 이전시대에 존재했던 책을 소유하고 있는 인간을 잡아가는 일과 연관된다. 책과 연관되어 나타나는 공포는 책을 신화보다 반신화로 만든다. 뿐만 아니라 책은 베네딕트의 인간성을 파괴시키며 이 세계를 파멸로 이끄는 원인이 되기 때문에 작품의 반신화화를 매개한다.

니키타는 베네딕트가 '이전시대 사람'의 피를 받았기 때문에 그 가능성을 보았고 자신의 뒤를 이어 주기를 원했다. 그렇기 때문에 목수 일을 할 줄 아는 베네딕트에게 푸쉬킨을 만들게 했다. 이 작품에서 니키타는 베네딕트의 정신적 아버지로 베네딕트에게 내재되어 있는 예술성과 지적인 능력을 알아보고 그에게 자신이 가진 문화를 전수하려고 애쓴다. 전통은 보통 노인에게서 어린이, 혹은 젊은 세대로 전수되는데, 그런 관계가 니키타와 베네딕트이다. 그러므로 『키시』에서 베네딕트와 니키타의 단절은 전통과 기억의 단절을 의미한다. 그런데 이런 단절의 계기가 되는 것이 베네딕트의 결혼이다. 베네딕트는 올렌카와 결혼한 후 니키타를 거의 만나지 않는다. 또한 결혼 후 베네딕트는 이전시대에 존재했던 책을 접하게 되면서 그것을 탐독하게 된다. 여기서 베네딕트와 세계의 파멸이 초래된다. 신화에서 결혼은 인간에게 꼭 필요한 통과의례이며 인간을 정신적·육체적으로 성숙하게 만들고 사회의 구성원으로서 제 역할을 부여받게 한다. 그러나 결혼 후 베네딕트도 정신적, 육체적 변화를 겪지만, 결혼은 베네딕트에게 정신적인 성숙보다는 인간성을 상실하게 하고 자신의 동료인 골루브치크는 물론이고 정신적 아버지와 같은 니키타를 배신하게 하며, 신분상승의 발판이 되어주지만 결국 모든 것을 잃게 되고 파멸에 이르게 한다.

'이전시대 사람'의 혈통을 지닌 베네딕트는 책을 접하게 되면서 자칭 예술의 수호자로 나선다. 책은 여기서 예술의 상징적 의미를 지니는데, 베네딕트는 책을 구하기 위해 오히려 인간성을 버리게 된다. 여기에는 베네딕트가 개 이름이라는 것에도 알 수 있듯이 그의 꼬리와 연관되는 부분이 있다. 아이러니하게도 꼬리를 가진 베네딕트는 훨씬 인간적이었다. 그러나 니키타가 인간에게 꼬리는 없다고 한 이야기에 결혼 전 꼬리를 자른다. 그러나 꼬리를 자른 그는 오히려 비인간적인 인간이 되어 버렸다. 베네딕트는 장인인 쿠제야르의 강요와 설득에 따라 그의 동료들에게 해를 가하면서 책을 수호한다.

〈……〉 Отсталость в обчестве агромадная — ведь объяснял я тебе, — а искусство гибнет. Ежели не ты да я, кто за искусство постоит? — то—то.
— Но, папенька, ведь искусство требует жертв. — Оленька за Бенедикта вступается.(257)
"〈……〉 사회는 너무나 낙후되어 있어. 사실 너에게 설명했던 거야. 예술은 사라질 거야. 너와 내가 없다면, 누가 예술을 지켜주겠어? 바로 그거야."
"그러면, 아빠, 예술은 희생을 요구하는 거군요." 올렌카가 베네딕트를 대신해서 나선다.

А просто книгу хотел отнять, потому что отсталость в обществе большая, народ темный, суеверный, книги под лежанкой держит, а то в ямку сырую закапывает, а книга от того гибнет, гниет, рассыпается, зеленью подергивается, дырками, червоточиной; книгу спасать надо, в месте сухом и светлом содержать, холить и лелеять, беречь и целовать, — другой не будет, другой взять неоткуда, древние люди, что книгу эту написамши, сошли на нет, вымерли, и тени не осталось, и не вернутся, и не придут! Нету их!(215)

그는 그저 책을 빼앗고 싶었던 거야. 왜냐하면 사회는 매우 낙후되어 있으며, 민중은 무지하고 미신적이며, 침대 밑에 책을 두고, 아니면 축축한 구멍에 묻어 두잖아. 그 때문에 책이 사라지고 썩으며, 찢어지고 초록색으로 변질되고 구멍이 나며, 벌레가 먹게 되는 거야. 책을 구해야만 해. 건조하고 밝은 곳에서 책을 보관하고 관심을 가지고 애무하며, 소중히 하고 키스를 해 주어야 해. 다른 사람은 할 수가 없어. 다른 사람은 그 어디에서도 구할 수 없어. 이 책을 쓴 고대 사람들은 무(無)가 되어 버렸고 죽어 버렸거든. 그림자도 남지 않았으며 돌아올 수도 없고, 오지도 않을 거야! 그들은 없어!

이는 베네딕트가 책의 내용을 제대로 이해하지 못했음을 의미한다. 그는 책을 지켜야 한다는 허울에 사로잡혀 인간성의 상실을 깨닫지 못한다. 니키타는 베네딕트에게 아즈부카(Азбука)를 익히라고 말한다. 그리고 아즈부카 없이는 책을 읽을 수 없다고 말한다[Азбуку учи! Азбуку! Сто раз повторял! Без азбуки не прочтешь!,(314)]. 책을 읽는 행위는 책과 독자 간의 의사소통을 말한다. 그것이 이루어지지 않는다면, 책은 아무 소용이 없다. 그러므로 아즈부카, 즉 러시아 자모를 익히라는 것은 그 책이 가지는 진정한 의미를 이해하라는 의미이다. 또한 아즈부카는 러시아 문화와 역사의 근간이라고 할 수 있다. 니키타의 이야기는 정신문화와 관련된다. 니키타는 정신문화 없이 물질문명만 성장했을 경우 일어날 수 있는 파국에 대해서 이미 지적했다. "계몽의 향기는 너희들의 무디어진 도덕,

방식, 습관에 흘러들어 갈 거야. 무엇보다도 먼저 난 정신적인 로네 산스(르네상스)를 바라. 왜냐하면 그것 없이는 어떤 기술적인 문명의 결과물도 너희들의 굳은살이 박인 손에서 사람을 죽일 수 있는 부메랑으로 변하기 때문이지. 그런 일이라면, 이미 일어났어[и бальзам просвещения прольется на заскорузлые ваши нравы, пути и привычки. Чаю, говорит, допрежь всего, РИНИСАНСА духовного, ибо без такового любой плод технологической цивилизации обернется в ваших мозолистых ручонках убийственным бумерангом, что, собственно, уже имело место.(28)]." 이런 사실은 이미 니키타가 체험한 사실이며, 톨스타야는 니키타를 통해 현대문화의 모순, 즉 정신문화가 물질문화를 따라가지 못하는 현 상황을 지적하고 있다. 니키타가 베네딕트에게 말한 아즈부카의 중요성을 설명하는 이유는 베네딕트가 새로운 신화를 이끌 인간이기 때문이었다.

그러나 책과 예술을 위해 자신의 동료들을 죽이는 행위는 베네딕트의 내부에 심한 갈등을 야기한다. 이런 갈등은 꼬리를 그리워하거나, 푸쉬킨에게 도움을 요청하는 간절함에서도 볼 수 있다 (262). 베네딕트는 정신적으로 니키타의 자식이다. 또한 부정적인 면으로는 쿠제야르의 자식이다. 이는 베네딕트가 출생도 중간자였는데, 정신적인 측면에서도 중간자의 위치에 있음을 보여 준다. 그는 니키타에게도, 쿠제야르에게도 완전히 속하지 않는다. 이런 베네딕트의 정체성에 대한 혼란은 모든 것이 베네딕트에게서 왜곡되어 나타나는 현상을 유발한다. 물론 이런 왜곡과 뒤틀림은 베네딕트뿐만 아니라, 이 세계에서 보편적인 현상이다. 톨스타야는『키시』에서 왜곡된 단어들을 대문자로 표기하고 있다. 예를 들면 'ОНЕВ-

ЕРСТЕЦКОЕ АБРАЗАВАНИЕ(университетское образование), ЭНТЕЛЕГЕНЦЫИ(интеллигенция), ТРОДИЦЫЮ(традицию), МОГОЗИНЫ(магазины), ФЕЛОСОФИЯ(философия), МАРАЛЬ (мораль)' 등이다. 이전시대 사람들을 포함해서 모든 사람들이 단어들을 왜곡시킨다. 『키시』에서는 단어만 왜곡된 것이 아니다. 인간들의 정신세계도 왜곡되어 있고 비틀어져 있다. 이 세계에서는 사람들을 포함해서 모든 것이 왜곡되어 있다.

『키시』에서 이런 왜곡된 세계를 니키타는 불로 정화시킨다. 보통 신화에서 신들은 인간의 죄를 정화시키기 위해 물로, 또는 불로 정화시킨다. 이제까지 신들은 물로 세계를 정화하였다. 그러나 종말론과 함께 불은 미래에 인간을 정화시키는 수단으로 사용되리라는 예언이 있어 왔다. 신화와 반신화의 반복은 인간 역사, 문화의 모순을 의미한다. 톨스타야는 그 예언을 실현이라도 하듯 과거를 보존하려고 애쓰던 니키타를 통해 왜곡된 이 세계를 불로 정화시킨다.

이 작품에서 신화성과 반신화성은 서로 공존하고 있다. 반신화성은 프로메테우스 신화를 통해 근본적으로 인간이란 문제를 반성적으로 보게 한다. 이 세계의 파멸 역시, 도덕성의 상실('мораль'이 'мараль'로 왜곡되어 사용되는 것), 인간성의 상실로 일어난다. 톨스타야는 물질문명의 발전은 이를 통제하고 이용하는 인간의 정신적인 성숙이 선행되어야만 그 파국을 막을 수 있다는 메시지를 던지고 있는 것이다.

3. 판도라: 유혹과 파멸, 그리고 구원의 이중적인 여성성

　『키시』에서 여성성은 파멸과 죽음의 이미지와 맞닿아 있다. 이런 이미지는 판도라와 무관하지 않다. 우선 이 작품에서 '죽음(смерть)'과 '파멸(гибель)'을 나타내는 단어는 모두 여성형이다. 또한 이 작품에서 베네딕트를 파멸로 이끄는 '책(книга)', 공포의 존재인 '키시(Кысь)', 그리고 베네딕트의 상상 속 미녀 '프치차 파울린 공녀(Княжья Птица Паулин)'가 있다. 이 모든 여성형 명사는 죽음과 파멸을 상징한다. 그러나 판도라 신화 자체가 악과 희망의 기원을 설명하는 것이므로 이중적인 의미를 지닌다. 이 작품에 나타나는 여성성은 분명히 파멸, 죽음을 상징하지만 그 이면에는 재생과 구원의 의미도 함께 내포하고 있다. 따라서 위에 제시된 여성형 명사와 여성등장인물이 판도라신화가 지닌 상징적 의미를, 또한 베네딕트와 연관되어 어떻게 표출되고 있는지 보겠다.

　판도라는 '모든 선물 중의 선물'이라는 의미를 가졌으며, 인류 최초의 여성이다. 제우스는 프로메테우스의 반항에 대한 대가로 인간을 벌하기 위해 헤파이토스에게 여자를 만들게 한다. 이 여자를 제우스의 전령인 헤르메스는 에피메테우스, 즉 프로메테우스의 동생에게 선물로 주었다. 프로메테우스는 '나중에 생각하는 자'라는 의미를 지닌 동생 에피메테우스에게 제우스의 선물을 조심하라고 경고하지만 어리석은 생각을 상징하는 동생은 그 말을 잊고 판도라에 반해 그녀와 결혼한다. 그러나 판도라는 신들의 선물로 받은 열어서는 안 되는 상자를 열어 인간들에게 불행과 재앙의 근원을 제공한다. 판도라는 열지 말라는 금기를 어김으로써 돌이킬 수 없는 원죄를 안게 된다.

판도라의 이야기는 인간 세계의 악의 기원에 대한 설명이지만 인간에게 필연적인 악의 기원과 함께 그것을 이겨 낼 수 있는 희망의 기원에 대한 이야기도 함께 함의하고 있다. 또한 악의 기원을 설명하기 위해 도입된 판도라 이야기의 많은 부분은 오히려 인간에게 '문명'이 발생하게 된 기원을 암시하고 있다. 즉 판도라가 신들로부터 받은 선물들은 모두 인류의 문명과 밀접하게 연관되며[25] 판도라의 호기심은 문명을 가능하게 한 인류의 특성이기도 하기 때문이다. 그러므로 여기에 등장하는 '유혹(책)', '공포(키시)', '탐욕(올렌카와 그녀의 어머니)', '아름다움에 대한 욕망(프치차 파울린 공녀)' 등은 인간을 파멸로 이끌지만, 다른 측면으로는, 동물과는 다른 인간존재, 인간의 본질에 대한 물음을 가능하게 한다.

판도라가 인간에게 불행과 희망을 가져왔다고 신화는 설명한다. 그러나 판도라는 가부장 사회의 신화에서 부정적인 이미지를 갖는다. 그런 판도라가 대표적으로 상징하는 두 가지 탐욕이 있다. 그것은 엄청난 식욕과 성욕이다.[26] 『키시』에서 이런 판도라의 이미지와 연관되는 인물은 베네딕트의 부인인 올렌카와 그녀의 어머니이다. 올렌카의 식구들은 식욕이 대단하다. 그중에서도 장모가 으뜸이다. 그런 장모는 끊임없이 베네딕트에게 음식을 권한다. "<……> 장모를 봐 그녀는 지루한 타입이잖아. 그녀와는 할 말이 없어. 모든 것이 단지 '드세요', 그리고 '드세요'야. <……> 다만 나는 뭔가를 물

---

25) 장영란, "그리스 신화와 철학에 나타난 죽음과 여성의 이미지," 『한국여성철학』, 제3권(2003), 128~129쪽.
26) 이진성, 『그리스 신화의 이해』(아카넷, 2004), 144~145쪽.

으려고 했는데, 그녀는 '왜 잘 안 먹어?'라고 하는 거야(169~170)."

올렌카는 성욕을 대표한다. 그녀는 베네딕트에게 끊임없이 사랑을 요구한다(181). 그러나 베네딕트가 책에 빠져 올렌카를 등한시하자 그녀는 테렌티 페트로비치라는 퇴화인과 연인이 된다(271). 이를 계기로 그는 쿠제야르의 오른팔이 되어서 기름을 관장하는 장관이 된다. 베네딕트에게 올렌카는 이중적인 이미지를 지닌다. 하나는 구원의 여인상으로 아름다움의 상징이며, 다른 하나는 그를 파멸로 이끄는 여인으로 나온다. 올렌카는 숭고한 천상의 아름다움과 동물성을 함께 지닌 가부장 사회의 신화에 등장하는 전형적인 팜므파탈의 이미지의 여인이다. 베네딕트의 상상속의 올렌카는 너무나 아름다운 여성으로 등장한다[Оленька!…… Краса ненаглядная! Страшно даже на такой красоте жениться!(134)]. 여자의 겉모습은 아름답다. 그것은 아프로디테가 판도라에게 아름다움을 선물했기 때문이다. 그 외에 판도라는 헤르메스로부터는 설득력을, 아폴론으로부터는 음악을 받았다. 그러나 이런 아름다운 모습과 함께 베네딕트의 상상 속에서 올렌카는 동물의 것과 같은 발톱이 있고 눈에서 빛을 내는 괴물의 형상을 지녔다. 결혼 후 아름다웠던 올렌카의 형상은 베네딕트의 눈에 추악하게 변해 간다. 하얗게 분칠한 얼굴과 보조개의 형상은 베네딕트에게 끔찍하게 다가온다. 베네딕트는 그녀의 얼굴을 보며 그리스 신화에 등장하는 하피[27]라고 생각한다[И лицо обмазано: ну чистая гарция.(181)]. 그리스 신화에 등장하는 하피는 상반신은 여자고 하반신은 독수리인 새이다.

---

[27] 바람의 정령으로도 불리는 하피는 처음에는 추악하게 여겨지지 않았는데, 이아손과 아르곤 선원 전설에서는 추악하고 더러운 정령으로 묘사되고 있다.

베네딕트에게 이런 하피의 형상은 강한 발톱이 있는 올렌카와 동일시되었다.

판도라는 신성과 함께 동물성을 지녔다. 이런 이유로 신화 속에 나오는 괴물의 형상은 여성의 몸과 동물을 결합시켜 만든 것들이 많다. 원시 시대의 강력한 동물의 힘은 인간에게 경외와 숭배의 대상이었다. 따라서 동물과 인간을 결합시켜 초월적인 힘을 표현하려던 경향은 인간에게 자연스러운 욕구였을 것이다. 괴물은 타자에 대한 두려움에서 발전했다고 볼 수 있다. 그러므로 여성은 남성중심사회에서 남성의 타자로서 가장 성스러운 존재이면서 두려움의 존재이다.[28] 여성이 성모와 악녀의 이중적인 모습으로 나타나는 것도 이런 의미로 받아들여질 수 있다.

베네딕트의 올렌카에 대한 사랑은 책[29]으로 향한다. 여성형인 책은 이 작품에서 올렌카를 대신하는 베네딕트의 연인으로 존재한다. 이 작품에서 책은 여성, 키시, 프치차 파울린 공녀와 연관되면서 베네딕트의 불운한 운명에 깊이 관여한다. 이 작품에서 책은 이중적인 의미를 지닌다. 책은 권력의 도구이면서 인간의 문화를 향상시켜 줄 수 있는 보물이다. 그런 의미에서 인간의 삶을 더 좋아지게 하는 구원과 계몽의 의미를 지니면서 한편으로 인간을 억압하는 권력의 수단이 되며, 책을 소유한 인간에게는 죽음의 의미가 된다. 신화에 등장하는 보물, 즉 영웅들이 찾고자 하는 보물들은 이중적인 의미를 지닌다. 보물은 그것을 소유한 자에게 부와 권력을 주지

---

28) 장영란, 같은 글, 120~121쪽.

29) 고대슬라브어인 kъniga는 중국어 kΩüen에서 파생되었는데, 이는 두루마리란 뜻이다. 이 작품에서도 표도르가 준 책을 정서해서 두루마리로 만든다. 이렇게 만들어진 책은 모든 사람들이 볼 수 있다.

만, 인간의 탐욕을 시험하는 수단이 되기도 한다. 그런 의미에서 여성형 명사인 책 역시 베네딕트에게 권력과 아름다움, 알고자 하는 지적인 욕망에 대한 유혹과 인간성을 시험하는 수단이 된다.

니키타는 처음에 베네딕트에게 내재한 인간성과 예술성을 본다[А и в тебе провижу искру человечности, провижу! Кое-какие надежды на тебя имею!(42) <......> Есть в тебе, пожалуй, какой-то артистизм.......(143)]. 결혼 후 올렌카의 집에서 책을 접하게 되기 전의 베네딕트는 훨씬 인간적이며 순수하다. 니키타는 베네딕트에게 푸쉬킨의 상을 만들어 달라고 부탁하면서 그의 초상화가 없는 것에 한탄한다. 그러면서 그는 베네딕트에게 가장 중요한 질문을 한다. 즉 "불이 난 집에서 무엇을 가지고 나와야 할까?"라고 묻는다[- Портрета его, - сказал Никита Иваныч, - у меня, к сожалению, нету, о чем вечная моя печаль и терзание. Не уберег. Что спасаем из грящего дома?(141)]. 이 말은 선택에 대한 문제를 제시하는 것이다. 선택은 인간만이 할 수 있으며, 현존재의 선택에 대한 문제는 실존주의 철학에서 많이 제시된다. 즉 인간의 본질에 대한 물음이고 선택과 책임에 대한 문제와 연결된다. 그러나 이 질문에 대한 진정한 의미를 베네딕트는 파악하지 못한다. 그러므로 마지막에 그의 잘못된 선택은 세상을 파멸로 이끌게 된다. 베네딕트는 혁명에 성공한 쿠제야르가 니키타를 죽이려 하자 그에 반대하다가 쫓겨난다. 그는 책을 다시는 볼 수 없다는 사실에 당황해하며 선택을 해야 함을 직감한다[Он понял. понял. Это выбор. Ну - с, кого спасем из горящего дома? Он выбрал, сразу.(310)]. 결국 그가 선택한 것은 인간이 아니라 책이었다. 여기에 그의 파멸의 원

인이 있는 것이다.[30]

— Иммануил Кант, — наставлял Главный Истопник, — и тебе, склонному к философствованию, полезно это имя запомнить, — иммануил Кант изумлялся двум вещам: моральному закону в груди и зведному небу над головой. Как сие надо понимать? — а так, что человек есть перекресток двух бездн, равно безлонных и равно непостижимых: мир внешний и мир внутренний. И подобно тому как светила, кометы, туманности и прочие небесные тела движутся по законам, нам мало известным, но сторого предопределенным, — ты меня слушаешь? — так и нравственные законы, при всем нашем несовершенстве, предопределены, прочерчены алмазным резцом на скрижалях совести! огненными буквами — в книге бытия! И пусть эта книга скрыта от наших близоруких глаз, пусть таится она в долине туманов, за семью воротами, пусть перепутаны ее страницы, дик и невнятен алфавит, но все же есть она, юноша! светит и ночью! Жизнь наша, юноша, есть поиск этой книги, бессонный путь в глухом лесу, служадание на ощупь, нечаянное обретение! И наш поэт, скромный алтарь коему мы с тобой воздвигаем, знал это, юноша! все он знал! Пушкин — наше все: и звездное небо, и закон в груди!

— Ладно, — сказал Бенедикт. Бросил окурок, затер лаптем. — Хрен с вами, Никита Иваныч. Рубите хвост.(163)

"임마누엘 칸트, 철학적 성향을 지닌 너는 이 이름을 기억하는 것이 좋을 거야. 임마누엘 칸트는 두 가지 것에 경이로움을 느꼈다. 마음속의 도덕 법칙과 머리 위에 떠 있는 별이 가득한 밤하늘 말이야. 이것들을 어떻게 이해해야 할까? 인간은 끝이 없고 이해할 수 없는 두 가지 혼돈, 즉 외부세계와 내부세계의 기로에 있다는 거야. 그처럼 천체, 혜성, 안개, 그 외의 우주는 우리에게는 잘 알려져 있지 않지만 이미 엄격하게 정해진 법칙에 따라 움직이고 있지. 내 말을 듣고 있는 거냐? 그렇게 도덕 법칙은 우리 모든 불완전한 존재들에게도 미리 정해져 있어. 양심의 법궤 위에 다이아몬드 조각칼로 새겨져 있는 거야! 창세기에 있는 불의 문자들로 말이야! 비록 이 책이 근시안인 우리 눈에 보이지 않아도, 안개가 긴 분지 속에, 일곱 개의 대문 너머에 숨겨져 있다 할지라도, 그 책의 페이지들은 뒤죽박죽되어 있어서 자모는 거칠고 알아볼 수 없게 되어 있어도, 그 책은 있단

---

30) 책이 금기로 설정되며, 책으로 인해 사람이 살해되는 것은 움베르트 에코의 『장미의 이름』과 유사하다.

다. 얘야! 밤에도 빛나고 있지! 얘야, 우리의 삶은 이 책을 찾는 일이고, 무성한 숲 속에서 한시도 방심할 수 없는 길이고, 손으로 더듬으며 헤매야 하는 일이며, 예기치 않은 습득물이란다! 나와 네가 옮기려고 하는 우리의 시인, 겸손한 성소 (聖所)는 이것을 알고 있단다. 얘야! 그는 모든 것을 알고 있었어! 푸쉬킨은 우리의 모든 것이며, 별이 빛나는 하늘이기도 하고 마음속의 법칙이기도 한 거야!" 니키타 이바니치가 말했다.

"알았어요." 베네딕트는 말했다. 그는 꽁초를 버리고 샌들로 문질렀다. "그런 얘긴 집어치워요. 니키타 이바느이치. 꼬리를 잘라 줘요."

니키타는 칸트를 빌어 인간으로서의 '나'의 정체성에 대한 이야기를 해 주고 있다. 결국 인간이란 무엇인가에 대한 문제를 일깨운다. 이것은 인간으로서 어떻게 살아야 하는 문제와도 연관된다. 니키타가 이야기하는 책은 베네딕트가 보고 있는 활자가 찍힌 종잇조각을 의미하는 것이 아니다. 그것은 올바른 이성과 함께 감성을 지닌 인간의 모든 것이 담겨 있는 것이다. 칸트는 감성적이며 이성적인 존재인 인간이 필연적으로 인과법칙에 따라 단지 주어진 환경에 적응하면서 타율적으로 움직이는 자연계의 존재와는 달리, 순수실천이성의 명령에 따라 자신의 행위를 선택하여 행동한다고 말했다. 다시 말해 인간의 실천이성에는 행복하려는, 즉 감성적 욕망에 따르는 경험적 의지와 선을 실현하려는 순수실천이성, 곧 순수한 의지가 있어야 한다는 것이다.[31] 칸트의 도덕철학은 한 마디로 하면 인간의 존엄성에 대한 문제를 언급한 것이며 참된 인간이 되는 법을 일깨우고 있다. 즉 인간의 주체적인 사고와 실천을 강조한다. 이런 칸트의 사고는 푸쉬킨에게도 큰 영향을 끼쳤다.[32]

---

[31] 정진일, 『철학개론』(서울: 박영사, 1995), 138쪽.

[32] 푸쉬킨의 『예브게니 오네긴』에서 오네긴의 유일한 친구가 칸트의 추종자이며 시인인 렌스키인 것은 우연이 아니다. 푸쉬킨은 리체이 시절에 칸트를 접하게 되고 그의 사상에 매료된다. А. А. Белый, "Кантовская

베네딕트는 모든 자모를 이전시대 사람이었던 엄마에게서 배운다(11). 엄마는 이전시대에 대학교육을 받은 사람이었다. 그런 관계로 베네딕트는 엄마의 소망에 따라 표도르가 준 책을 정서하는 직업을 가지게 된다. 베네딕트는 결혼 후 책을 정식으로 접하게 되고 책 속의 세상에 빠지게 된다. 책 속의 세상에 빠진 그는 책을 얻기 위해서 갖은 수단과 방법을 가리지 않게 된다. 그러나 베네딕트의 문제는 그 책의 진정한 의미를 알지 못하는 데 있다. 그런 베네딕트를 알아보고 니키타는 베네딕트에게 아즈부카를 익히라고 한다. 즉 책이 전하는 말의 진정한 의미를 알라는 의미이다. 이전에 베네딕트는 니키타에게 책이 있다고 생각하고 그의 집으로 가서 책을 달라고 한 적이 있다. 그때 니키타는 아직 이르다고 말한다.

> — …… хоть тыщу, все равно, читать ты, по сути дела, не умеешь, книга тебе не впрок, пустой шелест, набор букв. Жизненную, жизненную азбуку не освоил!
> Бенедикт обомлел. Не знал, что сказать. Такое вранье откровенное, прямо вот так тебе и говорит: Ты—не ты, и не Бенедикт, и на белом свете не живешь, и…… прям не знаю что.
> — Вот уж сказали……. То есть как же? Азбуку—то……. Вот есть 〈аз〉…… 〈слово〉, 〈мыслете〉…… 〈ферт〉 тоже…….
> — Есть и 〈ферт〉, а есть и 〈фита〉, 〈ять〉, 〈ижица〉, есть понятия тебе недоступные: чуткость, сострадание, великодушие…….
> — Права личности, — подъелдыкнул Лев Львович, из диссидентов.
> — Честность, справедливость, душевная зоркость…….
> — Свобода слова, свобода печати, свобода собраний. — Лев Львович.
> — Взаимопомощь, уважение к другому человеку……. Самопожертвование …….

цитата в Пушкинском тексте," *Вопросы литературы*, № 3(2004), С.59~60.

— а вот это уже душок! — закричал Лев Львович, грозя пальцем. (262~263)

"······수천 번을 해도, 마찬가지야. 본질적으로 너는 읽을 능력이 없어. 책은 너에게 소용이 없어. 공연히 책장만 소리 내서 넘기고 문자를 수집하는 거지. 살아 있는, 살아 있는 자모를 익히지 못했어!"

베네딕트는 망연자실했다. 그는 무슨 말을 해야 할지 몰랐다. 그 말도 안 되는 소리는 자네에게 바로 이렇게 말하는 것과 같을 정도로 노골적인 거야. 너는 네가 아냐, 베네딕트도 아니고, 이 세상에 살지도 않고······ 그리고 뭐라 해야 할지 모르겠군.

"당신이 말한 것이······ 그러니까 무슨 뜻이죠? 자모를······ 〈아즈〉······ 〈슬로보〉, 〈므이슬레테〉가 있고······ 〈페르트〉도······."

"〈페르트〉도 있고, 〈피타〉, 〈야치〉, 〈이쥐차〉도 있고, 네가 이해하기 힘든 개념들도 있어. 감성, 동정심, 관대함······."

"개인의 권리." 반체제인사인 레프 르보비치가 갑자기 큰 소리로 말했다.

"청렴, 정의, 정신적 통찰력······."

"말의 자유, 출판의 자유, 모임의 자유." 레프 르보비치가 말했다.

"상호 원조, 다른 사람에 대한 존경······ 자기희생······."

"바로 이것이 정신이란 거야!" 레프 르보비치가 손가락으로 위협하면서 소리쳤다.

이 말은 베네딕트가 책에 들어 있는 진정한 의미를 알지 못한다는 의미를 내포한다. 인간으로서 알아야 할 감정들, 개념들, 그리고 그 역사성을 알지 못함을 지적하는 말이다. 책은 인간 문화의 기록이다. 거기에는 인간의 체험과 감정, 사상, 역사 등 모든 것이 들어 있다. 그러나 그것을 이해하지 못한다면 책은 그저 종이와 까만 글씨에 불과하다. 니키타는 베네딕트에게 '크로마뇽인, 네안데르탈인'이라고 말한다. 아직 사고하는 인간으로 미숙함을 가리키는 말이다.

또한 '살아 있는 아즈부카(자모)'는 말의 생명력을 의미한다. 생명력을 가진 말은 다른 사람들에게 영향을 미치며, 새로운 신화, 새로운 문화를 창출할 수 있다. 죽어 버리고 없는 이전시대 사람들의 것이 아닌 베네딕트 자신의 문화를 의미한다. 그렇게 될 때, 폭발과 같은 잘못을 되풀이하지 않을 수 있다. 그러므로 니키타는 책 속에 새겨진, 동보다 더 단단하고 피라미드보다 더 오래된 그것을 베네딕트가 깨닫길 원한다["Но слово, начертанное в них, тверже меди и долговечней пирамид!(142)]. 니키타는 베네딕트의 스승으로, 또는 정신적인 아버지로서 그를 참된 길로 인도하려 하지만 결국 베네딕트는 인간보다 책을 선택하면서 파멸을 자초한다.

책이 지니는 의미는 책이 인물로 구현된 프치차 파울린 공녀(Княжья Птица Паулин)와 작품의 제목이면서 이 세계의 공포의 대상 중의 하나인 키시와 연결되어 있다. 키시의 형상은 이 작품의 처음에 등장한다. 이 작품의 공간은 사방이 밀폐된 공간으로 설정되어 있다. 거기서 키시는 북쪽에 존재하는 보이지 않는 정령 같은 것으로 묘사된다.

На семи холмах лежит городок Федор-Кузьмичск, а вокруг городка — поля необозримые, земли неведомые. На севере — дремучие леса, бурелом, ветви переплелись и пройти не пускают, колючие кусты за порты цепляют, сучья шапку с головы рвут. В тех лесах, старые люди сказывают, живет кысь. Сидит она на темных ветвях и кричит так дико и жалобно: кы-ысь! кы-ысь! — а видеть ее никто не может. Пойдет человек так вот в лес, а она ему на шею-то сзади: хоп! и хребтину зубами: хрусь! — а когтем главную-то жилочку нащупает и перервет, и весь разум из человека и выйдет. ⟨......⟩ а ежели за ним приглядеть некому, то он, считай, не жилец: как пузырь лопнет, так он и помирает. Вот чего кысь-то делает.(7)
일곱 개의 언덕에는 표도르 쿠지미치스크라는 소도시가 있고 소도시 주변에는 끝이 보이지 않는 들판. 알려지지 않은 대지가 있다. 북쪽에는 울창한 숲. 풍해를 입은 수목이 있으며, 가지들은 서로 얽혀 있어서 지나다닐 수 없으며, 가시가 많은 관목들은 바지를 잡아당기고 큰 가지들은 머리에서 모자를 벗긴다. 나이 든 사람들은 이런 숲에 키시가 살고 있다고 말한다. 키시는 어두운 나무 가지들 위에 앉아서 키-이스! 키-이스!라고 야성과 애처로운 소리를 지른다. 그러나 그 누구도 키시를 볼 수 없다. 사람이 숲을 지나가면, 키시는 이크! 하며 목 뒤에서 이빨로 등을 으드득! 하고 문다. 발톱으로는 주요 혈관을 더듬어 찾아서 끊어 놓고 인간에게서 혼을 빼놓는다. 〈......〉 그러나 그를 누군가 주시한다면, 그는 이 세상 사람이 아니라고 생각해야 한다. 거품이 사라지듯, 그는 죽게 된다.
바로 이런 일을 하는 것이 키시이다.

모든 신화에서는 괴물이 등장하고 구비문학에서도 악한 정령들이 등장해서 인간을 괴롭히고 파멸로 이끈다. 괴물과 악한 정령들은 인간 내면의 공포를 구현해 내는 것이며, 이런 정령들은 세계의 질서를 유지시키는 데 도움을 준다. 인간의 공포는 인간을 다루는 방법 중에서 가장 유용한 기제이기 때문이다. 근원적으로 공포는 죽음과 연관된다. 인간에게 죽음은 가장 공포스러운 것이며 특히 행복한 죽음이 아닌 고통스러운 죽음은 인간의 공포를 더욱 가중시킨다. 밀폐된 작은 도시에서 인간의 피를 먹고 이성을 빼앗는 키시의 존재는 책을 가진 자를 색출해서 치료하기 위해 어딘가로 데려가는 붉은 위생병 마차와 함께 이 세계의 공포의 대상이 되고 있다. 이 둘의 공포가 다른 것은 키시는 내면의 공포라고 한다면 위생병의 공포는 실질적이고 외면적이다.

키시는 실체가 있는 정령이라기보다 인간내면의 부정적인 측면이 구체화된 것이라고 할 수 있다.[33]

---

[33] 키시(кысь)는 톨스타야가 창조한 정령이다. 많은 비평가들이 키시의 정체에 대해 의문을 제기했다. 가장 흥미로운 것은 보리스 파라모노프가 제기한 주장이다. 그는 키시의 발음이 유사한 것들을 열거한다. кысь-брысь-рысь-русь다. 그는 키시의 세계가 루시와 닮았다는 것을 이야기한다. Борис Парамонов,

〈……〉 незримая кысь: перебирает лапами, вытягивает шею, прижимает невидимые уши к плоской невидимой голове, и плачет, голодная, и тянется, вся тянется к жилью, к теплой крови, постукивающей в человечьей шее: кы-ысь! кы-ысь!

И тревога холодком, маленькой лапкой тронет сердце, и вздрогнешь, передернешься, глянешь вокруг зорко, словно ты сам себе чужой: что это? Кто я?

Кто я?!

Фу-ты……. Это же я. Словно на минуточку себя выпустил из рук, чуть не уронил, еле успел подхватить……. Фу……. Вот что она делает, кысь-то, вот что она уже издалека с тобой делает, вот как она вынюхивает, чует, нашаривает, — через дальнюю даль, сквозь снежную бурю, сквозь толстые бревенчатые стены, а случись она рядом?…….

Нет, нет, нельзя, ну ее, не думать о ней, гнать, не думать. вот засмеяться надо или сплясать — (56)

보이지 않는 키시가 흔들리고 있다. 그 키시는 발을 아래위로 움직이며, 목을 쭉 빼며, 보이지 않는 귀를 뒤로 당겨 보이지 않는 머리에 갖다 대고는, 배가 고파 울면서, 인간의 목에서 뛰고 있는 혈관을 향해, 따뜻한 피를 향해 키-이스! 키-이스! 하며 계속 발을 뻗칠 거야.

그리고 불안함은 냉기와 작은 발로 심장을 만질 거야. 그러면 너는 몸을 떨고, 몸을 뒤틀고, 주위를 날카롭게 주시하겠지. 마치 네 자신이 타인인 것처럼 말이야, 이것은 뭐지? 나는 누구지?

나는 누구지?!

아, 너는……. 그건 나야. 마치 잠시 자신을 손에서 놓고, 하마터면 잃어버릴 뻔한 것을, 겨우 붙잡을 수 있었던 것 같아……. 후……. 키시, 그것은 바로 이런 짓을 하는 거야. 키시가 이미 저 멀리서부터 너에게 한 짓이야. 바로 키시가 냄

"Русская история наконец оправдала себя в литературе." 결국 키시는 루시 시대의 혼란과 공포를 드러내는 것이다. '키시'란 단어는 러시아어에 존재하지 않고 톨스타야 자신이 만든 단어이다. 그러므로 이 단어가 탄생하게 된 배경과 키시의 형상에 대한 논의는 이 작품을 이해하는 데 도움을 줄 것이다. '키시'는 러시아인들이 고양이를 부르는 소리 '키스-키스(кыс-кыс(кис-кис)'에서 착안해 만든 단어로 여겨진다. 이것은 고양이의 울음소리 '마우(мяу)'를 모사한 것이 아니라 고양이를 부르는 독특한 호칭에서 나온 것인데, 우리나라에서 고양이를 부를 때 '나비야, 나비야'라고 하고 영어권에서 '푸스-푸스(puss-puss)'라고 부르는 것과 동일하다. 고양이에 대한 이런 호칭은 고대부터 존재했으며 고양이를 부르는 소리 '키스-키스' 때문에 고양이를 나타내는 말 '코트(кот)', '코쉬카(кошка)' 외에 '키사(киса)'라는 단어가 생겨났다. '키사'는 주로 아이들이 사용하는 말로 이와 유사한 발음의 '키시'는 러시아 독자들에게 고양이의 이미지를 떠올리게 한다. 그러나 분명한 것은 이 작품에서 '키시'는 우리가 알고 있는 고양이는 아니다.

새를 맡고 느끼고 더듬은 것이지. 저 먼 곳을 지나, 눈 폭풍우를 뚫고, 굵은 통나무 벽을 뚫고서 말이야. 그런데 키시가 곁에 있다면 어떻게 되겠어?

아니, 안 돼. 결코 안 돼. 키시를, 키시에 대해서 생각해서는 안 돼. 쫓아내야 해. 생각해서는 안 돼. 웃어야 해. 아니면 춤을 춰야 해.

인간의 이성을 상실하게 하는 키시는 인간내면의 욕망, 탐욕을 상징한다.[34] 키시는 베네딕트가 책에 대한 욕망이 강해질수록 자주 등장하는데, 베네딕트가 책으로 인해 그의 친구들을 죽이게 되는 상황에서 더욱 그를 괴롭힌다. 처음 베네딕트가 쿠제야르와 함께 옛날 책을 회수하러 갔을 때, 사람을 죽이게 된다. 이성을 상실한 그는 그 순간에 키시를 떠올린다. 돌아온 후 베네딕트는 그 고통으로 괴로워하는데, 자신의 실수에 대해 키시가 자신을 그렇게 만들었다고 한다(216~217). 베네딕트가 책에 집착하면 할수록 키시는 계속 그에게 나타난다. 그러다 마지막에 쿠제야르가 니키타를 죽일 계획을 말하는 순간 베네딕트는 쿠제야르가 키시라고 생각한다. 그러나 쿠제야르는 베네딕트를 가리키며 키시는 자신이 아니라 베네딕트라고 얘기한다[– Я-то?…… Я?…… – засмеялся тесть и вдруг разжал пальцы и отступил. – Обозначка вышла……. Кысь-то – ты. (305~306)].

베네딕트는 자신이 키시라는 것을 알게 되지만 그는 부정한다[Нет, я человек! Человек я!…… Да! Хрем вам!…… (306)]. 여기서 키시는 베네딕트의 부정적인 내면세계의 구현이다. 그는 끝까지 책에

---

[34] 이런 초자연적인 정령들에 대한 이야기를 러시아어로 'былички' 또는 'бывальщины'라고 한다. 이런 정령들에 대한 이야기에는 고대인의 삶의 체험과 연관된 고대의 세계관의 일부, 인간과 자연현상의 전통적인 윤리·미학적인 규범들, 의식과 무의식의 다양한 현상들에 대한 반응이 반영되어 있다는 것이다. http://www.ocnt.isu.ru/bylychki.htm(검색일: 2009년 4월 9일).

대한 탐욕을 버리지 못하고 결국 니키타를 죽이는 일에 가담하게 된다. 그가 선택한 대상이 진정한 친구가 아니라, 책이라는 것은 이미 베네딕트의 인간성이 상실되었음을 의미한다.

톨스타야가 창조한 또 하나의 신화적이고 민속적인 존재인 프치차 파울린 공녀는 책의 형상화이며, 예술의 형상화이고 베네딕트의 이상적인 여성상이며 베네딕트의 여성성의 구현이기도 하다. 예술은 삶과 긴밀하게 연관되어야 한다고 표도르가 말한 대목(56)에서 파울린은 처음 나온다. 파울린의 눈은 얼굴의 반을 차지하고 입은 인간과 닮았고 붉다. 너무나 아름다우며 몸은 하얗고 잘 다듬어진 깃털로 덮여 있으며 꼬리는 대략 5미터가량 된다. 머리를 계속 돌리며, 사랑스러운 자신의 몸 구석구석을 전부 둘러보고 입을 맞춘다. 그 새는 그 누구에게도 해를 입히지는 않는다(56~57). 올렌카 역시 얼굴이 하얗고 5미터가량의 땋은 머리, 보조개가 있는 턱, 발톱을 지니고 있다. 이런 유사성을 놓고 볼 때, 파울린은 올렌카의 분신이라고 볼 수 있다. 물론 이것은 베네딕트의 상상 속에서 또 다른 올렌카의 분신으로 형상화된 것이다(162). 그러나 여기서 올렌카와 파울린은 무서운 형상으로 변한다. 베네딕트가 파울린을 '나의 영원한 신부, 다시없을 나의 사랑(вечная моя невеста, неразысканная моя любовь)(283~284)'이라고 말한 부분에서도 올렌카, 또는 그의 상상 속의 여인으로 볼 수 있다. 이런 모든 것이 올렌카와의 유사성을 드러내지만 베네딕트의 이상적인 여인상이 때로는 올렌카로, 때로는 파울린으로 나타난다.

파울린은 이상적인 여인상이기도 하며 책의 형상화이기도 하다. 파울린처럼 책 역시 베네딕트에게는 상상의 존재일 뿐이며 공허하다.

왜냐하면 책은 이전시대의 문화와 역사일 뿐이지 베네딕트, 새로운 시대의 문화와 역사, 또는 삶의 체험은 아닌 것이다. 그러므로 책의 내용은 자신의 것이 되지 못한다. 니키타가 베네딕트에게 말한 아즈부카의 중요성은 여기에 있다. 올렌카, 책 그리고 파울린은 동일 선상에 있다. 이것들은 자기애가 강한 파울린처럼 이기적이며 그 이기심은 결국 베네딕트를 파멸로 이끈다.

또한 파울린은 베네딕트의 내면에 숨겨진 여성성의 구현으로도 볼 수 있다. 파울린이 베네딕트와 겹치는 부분이 있는데, 그것은 베네딕트의 꿈에서 나타난다. 그 꿈에서 베네딕트는 파울린의 꼬리와 같은 길고 풍성한 깃털이 달린 꼬리를 가진다. 그러나 그 꼬리가 올렌카의 식구들 앞에서 점점 짧아져서 거의 사라지고 깃털만 남는 꿈을 꾼다(194).[35] 융의 이론에 따르면 모든 남성의 정신 내면에는 여성의 이미지, 즉 여성적 지혜와 창조성의 내적 표현인 아니마(anima)라는 잠재적 원형이 존재한다. 이에 상응하는 여성의 내적 이미지는 아니무스(animus)라고 일컬어진다. 예를 들면 왜곡된 아니마는 메두사나 퓨어리처럼 여성에 대한 부정적인 시각을 만들어 여성을 위험스럽거나 파괴적인 것으로 내재화시켜 버린다.[36] 파울린과 올렌카는 베네딕트에게 아니마의 잠재적 원형으로 나타나고 있는데, 올렌카와 파울린이 그에게 왜곡된 아니마의 형태로 점점 변형되어 가는 것을 알 수 있다.

---

[35] 톨스타야는 전통적으로 남성과 여성의 이항대립적인 관계에서 여성을 그리는 것을 거부한다. 그러므로 여성이나 남성은 양성자, 또는 중성적인 인간상으로 나타난다. Т. Мелешко, "Современная отечественная женская проза проблемы поэтики в гендерном аспеке," www.a-z-ru/women_ca1/html/br_gl_2htm(검색일: 2009년 3월 15일).

[36] 김동섭, 『신화 어떻게 이해할 것인가』(서울: 만남, 2006), 22쪽.

파울린은 이 작품에서 베네딕트와 관련되어 복잡한 이미지를 구현하고 있다. 파울린은 이상적인 여인상인데, 이는 예술의 다른 표현이기도 하다. 베네딕트는 책을 접하고 올렌카와 결혼한 후 쥐를 먹지 않고 오직 새만 먹게 된다. 쥐는 표도르-쿠즈미치스크에서는 없어서는 안 될 중요한 식량이면서 화폐로서의 가치를 지닌다. 즉 쥐는 이 도시 주민의 삶의 기반이며(Мышь—наша опора.) 이 세계 경제의 근간이다[Ведь мышь — это все. (172)]. 그러나 베네딕트는 그런 쥐가 쿠제야르 집에 없다는 사실에 놀랐으며 후에 니키타에게 자신도 쥐를 먹지 않게 되었다고 말한다[Мышей не ем. Только птицу.(228)]. 새만을 먹는다는 것은 영혼을 먹는다는 이야기와 같은 의미이다. 보통 새는 영혼을 의미한다. 책 또한 영혼의 양식이다. 이런 점에서 새의 공녀라는 의미를 가진 프치차 파울린 공녀와 책은 같은 의미를 내포하며, 예술과도 연결된다. 그런데 베네딕트는 장인이 자신을 키시라고 하고 난 후 자신이 파울린을 커틀렛해서 먹었다고 생각한다[а Паулин — что ж. Паулин давно поймана силками, давно провернута на каклеты. Сам и ел. Сам и спал на подушках снежного, кружевного пера.(307)]. 베네딕트는 쿠제야르 집에서 서서히 키시로 변해 가고 있었는데, 자신만 몰랐던 것이다. 즉 진정한 키시는 쿠제야르의 가족들이다. 영혼을 먹는 키시와 베네딕트는 다르지 않다.

Ползком и скачком, гибко и длинно (......) Ни следа не оставит лапами на снегу, не спугнет ни одного подворотного пса, не потревожит домашней твари!...... (......) — голодно ей, голодно! Мука ей, мука! Кы-ы-ысь! Кы-ы-ысь! (99)

키시는 눈 위에 발자국을 남기지 않고, 대문 옆에 있던 한 마리 개도 을러서 내쫓지 않고, 집의 피조물들을 위협하지 않을 거야!...... (......) 키시는 배가 고픈 거야, 배가 고픈 거라고! 키시는 괴로워하고 있어, 괴로워하고 있단 말이야! 키, 이, 이시! 키, 이, 이시!

Ползком и скачком, гибко и длинно, но только не упустить, не потерять следа; ближе, все ближе к терему, ни следа не оставить на снегу, ни подворотного пса не спугнуть, ни домашней твари не потревожить! (......) – Ы–ы–ы–ы–ы–ы–ы!!!...... – крикнул в блаженстве Бенедикт. (285)

기고, 뛰고, 유연하게, 멈추지 않으면서. 그러나 흔적은 놓치거나 잃어서는 안 돼. 저택으로 더 가까이, 더욱더 가까이 그 어떤 흔적도 눈 위에 남기지 않고, 문지기 개도 을러서 쫓아 버리지 않고, 집에 있는 피조물들에게도 겁을 줘서는 안 돼! (......) "아아아아아아!!!" 베네딕트는 행복에 겨워 소리를 질렀다.

첫 번째 예문은 키시에 관한 것이고 두 번째 예문은 베네딕트가 대무르자인 표도르 저택을 습격하기로 결심한 상황을 묘사한 대목이다. 키시가 인간에게 접근하려고 하는 방식이나 베네딕트가 표도르 집으로 습격하려고 계획하는 모습은 동일하다. 위의 예문을 보면 베네딕트는 이미 키시처럼 변해 버렸다는 것을 알 수 있다. 책에 대한 탐욕은 키시와 같은 행위이다. 또한 골루브치크가 러시아어로 '비둘기(голубь)'에서 파생되었다는 것을 생각해 볼 때, 새를 먹는 행위는 자신의 동료인 골루브치크들을 죽이는 행위를 의미한다.

판도라의 신화는 인간의 원초적인 악에 대한 기원을 설명함과 동시에 그 안에 희망이라는 메시지를 담고 있다. 여성형으로 나타나고 있는 악의 근원은 남성사회인 표도르-쿠즈미치스크를 붕괴시킨다. 그러나 여성형으로 나타나는 악의 근원들은 파멸과 소멸만을 의미하지 않는다. 그 악은 소멸과 함께 새로운 시작을 의미하기도 한다. 판도라의 상자는 원래 항아리였는데, 항아리는 양식을 담는 용기와 매장을 위한 용기로 사용되었다. 판도라 신화에서 양식과 여성은 자연적 범주이고 불과 항아리[37]는 기술적 범주이다. 그러므로 판도라 신화는 자연과 기술의 대비의 의미를 내포하며 문화의 출현과 인간의 기원, 도덕과 윤리에 관한 메시지를 나타낸다.[38] 이 것은 악으로 묘사된 책과 키시, 극단적이고 이기적인 미의 상징이며 이상적인 여인상인 파울린 공녀를 통해 인간이 무엇인가에 대한 반성적 사고를 가능하게 한다.

4. 나가는 글

이 작품은 프로메테우스와 관련된 신화를 그 근간으로 하고 있지만 민속적인 요소와 러시아 현대 문화를 가늠할 수 있는 기호들이 산재해 있는 방대한 작품이다. 그러나 이 작품은 먼저 신화적 해석이 주어져야 작품의 이해에 대한 밑그림이 그려진다고 볼 수 있다. 기본적으로 모스크바의 파멸과 다시 모스크바로의 회귀를 암시하는 원형적 구조로 되어 있다. 즉 공간적 배경이 되는 곳의 이름은 모스크바 − 유쥐느이예 스클라드이(Южные Склады) − 세르게이 세르게이치스크(Сергей Сергеичск) − 이반 포르피리치스크(Иван Порфирьичск) − 표도르 쿠즈미치스크로 바뀌었다. 그러

---

[37] 항아리가 상징적으로 여성의 자궁을 의미하기도 하지만 항아리는 인간문명의 산물이지 자연발생적으로 만들어진 것이 아니라는 점에서 자연과 기술의 대비로 보고자 함이다.

[38] 문혜경, 「판도라 신화에 나타난 여성상과 희망의 메시지」, 『서양고대사연구』 21권(2007), 84~85쪽.

나 작품의 마지막에 톨스타야는 자신이 글을 썼던 도시의 이름을 나열하고 있다. 모스크바 — 프린스턴 — 옥스포드 — 타이리 섬 — 아테네 — 파노르모 — 표도르-쿠즈미치스크 — 모스크바이다. 마지막에 이 작품의 공간적 배경인 표도르-쿠즈미치스크에서 모스크바로 돌아갔다는 것을 의미하거나 그런 의미가 아니라고 해도 모든 것이 다시 시작점으로 돌아간 회귀를 의미한다. 원형적인 시·공간적 구조는 신화적 시간범주에 속한다고 볼 수 있다. 공간과 시간이 신화성을 띠고 있는 이 작품에서 창조 신화와 원인(原因) 신화[39]는 신화창조의 가장 중요하고 가장 근본적이며 전형적인 형태이다. 창조신화와 원인 신화가 새롭게 재구성되어 있으며, 그것은 반신화로 나타난다. 이런 신화성과 반신화성의 변주 속에서 타티야나 톨스타야가 이야기하고자 하는 것은 인간이다. 신화성에 대한 반신화는 신의 이야기에서 인간의 이야기로의 회귀를 뜻한다. 이것은 단순한 회귀가 아니라 인간, 그리고 현대 문화에 대한 반성적 사고를 가능하게 하는 기제가 되고 있다. 신화의 반신화는 신화를 세속화시키거나 전복시키면서 신화를 반성적으로 보게 하며, 반대로 인간의 원형적인 근원을 보게 만든다.

신화는 20세기 작가들에게 있어서 지엽적인 역사주의의 극복과 거대 역사주의, 또는 초역사주의적 범주로의 이동, 개인과 사회의

---

[39] 원인(原因)론적인 신화(этиологические, причинные, объяснительные)는 다양한 자연현상, 문화 특성들과 사회적 대상물들의 출현을 설명하고 있는 신화들이다. 원칙적으로 대부분의 신화에 있어서 본질과 원인을 밝혀주는 기능은 신화의 특징이다. 실질적으로 원인적인 신화들에는 무엇보다도 몇몇 동물과 식물, 산과 바다, 천체와 대기현상, 각각의 사회 형태들, 경제적 활동들, 불, 죽음 등의 발생에 대한 이야기가 해당된다. 유사한 신화들이 고대 민족들에 널리 퍼져 있으며 그들은 종종 성화(聖化)되어 나타난다. 원론론적인 신화들의 독특한 장르로서 제의와 숭배 행위의 발생에 대해 설명하고 있는 숭배 신화(культовые мифы)로 분류될 수 있다. 숭배 신화가 갖는 신비감으로 볼 때 이 신화는 매우 성스러운 것으로 취급될 수 있다. Е. М. Мелетинский и др. *Мифологический словарь*, С.654.

행동, 사회와 자연의 질서를 위한 본질적인 법칙들의 영원한 모델을 위한 수단으로 이용되고 있다. 신화의 텍스트는 현대성을 그 테마로 하며, 신화와 역사의 관계를 반영하고 있다.[40] 톨스타야 역시 이 작품을 통해 신화와 민속이 아니라 현대의 문화, 현대의 인간, 역사를 이야기하려 한다.[41] 20세기 후반에 등장하는 신화는 더 이상 역사와 상관없는 허구적인 이야기가 아니다. 그러므로 톨스타야의 이 작품 역시 인간과 역사, 문화의 의미를 제시하고 있는 것이다.

---

[40] Л. В. Ярошенко, *Неомифологизм в литературе XX века. Гродно.* С.42.

[41] 톨스타야는 이 작품에서 서유럽과 러시아의 다양한 고전과 현대 러시아 문학의 작품을 폭넓게 인용한다. 이 작품에서 톨스타야는 푸쉬킨은 물론이고 레프몬토프, 츠베타예바, 만젤쉬탐, 블록, 파스테르나크, 오쿠자바 등 여러 작가들의 시와 텍스트를 인용하고 변주한다. 뿐만 아니라 이 작품에서는 나보코프, 자먀친, 움베르트 에코 등 여러 작가들과의 상호 텍스트적인 특성을 볼 수 있다.

참고문헌

김동섭. 2006. 『신화 어떻게 이해할 것인가』. 서울: 만남.

문혜경. 2007. 「판도라 신화에 나타난 여성상과 희망의 메시지」. 『서양고대사
연구』, 21권.

송효섭. 2007. 「삼국유사의 신화성과 반신화성」. 『한국문학이론과 비평』, 제
37집(11권 4호).

이규영. 2000. 「독일문학에 나타난 <프로메테우스>」. 『독일어문학』, 제11집.

이지훈. 2004. 『예술과 연금술』. 서울: 창비.

이진성. 2004. 『그리스 신화의 이해』. 서울: 아카넷.

장영란. 2003. 「그리스 신화와 철학에 나타난 죽음과 여성의 이미지」. 『한국
여성철학』, 제3권.

정진일. 1995. 『철학개론』. 서울: 박영사.

Атанасова Радка. 2005. "Демифологизация А. С. Пушкина в романе Т.
Толстой 'Кысь'." *Науч. сообщ. на СУБ кл. Добрич.* т. 7.

Белый, А. А. 2004. "Кантовская цитата в Пушкинском тексте." *Вопросы
литературы. № 3.*

Колядич, М. 2005. *Русская проза конца XX века.* М.: Академия.

Лейдерман Н. Л. и Липовецкий М. Н. 2003. *Современная русская литература
1950~1990-е годы, т. 2.* М.: Академия.

Мелешко, Т. "Современная отечественная женская проза проблемы поэтики
в гендерном аспеке." www.a-z-ru/women_ca1/html/br_gl_2htm(검색일:
2009년 3월 15일).

Мелетинский, Е. М. и др. 1991. *Мифологический словарь.* М.: Советская
энциклопедия.

Нефагина, Г. Л. 2003. *Русская проза конца XX века.* М.: Флинта-наука.

Парамонов, Б. 2000. "Русская история наконец оправдала себя в литературе."
Время МN, 14 октября 2000. http://www.guelman.ru/slava/kis/paramonov.htm

(검색일: 2009년 2월 20일)

Руднев, В. "Неомифологическое сознание." http://www.ucheba.ru/referats/ 30148.html(검색일: 2009년 3월 20일).

Славникова, О. 2001. "Пушкин с маленькой буквы." *Новый мир. № 3.*

Толстая, Т. 2003. *Кысь.* М.: Подкова.

Трифонова, Л. Л. и Нифонтова, Е. В. 2004. "Миф как форма культурного кода в романе Т. Толстой <Кысь>." *Вестник АмГУ. вып. 26.*

Шулежкова, С. Г. 2002. "Жизни мышья беготня(Пушкин и пушкин в романе Т. Толстой <Кысь>." *Пушкин: Альманах. вып. 3.* Магнитогорск.

Ярошенко, Л. В. 2002. "Неомифологизм в литературе XX века. Гродно." http:// www.ocnt.isu.ru/bylychki.htm(검색일: 2009년 4월 9일).

Shneidman, N. N. 2004. *Russian literature 1995~2002: On the Threshold of the New Millennium.* Toronto: Univ. of Toronto Press.

■■■■ V. 우리 시대의 고전, 복제와 재생의 미학
        – 소로킨의 창작을 중심으로*

윤영순

* 본 논문은 『러시아어문학 연구논집』, 제31집(2009)에 게재된 것으로 한국러시아문학회의 동의를 얻어 다시 수록한다.

V.
우리 시대의 고전, 복제와 재생의 미학
— 소로킨의 창작을 중심으로

1. 포스트소비에트, 러시아문학의 징후들

도스토옙스키가 사형선고를 받았던 19세기 러시아에서도, 솔제니친이 수용소 생활을 했던 20세기 소비에트에서도 많은 작가들은 국가와 권력에 직접적으로 저항하는 길을 택했다. 그렇기에 러시아에서 작가의 운명은 언제나 정치적, 사회적 상황과 밀접하게 연관될 수밖에 없었다. 많은 러시아, 소비에트 작가들이 자살하거나 처형되면서 자연스런 죽음을 맞지 못했으며, 유형에 처해지거나 원치 않는 디아스포라로 평생 떠돌 수밖에 없었던 사실은 러시아 근현대사의 급박한 움직임에 예술가들이 결코 무관심하지 않았다는 것을 증명해 준다.

소비에트 붕괴 이후 문학은 드디어 이념과 정치로부터 자유로워지는 듯 보였다. 소비에트와 포스트소비에트를 나누는 역사적 경계가 1991년 러시아 공화국의 수립이라면, 문학에서의 경계는 아마도 더 이전으로 설정해도 좋을 것이다. 1987년 오랫동안 출판 금지되었던 불가코프의『개의 심장』과 플라토노프의『코틀로반』,『체벤구르』가 창작 60년이 지나서야 출간되고, 아흐마토바의「레퀴엠」이 출판된 것을 기점으로, 파스테르나크의『닥터지바고』, 자먀틴의『우리들』, 나보코프의『롤리타』등이 연달아 출판되었다. 이 시기, 즉 새로운 문학적 분위기가 형성되던 1987년과 1988년을 소비에트 문학이 새로운 단계로 옮겨 가는 출발점으로 볼 수 있다. 그리고 1990년, 차르시대 이래로 지속되어 오던 문학 검열제도가 마침내 공식적으로 폐지되었다.[1]

이 사건은 러시아문학이 오랫동안 지녀 왔던 국가와 국민의 운명에 대한 무거운 부채의식과 이념에 대한 명백한 찬반표시라는 십자가를 마침내 벗겨 주는 사건처럼 보였다. 그리고 그와 더불어 '위대한 러시아 문학', 암울했던 전제정치와 소비에트 시대에도 빛을 발하던 러시아 문학은 이제 새로운 날개를 달고 더 자유롭게 비상하게 될지도 모른다는 달콤한 기대, 또는 반대로 완전히 무너질지 모른다는 우울한 전망들이 여기저기서 제기되었다.[2] 그런데 반

---

[1] 1990년 사전 검열제도의 폐지 이후, 솔제니친의 브로슈어「우리는 러시아를 어떻게 설비해야만 하는가?: 상응하는 표상들」과『암병동』을 비롯한 소설들이 출판되기 시작하고 나보코프 선집 역시 발간된다. 이와 더불어 1991년 모스크바 개념주의의 마니페스토가 발표되었으며, 이어진 1992년 작가 동맹의 해체는 과거와 현재의 위치가 전복되는 당시 러시아 문학의 급박한 흐름을 보여 주고 있다. 한편, 이 시기 '신문학 통보(Новый литературный вестник)', '솔로(Соло)', '라비린트(Лабиринт)', '신문학 고찰(Новое литературное обозрение)', '황금의 세기(Золотой век)' 등 새로운 문학잡지들이 창간되고, 작가들이 다양한 장르적 실험을 시도되는 현상 등은 시월혁명 이후 1920년대 소비에트의 문학적 지형과도 닮아 있다.

[2] 이보다 먼저 1989년 고리키 세계문학 연구소(ИМЛИ) 주최의 국제학회에서 발표된 논문들은 문단과 문학 시장의 이와 같은 분위기를 잘 예견해 주고 있다. *История советской литературы: новый взгляд*, часть 1, 2,(Москва: Наука, 1989). 고리키와 마야코프스키, 부닌 등, 소비에트 작가들에 대한 재평가 및 재해석과 더불어 '공백(белые пятна)'으로 소비에트시기 문학을 비판하면서도, 새로운 현실과 대안에 대한 기대감 또한 숨기지 않고 있다. 예를 들어, 벨라야(Г. Белая) 골룹코프(М. Голубков)와 코쥐노프(В. Кожинов)의 논문을 보라.

소비에트 문학과 망명문학에 대한 포스트소비에트 초반의 관심이 누그러들자 순수문학에 대한 애호는 점차로 사라져 갔다. 외환위기와 불안한 치안, 극심한 빈부격차를 잊게 해 주는 가벼운 읽을거리들, 추리소설과 로맨스소설이 서점에서 중요한 자리를 차지하기 시작했다. 이제 러시아 작가들은 독자의 기호, 자본주의 문학 시장의 논리라는 새로운 검열체계에 직면하게 되었다. 20세기 말, 21세기 초 러시아 문학은 '자본주의'라는 새로운 이념과, 푸틴정권이라는 차르권력의 현대적 변이형과 맞닥뜨리게 된 것이다.

이미 1920년대에 벤야민은 '유럽식의 권력과 돈의 상응관계가 러시아에 침투한다면, 이 나라나 당은 아닐지 몰라도 러시아 코뮤니즘은 패배하게 될 것'[3]이라고 예견한 바 있다. 아마도 이 말에 조금의 수정을 가한다면, 그것으로 오늘의 러시아와 러시아 문학의 상황을 잘 설명해 줄 수 있을 것이다. 코뮤니즘의 패배 이후, 유럽식의 권력과 돈의 상응관계가 도입되고 침투됨으로써 러시아 정신은 패배할 가능성에 직면하고 있다고 말이다. 그렇기에 '누가 러시아에서 살기 좋은가'라는 의문은 또다시 제기되고, '누구의 죄인지', '무엇을 할 것인지'와 같은 고전적 질문들이 여전히 유효한 시대, 저항할 '그 무엇'이 여전히 존재하는, 벨린스키가 말한 "끔찍한 시대"와 21세기에도 작가들은 마주할 수밖에 없는 것이다.

---

[3] 벤야민, 『발터벤야민의 모스크바 일기』, 김남시 옮김(서울: 그린비, 2005), 301~302쪽.

2. 블라디미르 소로킨, 21세기적 저항의 방식과 미의식

    21세기 러시아 문학은 이러한 질문들에 어떻게 대답할 것인가, 새롭게 강제되는 정치적 이념, 급변하는 경제상황에 따라 달라지는 삶의 양식들에 문학은 어떤 방식으로 대응할 수 있을 것인가, 변화하는 시장과 환경에 러시아 문학은 어떻게 대처해야 하는가라는 문제는 세기 초 문학가들 및 문예학자들의 중요한 화두가 되었다.[4] 시장의 변화와 독자의 취향에 대해서 나름의 대응 방식을 찾아낸 여러 작가들[5] 중에서 국가 권력과의 관계에 있어서 가장 독특한 저항, 또는 공존의 방식을 찾은 작가는 아마도 소로킨(В. Сорокин 1955~)이라 할 수 있을 것이다. 의도적이든 아니든 텍스트의 외설성과 폭력성, 비속어의 '무분별한' 사용 등으로 자주 스캔들의 중심에 있는 소로킨은 21세기 문학과 권력, 그리고 더 나아가 문학과 시장의 새로운 관계를 보여 준다.

    모스크바 개념주의의 대표자로서 소비에트 시대에도, 그리고 1990년대 초 중반에도 활발히 활동하던 소로킨이 명성대신 '악명'을 날리게 된 것은 아마도 장편 『푸른 비계(Голубое сало)』(1999)와 이어진 단편집 『향연(Пир)』(2000)의 출판 이후일 것이다.[6] 2005

---

[4] 새로운 문학적 환경, 예를 들어, 서구적 베스트셀러 개념의 도입, 부커상, 안티부커상 등, 다양한 문학상의 등장은 문학 시장을 외적으로 활성화시키는 듯 보이기는 했지만, 큰 범주에서 러시아문학의 장을 더 고양시키지는 못하였으며, 결과적으로는 이전보다 못한 수준의 작품들이 창작되었고, 이에 대한 우려의 목소리가 높았다. 예를 들어, 라트이니나의 다음의 논문을 보라. А. Латынина, "Сумерки литературы," *Литературная газета*, 21 ноября(2001).

[5] 포스트소비에트의 문학장에서 예술성과 시장성 양 측면 모두에서 나름의 성공을 거두면서 독자적인 시학을 구축한 작가들로는 아쿠닌, 펠레빈, 울리츠카야, 톨스타야, 비토프 등을 꼽을 수 있겠다.

[6] 2002년 푸틴의 '근위대'라고 부를 수 있는 청년 단체 '함께 가는 사람들(Идущие вместе)'은 소로킨의 소설 『푸른 비계』를 '포르노그래피의 확산' 및 국가 모독 혐의로 고소하고, 모스크바 중심부에 설치한

년 볼쇼이 극장에서 초연된 오페라『로젠탈의 아이들(Дети Розенталя)』
(2005)의 리브레토와 근작『황실 근위대의 하루(Один день опричника)』
(2006)에 이르기까지 소로킨의 작품에서는 권력 및 권위, 그리고
이념이 지니는 강제와 폭력성의 문제가 섹스, 식욕, 배설 등 인간의
기본적 욕망을 통해서 직설적으로 이야기된다.

　연구자들이 지적한 바와 같이 소로킨의 시학은 소비에트 전체주
의 이념에 대한 부정과 혐오로 정의될 수 있다. 그런데 소로킨은
소비에트의 이념적 전일성은 부정하면서도, 완벽하게 새로운 전일
적 세계의 창조라는 측면에서는 소비에트의 미학적 원칙, 특히 스
탈린주의의 예술원칙과 일정한 유사성을 지니고 있다.[7] 물론, 소비
에트 미학에서 예술의 목적이 사회주의 리얼리즘의 이념을 완벽히
체현하는 것이었다면 소로킨의 경우, 특히 21세기에 와서 집필된
작품들에서는 그와 반대로 어떠한 관념이나 이념, 또는 터부로부터
도 자유로운, 더 나아가 시니피에로부터 완벽히 독립된 언어 기호
공간으로서의 창작물을 만들고자 하는 것이다.

　예술가의 창작에 대한 완벽한 자유, 예술과 윤리의 완전한 분리
를 이야기하는 소로킨의 시학은 이러한 맥락에서 모더니즘이나 아
방가르드적 예술관, 예술을 위한 예술의 기치와도 유사한 듯 보인

변기 모양 조형물로 소설을 던지고 불태우는 퍼포먼스를 벌였다. 이후에도 이들은 2005년 3월 오페라
『로젠탈의 아이들(Дети Розенталя)』의 볼쇼이 극장 공연 반대 시위를 주도하는 등, 반소로킨 캠페인을
계속했다. 이 오페라에는 의회의 의원들까지 연루되었는데, 소로킨과 독자 및 권력의 불편한 관계는 오히
려 '노이즈마케팅'으로 독자들의 관심을 불러일으키는 촉매제 역할을 했다.

[7] 전체주의 미학에 대한 그로이스의 유명한 언급을 상기해 보자. "예술가(당의 지도부)에게는 전 세계가 질
료가 되었으며, 이때 그의 목적은 질료의 저항을 극복하여 어떠한 형식도 수용할 수 있도록, 유순하고도
부드럽게 만들어 주는 것"이었다. Б. Гройс, "Gesamtkunstwerk Stalin"(1988, München), *Искусство
утопии*, (Москва: Художественный журнал, 2003) 9~149, C.21. 개념주의자로서의 소로킨의 시
학에 대해서는 김희숙, 「전체주의 미학의 유산과 모스크바 개념주의」, 『지역연구』, 2권 1호, 1993. 참
조. 전체주의 미학에 대한 소로킨의 태도에 대해서는 김은경, 「사로긴의 창작세계」, 『노어노문학』 18권
제2호, 2006. 참조.

다. 그러나 폭력과 섹스, 비정상적인 인간의 행위들이 다양한 실험적 언어와 형식으로 나타나고 있는 그의 창작은 '미'와 '예술'의 본질에 대한 이해에서 전자와는 확연히 구별된다. 소로킨의 미학은 예술이나 미의 영역을 현실로부터 분리해 내어 순수성을 추구하거나, 또는 예술로 현실을 치환하려는 20세기적 미학, 모더니즘이나 아방가르드적 시도와 달리 미적인 것에 대한 우리의 관념과 관계를 파괴하고 재배치하는 과정으로 볼 수 있다. 그렇기에 소비에트 전체주의가 내재하고 있는 이념에 대한 부정과 더불어, 이른바 '고전'이나 '예술', 또는 '아름다움'이라고 정의되는 것들에 대한 근본적인 의문제기도 역시 소로킨 시학의 특수성이라고 할 수 있다. 그리하여 소로킨은 소비에트 이념이나 고전의 내용은 폐기하고, 그들이 지니는 미적 형식을 자기 창작의 내용으로 삼고 있는바, 결과적으로 소비에트 이념과 고전적 미의 시니피앙이 소로킨에게 와서는 시니피에가 되고 있는 것이다. 이와 같은 새로운 자리배치를 위해서는 우선 미적, 이념적 표상을 해체하고 파괴하는 과정이 전제되며, 그를 뒤따르는 것이 바로 원본/고전에 대한 복제와 재생의 과정으로, 이것이 바로 소로킨의 미학적 원칙을 현실화하는 중요한 방법 중 하나이다.[8]

---

[8] 여기서 복제는 '인간복제(клонирование)'와 '복사(копирование)' 두 가지 모두를 의미한다. 작품에 인간복제의 테마가 직접적으로 등장하는 동시에, 복제된 '가짜'들이 '원작자'의 작품들을 재창조하는 과정, 이것을 복제(клонирование＋копирование)와 재생(репродукция)이라는 용어로 표현했다. 소로킨의 작품에서 복제와 재생은 문학에서 일상적으로 사용하는 양식화나 패러디와는 어느 정도 구별된다. 대상이 되는 원본(оригинал)에 대한 일차적 가공으로서의 양식화나 패러디가 아니라, 복제된 대상이 다시 복제의 과정을 반복하는 다중된 양상으로, 이를 잠정적으로 메타양식화(метастилизация), 또는 '다중양식화(полистилизация/polystylism)'라고 부를 수 있을 것이다. '다중양식화(Polystylism)'라는 용어는 V. Prokhorov, "Genetically modified Mozart," *Guardian*, 2005. 3. 16.에서 인용.

3. 우상의 해체와 복제, 텍스트의 재생산

1) 『푸른 비계』의 경우

소로킨의 장편 『푸른 비계』는 이념과 고전의 해체와 복제, 그와 더불어 우리가 사용하는 일상 언어, 그리고 인간 존재 자체에 대한 표상의 해체 및 복제의 원칙에 기반하고 있다. 파괴와 해체의 우선적 대상은 러시아와 소비에트의 권력자들과 소위 <고전> 작가들, 그리고 20세기 다양한 분야의 거장들이다. 소설 텍스트는 서간문, 일기, 노벨라 등 다양한 산문 형식들의 결합체이며, 소설의 언어는 러시아어/영어/불어/독일어/중국어/일본어/인터넷신조어 등이 조합된 새로운 시대(2028년)의 언어이다. '추측하다(DOGадался)', '애정수용소(Loveлаг)', '웃다(SMEялся)'와 같은 영어와 러시아어의 결합형, '워 아이 니(во ай ни)', '니마다(нимада)'와 같은 중국어 및 일본어, 직접적으로 성과 관련된 비속어 이외에도 다양한 이모티콘, 인터넷 상에서 남성 성기를 상징하는 그림문자 olo와 같은 것들이 텍스트에 자유자재로 사용된다. 소로킨은 소비에트 권력자들뿐만 아니라, '위대한 러시아문학' 작가들, 예술가들을 이 언어를 사용하는 자신의 '클론(клон)'으로 새롭게 창조한다.

『푸른 비계』에는 톨스토이, 체호프, 나보코프, 파스테르나크, 아흐마토바, 도스토옙스키 같은 작가의 클론, 정확히 말하자면, 톨스토이-4, 체호프-3, 도스토옙스키-2, 나보코프-7과 같은 복제 인간이 등장한다. 3년 8개월 동안 키워낸 톨스토이는 60세는 먹은 것 같은 외모에 "키 112cm, 몸무게 62kg의 남자로, 머리와 손은 비율에 맞지 않게 커서 몸무게의 반을 차지하고, 팔의 뼈는 오랑우탄처럼 묵직하며(Это мужчина ростом 112см при весе 62кг. Его голова и кисти рук непропорционально большие и составляет половину веса тела. Кисти рук массивные, как у орангутана.......)"[9] 도스토옙스키-2는 "흉강과 얼굴에 병증이 있는 중간키의 부정확한 성별의 개체(особь неопределенного пола, среднего роста, с патологией грудней клетки и лица)"이고,[10] 체호프-3은 오리지널에 76%밖에 상응하지 않지만, 아주 닮았으며, "유일한 결함은 위장이 없다는 것(Один дефект-отсутствие желудка)"[11]일 따름이다.

이렇게 소로킨의 손에서 복제된 거장의 클론들은 문학텍스트를 쓰고 나면, 자신의 몸에서 어떤 물질, 즉 푸른 비계덩이를 분리해 내어 이를 몸에 '축적하는 소생 단계(накопительный анабиоз)'로 진입한다. 예를 들어, 도스토옙스키-2는 작품을 쓰고 나자 6킬로그램의 비계 덩이를 축적하게 되고, "플라토노프-3로부터는 2킬로그램의 비계 정도는 얻을 것으로 기대"된다. 도스토옙스키의 소생단계는 3~4달이 걸리고, 그의 푸른 비계는 등 아래쪽과 허벅지 안쪽에 축적된다. 이 비계야말로 창조성, 예술적 영감이 가장 순수한 형태로 응축된 것으로, 소설에서는 이를 얻기 위한 투쟁이 벌어진다. 스탈린이나 흐루시초프, 히틀러 같은 권력자들뿐만 아니라 비밀 종교단체, 미래와 현재에서 온 다양한 인물들이 이를 얻기 위해 음모

---

[9] В. Сорокин, *Голубое Сало*(Москва: Астрель, 2007), С.17.

[10] 같은 책, 19쪽.

[11] 같은 책, 19쪽.

를 벌인다. 이렇게 소로킨에게서 창조의 영감은 비계덩이로 전락하고, 더 나아가 계량화, 단위화할 수 있는 물질이 되었다. 고전이나 이념, 영감이나 창조의 원천과 같은 것들이 '비계덩이'에 불과하다는 것은 전형적인 소로킨적 메타포라 할 수 있다. 창조의 영감과 비계덩이를 등가로 두고, 추상과 구체가 경계를 이월하는 이와 같은 사유 방식은 작가 특유의 은유적 표상, 즉 'A는 B이다'로 사물을 치환하여 인식하는 방법과 연관이 있다.[12]

『푸른 비계』에서 복제된 거장의 클론들은 완결되지 않은, 일종의 신체적 결함을 지닌 존재로 묘사된다. 희화화되고 부족한 존재로 복제된 거장들은 자신의 과거 대작들과 유사한(때로는 상관이 없어 보이는) 작품을 창작하는데, 그들이 재창조한 텍스트는 소설 내부에 삽입된 텍스트의 형태로 존재한다. 사실 1980년대에 이미 소로킨은 기존 작가의 문체나 형식을 모방 또는 재생하여 새로운 텍스트를 창조하려고 시도했다. 1980년대의 대표작 중 하나인 『장편소설(Роман)』[13](1985~1989)에서 소로킨은 톨스토이나 투르게네프 방식의 19세기적 장편 소설, 특히 '영지소설(усадебный роман)'의 클리셰를 직접 모방하려는 시도를 보여 주었다.[14] 그런데 원본에 대한 작가의 직접적 모방이나 패러디와 달리 『푸른 비계』에서는 거

---

[12] 이는 추상적인 것을 구체적인 것과 동일시하거나 아니면 그와 반대로 인식하는 '추상과 구체의 경계이월적' 사유의 방법인데, 플라토노프의 작품에서 자주 나타나듯 혁명 이후 공산주의자들의 세계 인식방법과도 유사하다. 예를 들어, 플라노토프의 「의혹을 품은 마카르」에서 주인공이 '사회주의 전선'이라는 말을 실제로 존재하는 전선으로 인식하고 찾아나서는 것과 유사한 사유방식이다.

[13] 소설의 제목은 '장편소설'로도, 주인공의 이름인 로만으로도 해석이 가능하다. 본고에서는 소설 장르 자체의 패러디/패스티쉬라는 점을 강조하기 위해 이를 '장편소설'이라고 옮겼다.

[14] 이 경우는 소설 전체가 일종의 패러디나 패스티쉬로 기능하고 있다. 『푸른 비계』와 달리 희극적 요소가 덜하다는 측면에서 '무표정한 패러디(blank parody)' 또는 '공허한 패러디(empty parody)'(프레데릭 제임슨)로서의 패스티쉬에 더 가깝다고 할 수 있다.

장의 클론들이 과거 거장들이 썼던 원작텍스트를 재생하면서 새로운 텍스트를 생산해 내며, 이는 '소설 속의 소설(роман в романе)' 형태로 존재한다. 도스토옙스키-2의 『레쉐톱스키 백작(Граф Решетовский)』과 플라토노프-3의 『지령서(Предписание)』, 아흐마토바-2의 「3일 밤(Три ночи)」, 체홉-3의 「아티스의 장례(Погребение Аттиса)」, 톨스토이-4의 『XII, XIII, XIV』, 파스테르나크-1의 「Пиз**」와 같이 클론이 '창조'해 낸 텍스트들은 독립된 노벨라로써 소설의 내부 텍스트로 삽입된다. 이와 같은 기법은 고전에 대한 작가의 직접적 양식화의 차원이 아니라 작가/원작자/클론의 공동 창작물이 되는 메타양식화의 형태를 지니는데, 이를 통해 보다 복잡화된 방식으로 러시아와 소비에트 고전에 대한 소로킨의 평가와 입장이 드러난다.

작품에 포함된 대부분의 노벨라는 원저자의 문체와 주제를 여러 면에서 반영하고 있는데, 예를 들어, 플라토노프-3가 쓴 작품『지령서』는 플라토노프의 전 생애와 작품, 문체를 총체적으로 '양식화'하고 있다. 소설의 주인공 기관사 부브노프는 '롬테보스(ломтевоз)'의 기관실에서 일하고 있다. 이 '롬테보스'는 플라토노프의 작품에 반복적으로 나타나는 '기관차(паровоз)'의 형상과 유사한데, 다만 연료 대신 '혁명의 적들의 육체(тело враги революции)'를 잘라서 태우는 것이 다를 따름이다. '롬테보스 없이는 살 수 없는(жить без ломтевозов не может)' 부브노프는 14살 때부터 롬테보스의 기관 실에서 일해 오고 있다. 플라토노프의 작품에서 기계에 홀린 기관 사의 형상, 기계 없이 살 수 없는 인간은 장편『체벤구르』(Чевенгур)를 포함, 후기의 단편들 「아름답고도 광포한 세상에서(В прекрасном и яросном мире)」, 「프로(Фро)」 등에서 자주 볼 수 있는데, 다소 희화화된 부브노프의 형상은 『체벤구르』의 '스승 기관사(машинст-наставник)'나 「아름답고도 광포한 세상에서」 기관사 말체프와 유사하다. 소설의 첫 부분은 『코틀로반(Котлован)』의 보쉐프가 해고 명령서를 받는 장면과 『체벤구르』의 드바노프가 당의 지령을 받고 체벤구르로 떠나는 장면 두 가지를 결합시키고 있다. 부브노프는 롬테보스 316호를 열차 '로자 룩셈부르크'호와 연결시키기 위해 가지고 오라는 지령서를 받게 된 것이다. 소설의 첫 부분은 다음과 같이 시작된다.

> Степан Бубнов шуровал топку помалу и не услышал, как в кабину ломтевоза влез человек.
> – Ты Бубнов? – закричал посторонний человек высоким непролетарским голосом. Степан обернулся, чтобы предъявить свое классовое превосходство, и увидел коренастого парня с лицом, перемолотым напряженным непостоянством текущей жизни. (……)
> – Я кромсальщик из депо! Зажогин Федор, закричал парень, стараясь своим буржуазным голосом перекрыть классовый рев топки.(Голубое сало, 53)

스테판 부브노프는 화로에 연료를 넣느라 '롬테보스'로 사람이 들어오는 소리를 듣지 못했다.
– 자네가 부브노프인가? – 낯선 사람은 고음의 비프롤레타리아트적 목소리로 소리를 질렀다. 스테판은 자신의 계급적 우월성을 보여 주고자 뒤돌아섰는데, 그러자 흘러가는 삶의 긴장된 비연속성으로 인해 가루가 된 얼굴을 지닌 땅딸막한 젊은이가 보였다.
– 나는 기관차고에서 온 고기 자르는 사람 자조긴 표드르요! – 젊은이는 난로의 계급적 노호를 자신의 부르주아적인 목소리로 숨기려하면서 소리를 질렀다.

이 작품이 플라토노프의 직접적 패러디임을 그의 작품을 한 번이라도 읽은 적이 있는 독자라면 누구나 바로 알 수 있을 정도로 소설은 양식화가 되어 있다. 예를 들어 '흘러가는 삶의 긴장된 비연속성'이라는 문장은 『체벤구르』에서 코폰킨이 '용어(термин)'라는 단어를 설명하면서 사용하는 '흘러가는 순간(текущий момент)'이라는 표현에서 따온 것이며, '계급적 우월성', '삶의 긴장된 비연속성'이라는 표현의 직접적 인용과 함께, 소유격을 주로 사용하는 단어 연결방식 역시 플라토노프의 전면적인 모방이다. 노벨라에는 이처럼 유사-플라토노프의 언어가 넘쳐나며, 플라토노프의 작품과 전기적 사실에서 인용된 표현들이 텍스트를 구성하고 있다. 『체벤구르』에서 스승기관사는 자하르 파블로비치가 사온 소시지를 씹으면서, "소시지는 위장을 틀어막기만 하는군!(Колбаса твоя задним ходом прет!)"이라고 불평한다. 소로킨의 소설에서 자조긴은 죽음을 앞두고 피가 목에까지 가득 차자 "피가 목을 틀어막기만 하는군!(Жидкость поперек горла прет!)"이라고 플라토노프의 표현을 반복한다. '여기에는 우연히 죽임을 당한 사람들이 누워 있다(Здесь лежат случайно убитые люди)'[15]는 표현은 『코틀로반』의 직접적인 인용문이다. 소로킨은 이와 같은 과정을 통해 포스트소비에트 시대 초반 '과대평가'되었던 플라토노프의 창작을 한편의 코미디로 재구성하고 있다. 물론 다른 19세기 거장들의 작품과 마찬가지로 이 역시 단순한 평가절하를 위해서라기보다 가치평가를 유보하기 위한 일종의 정보 제공, 또는 예시의 과정으로 볼 수도 있다.

『푸른 비계』에서 소로킨은 톨스토이에 대해 특히 흥미로운 입장을 드러낸다. 복제된 작가의 개성이 드러나는 제목을 가진 다른 텍

[15) В. Сорокин, *Голубое Сало*, С.57.

스트들과 달리 톨스토이-4가 쓴 텍스트는 제목이 없이 흡사 소설의 중간 즈음에서 시작되듯 XII장에서 XIV장까지의 세 장으로 구성되고 있는데, 각 장은 "소냐 소냐 소냐 옷장에서 망치를 치워(Соня Соня Соня убери молоток из из из шкапа)(XII) / 소냐, 옷장에서 망치를 치워(Соня, убери молоток из шкапа)(XIII) / 망치는 소냐로부터 옷장을 치워(Молоток из Соня шкап убери)(XIV)"라는 주문과도 같은 비슷한 문장들로 마무리된다. 특히 톨스토이-4의 소설이 지닌 허무맹랑한 내용과 더불어 '제목의 부재'는 톨스토이, 또는 톨스토이 수용에 대한 작가 입장의 특수성을 보여 주고 있다. 톨스토이의 소설이라면 연상되는 장문의 텍스트와 반복되는 만연체의 표현에 대한 작가의 말장난이 텍스트 제목에서부터 나타나고 있는 것이다.[16]

한편 소로킨은 나보코프-7의 텍스트 첫머리에 톨스토이 텍스트를 인용함으로써 두 작가 모두에 대한 이중적 유희를 시도한다. 왜냐하면 나보코프가 톨스토이를 패러디했던 『에이다 혹은 열정(Ada or Ardor)』(1969)에 대한 다중적 패러디로 나보코프-7의 텍스트를 읽을 수 있기 때문이다. 이 소설의 첫머리에서 나보코프는 "한 위대한 러시아 작가는 어느 유명한 소설에서 '모든 행복한 가정은 대체로 닮지 않았지만, 모든 불행한 가정은 어느 정도 유사하다.'라고 말했다."고 쓰면서 톨스토이의 소설을 정반대로 인용했다.[17] 괄호

---

16) 소로킨의 작품 제목이 지니는 시학에 대해서는 다음의 논문 참조. И. В. Саморукова, "Заглавие как индекс дискурсивной стратегии произведения," http://mypubftp.narod.ru/su13/zaglavie

17) 'All happy families more or less dissimilar; all unhappy ones are more of less alike' says a great Russian writer in the beginning of a famous novel(*Anna Arkadievitch Karenina)*' V. Nabokov, *Ada or Ardor: A Family Chronicle*(London: Penguin Books, 2000) p.9.

안의 출처에는 소설 제목조차도 '안나 아르카지예비치 카레니나'라고 비틀어 쓰고 있다. 더 나아가 소로킨이 창조한 나보코프-7의 경우는 한 번의 왜곡을 더 가해서 톨스토이와도 나보코프의 인용문과도 전혀 다른 의미의 문장을 만들어 내고 있다. 나보코프-7이 쓴 『코르도소의 방식으로(Путем Кордосо)』는 "모든 행복한 가정은 똑같이 불행하지만, 각각의 불행한 가정은 제 나름대로 행복하다(Все счастливые семьи несчастны одинаково, каждая несчастливая семья счастлива по-своему)."(74)라는 문장으로 시작된다. 『안나 카레니나』의 첫 문장(모든 행복한 가정은 서로 닮아 있지만, 각각의 불행한 가정은 제 나름대로 불행하다(Все счастливые семьи похожи друг на друга, каждая несчастливая семья несчастлива по-своему)와 거의 흡사해 보이는 이 문장은 코르도소 씨네 남편과 아내의 기이한 정사 장면으로 이루어진 나보코프-7의 소설에서 자의적으로 변형된다. 흥미로운 것은 톨스토이 원문 표현이 정당하다면, 더불어 이 패러디 역시 나름의 정당성을 지닌다는 점이다. 이 텍스트는 이제 톨스토이에게도, 나보코프에게도, 소로킨에게도 속하지 않고, 나보코프-7에게 속하는 것이므로, 그 누구도 책임질 필요가 없이 유희 또는 숙고의 대상이 될 수 있는 것이다.

톨스토이나 나보코프의 재현 텍스트들이 보여 주듯이 소로킨이 재생의 대상으로 삼고 있는 것은 원작으로서의 작가/고전뿐만 아니라, 원작에 대한 독자들의 어느 정도는 왜곡되어 고정된 인식이기도 하다. 예를 들어, 톨스토이 창작의 '방대함' 또는 나보코프 창작의 '에로티시즘'은 작품의 본질과 상관없이 독자들에게 이미 각인되어 있는 것이다. 그렇기에 톨스토이-4의 어수선한 텍스트, 나보코프-7이 창조한 노벨라의 의미 없는 에로티시즘은 작가-원본에 대한 입장과 더불어 독자의 인식에 대한 소로킨의 태도 역시 반영한다고 볼 수 있다.

한편 문학작품이 아니라 소비에트 권력에 대한 작가의 태도는 보다 시니컬한데, 이는 '푸른'이라는 단어와 연관된 동성애코드를 통해 구체적으로 표현된다.[18] 소설에서 가장 문제가 된 장면은 소로킨이 소비에트 권력자들을 사드 마조히즘적 동성애자로 설정하면서 적나라하게 '벗겨 낸' 것이다. 말 그대로의 의미로. 위에서 언급한 것처럼 소로킨의 소설에서 은유는 상징으로서의 은유가 아니라 직접적인 변용으로서의 메타모르포세스이기 때문이다. 스탈린은 교태를 떨며 흐루시초프에게 사랑을 구걸하고, 그들은 정사를 나누는데, 이 장면은 포르노그래피를 방불케 할 정도로 파격적이고 구체적으로 묘사된다. 스탈린은 혀 짧은 목소리로 흐루시초프의 바지 안에 살고 있는 '살찐 벌레'를 엉덩이에 넣어 달라고 조른다. 질펀한 정사를 마친 이들은 책상 위에 놓인 소설 『이반 데니소비치의 하루』를 보고 느닷없이 문학에 대한 이야기를 나누게 된다.

> — Ты много читаешь? — взгляд Сталина упал на книги.
> — А что еще делать затворнику?
> — Я забыл, что такое книга.
> — Вождю простительно.
> — Есть интересные писатели?
> — Есть. Но нет интересных книг.[19]
> — 자기는 책 많이 읽어? — Сталина 시선이 책에 꽂혔다.

---

[18] 널리 알려져 있다시피, 러시아에서 '푸른(голубой)'이라는 단어는 동성애자, 특히 남색이나 남성 동성애자를 의미한다.

[19] В. Сорокин, *Голубое Сало*, С.238.

– 그럼 은둔자가 뭘 또 하겠어?
– 난 책이 뭔지도 잊어버렸는걸.
– 수령님은 그래도 용서받을 수가 있지.
– 요즘 재미있는 작가들은 있어?
– 있어, 그렇지만 재미있는 책은 없어.

　지도자 동지(스탈린)는 책을 읽지 않아도 상관없다는 말은 '문학 비평과 창작활동'을 했던 '작가' 스탈린을 직접적으로 공격하는 것인 동시에 스탈린 시대 문화정책의 무지함을 상징하는 말이기도 하다. 두 사람의 대화는 이후 현대 러시아의 문학적 상황을 연상시키는 방향으로 진행된다. 흐루시초프가 러시아 문학에 "무슨 일인가가 발생하고 있다."고 말하자, 스탈린은 문학이 "썩어 들어가고 있는지" 되묻는다. 흐루시초프는 "책도 인간과 마찬가지로 자라기를 멈출 때, 부패하기 시작한다(Как только человек перестает расти, он начинает гнить)."고 대답한다.[20] 재미있는 작가는 있지만 재미있는 책은 없으므로, 러시아 문학은 성장을 멈추었으므로 부패할 수밖에 없다는 흐루시초프의 말은 현대 러시아 문단에 대한 소로킨의 직설적 공격으로 볼 수 있다.[21] 게다가 두 소비에트 영웅의 '비정상적' 성적 취향과 동성애 관계의 적나라한 묘사는 당시 대통령 푸틴에게서 러시아제국/소비에트의 강건한 지도자, 즉 표트르 1세나 스탈린의 모습을 보고자했던 '정상적인' 러시아인들에게 신성모독과도 같은 것이었다. 소비에트의 영웅들을 동성애 관계로 묘사하면서, 그들을 '벗겨 내고', 그들의 성애장면을 노골적으로 묘사함

---

[20] 같은 책, 238쪽.

[21] '함께 가는 사람들(Идущие вместе)'이 작가와 법정소송까지 불사하면서 이 소설에 격한 반응을 보인 것은 어쩌면 당연하다. 푸틴에게서 러시아제국의 강력한 지도자, 표트르 1세나 스탈린의 모습을 보고자 하는 극우파 청년들에게 스탈린과 흐루시초프의 동성애 장면은 신성모독과도 유사했다.

으로써 소로킨은 소비에트 이데올로기라는 우상의 해체에 일차적으로 성공했다고 말할 수 있다.

그렇지만 소로킨이 반 소비에트 문학의 대표자이자 사회주의 리얼리즘의 대립지점에 서 있는 솔제니친에게 더 우호적인 것도 아니었다. 두 사람의 대화에 이어지는 솔제니친의 『이반 데니소비치의 하루』에 대한 패러디는 그야말로 저속한 개그 수준이다. 이반 데니소비치는 성도착증, 특히 페도필 환자로, 어린 여학생들을 성추행한 죄로 러브라게리(애정 수용소, LOVEЛАГ)에서 10년형을 선고받고 복역하고 있는 오데사출산의 유태인으로 그려진다. "소설에는 수용소에서 보내는 그의 하루가 그려져 있어. 그가 어떻게 성폭행하는지, 그리고 어떻게 그를 성폭행하는지가(Ну, и в повести описан один день его лагерной жизни. Как он сношает и как его.)."[22]라고 흐루시초프는 스탈린에게 『이반 데니소비치의 하루』를 요약해 준다.

원작의 주인공 슈호프는 독일군에게 포위되어 이틀 동안 포로가 되었다가 구사일생으로 살아 돌아왔다. 다섯 명 중 무사히 귀환해 온 사람은 슈호프를 포함 둘뿐이었지만, 그들은 결국 독일군의 첩자로 오인받아 수용소 생활을 하게 된다. '차라리 숲속에서 길을 잃고 헤매었다고 하는 것이 더 나았을지도 모르지만' 너무나 고지식했던 죄로 슈호프는 수용소에서의 기나긴 하루를 3,653일 동안 반복하는 것을 당연시 여기며 살 수밖에 없었다. 어쩌면 소로킨은 차라리 소아 기호증이나 성도착증으로 수용소 생활을 하는 것이 솔제니친의 이반 데니소비치가 수용소에 갇히게 된 사연보다 덜

---

22) В. Сорокин, *Голубое Сало*. С.239.

황당무계한 일이라고 여기는지도 모른다. 그리하여 반소비에트 문학의 고전인 『이반 데니소비치의 하루』는 소로킨에게 와서 B급 포르노그래피가 되어 버린다. 작가에게 있어서 사회주의 리얼리즘의 이념적 내용이 구토를 유발했다면, 솔제니친 역시, "문학을 소비에트에 반대하기 위한 도구로 썼다"[23]는 점에서 역시 혐오의 대상이었던 것이다. 이렇듯 『푸른 비계』에는 러시아/소비에트의 다양한 고전들에 대한 작가의 입장이 때로는 노골적으로, 때로는 간접적으로 드러나고 있는데, 소로킨은 고전/이념을 해체하고 복제하며, 이어 붙이는 과정을 통해서 원본이 지니고 있는 아우라, 또는 원본에 대한 인식이 지니고 있는 과장된 권위와 허구의 가능성을 적극적으로 노출하고자 했다.

2) 『로젠탈의 아이들』의 경우

오페라 『로젠탈의 아이들』은 2005년 볼쇼이 극장의 초연을 앞두고 고전애호가들의 우려와 반대에 직면했다.[24] 러시아 고전예술의 상징이라 할 수 있는 볼쇼이에서 소로킨의 작품을 공연한다는 것, 그것도 소비에트 시대에 복제되어 다시 태어난 바그너와 차이코프

---

[23] 소로킨은 여러 매체와의 인터뷰에서 작가/사상가로서의 솔제니친에 대한 반감을 노골적으로 표한 바 있다. 예를 들어, 2002년 스페인의 <El Pais>와의 인터뷰를 들 수 있다. http://www.inosmi.ru/translation/159243.html.

[24] 앞서도 언급했듯, 반대 집회와 더불어 이례적으로 의회에서 오페라의 내용을 미리 점검하고, 그 어떤 '포르노그래피'적 내용도 없다는 점을 확인하고 나서야 상연이 허가되었다. 오페라는 2005년 3월 23일 볼쇼이의 신관(Новая сцена)에서 Л. 데샤트니코프의 음악과 냐크로슈스 감독의 연출로 초연되었다. 예상과 달리 소로킨 특유의 '변태적', 폭력적 내용도 없었으며 반정부적 색채도 띠지 않았고, 음악과 연출도 훌륭했다는 평을 받았으며, 관객으로부터도 상당한 호응을 얻으면서 이후 볼쇼이의 고정 레퍼토리로 자리 잡게 되었다. 의회의 '점검'에 대해서는 참조. "По большому," *Итоги*, No.10(456), 2005.3.7. http://www.itogi.ru/archive/2005/10/60061.html

스키, 모차르트, 베르디, 무소르그스키라는 오페라의 기획 자체가 보수적인 러시아 청중에게는 모순적이면서도 수용하기 힘든 사건이라 할 수 있었다.

스탈린 시대, 독일의 유전공학 박사 알렉스 로젠탈은 소련으로 망명하여, 최초로 인간 복제에 성공하게 된다. 인간 복제 기술은 '공산주의 건설자'인 소비에트의 새로운 젊은 세대, 즉 스타하노프와 같은 노동영웅을 양산하기 위해 필수적인 것이었다. 히틀러가 로젠탈을 지원하지 않은 이유는 그가 유태인이었으며, 복제기술이 게르만족의 선별된 '우성' 유전자의 우수성을 위협할 수도 있었기 때문이었다. 그렇지만 수없이 많은 '스타하노프'들이 필요했던 소비에트에서 로젠탈의 기획은 그야말로 그들의 이상을 실현할 수 있는 신의 계시와도 같은 것이었다.

스탈린은 오로지 노동자들의 복제만을 요구할 뿐, 예술가나 사상가들의 복제는 금지한다. 이와 같은 당국의 지침 때문에 로젠탈은 공식적인 노동자 복제사업과 별개로 아무도 모르게 예술가들을 복제하는 데 성공한다. 위대한 바그너와 차이코프스키, 베르디, 무소르그스키는 로젠탈의 '아이들'이 되고, 로젠탈은 그들의 아버지가 된다. 바그너는 악몽을 꾸면서 그에게 응석을 부리기도 하고, 막내로 태어난 '천재' 모차르트는 모두에게 귀여움을 받는다. 이 '아이들'은 아버지 로젠탈이 소련 훈장을 받던 날 스탈린에 의해 크렘린에 초청되어, 소비에트 피오네르 찬가를 배운다. 복제된 천재들의 입을 통해서 재생되는 소비에트의 찬가는 새로운 의미망을 획득한다.

Эх, хорошо в стране советской жить,

Эх, хорошо страной любимым быть,

Эх, хорошо стране полезным быть,

Красный галстук с гордостью носить, да носить![25)

오, 소비에트 국가에 사는 것은 얼마나 좋은가,

오, 나라가 사랑하는 사람이 되다니 얼마나 좋은가,

오, 나라에 유익한 사람이 되다니 얼마나 좋은가,

자랑스레 붉은 넥타이를 매고 다니네, 매고 다니네!

이 행진곡은 오페라 마지막에 다시 한번 울려 퍼진다. 포스트소비에트 시대, 포주에게 독살 당하게 된 작곡가들은 어린 시절로 퇴행현상을 보이면서 다시 한번 이 노래를 부른다. 이는 경제 발전을 이루고 모든 것이 더 나아진 것처럼 보이는 포스트소비에트 시대가 문화적 토양이 메말랐던 소비에트 시대와 그다지 다르지 않음을, 아니 오히려 문화 생존의 가능성이 더욱 빈약함을 노래로 웅변하는 것이다.

로젠탈은 자기 아이들이라고 속이고 스탈린에게 복제된 작곡가들을 소개하는데, 스탈린은 눈앞에 두고도 위대한 작곡가들을 알아보지 못한다("Не знал он, кто вы, не знал"). 스탈린이 원한 것은 '가공되지 않은 스타하노프들(суровые стахановцы)'이었지 복제된 음악가는 아니었던 것이다.

이 오페라에서 스탈린을 포함한 소비에트 권력자들은 몇 마디의 말로 복제에 대한 자신의 입장을 표현하는데, 그들의 예술에 대한 표상과 정치적 입장은 특유의 화법과 표정을 통해 양식화되고 있다.

---

25) В. Сорокин, *Дети Розенталя*(2005). 텍스트 출처는 다음의 소로킨 공식 홈페이지 참조 (http://www.srkn.ru/texts/rozental.shtml). 이하 본 리브레토의 텍스트는 이 사이트를 참조한 것임을 밝혀 둔다.

Сталин: Товарищи, нужно ли нам воскрешать писателей, ученых, композиторов и философов прошлого? Я думаю, что не нужно. Потому что они уже сказали свое слово. А нам с вами надо думать о будущем. Нам нужны наши, советские писатели, ученые и композиторы. Метод дублирования — не игрушка, а инструмент. И необходимо правильно использовать этот инструмент. Чтобы дублирование служило трудовому народу. (Бурные аплодисменты.)

동지들, 과거의 작가나 학자들, 작곡가들, 철학자들을 부활시킬 필요가 있겠소? 내 생각엔 필요 없을 것 같소. 왜냐하면 그들은 이미 스스로의 말을 다 해 버린 자들이지. 우리는 당신들과 미래를 생각해야만 하오. 우리에겐, 우리들, 소비에트의 작가들, 학자들, 작곡가들이 필요하오. 복제하는 기술은 — 장난감이 아니라 도구인거요. 그리고 우리는 이 도구를 정확히 사용해야만 하오. 복제가 노동 민중에게 봉사하도록 하기 위해서 말이오. (열렬한 박수갈채)

이와 같은 스탈린의 언급은 과거의 부정이라는 바탕 위에 완전히 새로운 프롤레타리아 문화의 창조라는 그 시대 문화정책의 본질을 적나라하게 노출시키고 있다. 한편, 외면적으로 문화 예술의 해빙기처럼 보였던 흐루시초프 시대도 대부분의 예술관련 사업들과 과학적 실험들이 서구에 보이기 위한 선전선동과 연관된 것이었음이 흐루시초프의 연설을 통해 드러난다.

Хрущев: Успехи советского дублирования заставили многих империалистических шавок навсегда заткнуться. Мы вырастили человека коммунистического будущего, товарищи! (Бурные аплодисменты.)

흐루시초프: 소비에트 복제기술의 성공은 많은 제국주의의 개들을 영원히 입 다물게 했소! 동무들, 우리는 공산주의 미래의 인간을 키워냈소! (열렬한 박수갈채)

브레즈네프와 안드로포프의 시대를 거치면서, 엄청난 지지를 받던 복제기술은 고르바초프 시대가 되어서야 드디어 '하지 말았어야 할 일'로 정의된다. 고르바초프는 우리는 "복제할 필요가 없는 자들을 복제했다(мы с вами дублировали совсем не тех, кого надо было дублировать)."고 말하면서 이를 그만둘 것을 주장한다. 그렇지만 여전히 '당의 방식으로(по-партийному)' 이를 호소했던 고르바초프와 달리 옐친은 솔직하게 '러시아 정부는 복제할 돈이 없고(у русского государства нет денег на дублирование)', '스탈린의 난센스(сталинская ерунда)'를 더 계승할 필요가 없다는 결론을 내리게 된다. 결국 1993년 로젠탈의 실험실은 마침내 폐쇄되어 버린다. 데샤트니코프는 지도자들의 연설은 그들의 개성과 당시 소비에트 및 러시아의 상황을 보여 주는 캐리커처 역할을 하는 것이지 어떠한 심오한 '정치적 암시나 의미'를 지닌다고 보기는 힘들다고 평가했다. 오페라의 목적은 정치적이거나 이념적인 것이 아니라 "상처 입고 비웃음을 당하는 주인공들, 현대사회에 적응하지 못하고 실패하는 인물들을 보여 주는 것"이기 때문이었다.26) 그럼에도 불구하고, 이들의 연설은 소비에트 지도자들에 대한 포스트소비에트 시대의 인식을 그대로 보여 주고 있다. 문화에 무지했던 스탈린과, 서구를 끊임없이 곁눈질하면서 스탈린 시대보다 그다지 나아지지 않았던 흐루시초프의 치세, 그리고 당과 개혁 사이에서 입장을 정하지 못했던 고르바초프와 자본의 논리로 러시아 공화국의 첫걸음을 내딛었던 옐친에 대한 국민들의 표상이 이들의 연설을 통해서 나타나고 있는 것이다.

아버지를 잃어버린 포스트소비에트 시대의 고아 로젠탈의 아이들, 예술가들은 이제 모스크바 시내를 헤매면서 거리의 악사로 전락하고, 그들의 관객은 노숙자와 부랑자, 거지, 매춘부들만 있을 따

---

26) V. Prokhorov, "Genetically modified Mozart," Guardian, 2005. 3. 16.

름이다. 작곡가들 중에서 최고의 천재인 모차르트의 음악을 알아주는 단 한사람은 매춘부 타냐였고 둘은 사랑에 빠진다. 그렇지만 포스트소비에트의 현실은 그들의 사랑을 허락하지 않는다. 포주 켈라는 두 사람을 떼어 놓고자 하지만, 그럼에도 불구하고 그들이 결혼식을 올리자 타냐와 '로젠탈의 아이들' 모두를 독살하고 만다. 전생에 독살당한 경험이 있던 모차르트만 홀로 살아남아 절규하면서 오페라는 끝이 난다.

소로킨은 『푸른 비계』에서 시도되었던 거장의 복제와 텍스트의 재생이라는 실험을 새로운 예술 영역인 오페라에서 지속하고 있다. 『로젠탈의 아이들』은 원본에 대한 모방이나, 콜라쥬, 페스티쉬와 같은 '다중양식화(polystylism)'를 통해 새로운 텍스트를 만들어 내는 소로킨 특유의 일차적 창작 과정에 음악적 기법의 모방까지 결합시킨 새로운 장르의 시도라 할 수 있다. 그렇지만 복제와 재생이 중심적 테마이자 목적이었기에 새로운 텍스트의 생성 과정과 그 결과물을 그대로 노출시켰던 『푸른 비계』에서와는 달리, 오페라에서 복제와 재생은 목적이 아니라 도구적 의미를 지닌다. 오페라는 『푸른 비계』보다 훨씬 부드러운 코드로, 우상의 해체와 텍스트의 재생산이라는 소로킨의 예술 원칙을 체현해 주고 있으며,[27] 이와 같은 예술적 실험은 포스트소비에트 시대의 암울한 문화적 현실을 노출하기 위한 하나의 장치로 볼 수 있다. 오페라에는 반대자들이 염려했던 포르노그래피적 내용도 없으며, 작곡가들과 소비에트의 권력자들은 어느 정도 희화화되기는 해도 전작에서처럼 노골적으

---

[27] 이것은 볼쇼이 극장이 지닌 외적 한계와 무대 예술로서의 오페라 장르가 지니는 시공간적 제약 때문으로 볼 수 있다. 소로킨이 자주 이야기하듯, '종이 위의 문자'일 따름인 소설 속의 인물들과 달리, 무대 위에서 살아 움직이는 배우들을 일상적 방식으로 '난도질'하기는 어려웠을 것이다.

로 '벗겨지지는' 않는다.[28] 이 오페라에서 재생산되는 것은 고전 예술가들과 그들의 작품이지만, 실제로 그들의 클론을 통해 소로킨이 보여 주고자 하는 것은 원본 텍스트에 대한 입장이나 원본 수용의 문제, 신화의 해체가 아니라, 작곡가들의 클론, 그들의 그림자조차 살아남기 힘든 포스트소비에트의 잔혹한 현실이라고 할 수 있다. 예술가의 클론들이 1막의 끝에서 함께 외치는 "이 지상에 우리 자리는 어디 있나요?(Где наше место на этой земле?)"라는 질문은 오페라 전체를 관통하는 주된 문제의식이다.

음악을 맡은 데샤트니코프는 오페라의 주인공들인 작곡가의 클론들이 원 작곡가들의 음악 스타일대로 움직일 수 있도록 세심하게 작업했는데, 그 결과『로젠탈의 아이들』은 오페라 계에서는 드물게 시도된 '오페라에 대한 오페라(opera about opera)'가 될 수 있었다.[29]『푸른 비계』가 해체와 복제, 모방과 재생을 통해서 새로운 텍스트를 생산, 삽입함으로써 '소설 안의 소설'의 장르적 법칙을 따르고 있다면,『로젠탈의 아이들』은 소로킨의 리브레토와 데샤트니코프의 음악이 결합하여 오페라 장르에서의 재생과 모방 기법의 실현 가능성을 보여 주고 있으며, '오페라에 대한 오페라', 메타 오페라라는 실험적 장르를 통해 우리 시대 새로운 형식의 예술과 '새로운 신화'[30]가 창조되는 과정을 보여 준다.

---

28) 예를 들어 소비에트 지도자들의 연설 이후, 그들의 말투를 흉내 내는 말장난과도 같은 후렴구들, 스탈린의 '노동 민중에게(Трудовому народу)', 흐루시초프의 '우리는 인간을 키워냈소(Мы вырастили человека)', 안드로포프의 '속도를 올립시다(увеличим темы)', 고르바초프의 '단호히 제거하겠소(решительно чистить)', 옐친의 '됐어, 알겠나(Хватит, понимаешь)' 등을 합창으로 반복하는 것은 풍자적 기능보다는 청중의 웃음을 불러일으키기 위한 일종의 장치로 볼 수 있을 것이다.

29) 차이콥스키는『예브게니 오네긴』의 렌스키를, 모차르트는『마적』의 파파게노를 연상시키도록 각각의 작곡가들을 그들 오페라 주인공들과 연관시켜 연출했으며, 베르디는 하프를, 모차르트는 플루트를 연주하도록 하는 등, 작곡가 고유의 음악적 스타일을 연상시키려고 노력했다고 데샤트니코프는 말한다. 여기에 대해서, V. Prokhorov, "Genetically modified Mozart," Guardian, 2005. 3. 16.

4. 라블레와 소로킨, 언어의 물질성과 향연의 이미지

고전/원본의 권위를 해체하고 이를 키치의 창작 원칙과 유사하게 복제하고 재생하는 과정에서 가장 일차적인 기능을 담당하는 것은 아마도 언어일 것이다. 소로킨의 텍스트에서는 무엇보다도 언어 자체가 가장 먼저 파괴와 해체의 대상이 된다. 해체되고 왜곡된 러시아어 단어들은 새로운 형태의 조어로 탄생하고 온갖 종류의 비속어와 외래어, 그림문자, 작가가 창조해 낸 새로운 형태의 언어들과 결합되어 작품의 질료가 되고, 재창조된 텍스트 구성요소 속에 삽입되면서 새로운 의미망을 만드는 데 기여한다. 이렇게 재생된 소로킨의 언어는 어떠한 장벽이나 금기도 지니지 않는 것처럼 보인다.

소로킨의 독특한 언어를 접하면서 많은 독자와 연구가들은 라블레를 떠올릴 수 있을 것이다. 성이나 배설물과 관련된 터부시되는 말들을 자유자재로 소설에 도입하는 것부터, 외부 텍스트를 자기 텍스트의 일차적 자료로 삼는 것, 소설전체를 관통하는 카니발과 향연의 이미지 등, 여러 가지 면에서 소로킨과 라블레는 유사성을 지닌다. 실제 소로킨은 종종 라블레를 언급하는데, 『푸른 비계』의 에피그래프 중 하나는 아예 『가르강튀아, 팡타그뤼엘』로부터 직접 인용하고 있다. 이 에피그래프는 두 작가의 언어에 대한 독특한, 그리고 공통적인 표상을 잘 보여 주고 있다.

---

30) *Итоги*, No.10(456)(2005).

Взгляните! — воскрикнул Пантагрюель. — Вот вам несколько штук, еще не оттаявших.

И он бросил на палубу целую пригоршню замерзших слов, похожих на драже, переливающихся разными цветами. Здесь были красные, зеленые, лазуревые и золотые. В наших руках они согревались и таяли, как снег, и тогда мы действительно их слышали, но не понимали, так как это был какой то варварский язык…….

Мне захотелось сохранить несколько неприличных слов в масле и переложив соломой, как сохраняют снег и лед.

Франсуа Рабле 『Гаргантюа и Пантагрюэль』

여길 보시게! —팡타그뤼엘이 소리를 질렀다. 자, 여기 아직 녹지 않은 것으로 몇 개 주도록 하지.

그리고 그는 다양한 색깔로 변하고 있는, 효모를 닮은 얼어붙은 단어들을 갑판 위로 한 줌 집어 던졌다. 그것들은 붉은색, 녹색, 푸른색 그리고 황금색들이었다. 우리의 손에서 그것들은 데워졌고 눈처럼 녹아내렸는데, 그때서야 우리는 실제로 그 말들을 들을 수가 있었다. 그렇지만 이해는 할 수가 없었는데, 이것들이 어떤 야만적 언어였기 때문이다……. 나는 몇몇 점잖지 못한 단어들을 기름에 절이거나, 아니면 눈이나 얼음을 보존하듯 짚 속에라도 넣어서 보존하고 싶었다.

— 라블레 『가르강튀아와 팡타그뤼엘』

추상적인 것을 구체적 사물로 인식하는 소로킨의 사유방식은 그의 언어관에도 그대로 적용된다. 그리하여 라블레의 소설에서처럼, 소로킨에게 언어는 만질 수 있고 또한 '절이거나' 보존도 할 수 있는 물질성을 지닌 것이었다. 소로킨은 언어 자체가 지니고 있는 물성과 구체성을 강조함으로써 시니피에의 의미를 축소하려 한다.[31] 시니피에가 중요했던 러시아나 소비에트 시대 작가들과 달리 소로

---

[31] 언어를 물질로 인식하거나, 추상적인 것을 구체적인 것으로 치환하는 사유의 방식, 기표에 대한 지나친 집착은 1920년대 작가들이나 공산주의자들의 언어적 표상과도 닮아 있다. 소로킨의 창작이 소비에트 미학의 형식과 어느 정도 유사성을 지니고 있다는 것은 이와 같은 그의 언어관을 통해서도 알 수 있는 부분이다.

킨은 시니피앙이 나름의 '자족성'을 지녔음을 보여 주면서 시니피에의 '허구성'을 폭로해 보이고자 한다. 러시아 고전작가들, 특히 톨스토이나 투르게네프의 작품들을 읽을 때, 그들의 기호들은 '투명하고(прозрачны)', 특별한 역할을 하지는 않았으며, 어떤 감정이나 사상을 불러일으키기 위해 우리를 시니피에로 이끌어 주는 역할만을 할 따름이었다. 그렇지만 소로킨의 언어는 '시니피에로부터 기호를 분리해 내어(отслаивает)', 기호의 자족성(самозначмость)과 시니피에의 허구성(призрачность)을 보여 주는 과정[32]이라 할 수 있다. 이러한 언어에 대한 표상은 엡슈테인의 언급처럼 소로킨이 여전히 개념주의 언어관의 전통을 따르고 있기에 가능했다. 이와 같은 소로킨의 언어관은 그의 파격적인 언어 사용과 작품이 지니는 지나치게 잔혹하고 폭력적인 성격을 어느 정도는 설명해 줄 수 있다. 그의 언어는 읽기에 불편함을 줄 정도의 외설적이고 폭력적이며, 소설에서 묘사되는 다양한 사건들은 현실에서는 일어나기 어려운 일들이다. 예를 들어, 파격적 성행위나 식인행위, 성기 또는 배설물을 먹는 행위의 묘사는 그가 말했듯이 소설의 주인공들이 그야말로 문자로 만들어진 유령과 같은 존재로, '종이 위에 잉크로 쓰인 기호'일 따름이기에 가능한 것이었다.

그렇다면, 이와 같은 소로킨의 언어관과 창작원칙은 라블레적 전통과 어떠한 연관성과 변별성을 지니고 있는가? 상술한 바와 같이 두 작가의 언어 사용 방법이 외적 유사성을 지니고 있음은 분명하다. 그렇지만 그들의 언어와 창작 원칙에는 한 가지 중요한 차이가 존재한다. 라블레의 거침없고 비속한 언어는 민중들이 사용하는

---

[32] М. Н. Эпштейн, *Постмодерн в русской литературе*(М.: Высшая школа, 2005), C.206.

'광장의 언어(язык площади)'로서, 당시 라틴어와의 오랜 이중언어체계 상태에서 승리하여 '대문학(большая литература)'으로 편입되고자 하는 민중어로서의 프랑스어라고 한다면, 소로킨의 언어는 광범위한 '광장의 언어'와는 거리가 먼 것으로, 그 비속함은 오히려 '밀실의 언어'로서 소수 사용자와 연관 지을 수 있는 것이다. 말하자면, 작가의 언어유희를 이해할 수 있는 제한된 계층이나 협소한 독자층, 때로는 작가 자신만을 염두에 두고 있는 언어라는 점이다. 그리하여 라블레의 텍스트가 독자들의 자연스럽고도 해학적인 '웃음'을 불러일으키면서, 열린 장르로서의 소설적 특수성을 보여 주고 있다면,[33] 소로킨의 텍스트는 실소와 비웃음, 또는 모종의 불편한 감정과 반감조차도 야기하면서, 협소한 독자층을 위한 기호품이 되고 있다. 이는 그의 텍스트가 키치 예술의 방식으로 모사하고 재생하고 있지만, 그 결과물은 결코 싸구려 키치문화를 향유하는 계층을 위한 것이 될 수 없는 것과도 연관이 있다. 그가 기초하는 원본은 일정 정도 이상의 수준을 지닌 것이기에, 그 언어의 비속함과 내용의 폭력성에도 불구하고 소로킨 문학은 오히려 기존 콘텍스트를 이해할 수 있는 자들만을 위한, 일종의 엘리트문학의 범주에 속할 수밖에 없다. 바로 이 점에서 소로킨의 창작은 라블레와 본질적 차이를 지니고 있다.

소로킨의 작품에서 볼 수 있는 라블레의 또 다른 흔적은 바로 '향연'의 이미지이다. 『푸른 비계』에서도 『로젠탈의 아이들』에서도, 즐거운 것이든 기괴한 것이든 작품을 관통하는 자연스런 향연

---

[33] 여기에 대해서는 바흐친의 다음의 저작 참조. М. М. Бахтин, *Творчество Франсуа Рабле и народная культура средневековья и Ренессанса*(М.: Художественная литература, 1990), C.170.

과 카니발의 분위기는 『가르강튀아, 팡타그뤼엘』을 능가할 정도이다. 실제 소로킨은 『향연(Пир)』이라는 제목의 작품집을 내기도 하는데, 섹스와 음식, 배설물에 대한 소로킨의 집착은 이 단편집에 이르러 더 극단적이 된다. 제목이 암시하듯 이 단편집은 먹는 행위와 연관된 13편의 실험적 형식의 노벨라로 이루어져 있다. 단편, 희곡, 일기, 요리 레시피 등 다양한 서사 방식을 선보이는 이 연작들은 모두 음식과 그것을 준비하고 먹는 행위가 토대가 된다. 단편 「나스챠(Настя)」에서 딸의 16세 생일에 부모는 '영원의 이름으로' 그들의 사랑하는 딸 나스챠를 화덕에 구워서 지인들과 함께 먹어 치운다. 소녀가 구워지는 과정, 그리고 그것을 먹어 치우는 절차는 그로테스크할 정도로 세밀하게 묘사된다. 아버지는 왼쪽 가슴을 먹어 치우고, 신부 안드레이는 무릎을, 지인들은 자기들이 원하는 부위, 머리, 손, 어깨, 심지어 성기조차도 먹어 치운다. 소로킨은 이 단편집에서 성기를 먹는 행위를 자주 묘사하는데(「나스챠」, 「거울(Зеркало)」「잔치(Банкет)」 등), 그가 생각할 때 본질적으로 가장 순수한 인간의 두 가지 욕망은 이 행위를 통해 하나로 합쳐질 수 있는 것이었다.

『향연』의 한 단편 「잔치」는 아예 음식 레시피로 이루어져 있다. 차가운 전채로는 '새해 사진으로 만든 샐러드', '연애편지로 만든 샐러드', '불가코프의 『거장과 마르가르타』로 만든 캐비어' 등이 있고, 뜨거운 전채는 '새콤달콤한 소스에 절인 대학 졸업장'과 '손톱으로 만든 완자', '신발 끈으로 만든 카르보나라'를 먹을 수 있고, '잘게 썬 베개'는 본식으로, '사용한 콘돔으로 만든 아이스크림' 등은 디저트로, 이들을 요리하는 방법이 상세하게 묘사되어 있다.[34]

34) В. Сорокин, Пир(M.: Ad Marginem, 2001), C.107~124.

이 모든 것들을 먹어 치우고, 여기서 더 나아가 배설물을 먹고, 자식까지 구워 먹는 행위는 어쩌면 계몽주의자들이 '야만적인' 중세 작가 라블레의 『가르강튀아와 팡타그뤼엘』을 읽고 느꼈을 혐오감과도 비슷할 구토증을 독자에게 불러일으킨다.

소로킨의 주인공들이 먹는 행위에 그토록 집착하는 원인은 무엇인가? 그의 소설에서 '먹는 의식'을 통하여 드러나는 향연의 분위기는 어떤 성격을 지니고 있으며, 라블레의 향연과는 어떤 유사점과 차이점을 지니는가? 먹는 행위를 통해 몸과 세상의 경계를 극복하고 타자와의 소통을 추구하는 라블레의 카니발과는 달리,[35] 소로킨의 경우는 오히려 복제와 재생의 전단계로서, 대상을 해체하고 소멸하기 위한 수단으로서 먹는 행위가 나타난다. 라블레의 소설에서 음식을 먹는 과정이 '그로테스크한 인간의 몸이 세상을 향해 열리고, 그것을 받아들여 자신을 더 풍요롭게 하는 축제의 과정'[36]이라면, 소로킨의 소설에서는 음식을 먹어 없애고 소화시키는 과정은 오히려 자신을 희생해서 세상을 정화하는 제의의 과정, 쾌락인 동시에 고통인 과정이다. 라블레 소설에서 배설물이 음식을 먹어 치우는 과정에 수반된 유쾌한 이미지였다면, 소로킨에게는 배설물은 '추함'이라는 권위로 뒤덮인 접근 불가능한 터부로, 이념과 고전 또는 미에 대한 표상과 마찬가지로 또 다른 극복의 대상이었다. 그리고 이 모든 것들을 제거하는 방법, 또는 기억하는 방법도 먹어

---

[35] 바흐친은 『가르강튀아와 팡타그뤼엘』에서 먹는 행위는 인간이 세상과 소통하려는 행위이며, 음식은 노동에 대한 가장 최종적인 대가라고 이야기한다. 먹는 행위를 통해 '몸은 자기의 경계선을 넘어가고', '세상을 집어 삼키고 빨아들이며 잡아 뜯는다', '몸은 세상을 자기 것으로 하며, 세상의 희생을 바탕으로 풍요로워지고 성장'하며, '먹는 행위 속에 일어나는 세상과의 만남은 즐겁고 기쁜 일'이라고 말한다. М. С., Бахтин, *Творчество Франсуа Рабле и народная культура средневековья и Ренессанса*, С.310.

[36] 같은 책, 310쪽.

치우는 것이었다. 포스트소비에트에 새로운 문화적 전통을 만드는 작업은 끝없는 희생과 파괴의 과정이 전제되어야 한다. 그리고 이 과정에 그는 '향연'이라는 이름을 부여한 것이다.

5. 원본과 복제, 그 차이의 무화를 위하여

잘 알려져 있다시피, 혁명 이후 1920년대의 '대화와 대안 중심적인' 분위기의 형성과 문학적 실험들이 보여 준 다성적 목소리는 1930년대의 침묵으로 이어졌다. 소비에트의 붕괴 이후 1990년대 초반 러시아 문학계의 독특한 아우라 역시도 2000년대에는 지속되지 못하고 있는 것처럼 보인다. 물론 전자의 경우는 스탈린의 문화정책과 맞물린 강제된 외압의 결과로 볼 수 있지만 말이다. 그런데 포스트소비에트 문학은, 오히려 검열이 폐지된 이후 그 전통에 걸맞은 '진지한 작품'들을 제대로 써내지 못하고 있다.[37] 19세기와 20세기 내내 러시아에서 문학은 항상 문학이상이었고, '시인은 시인이상'이었다. 그리고 그것이야말로 러시아 문학이 지닌 정체성이었다. 그렇지만 포스트소비에트 시대는 더 이상 그런 문학이 살아남을 토양을 제공하지 못하고 있고, 독자들은 이를 견뎌 낼 면역도 지니지 못한 것처럼 보인다.

소로킨은 포스트소비에트에 넘쳐나는 키치문화에 '진지한 문학'으로서가 아니라 그와 유사한 모방과 복제의 방식으로 대응함으로

---

37) А.Латынина, "Сумерки литературы."

써 21세기 러시아 문학의 적그리스도가 되었다. 그의 소설에서 끊임없이 먹어대는 행위는 진지한 문학을 씹어 내기에는 너무 약한 위장을 가진 이 시대 러시아 문화계를 위한 일종의 제의/자기희생으로 볼 수도 있다. 예술적 클론을 복제하고 원본을 모방, 재생하는 작업은 이와 같은 일차적 과정 다음에 행해진다. 포스트모던과 기술 복제의 시대를 살아가는 독자들은 진품과 복제물 사이의 간극에 더 이상 많은 관심을 기울이지 않는다.[38]

소로킨의 작품에서 복제물들은 진품을 극복하려는 시도를 하지 않고 있다. 다만, 그토록 권위를 지녔던 원본이라는 것이 어쩌면 '우상'일지도 모른다는 의문을 던지고만 있는 것이다. 그렇기에 소로킨은 자신의 창작에서 그가 부정하거나 극복하려 하는 대상, '원본'을 폐기하려 하지 않는다. 오히려 그는 그들을 분해하고 원자화하며, 이를 재료로 새로운 텍스트로 창조해 낸다. 소비에트 미학, 특히 스탈린의 전체주의 미학이 파괴를 전제로 하여 완전히 새로운 한 세계를 새롭게 창조하려는 시도라면, 소로킨의 시도는 그와 유사하지만, 이미 존재하는 것으로서, 그를 질료로 하여, 전혀 새로운 성격의(『이반 데니소비치의 하루』의 예가 보여 주듯), 심지어 원재료에 반대되는 성격의 창조물을 생산해 내려 한다는 점에서 전자와 변별된다. 이와 같은 부정과 복제, 재생산의 논리는 21세기 소로킨 시학의 본질을 구성하고 있다.

러시아문학사의 전통에서 그러했듯 예언자나 희생양, 또는 투사

---

[38] 예를 들어 벤야민, 『기술복제시대의 예술작품, 사진의 작은 역사 외』, 최성만 옮김(서울: 도서출판 길, 2007), 45~48쪽 참조. 이 논문에서 작가가 언급하는 예술작품은 사진이나 미술, 영화분야가 중심이 되기는 하지만, 복제와 재생을 통하여 '진품성의 영역'을 훼손하고 '복제품을 현재화'하는 과정은 어느 예술 장르나 유사하다고 할 수 있다. 특히 소로킨의 시도는 이러한 과정에 잘 부합한다.

로서의 작가의 모습을 소로킨에 투영할 수는 없을 것이다. 그리고 아마도 소로킨이 가장 혐오하고 경계하는 것도 바로 그것이리라.[39] 소로킨은 『푸른 비계』의 에피그래프로 '세상에는 존재하는 것들보다 우상이 더 많은 법이다. 물론 이것은 세상에 대한 나의 '사악한 시선', 또는 '사악한 청각' 때문일지도 모른다'[40]는 니체의 말을 인용한다. 그가 보는 우상은 고전이라는 관념, 즉 원본이라는 권위 속에 녹아든 이념이나 예술, 또는 무엇인가 다른 권위의 이름으로 타자를 옥죄고 강제하는 모든 힘일 수 있다. 그의 주인공들이 먹어 치우고자 하는 이 모든 것들은 결국 다시 배설되어 나오고, 가끔은 즐겁게, 그리고 가끔은 힘겹게 그들은 이 배설물마저도 다시 먹어 치운다. 이 모든 행위들은 우상이 존재하는 동안에는 끝없이 반복될 수밖에 없을 것이다. 우상의 실재가 자신의 환영이기를, 세상에 대한 자신의 '사악한' 시선과 청각 때문이기를 바라는 것, 그리고 복제된 그의 텍스트야말로 정말로 배설물에 불과하기를 가장 바라는 것은 어쩌면 소로킨 자신일지도 모른다.

---

39) "러시아의 전통에서 작가는 늘 스승이거나 예언가, 또는 이교도였습니다. 나는 그 셋 중 어떤 것에도 속하지 않아요." 소로킨, 2002년 <El Pais>와의 인터뷰 http://www.inosmi.ru/translation/159243. html. 또는 Интервью Марины Давыдовой с Владимиром Сорокиным, "Писатель Владимир Сорокин: Я против того, чтобы литература учила жить," *Известия*, 4 мая 2006 참조.

40) 소로킨, 『푸른 비계』에피그래프, 니체 『우상의 황혼』 중. <В мире больше идолов, чем реальных вещей; это мой "злой взгляд" на мир, мое злое "ухо"…….> 『Голубое сало』, второй эфиграф.

참고문헌

김은경. 2006. 「사로낀의 창작세계」. 『노어노문학』. 18권 제2호.

김희숙. 1993. 「전체주의 미학의 유산과 모스크바 개념주의」. 『지역연구』. 2권 1호.

라블레. 2004. 『가르강튀아, 팡타그뤼엘』. 유석호 역, 서울: 문학과 지성사.

벤야민. 2007. 『기술복제시대의 예술작품, 사진의 작은 역사 외』. 최성만 옮김. 서울: 도서출판 길.

벤야민. 2005. 『발터벤야민의 모스크바 일기』. 김남시 옮김. 서울: 그린비.

Бахтин, М. 1990. *Творчество Франсуа Рабле и народная культура средневековья и Ренессанса.* Москва: Художественная литература.

Гройс, Б. 2003. "Gesamtkunstwerk Stalin." *Искусство утопии.* Москва: Художественный журнал.

История советской литературы: новый взгляд. часть 1, 2. 1989. Москва: Наука.

Кукушкин, В. 2002. "Мудрость Сорокина," *Новое литературное обозрение.* No. 56, Москва.

Латынина, А. 2001. "Сумерки литературы," *Литературная газета.* 21 ноября. Москва.

Сорокин, В. 2007. *Голубое сало,* Москва: Астрель.

_____ 2005. *Дети Розенталя.* http://www.srkn.ru/texts/rozental.shtml.

_____ 2001. *Пир.* Москва: Ad Marginem.

_____ Интервью с газетой <El Pais>. http://www.inosmi.ru/translation/159243.html.

Фрай, М. 2009. "Рипс лаовай Владимир Сорокин." *Газета,* 25 июня 2009.

Интервью Марины Давыдовой с Владимиром Сорокиным, "Писатель Владимир Сорокин: Я против того, чтобы литература учила жить."

Известия, 4 мая 2006.

Интервью Марии Кормиловой с Владимиром Сорокиным. "Писатель Владимир Сорокин «Народ у нас как пластилин»." *Новые известия,* 18 марта 2005.

Эпштейн, М. 2005. *Постмодерн в русской литературе.* Москва: Высшая школа.

Nabokov, V. 2000. *Ada or Ardor: A Family Chronicle.* London: Penguin Books.

Prokhorov, V. "Genetically modified Mozart," *Guardian,* 2005. 3. 16.

Yermolov, F. 2002. "Free speech and the attack on Vladimir Sorokin," *The Jamestown Foundation.*

Ⅵ. 빅토르 펠레빈의 『P세대(Generation П)』
에 나타난 문화영웅으로서의
'신러시아인'과 민족정체성*

이은경

1. 들어가는 말
2. 러시아 포스트모더니즘 문학의 탈문학화 논의
3. 펠레빈의 『P세대』에 나타난 대중문화의 문학화
4. 『P세대』의 담론: 역사주의에 대한 현대적 감각과 인식
5. 결론

* 본 논문은 『노어노문학』, 제23권 제1호(2011)에 게재된 것으로 형식과 내용의 일부를 수정·보완한
것이다.

VI.
빅토르 펠레빈의 『P세대(Generation П)』
에 나타난 문화영웅으로서의
'신러시아인'과 민족정체성

1. 들어가는 말

러시아문학은 인간의 영속성에 대해 오랫동안 관심을 보여 왔다. 동시대 인간에 대한 깊은 성찰은 시대의 변화와 흐름에 따른 새로운 인간유형 혹은 시대가 낳은 독특한 인간을 포착하는 러시아문학만의 독특한 힘이었다. 19세기의 '작은 인간(маленький человек)', '잉여인간(лишний человек)', 그리고 20세기의 '사회주의 리얼리즘의 긍정적 주인공', '몽유병 환자(лунатик)', '괴짜들(чудак)', '냉소주의자(циник)', '사회성 백치(социальный идиот)',[1] '호모 소비

---

[1] '괴짜' 유형은 1960~70년대 슉쉰 등의 작품 등을 통해서 자주 보여 주었던 주인공 유형으로, 감상주의적 휴머니즘과 엉뚱한 가치관을 갖고 있던 친절한 얼간이형이라 할 수 있다. 발레리야 나르비코바(Валерия Нарбикова)는 단편 「낮과 밤의 별빛 평형(Равновесие света дневных и ночных звезд)」에서 보인 '몽유병환자'는 종말시기 문학의 가장 지배적인 등장인물들로, 아무것도 이루는 것이 없고 아무것도 끝까지 생각하는 일이 없는 특성들을 공동으로 가졌으며, 순식간에 묵시적 안개 속에서 자신들을 매몰시켜 버리는 신기한 특기를 지녔다. 이후 이런 유형은 알렉슈코프스키(И. Е. Алекшуковский)의 작품에서 진지한 냉소주의자로, 예브게니 포포프(ЕвгенийПопов)에 이르서는 '사회성 백치'라고도 부를 수 있는 유형들로 바뀐다. 이 두 작가의 새로운 괴짜 유형에게선 60~70년대의 '괴짜들'이 보여 주던 '지혜로운 깨달음' 같은 것은 전혀 나타나지 않는다. 60~70년대의 진지하고 고백적이며 정확을 중시한 주인공들이

에트쿠스(гомо советкус)' 등은 이와 같은 탐색의 결과물들이었고, 한편으로는 러시아문학이 항상 동시대에 민감하게 반응하고 있다는 역설적 증명이기도 했다.

빅토르 펠레빈의 『P세대(Generation П)』(1999)는 포스트소비에트 시대의 문학적 자생력을 현대적으로 해석한 작품으로, '신러시아인(Новый русский)'이라는 동시대 인간들에 대한 정확한 포착으로 상업적이면서도 예술적인 문학을 보여 주었다. 펠레빈은 새로운 정체성의 모색 과정에서 동시대인들의 형상을 예리하게 분석하고 그들을 둘러싼 문화담론을 특유의 대중적 화법으로 풀어내었다.

본 논문은 먼저 러시아 포스트모더니즘의 탈문학화에 대해 논의하고자 한다. 포스트소비에트 시대가 시작과 더불어 순수문학의 입지가 좁아지면서, 러시아문학은 생존과 소통의 대안으로 탈문학화를 꾀한다. 이 과정에서 '잡종적 문학'이 탄생하게 되고, 기존과는 전혀 다른 성질의 문학양식으로 러시아의 현실을 드러낸다. 그러한 탈문학화의 중심에 서 있는 빅토르 펠레빈의 『P세대』를 통해 본 논문은 포스트소비에트 시대에 등장한 '신러시아인'의 문화적 신화화 과정을 살펴보고, 이러한 유형이 러시아문학의 전통성과 결부되어 있으며 새로운 시대의 민족정체성과 깊이 연관되어 있음을 밝히고자 한다. 아울러 펠레빈 문학의 힘이라 할 수 있는 대중문화의

었던 괴짜들은 지나치게 협소해진 사회적 규범의 테두리로부터 개인적으로 이탈한다. 80년대의 괴짜들 역시 때때로 깊은 생각에 빠지지만, 이러한 현상들은 개인적인 특성이 아닌 집단적 존재의 속성으로 나타난다. 초기의 괴짜 유형이 일반적 상식에 호소하는 개인적 시도라면 후기의 괴짜 유형은 사회적 광기의 불명료한 이미지를 대표한다. 러시아 포스트모더니즘의 분류와 그 유형에 대해서는 Mikhail Epstein, *After the Future: The Paradoxes of Postmodernism and Contemporary Russian Culture*(Amherst: University of Massachusettes Press, 1995)와 Mark Lipovetsky, *Russian Postmodernist Fiction: Dialogue with Chaos*(NewYork: M.E.Sharpe, 1999)를 참고할 것.

문학화와 이를 통한 역사적 담론과 인식이 어떻게 논의되는지를 살펴볼 것이다.

2. 러시아 포스트모더니즘 문학의 탈문학화 논의

현대 러시아 문학의 특징 가운데 하나는 '새로운 문학'[2]의 모색이었다. 소비에트 붕괴의 충격으로부터 벗어난 문학계는 직접적인 반성과 더불어 과거 찬란했던 러시아문학과의 연계성 속에 독자적인 영역을 구축하기에 이른다. 최근 몇 년에 걸쳐 나타난 일련의 작품에 나타나는, 사회변화에 빠르게 순응해 가는 과정 속에서의 불일치와 어긋남, 또 가벼움 추구에 대한 조소적 시선 및, 불안과 혼돈 속에서도 꾸준히 과거의 연계성을 찾아내려는 시도들 역시 이와 같은 현상의 연장선상에 있다. 특히 건국신화[3], 역사적 추억, 공동체의 집단적 생존 방식 등의 이야기, 그리고 개인의 이야기처럼 보이지만 실제로는 민족 전체의 이야기로 표출되는 이야기 등

---

[2] 엡쉬테인(М. Эпштейн)은 포스트모더니즘에 의한 정화 이후 조건적 양식을 얻게 된 '반짝이는 미학(мерцающая эстетика)', '새로운 진실성(новая искренность)', '새로운 감상성(новая сентиментальность)', '새로운 유토피아성(новая утопичность)'과 같은 개념을 포함한 새로운 문학이 포스트모던 시대를 장식한다고 설명한다. 빅토르 예로페예프(В. Ерофеев)의 경우는 소비에트 문학의 종말을 선언하면서 포스트모던 글쓰기에 기반한 '다른 문학(другая литература)'의 도래와 이것의 역할에 대해 공표한 바 있다 [В. Ерофеев, Поминки по советской литературе, *Литературная газета*, 4 июля № 27(1990) С.8.].

[3] 러시아 포스트모더니즘은 소위 '40년대 학파'로 불리는 '모스크바 학파'와 개념주의, 신낭만주의 등으로 나뉜다. 그중에서 신낭만주의 흐름의 근원은 과거의 문학전통이나 역사주의에서 찾아볼 수 있다. 그러나 역사주의에는 삶에 대한 현대적인 감각이 담겨져 있다. 저자는 역사적 인물뿐 아니라 현대적 인물 가운데서도 그러한 초시대적 원형을 찾고 있다. 이들의 작품 가운데에는 신화적 요소나 신화적 줄거리가 자연스레 자리를 차지하고 있다. 올레그 쉬슈킨, 이고르 쿠즈네초프, 블라디슬라프 오트로센코, 빅토르 펠레빈, 유리 볼코프 등을 그와 같은 작품들의 대표 작가로 꼽을 수 있다.

에서 동시대인들의 삶의 일치와 불일치를 하나로 통합시키는 노력을 찾아볼 수 있다.[4] 새로운 정체성에 대한 탐색과 정립 과정 역시 전환기 러시아에서 이뤄지고 있는 그 같은 일치와 불일치의 통합 과정이라 할 수 있다.

과거 공식 이데올로기에 맞서는 저항으로 자신들의 존재이유를 찾던 러시아 지식인들은 러시아의 특수성을 강조하던 전통적 사고의 패러다임에 더하여, 21세기 세계화 시대에 부응하면서 인류가 지향하는 보편적 가치를 포괄하는 동시에 국가와 민족의 지향점을 제시해야 하는 새로운 도전에 직면해 있다. 리하쵸프(Д. Лихачёв)는 "서구로부터는 최고의 공기만을 호흡하면서 우리 어머니 러시아로부터는 최고의 우유만을 마시라"[5]는 멘쉬코프(М. О. Меньшиков)의 이상적 모델에서 한 단계 더 나아가, 사회 지도층과 젊은 세대를 향해 통합과 조화의 '균형 잡힌 정체성' 정립을 위해 노력할 것을 호소한 바 있다.[6] 리하쵸프의 이 같은 사상적 행보는 러시아 인텔리의 당면 현실에 대한 진단과 향후 전망 중에서 가장 주목할 만한 것으로서, 전환기 러시아 문화와 민족 정체성의 모색 과정에서

---

[4] O. O. Багрецова, "Пространство и время в романах Виктора Пелевина," *Актуальные проблемы современной литературы*(Курган, 2002), C.6. 바그레초바는 펠레빈의 『차파예프와 푸스토타(Чапаев и Пустота)』와 『P세대』를 러시아 지식인층의 한 개인만 아닌 민족정서를 지닌 이들의 붕괴를 그린 작품으로 보고 있다.

[5] 러시아 사상가 멘쉬코프는 안톤 체홉의 단편들을 읽은 후 깊은 감명을 받고서, 그에게 자신이 재직하고 있던 잡지 「Книжки недели(주간 책자)」에 합류하자는 제안과 동시에 연이은 9편의 사설을 통해 그를 극찬한다. 이 중 두 번째 발표된 "Литературная хворь(문학의 병약함)"(1893)이라는 사설에서 그는 표트르 대제의 개방 이후 문명의 홍수 속에서 러시아의 선(добро)을 창조한 작가들, 일례로 어머니 러시아로부터 최고의 우유를 마시고 서구로부터는 최고의 공기를 흡입한 고전작가들(классики, впитавшие в себя только лучшее молоко своей матери России и только лучший воздух Запада)이 있다고 언급한다. http://www.hrono.info/biograf/bio_m/menshik_mo.html를 참조.

[6] A. A. Кокошкин, "Культура и национально-цивилизационная идентичность современной великой державы," Ю. Заперсоцкий, *Пленарное заседание "Диалог культур и цивилизаций в глобальном мире"*(Санкт-Петербург: Культура. Наука. Просвещение, 2007), C.44.

도 중대한 의미를 지닌다.

자본주의의 급속한 시장 개방 과정에서 양산된 '신러시아인'[7]의 등장은 러시아 인텔리 계층의 가치관이 급격히 변화했음을 알려 주는 현상이었다. 사회주의 시대에는 겪을 수 없던 급작스런 사회 전반의 변화와 여기에 적응해 나가는 인간 군상들의 제도적 편승은 새로운 시대와 그 시대가 만들어 내는 부산물들을 통해 그들이 처한 현실을 적나라하게 드러내었다.

사회적 변화에 따른 지식인들의 대응방식의 전환[8], 그리고 새로운 인간유형의 탄생, 이와 더불어 오랫동안 러시아 문화와 사상을 대표하고 주도하던 문학 역시 새 시대에 부응하는 새로운 모습으로의 전환이 필요했다. 포스트소비에트 문학은 이전까지 러시아문학이 누려 왔던 전통적 권위와 사회적 역할에서 벗어나 새로운 존

---

7) 1992년 9월 7일자 「데일릴 코메르산트」지의 창간호에서 처음으로 이 용어가 사용되었다. 기사에 따르면 'new Russians'이란 새로운 정서와 삶의 양식을 지닌 러시아 사회의 엘리트 계층을 형성하는 '신흥부자'를 대체하는 용어로 정의하고 있다. 러시아인들은 이 용어를 러시아어(новые русские)로 옮기면서 아이러니한 뉘앙스를 덧입혔다. http://www.ng.ru/historyday/2010-09-07/16_day.html
마피아와 비즈니스의 이미지와 결부된 '노비 루스키'는 19세기의 잉여인간과 같은 존재로 파악할 수 있다. 곤차로프의 『오블로모프』에 나타나는 무위도식자의 전형이자 무능력하고 게으른 인물인 오블로모프처럼 노비 루스키 역시 포스트소비에트 사회의 안개 속에서 나타난 '잉여'의 산물이다. 19세기 잉여인간의 대표적인 이미지를 간직하고 있는 푸시킨의 오네긴, 레르몬토프의 페초린처럼 사회에 적응하지 못하는 부정적 인물상처럼 노비 루스키의 이미지는 20세기 러시아 자본주의화의 부정적 부산물이라고 볼 수 있다. 그러나 19세기의 잉여인간들이 사회에 적응하지 못하는 무능한 인물들이었다면 노비 루스키는 사회의 변화에 민첩하게 대응하는 역동적인 인물들이며 러시아 사회의 엘리트 계층이라는 점이 이 둘 사이의 차이이다. 노비 루스키의 삶의 방식이 러시아청소년들의 사고에 결정적인 영향력을 미치고 있는 이상, 노비 루스키의 양심과 러시아 사회에 대한 도덕적 윤리적 책임감만이 러시아의 미래를 전망할 수 있을 것이다[이덕형, 『러시아 문화예술의 천년』(서울: 생각의 나무, 2009), 803쪽].

8) 솔제니친(А. Солженицын)과 보이노비치(В. Войнович) 같은 저명 작가들은 자신들의 도덕적 메시지를 설파하고 정치, 사회적 논쟁을 전개하기 위해서 문학보다 TV에 의존하였다. 이는 과거 고급문화를 대표하던 인사들이 대중문화 및 대중매체와 본격적인 교류를 시작했다는 신호인 동시에, 체제 붕괴의 충격에 휘둘려 일시 침묵하던 지식인들이 오늘날 러시아 사회가 직면하고 있는 근본 문제인 민족정체성에 대해 대중을 상대로 목소리를 내기 시작했다는 흥미로운 단서이기도 하다. 매체를 통해 대중과의 직접적인 의사소통의 장을 열고자 하는 지식인들의 모습은 다원화된 현실 속에서 새로운 민족 정체성을 모색하기 위한 노력이라 할 수 있으며, 또 다른 한편으로는 러시아 문화의 고유한 지적 전통을 계승하고 있음을 간접적으로 알려 주는 것이기도 하다.

립기반을 구축해야 하는 중대한 전환점에 놓여 있다. 순수문학이 상업적 문학과 대중문화의 영향력 속에서 고유의 힘을 잃어 가는 현 시점에서 펠레빈의 문학은 이 양극 간의 접점이 가능하다는 것을 보여 주는 새로운 시도였다. 펠레빈은 상업적이면서도 예술적인 문학의 가능성을 충분히 보여 주면서, 사회와 인간에 대한 자신만의 견해, 자신의 삶의 경험들을 실험적 문학형식 속에 구현해 내었다. 일반적으로 그를 개념주의 작가군, 혹은 순수 포스트모더니스트군, 또는 전통적인 쉐드린 학파(щедринская школа)의 풍자작가군으로 분류하는 데 반해, 정작 그 자신은 본질을 애매모호하게 표현하면서 스스로의 문체를 '관사실주의(турбореализм)'라는 특정 용어를 만들어서까지 설명한다.[9]

펠레빈은 초기작 『푸른 등불(Синий фонарь)』(1991)에서부터 최근작 『전환기의 변증법(Диалектика переходного периода)』(2003)에 이르기까지 엘리트 문화와 대중문화 사이를 넘나들며, 할리우드 영화나 중남미 멜로드라마, TV 광고나 만화책 주인공을 러시아의 종교철학, 극우 민족주의 담론, 은세기의 신비주의, 고전 문학 전통 등을 뒤섞는 21세기 문화의 '잡종적 혼합'의 모범적 사례를 보여 주었다.[10] 그중에서도 『P세대』(1999)는 1990년대 개념주의의 '재신화화'과 네오-바로크의 '해체'의 '두 흐름 사이를 중재, 통합하는 새로운 예술적 탐색을 공통 기반'으로 하고 있다.[11] 소설에 도입된

---

[9] Г. Л. Нефагина, *Русская проза конца XX века*(М.: Флинта, 2003), С.193.

[10] Alexander Genis, "Borders and Metamorphoses: Viktor Pelevin in the Context of Post-Soviet Literature", Slobodanka Vladiv-Glover(ed.), *Russian Postmodernism: New Perspectives on Post-Soviet Culture*(NewYork: Berghahn Books, 1999), p.217. 라승도, 「언어의 혼란: 펠레빈의 『P세대』에 나타난 신화담론구조」, 『외국문학연구』, 제21호, 2005, 74쪽 재인용.

[11] Mark Lipovetsky, "Russian Literary Postmodernism in the 1990s," *Slavonic and East European Review*

다양한 신화[12]의 변주, 상업적 광고세계에서의 '문학을 하는 행위', 문학텍스트에 대한 변화 등은 소설 문학의 전통적 개념을 해체시킨다.

러시아 포스트모더니즘 문학은 기존 문학이 갖고 있던 표현의 한계를 넘어 여러 장르들을 다양하게 혼합시킴으로써 다원화된 현실을 있는 그대로 묘사하고자 했고, 동시에 순수문학이 가진 틀에서 탈피해 새로운 가능성의 실험을 단행하였다. 이와 같은 탈문학화 현상의 기저에는 사실상 과거 러시아 지식인들이 오랫동안 추구해 오던 민중과의 소통이 자리하고 있다. 역설적이긴 하지만, 이러한 소통의 문화를 주도하려는 작가들의 움직임은 러시아 지성사와 문화사의 연장선상에서 크게 벗어나지 않는 것임을 알 수 있다.

3. 펠레빈의 『P세대』에 나타난 대중문화의 문학화

『P세대』는 전환기 러시아 문화에서 활발하게 생산되는 민족 이야기나 담론의 핵심에 서있는 문화적 신화로서의 '신러시아인'의 형상을 보여 주는 대표적인 예이다.[13] 포스트소비에트 시대 러시아

79, 1(2001), p.42.

[12] 『P세대』에 삽입된 신화소로는 바벨탑 전설, 이쉬타르에 관한 수메르 전설, 역사적 인물인 체게바라 이야기 등을 들 수 있다. 소설은 외적으로 차용한 신화만을 이야기하는 것이 아니라 '영원성'을 상징하던 이데올로기가 사라진 그 자리에 새로운 '영원성'을 창조하여 군림하고 싶은 인간의 신화 혹은 그와 같은 인간이 만든 기업의 신화 등에 대해서 보다 더 많은 논의를 펼쳐 나간다. 타타르스키의 첫 광고 「ЛКК(Лефортовский кондитерский комбинат)」는 영원성을 상징하는 대지마저 바다 밑으로 가라앉은 폐허 속에서 새로운 '영원성'을 획득한 모범 사례로서 기업이미지를 만들어 낸다. 부동의 기업이미지는 이와 같은 이러한 신화적 상징을 극대화시킨다.

[13] 리포베츠키(М. Липовецкий)는 "문화적 신화로서의 신러시아인"이라는 논문에서 타타르스키를 전형적

문학에서 하나의 지배적 경향으로 대두된 문화영웅으로서 '신러시아인'의 신화화는 무엇보다도 소비에트 체제의 해체와 함께 일어난 탈영웅 신화를 대체하고 있다는 점에서 그 일차적 의미를 찾을 수 있다. 이와 동시에 그것은 포스트소비에트 시대의 새롭게 변화된 현실에서 정체성의 혼란을 겪고 있는 러시아 사람들로 하여금 '우리는 누구인가?', '무엇을 할 것인가?' 등과 같은 문제들을 다시금 진지하게 성찰할 수 있는 계기를 마련해 준다.[14]

『P세대』는 작가지망생에서 광고 카피라이터로 전환한 타타르스키가 광고와 텔레비전 제국에서 겪는 새 시대의 작가, 일명 '크리에이터'의 세계와 그들의 삶을 다루고 있다. 타타르스키는 스물 한 살의 여름을 기해 자신의 운명을 결정짓는 선택의 기로에서 시인의 길을 택하게 된다. 그해 어느 시골 마을에서 읽었던 파스테르나크의 시구는 타타르스키로 하여금 새로운 삶을 꿈꾸게 만들고, 영원성에 대한 믿음을 공고히 다지게 만든다.

Ведь вечность — так, во всяком случае, он всегда думал — была чем—то неизменным, неразрушимым и никак не зависящим от скоротечных

인 문화적 신화로서의 신러시아인으로 보고 있다. 그는 타타르스키의 형상에는 '협잡꾼과 문화적 영웅'의 이미지가 결합되어 있으며, 펠레빈이 이를 통해 '신러시아인들'의 건전한 측면보다는 부정적 측면을 더 많이 보여 준다고 설명한다. Mark Lipovetsky, "New Russian as a Cultural Myth," *Russian Review* 62,1(2003), pp.61~62, pp.66~67.

14) 1990년대 러시아 문학의 특징 가운데 하나는 상당수의 작품들에서 리메이크 기법(приём ремэйка)이 발견된다는 점이었다. 이것은 러시아에서만 일어난 현상이 아니라 미국의 예술계에서도 찾아볼 수 있는데, 고전영화나 혹은 이미 잘 알려진 문학들에서 나온 주제들을 현대식으로 재해석하는 것이었다. 러시아에서는 고전작품에 기반을 두고 있었다. 리메이크는 작품을 풍자하거나 인용하는 것이 아니라 새로운 실제적 내용으로 채워 가는 대신, 슈제트나 진행 과정이 원작과 유사하고 작품 고유의 성격은 변하지 않지만, 사회정치적 조건이나 외적 상황이 전혀 다른 특징이 있다. 때로는 서로 다른 시대의 정신적인 삶이 충돌하기도 해서 '누구의 죄인가?', '무엇을 할 것인가?'에서부터 '러시아인들은 전쟁을 원하는가?'에 이르기까지 숙명적인 문제들을 다룬다(Г. Л. Нефагина, *Русская проза конца XX века*, С.197). 『P세대』에서 논의되는 정체성의 문제 역시 이러한 시대적 흐름에 부응하고 있는 것으로 볼 수 있다.

земных раскладов. Если, например, маленький томик Пастернака, который изменил его жизнь, уже попал в эту вечность, то не было никакой силы, способной его оттуда выкинуть. (С. 14)[15]

그는 영원성이야말로 변하지 않고 파괴되지 않는 어떤 것, 급변하는 지상의 배열에 전혀 의존치 않는 것이라고 늘 생각해 왔다. 가령 그의 삶을 바꾸어 놓은 파스테르나크의 작은 책 한 권이 이미 영원성을 획득한 것이라면, 그를 거기에서 벗어나게 할 만한 그 어떤 힘도 존재하지 않는다.

펠레빈은 타타르스키에게 있어서의 영원성이란 마치 소비에트의 이데올로기와 같은 공고한 세력, 절대불변의 진리라고 설명한다. 타타르스키는 영원성을 "오로지 사회의 정신 안에서만 자기정체성의 모델로서 존재하는 무엇인가"로 이해하고 있다.[16] 타타르스키에게 있어 영원성을 위한 창조적 노동으로서의 시작(詩作)은 존재 이유 그 자체였다. 그러나 영원성에 대한 타타르스키의 믿음은 소비에트 붕괴 직후 급격하게 변화된 국가적, 개인적 정체성의 위기에서 도전을 받게 된다. 어느 날 신발 가게 쇼윈도 너머로 먼지에 뒤덮여 방치된 러시아산 구두를 보며 그는 영원성에 대해 재고하게 된다. 다채로운 색깔의 외제 신발들 사이에서 그 구두는 문학대학에서 술에 취해 소비에트 문학을 강의하던 한 교수의 표현처럼 '우리의 게슈탈트'를 떠올리게 했다.

"Когда исчезает субъект вечности, то исчезают и все её объекты, — а единственным субъектом вечности является тот, что хоть изредка про неё вспоминает"(С. 16)

---

15) Виктор Пелевин, *Generation П*(М.: Вагриус, 2003). 앞으로 모든 인용은 이 책의 지면을 따름.

16) Lyudmila Parts, "Degradation of the Word or the Adventure of an Intelligent in Victor Pelevin's Generation П," *Canadian Slavonic Papers* 46, 3-4(2004), p.444.

영원성의 주체가 사라지면 그 영원성을 믿었던 모든 객체 또한 사라진다. 그렇다면 가끔일지언정 영원성에 대해 회고하는 자가 그것의 주체가 되는 것이다.

소비에트 권력의 몰락과 더불어 문학의 위상이 추락하고, 이제 그에게 있어 시란 의미와 가치를 상실한, 전혀 쓸 가치가 없는 것이 되고 만다. 그에게 영원성이란 진실하게 믿는 한에서만 존재할 뿐 믿음 밖에서는 어디에서도 발견되지 않는 것이다. 그는 영원성을 진실하게 믿기 위해선 이런 믿음을 다른 사람들도 공유해야만 한다는 것을 깨닫는다. 시대 변화와 더불어 이제 '이념'과 '사상'은 영원성을 얻지 못하고, 그 자리에 '돈'과 '물질'이 들어서게 된다. 세상의 변화에 점차 익숙해진 타타르스키는 가판대 점원으로 생계를 꾸려 가던 중 대학 동기 모르코빈을 만나면서 광고계에 발을 내딛게 된다. 이후 카피라이터로 광고계에 입문하여 여러 시행착오 끝에 재기 발랄한 광고 문구를 만들어 내며 승승장구하다 마침내 업계 최고의 광고업자로 등극하기에 이른다.

펠레빈이 타타르스키에게 부여한 이력에는 새로운 시대에서의 '문학'의 이해와 그것의 역할이 숨겨져 있다.[17] 타타르스키의 형상은 포스트소비에트 사회의 혼란스러움과 정체성 상실, 러시아 문학의 위기까지도 담고 있어서 개인이라기보다는 러시아 민족과 역사 차원에서 대표성을 띠고 있다. 뿐만 아니라, 서구 물질문화의 홍수 속에서 성장한 젊은 신세대의 전형을 대표하기도 한다. 소비에트 해체를 전후해서 맥도날드와 리바이스, 말보로 등 서구의 수입문화 속에 자라난 신세대들은 '펩시콜라'의 첫 머리글자 P를 따서 'P세

---

[17] 타타르스키를 '작가'의 형상으로 보는 견해에 대해서는 조유선, 「포스트소비에트 산문에 나타난 작가의 초상: 페트로비치와 타타르스키」, 『러시아어문학연구논집』, vol. 18(2005)을 참조할 것.

대'로 불린다. 이들은 마치 자신들의 부모 세대가 브레즈네프를 선택할 수밖에 없었듯이 아무런 대안 없이 '펩시'를 선택한 세대로, 자신들의 이상과 삶의 지향점을 텔레비전 광고를 통해 형성하는 젊은이들이다. 자본주의 상품의 광고 이미지에 현혹되는 러시아의 신세대에게 있어 중요한 것은 도덕적, 이념적 문제가 아니라 새로운 서구식 소비사회에서 뒤처지지 않을까 하는 두려움뿐이다.

소비에트의 이데올로기를 대신한 자본주의의 소비사회, 즉 상품의 광고와 선전으로 뒤덮인 포스트소비에트의 현실 속에서 이미지의 환영은 물적 소유욕과 결합되면서 러시아의 새로운 '시뮬라크르'로 대두되기 시작했다. 『P세대』는 물적 소유욕과 이미지의 환영 속에서 매몰되어 가는 동시대 인간의 모습과, 자본주의화된 현실 속에서 왜곡되어 가는 문학과 작가의 역할, 그러한 현대사회의 허구를 TV 광고라는 대중적 코드를 통해 그려 내고 있다.[18]

펠레빈은 기록적인 것과 환상적인 것의 조화를 통해 현실로 대체되는 시뮬라크르의 창조와 인간을 대체한 묵시론적 인류학에서 '텔레비전 제국'의 역할을 강조하고 있으며, '명확한 의미가 없는 순수 기표의 심리학 속에 뿌리내린 수단에 의해 인간을 통제된 로봇으로 변화시키는 위험성'에 대해 경고하고 있다.[19] 그가 묘사한 포스트소비에트 공간에는 사회적 삶을 규정하는 기호 체계의 급격한 변화가 전개되고 있으며, 대중적 담론의 핵심에는 이데올로기가 아닌 광고가 자리하고 있다. 타타르스키가 기획하고 고안해 낸 시나리오나 광고문구의 인용들 대부분은 19, 20세기를 대표하는 러시아고전작품

---

18) М. Павлов, "Generation 'П' или 'П' forever?," *Знамя*, №. 12(1999) С.204.

19) И. С. Скоропанова, *Русская постмодернистская литература*(М.: Флинта, 2004), С.438.

이나 역사적 전설, 민족적 신화 등에서 패러디되고 있다.

UMOM ROSSIU NYE POYAT,
V ROSSIJU MOJNO TOLKO VYERIT
≪SMIRNOFF≫(C. 84)
러시아는 이성으로 이해되지 않는다
그저 믿을 수 있을 뿐이다
스미르노프

타타르스키는 자신의 모든 문학적 상상력을 총동원하여 광고 문구를 창작하기에 이른다. 그에게서 그리보예도프의 시구는 미국산 담배 파를라멘트를 위해, 그리고 튜체프의 시구는 미국산 보드카 '스미르노프'를 광고하기 위한 문구로 전락한다. 『가난한 사람들』, 『바빌론 상표』, 『바지를 입은 구름』 등 소설의 제5장, 9장, 12장의 제목들은 각각 도스토예프스키, 만젤쉬탐, 마야코프스키를 연상시키지만, 정작 그 내용은 고전 작품들과는 거리가 멀다. 그저 소비에트 몰락에 따라 문학의 위상이 추락되었음을 알리는 선동적 문구들만 발견될 뿐이다. 이러한 파격적이고 선동적인 문구들은 과거의 문학정신의 종식과 더불어 새로이 탄생된 문학을 알린다. 마치 마야코프스키가 고전작가들을 현대의 기선에서 던져 버리듯, 타타르스키의 시대는 과거의 모든 문학정신의 죽음을 알린다.

타타르스키의 광고 문구에는 상품의 판매라는 확고하게 설정된 목표와 고도의 테크닉으로 집단 무의식의 메커니즘을 노출시키려는 광고기획자의 치밀한 계산이 깔려있다. 놀랍게도 소설은 이러한 과정을 설명하며, 현대인의 정체성에 대해 정의를 내린다. 소설에 삽입된 체 게바라는 더 이상 사회주의 이념을 위해 투쟁하는 전사가 아닌 소비사회의 이데올로기를 설파하는 주체로 둔갑해 있다. 그의 이야기는 "시청자의 의식을 대치한 시각적 주체는 절대로 존재하지 않으며, 그것은 단지 몽타주 제작자나 촬영기사, 연출가들의 공동 작업의 결과로 발생하는 효과에 지나지 않는다. 다른 한편으로 시청자에게 있어 이러한 시각적 주체보다 더 현실적인 것은 아무 것도 없게 된다. 자기정체성은 단지 욕망하는 상품들의 목록과 그 목록의 획득에 의해서만 가능한 것이다(C. 125)."라고 설명한다. 이것은 불변의 영원성과 개성을 포기하고 욕망을 통해 허구의 자아와 동일시하게 만들고, 급기야는 자신이 바라는 바와 거리가 먼 현실로부터의 도피를 꿈꾸게 만든다. 이것은 일종의 '광기'와 '분열'을 낳게 만든다.

타타르스키에게 이와 같은 분열 징후는 그가 선택한 삶과 작가가 고도의 전략으로 부여한 그의 이름에서도 잘 드러난다.[20] 이름이 갖는 모호성은 고유의 브랜드(정체성) 가치를 잃어버렸음을 알려 준다. 또한 카피라이터로서의 삶은 타타르스키에게 직접 세계를 선택할 수 있도록, 그리고 그 선택에 매진하게끔 만든다. 그러나 이것은 그로 하여금 결국 포스트소비에트 사회에 완전히 동화되기 위해서 또 다른 현실의 환영을 구축할 수밖에 없게 만들 뿐이다. 가장 현실적인 인물처럼 보이던 그는 결국 스스로가 만든 환영의

---

[20] 타타르스키의 이름 바빌렌은 언어유희를 포함하고 있다. 이 이름은 음성적 유사성으로 인해 바빌론 신화를 연상시킬 뿐 아니라, 작품의 내용적 의미에서 보면 요한 계시록의 종말신화로까지도 연결이 된다. 바빌렌이라는 이름이 지어지는 과정에서 기반이 된 레닌과 악쇼노프, 이 두 인물의 역사적, 사회적 의미가 타타르스키 안에 녹아 있는가하면, 성인이 되어서 얻은 이름인 블라디미르, 보바, 보브칙은 이름이 사람의 정체성을 나타낸다는 공식을 뒤엎고, 상황과 여건에 따라 변화무쌍한 정형화되지 않은 인물임을 암시하고 있다. 본 장에서는 타타르스키의 이름이 그의 정체성의 불확실성을 의미하는 데 초점을 맞추지만, 이 이름에는 긍정적 요소 또한 있음을 배제할 수 없다. 이에 관해서는 제4장에서 구체적으로 더 논의할 것이다.

허구세계에 갇히고 만다.

펠레빈은 인격의 분열을 경험하는 현대의 시각적 주체를 '호모 사피엔스'의 변종인 '호모 자피엔스(Homo Zapiens)'라고 일컫는다. 막간 광고를 보지 않기 위해 채널을 이리저리 돌리는 족속들을 일컫는 이 말은, 이들의 정체성이 철저한 자본의 지배하에 놓여 있음을 말해 준다. Zapping(채널을 돌리는 행위)는 곧 소비심리를 자극하는 Shopping(쇼핑)으로 전환되고, 이것은 또다시 '상품을 구매하는 인간', '호모 쇼피엔스(Homo Shopiens)'로 환치된다. 텔레비전 광고는 상품의 획득이 인간에게 행복을 가져다준다는 목적을 갖게 마련이다. 그러나 이러한 광고의 행복이란 문구로만 가능할 뿐 현실에서는 실현 불가능한 것이다. 결국 텔레비전은 행복의 소모품인 물건만 제시할 뿐이며, 광고가 만들어낸 시뮬라크르의 거짓세계는 현실을 압박하여 그것을 인간의 눈에 보이지 않게 만들고, 거짓 환영에 사로잡힌 텔레비전 중독자들을 양산할 뿐이다.[21]

엡쉬테인(М. Эпштейн)은 '시뮬라크르'를 러시아포스트모더니즘의 특성 중의 하나로 파악하면서, 이것은 포스트모던 사회의 새로운 특성이라기보다는 러시아 역사 속에서 계속 반복되어 왔으며 러시아문화에 오랜 뿌리를 두고 있는 러시아적 현상이라고 설명한다.[22] 그의 견지에서 보자면, 타타르스키가 속한 새로운 사회의 시뮬라크르 현상은 결코 과거 러시아로부터 분리되어 나온 것이 아닌 그것의 연장선상에 있음을 알 수 있다. 그러므로 그의 정체성은

---

[21] И. С. Скоропанова, *Русская постмодернистская литература*, C.440.

[22] Mikhail Epstein, Mikhail Epstein, *After the Future: The Paradoxes of Postmodernism and Contemporary Russian Culture*, p.189.

과거에 뿌리를 두고 있으며, 그것과의 단절은 사실상 불가능한 것이다. 문학의 추종자였던 그는 이제 새로운 현실과 타협한다. 양심과 문학성을 상실한 그에게 남은 것은 거짓 작가인 크리에이터로서의 정체성이라는 신기루뿐이다.

Очень хорошо, — написал он под текстом. — Утвердить, тольк1 заменить мух Машей Распутиной, литературного обозревателя — **новым русским**, А Пушкина, Крылова и Чаадаева — другим **новым русским**. [......] Пора завязывать с литературоведением и думать о реальном клиенте. (С. 222) 파리를 마샤 라스푸치나로, 문학평론가를 **신러시아인**으로, 푸시킨, 크릴로프 그리고 차다예프를 또 다른 **신러시아인**으로 바꾼 것은 매우 잘한 것이라 확신한다. — 라고 그는 텍스트 밑에 적어놓았다....... [중략] ...... 문학연구와의 결합, 현실적 고객에 대해 생각할 때이다. (강조체는 필자의 것임)

펠레빈은 인간이 목적을 이루어가는 위험성에 대해 진지하게 인식하면서, 대중의 의식에 전체적으로 각인된 열망하는 '자유'란 '시뮬라크르'일 뿐이라고 설명한다.[23] 타타르스키는 무에서 유를 창조하는 창조자가 아닌 이미지의 조직자로 활동하는 만큼, 'Лже-Творец(가짜 창조자)'의 이미지를 갖고 있다. 그가 하는 일은 창조가 아닌 소비되기 위한 문구를 생산한다는 데 있다. 기존에 존재하는 것의 비틀기, 그것 이외에 그가 실제로 창조할 수 있는 것은 아무것도 없기에, 그의 광고 문안은 속물적이고 우스꽝스러울 수밖에 없다. 그 광고문안 속에서 개인의 자유는 마치 시뮬라크르가 현실을 대체하듯 대중조작에 의해 쉽게 뒤집힐 수 있으며, 모든 광고 문구는 가상현실이 만들어 낸 거짓 행복이 된다. 점차 환영의 창조자와 그

---

[23] Т. М. Маркова, *Формотворческие тенденции в прозе конца XX века*(В. Маканин, Л. Петрушевская, В. Пелевин)(Екатеринбург, 2003), С.31.

것을 요구하는 자와의 간격은 좁혀지고, 매스미디어 중심의 사회에서 카피라이터는 진정한 창조자인 양 군림하게 된다.

그럼에도 불구하고 마지막 장면은 타타르스키가 가진 아이러니를 극대화하고 있다. 텔레비전에 방영도 되지 못한 고독한 순례자가 등장하는 미완성 광고 비디오를 보며 타타르스키는 정작 그 모습에서 자신과의 일체감을 느낀다. 최고의 자리에서 느끼는 타타르스키의 불일치는 그가 만든 수많은 광고가 한낱 허구에 불과하다는 것을 반증하고, 고독한 순례자의 형상은 자연스럽게 소설의 서사를 앞부분으로 연결시킨다. 에피그라프에 사용된 레오나르드 코헨의 가사는 이중적 자아를 지닌, 그 어디에도 온전히 속할 수 없는 경계선 상의 타타르스키를 그대로 드러낸다.

> I'm sentimental, if you know what I mean;
> I love the country but I can't stand the scene.
> And I'm neither left or right.
> I'm just staying home tonight,
> getting lost in that hopeless little screen. (C. 7)
> 나는 감상적이다. 당신이 내가 말하는 것을 아는 한 그렇다;
> 나는 조국을 사랑하지만 거기서 벌어지는 일들을 참을 수 없다.
> 그리고 난 좌파도 우파도 아니고.
> 그저 오늘밤 집에 머물 뿐.
> 이 작은 희망 없는 스크린 속에 빠져서.

소설에 도입된 주요 신화 중의 하나인 고대 도시 바빌론과 바벨탑은 소설의 이념적, 구성적 구조를 매개로 하는 소설의 중심적 상징이다. 현실적(광고적)이고 잠재적(정신적)인 장방형 실과 중정형식의 고대 건물이 바로 그 도시의 이름을 가진 바빌렌 타타르스키

앞에 서 있다.[24] 그는 새로운 바빌론을 세우는 것이 아니라 그저 동시대의 삶의 정상, 즉 새로운 바빌론의 정상에 올라갈 뿐이다. 바벨탑은 오로지 올라갈 수 있을 뿐 쳐다볼 수는 없는 것이다. 타타르스키의 삶은 바벨탑의 운명과 밀접하게 연관되어 있다. 절대적이고 영원할 것 같은 바벨탑이 허물어질 운명에 처했듯, 거짓 환영의 탑에 올라선 타타르스키 역시 추락할 운명에 놓여 있는 것이다. 감각적인 타타르스키의 문안은 모든 지적이고 감성적인 능력을 총동원한 듯 흥미를 유발하지만, 이내 공허한 울림이 되고 만다. 진정한 창작의 열정을 잃은 채 환각상태에서 그가 만들어 낸 문구들은 마치 벽돌처럼 극명한 거짓의 세계를 만들어 간다.[25]

따라서 혼돈과 위기, 시뮬라크르로로 상징되는 우리 시대의 창조자 타타르스키는 빠른 사회변화에 능동적으로 대처해 일견 성공을 이룬 듯해 보이나, 실제로 그 내적 상태는 빈곤함, 가벼움이 가득할 수밖에 없다. 과거의 잉여인간이 현실에서 유리했다면, 그는 철저하게 현실에 적응했으나, 그가 만들어 낸 가상의 현실로 인해 오히려 내면이 빈곤해지고 스스로의 정체성을 잃어 가는 역전된 상태를 체험할 뿐이다.

펠레빈은 타타르스키의 광고 문안을 통해 새로운 현실에 처한 주인공의 정신적 충돌과 불일치를 보여 준다. 타타르스키는 마치 펠레빈의 분신처럼 동시대를 살아가며, 현실 속의 작가인 펠레빈과 긴장된 관계를 유지한 채 광고 문구를 만들어 간다. 이들 둘 다 창

---

[24] О. Богданова, *Постмодернизм в контексте современной русской литературы*(СПб.: Петербургский университет, 2004), С.357.

[25] Борис Штейн, *Русская прозана рубеже веков*(М.: ИЛЕКСА, 2004), С.100.

작 및 도덕과 윤리의식에 대한 고민을 교환하며, 러시아 작가들이 늘 가져왔던 글쓰기의 문제에 고심한다. 펠레빈은 자신이 속한 현실, 즉 대중문화의 문학화가 지배적인 현실을 재기발랄한 타타르스키의 광고 문구에 그대로 옮겨 놓으면서, 현대 러시아 문학의 변화된 양상을 신랄하게 그려 내고 있다. 동시대의 많은 작가들이 전통에 대한 해체를 시도하던 시기, 펠레빈은 가장 현대적인 서사 방식을 채택하면서도 과거 작가들이 전통적으로 갖고 있던 정신적 사유와 고민들을 그 내용 안에 다룸으로써 대중문화와 문학과의 결합이 진지한 문제들을 이끌어 낼 수 있음을 보여 주었다. 그런 의미에서 펠레빈은 포스트모던의 전위적 작가인 동시에 새 시대의 흐름을 잘 파악하고 그것의 조화로운 모색을 꾀한 재능 있는 작가라 할 수 있다. 『P세대』는 그의 이러한 대중적 글쓰기를 가장 잘 드러낸 작품이라는 점에서, 그리고 이와 더불어 역사의 통합발전이라는 작가 나름의 현대적 인식으로까지 논의를 확장시키고 있다는 점에서 장르문학의 한계를 뛰어넘은 색다른 시도로 평가될 수 있다.

4. 『P세대』의 담론: 역사주의에 대한 현대적 감각과 인식

『P세대』에 나타나는 모든 사회적, 문화적 현상들은 현대 러시아가 어떤 과정과 경로에 서 있으며, 이러한 역사적 발전과정 속에서 가치와 진리가 무엇인지를 잘 보여 주고 있다. 앞서 살펴보았듯이, 타타르스키는 앞선 모든 이념과 문학정신, 가치들이 전복되는 새로운 시대의 주인공으로 살아가는 것을 볼 수 있었다. 그럼에도 불구하고 타타르스키가 지닌 모순된 이중성, 환영성 등은 그로 하여금 새로운 시대가 이상적 시대는 아닌, 또 하나의 신기루에 불과할 뿐이라는 생각이 들게 하고, 자기가 만든 세계 속에 적응했을 뿐 진리의 세계로부터 부유하는 듯한 모습으로 비쳐진다. 또다시 과거의 잉여인간처럼 현실에서 유리되는 모습으로 마지막 장면에 그려지는 것이다. 어찌 보면 '진정한 현실' 자체가 불가능하기에 삶과 문학이 경계를 잃고, 중심이 없는 '텅 빔'만이 존재할 뿐이다. 이러한 불일치의 상황들을 펠레빈이 역사적 관점에서 어떻게 이해했는가를 살펴본다면, 소설 전체가 주는 메시지는 타타르스키의 형상을 통한 포스트소비에트 시대의 부정적 자화상이라는 기존의 논의와는 완전히 다른 결론을 내릴 수 있다.

19세기의 많은 작가들은 자신의 주인공들에게 작가나 화가 등과 같은 사회를 묘사하고 인식할 수 있는 특정 직업들을 부여했다. 펠레빈이 타타르스키에게 새 시대의 창조자로서의 이미지를 부여하기 위해 현대사회의 신종직업으로서의 카피라이터를 선택했음에는 이의가 없을 것이다. 문제는 '창조자'라는 의미를 어떻게 인식할 것이냐이다. 펠레빈은 철저하게 고전문학의 전통을 그대로 따르고 있다. 동시대를 가장 잘 묘사하고 보여 줄 수 있는 '작가'를 선택했다는 것이다. 다만 이 '주인공-작가'는 과거의 진지함과 신중함이라는 무거움의 옷을 벗고 자신이 속한 세계만큼이나 가벼운 생각으로 가득 차 있으며, 조소가 가득한 희극적 차림으로 가벼움의 세계를 묘사해낼 뿐이다. 이것은 펠레빈이 이해한 동시대의 현실이며, 나름대로 그 세계에 가장 적합한 인물을 창조해 내었다는 것을 의미한다. 그렇다면, 이와 같은 인물을 통해 전하는 내용은 무엇인가? 그것은 패스티지처럼 복잡하게 얽혀진 만큼 어느 각도에서 보느냐에 따라 상반된 논의를 이끌어 낼 수 있을 것이다.

우선 『P세대』는 내용면에서뿐만 아니라 형식면에서도 '잡종적 혼합'을 보여 주고 있다. 세기 전환기 러시아 문학에는 문학어의 은어화와 외국어의 차용과정이 강화되는 현상이 두드러진다. 이런 현상은 '언어의 하부구조 간의 경계가 허물어지는 것(размывание)' 이라 할 수 있다.26) 『P세대』에는 영문으로 전사(轉寫)한 광고문구, 슬로건, 필기체, 영어로 된 용어와 개념, 영문과 노문의 혼용 등 다양한 실험 등이 나타나고 있다. 소설은 혼합, 혼란에 관한 이야기들을 계속해서 해 나가고 있는데, 이러한 것들은 『P세대』가 주장하는 통합적 전략으로서의 글쓰기를 뒷받침하고 있다. 영어단어와 러시아어 문자를 섞은 작품 제목은 바로 이와 같은 조합이 주는 기괴함, 독특한 비유로 눈길을 끌고 있다.

작품 제목은 영어단어와 러시아 문자의 조합이지만, 바로 이어지는 소설 첫 장 제목은 공교롭게도 <Поколение П>이다. 문자 그대로 해석하자면 <P세대>이지만, 제목에 있던 Generation과 첫 장의 Поколение 간의 간극에서 펠레빈의 노림수가 있음을 알 수 있다. 펠레빈은 소설 어디서도 'П'글자의 정의에 대해서는 전혀 언급을 하고 있진 않지만, 도입부에서 자연스럽게 펩시에 대한 이야기를 다룸으로써 독자들로 하여금 당연하게 펩시에서 왔을 것으로 추정케 만들고 있다. 그렇게 본다면, 제목의 러시아 문자 'П'는

---

26) Т. М. Маркова, *Современная проза: конструкция и смысл*(В. Маканин, Л. Петрушевская, В. Пелевин), С.18.

Поколение의 머리글자인 동시에 소설에서 설명하듯 펩시(Пепси) 세대를 상징하는 이니셜로 이중적 함의를 지니지만, 제1장은 펩시 세대가 아닌 페레스트로이카 세대(Поколоение Перестройки), 소비에트 붕괴 이후의 신세대에 관한 이야기에서부터 시작된다. 그러나 이미 이 시기의 젊은이들은 펩시가 아닌 코카콜라도 선택할 수 있었다. 그러므로 제목의 <Generation П>가 '펩시 세대'를 뜻한다면 'Поколение П'는 이미 또 다른 무한한 연상을 가능케 하는 언어유희가 되는 것이다. 더 나아가 낫과 망치의 붉은 소련 깃발이 끌어내려진 그 자리에 미국문화의 대표광고, 즉 코카콜라의 붉은 광고가 대체하는 환유적 상징으로까지 확장된다.[27] 소설의 마지막으로 갈수록 'П'글자는 '죽음과 악'을 상징하는 이쉬타르 여신의 '다섯 개의 발이 달린 절름발이 수캐(пёс)'의 이름인 피즈데츠(Пиздец)에서 기원한 '개망나니 세대(Поколение пса)'라는 확신 쪽으로 기울어진다.[28]

소설의 마지막에 가면서 'П'글자는 대단원, 종말을 뜻하는 느낌의 스펙트럼을 묘사하는 더 많은 의미를 담고 있는 단어라는 것을 알 수가 있다. 이것은 '포스트(пост-)'라는 접두어가 붙은 임의의 개념일 수도 있으며, 또 다른 한편으로는 현대 작가 가운데 새로운 세대(New Generation)로 주목받은 펠레빈(Пелевин) 자신의 머리글

---

[27] 이 부분에서 소츠 아트(Соц-арт)의 대표작으로 불리는 알렉산드르 코솔라포프(Александр Косолапов)의 『레닌-코카콜라(Ленин-Кока кола)』(1993)를 떠올리지 않을 수 없다. 레닌의 얼굴과 나란히 코카콜라(Coca Cola)의 로고, 그리고 '이것이야말로 진짜다, 레닌(IT'S REAL THING. LENIN)'라고 새겨진 이 그림은 레닌으로 상징되는 소비에트의 붕괴와 코카콜라의 자본주의가 나란히 배열되어 있어서 희화와 동시에 새로운 시대로의 전환을 상징하고 있다. 이 부분에 대해서는 Gerald McCausland, "Viktor Pelevin and the End of Sots-Art," Marina Balina(ed.), *Endquote: Sots-Art Literature and Soviet Grand Style*(Evanston, IL: North western University Press, 2000)을 참조.

[28] О. Богданова, *Постмодернизм в контексте современной русской литературы*, С.353.

자를 은밀하게 언급하는 것이기도 하다. 다른 한편으로 펠레빈의 전작 『차파예프와 푸스토타(Чапаев и Пустота)』(1996)의 주인공 푸스토타(Пустота)[29]를 연상시키기도 하고, 어떤 의미에서는 타타르스키의 모습이 갖는 '공허함(Пустота)'을 의미하기도 한다.[30] 이처럼 다양한 의미를 지니는 'П'글자는 '다의성(полисемия)'의 머리글자로 최종 결론을 내릴 수 있다.[31]

그러므로 『P세대』는 문학작품 속에 숨겨진 문화텍스트로서의 가능성을 타진하면서 경계 문학이 가진 특성을 잘 보여 준다. 이런 복잡한 글쓰기는 현재 러시아가 처한 다문화적 현실과 그 속에 내포된 다양한 코드들을 반영하는 것이며, 더불어 문학이 더 이상 자기 영역에 갇혀 있지 않고 미학적 구조와 현실 사이에서 활발하게

---

[29] 바그레초바(О. Багрецова)를 비롯하여 레이데르만(Н. Лейдерман), 파빌로프(М. Павилов), 리포베츠키 등은 푸스토타와 타타르스키 간의 공통점과 차이점에 주목하였다. 이 두 주인공은 '작가'라는 공통된 신분이면서도 서로 다른 지향을 꿈꾼다는 점에서 대립적이다. 'П' 글자가 푸스토타라는 근거는 허구세계에 갇힌 공허한 타타르스키 형상이 마지막에 소설 앞부분의 코헨 가사와 연결되는 환상(環狀)구조에서 그 근거를 찾을 수 있다. 타타르스키는 소설 내내 역사적 의미의 창조자로부터 벗어나 있지만, 그 마지막은 허구성을 깨닫고 다시 전통적 창조자로의 회귀를 꿈꾸는 듯한 인상을 부여한다. 이 모습은 현실에 대한 불확신으로 철학적 사고과정을 겪던 푸스토타의 모습과 오버랩된다. 타타르스키는 최종적으로 푸스토타의 '진정한 시인이자 창조자로서의 형상'을 획득하게 되는 것이고, 결국 이것은 이 모든 소설의 창조자이며 실제작가인 펠레빈으로 연결될 수 있는 것이다. 『P세대』는 타타르스키가 카피라이터에서 크리에이터로 변화하는 과정을 그리면서, 마지막에 진정한 작가로 거듭나는 과정 대신 타타르스키의 내적자아는 본질적으로 그러했던 것을 꿈궈 왔다는 암묵적 종결로 끝을 맺고 있다. 이러한 주인공의 진화가 소설에서 구체적으로 언급되는 대신 제목에 많은 상징을 담음으로써 다양한 논의로 확장될 수 있음을 시사하는 것으로 보인다. 철자 'P'의 또 다른 상징성에 관해서는 Gerald McCausland, "Generation PPP: Pelevin-Pepsi-Pustota-Proizvodstvo-Prodazha-Pribyl," *Wiener Slawistischer Almanach*, Sonderband 54(2001)을 참조.

[30] 파빌로프(М. Павилов)는 펠레빈의 글쓰기에서 드러나는 '공허함(пустота)'에 보다 주목하였다. 펠레빈이 이 소설에서 그리고 있는 현실은 명백하게도 더 이상 해결할 수 없는 끔찍한 상태에 놓여 있으며, 이것을 벗어날 어떤 탈출구도 없고, 그저 아무것도 없는 것만이 존재할 뿐이다. 그것은 곧 '공허함(пустота)'의 변종일 뿐이며, 비록 열린 결말이라 할지라도 이것은 펠레빈의 전작들보다 훨씬 더 우울한 것이다. 빠빌로프는 이러한 결론의 근거로 소설의 마지막, 즉 맥주 캔에 그려져 있는 익숙한 그림과 함께 투보그맨(Туборг Мэн; 맥주애호가)이 지평선을 향해 길을 떠나는 장면을 들고 있다. 그는 이 광고장면의 페이드어웨이 기법이 마치 일종의 현실도피라고 보며, 종교 TV채널 'Шта, авиатор?'를 변형시킨 '나그네여, 빌길을 멈춰라(Sta, viator!)'라는 이 광고의 문구가 타타르스키의 공허함을 그대로 반영한다고 보았다(М. Павилов, "Generation 'П' или 'П' forever?," С.205~207 참조).

[31] 같은 책, 353쪽.

소통하고 있음을 드러내는 것이다. 이와 같은 소통의 거대 담론 속에는 서방 세계에서 들어온 상업적 소비문화와 러시아 고유의 전통적 정신문화가 일견 갈등 양상으로 전개되는 것처럼 보이지만 궁극적으로는 창조적인 통합 양상으로 발전해야 한다는 주장이 담겨 있다. 이와 동시에 펠레빈은 자신만의 독특한 방식으로 '신러시아인'의 문화적 신화를 창조하고, 이를 통해 악마적인 반영웅의 파괴적 기능과 문화영웅의 창조적 에너지를 주인공의 형상 속에 하나로 융화시킴으로써, 통합과 조화의 '균형 잡힌 정체성' 정립을 위한 해법을 제시한다.

이러한 해법은 바빌렌(Вавилен)이라는 이름에 함축돼 있는 문화적, 민족적 상징성에서 찾을 수 있다. 즉 망명 작가 바실리 악쇼노프(Василий Аксёнов)와 혁명가 블라디미르 일리치 레닌(Владимир Ильич Ленин)의 결합을 통한 문학과 이념의 통합에 의해서 뒷받침된다. 18세가 되어 여권을 상실한 타타르스키는 블라지미르란 이름으로 제2의 여권을 부여받는다. 바빌렌과 바빌론, 블라지미르와 보바, 보브칙 등으로 변화되는 주인공의 이름에는 다양한 사회, 역사적 의미가 내포되어 있다.[32] 넴제르(А. Немзер)는 바실리라는 이름이 그리스어로 '황제(царь)'를 뜻하는 'базилевс'라는 단어에서, 그리고 블라디미르는 '세상을 지배하는 자(владеющий миром)'라는 단어에서 유래했음에 주목한다.[33] 그럼에도 불구하고 '70년대

---

[32] 바빌렌은 바실리 악쇼노프와 블라디미르 일리치 레닌의 이니셜을 딴 것으로 그의 아버지가 사회주의에 대한 믿음과 60년대의 이상을 부여하며 지은 이름이다. 하지만 타타르스키는 자신의 이름을 부끄러워한 나머지 자신의 아버지가 동양적 신비에 대한 갈구에서 고대 도시 바빌론을 염두에 두고 붙여 준 이름이라 친구들에게 말한다. 바빌렌이라는 이름은 음성학적, 형태적 유사성으로 인해 고대 도시 바빌론과 바벨탑을 동시에 연상시키며, 타타르스키를 바빌론의 비밀스런 독트린을 계승할 운명으로 그리면서 바빌론 신화를 요한계시록의 종말신화로까지 확장시켜 나간다.

[33] А. Немзер, "Как бы типа по жизни: Роман Виктора Пелевина ≪Generation 'П'≫ как зеркало

소비에트 아이'인 바빌렌은 자신의 이름을 부끄러워하고, 보바라는 이름으로 불리기를 바란다. 그의 이름은 많은 형태의 고리들과 수많은 원과 수많은 의미의 나선 구조로 된 단일한 의미적, 상징적 장(場)에서 서술을 연결해 나가며 그의 성격에 논리를 부여하고 더불어 슈제트의 발전방향을 제시하고 있다.[34]

뿐만 아니라 그의 성(姓) 타타르스키 역시 인종의 통합성을 구현하고 있다. 과거 몽고-따따르에게 러시아가 점령당하였듯이, 오늘날에도 또 한 번 타타르스키에 의해 러시아 광고계에 잠식당하는 아이러니한 전복이 일어나고 있는 것이다. 타타르스키의 이름에서 이념, 문화, 민족성, 시대의 혼합이 이루어지고 있으며, 이러한 지형적, 역사적, 동화적 이름은 펠레빈 창작의 특성과도 상당히 유사하다.[35] 타타르스키의 동료 하닌은 모든 브랜드는 나름의 전설을 갖고 있다고 설명하는데, 그런 의미에서 보자면, 바빌렌 타타르스키는 하나의 브랜드 이름이 되는 것이며, 타타르스키 자신이 그 브랜드의 광고 주체인 동시에 광고대상이 되는 것이다.[36]

바그레초바(О. О. Багрецова)는 『P세대』는 고전문학에서 부차적으로 간주되던 흐로노토프 작품들, 다름 아닌 작가-서술자(창조자)와 독자 간의 관계가 전도되는 창조적 흐로노토프 작품들에서 주체-객체 관계 간의 구조 변경이 지배적일 수 있도록 만든다고 설명한다. 이 책을 독서하면서 떠오르는 모든 생각은 작가의 몫이며, 그

отечественного инфантилизма," *Время MN.* 26(30) (1999, марта).

[34] О. Богданова, *Постмодернизм в контексте современной русской литературы*, С.357.

[35] О. Богданова, С. Кибальник, Л. Сафронова, *Литературные стратегии Виктора Пелевина* (СПб.: ИД «Петрополис», 2008), С.43~44.

[36] Н. Л. Лейдерман, М. Н. Липовецкий, *Современная русская литература: 50~90-е годы*, в 3 т. кн. 3.(М.: Издательский центр "Академия," 2003), С.65.

것들의 비승인된 사고는 금지되어 있다는 소설의 내용은 이와 같은 예를 분명하게 보여 주는 것이라 할 수 있다.[37] 결국 그의 이름이 연상시키는 바빌론 신화와 바벨탑에 담긴 언어의 분열은 소설의 제목 'Generation P'과 텍스트 전반에 걸쳐 등장하는 서로 다른 언어의 "잡종적 혼합"의 통합 과정을 거쳐 역설적으로 극복된다. 미국의 의류 상표 Gap을 이용한 광고 문구는 『P세대』의 주제와 긴밀하게 연관되어 있다.

> RUSSIA WAS ALWAYS NOTORIOUS FOR THE GAP BETWEEN CULTURE AND CIVILIZATION. NOW THERE IS NO MORE CULTURE. NO MORE CIVILIZATION. THE ONLY THING THAT REMAINS IS THE GAP. THE WAY THEY SEE YOU. (C. 92)
> 러시아는 항상 문화와 문명 간의 격차(gap)로 유명했다. 이제 그곳에 더 이상 문화는 없다. 더 이상의 문명도 없다. 남은 건 오직 격차(Gap)뿐. 그들이 당신을 볼 수 있는 유일한 방법이다

이 광고는 타타르스키에 의해 새로운 시대에 대두되는 문제인 순수 문학과 대중문학, 러시아 고유의 전통문화와 상업적 대중문화 간의 격차, 더 나아가는 작가와 독자, 예술가와 대중 간의 격차, 광고주와 소비자의 격차, 그리고 소설의 텍스트에 내재된 기표와 기의 간의 불일치 등으로 러시아 사회현실 내에 존재하는 모든 격차들로 확장시켜 나가고 있다.[38] 결국 이것은 러시아 민족 문화의 특성을 집약한 것으로, 러시아 민족 문화의 향후 진로가 이 격차의 창조적 극복에 달려 있음을 시사한다.

---

[37] O. O. Багрецова, *Постмодернизм в контексте современной русской литературы*, C.9.
[38] 라승도, 「언어의 혼란: 펠레빈의 『P세대』에 나타난 신화담론구조」, 83쪽.

『P세대』는 문화텍스트로서의 문학이 실제로 가능한가를 보여 주는 실험적 창조의 결과물이라 할 수 있다. 리포베츠키(М. Липовецкий) 는 현대 포스트모더니즘문학을 연속과 단절의 조화라고 정의한다. 그의 견해에 따르자면, 펠레빈의 불연속적인 글쓰기는 외적으로는 전통적인 개념에서의 문학과의 단절을 의미하는 듯하나, 결과적으로 볼 때 이와 같은 단절이 연속선상에 있다는 것을 확신시켜 주고 있다. 연속과 단절의 합일치는 역사를 이끌어 가는 힘이 되며, 동시대라는 시, 공간 속에서 러시아인들이 지녀야 할 가치와 진정성이 무엇인지를 깨닫게 해 주는 발전과정 가운데 놓여 있음을 알 수 있다. 펠레빈은 시뮬라크르의 광고 세계로 대표되는 거짓의 세계를 만들어 거짓과 실제 현실 간의 비교를 통해 사고와 분석으로 우리를 둘러싼 세계의 전모를 알 수 있는 가능성을 제시한 것이다.[39] 이처럼 『P세대』 안에는 역사에 대한 펠레빈 특유의 포스트모던적 감각과 인식이 잘 녹아 있는 것이다.

5. 결론

포스트소비에트 문학은 오늘날 러시아인들의 정신적 방황과 혼돈, 정체성 상실의 문제를 중요하게 다루고 있다. 이전까지 러시아 문학이 누려 왔던 전통적 권위와 사회적 역할을 벗어나 새로운 존립기반을 구축해야 하는 중대한 전환점에 놓여 있기 때문이다. 『P

---

[39] Борис Штейн, *Русская проза на рубеже веков*, C.100.

세대』는 소비에트 붕괴 이후에 일어나는 러시아문학계에서의 변화 뿐 아니라 문화적 변화, 그리고 급변하는 러시아 속에서 향방을 잃은 인텔리들의 의식변화와 그 출구 모색과 같은 현실적인 문제들 까지도 포함하고 있다. 펠레빈은 현대 러시아인들이 겪고 있는 박탈감과 공허감, 정신적 방황과 혼돈, 정체성 상실 등을 통해 현재 러시아사회가 당면하고 있는 문제들을 강도 높게 다룬 것이다.

소비에트 해체가 낳은 상실감과 정체성의 혼란, 종말론적 세계관, 포스트모더니즘적 유희 그리고 매스미디어의 여파를 체험하고 있는 오늘날의 러시아에서 타타르스키는 그들의 정체성에 대한 궁금증을 풀어 주는 '동시대의 주인공(Герой нашего времени)'이자 러시아의 잠재된 미래이다. 『P세대』는 포스트소비에트 시대에 국한되지 않고 19세기부터 20세기에 이르는 시기 러시아문학에 존재했던 주인공 유형들, 즉 잉여인간으로부터 오늘날의 신(新)러시아 인에 이르는 모두가 동시대의 문제에서 비롯되었음을 상기시킨다. 이처럼 『P세대』는 러시아사회에 대한 날카로운 조소와 비판, 성찰이 담겨 있는 자화상이자 개인의 정체성을 오늘날 러시아인들의 민족정체성으로 확장시켜 나간 작품이다.

라승도. 2005. 「언어의 혼란: 펠레빈의 『P세대』에 나타난 신화담론구조」. 『외
국문학연구』. 제21호.

이덕형. 2009. 『러시아 문화예술의 천년』. 서울: 생각의 나무.

조유선. 2005. 「포스트소비에트 산문에 나타난 작가의 초상: 페트로비치와 타
타르스키」. 『러시아어문학연구논집』. vol. 18.

Багрецова, О. О. 2002. "Пространство и время в романах Виктора Пелевина."
Актуальные проблемы современнойлитературы. Курган.

Богданова, О. 2004. Постмодернизм в контексте современной русской
литературы. СПб.: Петербургский университет.

Богданова, О., Кибальник, С., Сафронова, Л. 2008. *Литературные стратегии
Виктора Пелевина*. СПб.: ИД ≪Петрополис≫.

Лейдерман Н. Л., ЛиповецкийМ. Н. 2003. Современная русская литература: 50 ~
90-е годы. в 3 т. кн. 3. М.: Издательский центр "Академия."

Липовецкий, Марк. 2002. "ПМС: Постмодернизм сегодня." *Знамя* 5.

ЛиповецкийМ. 2008. *Паралогии: Трансформации (пост)модернистского
дискурса в русскойкультуре 1920-2000-х годов*. М.: НЛО.

Маркова, Т. М. 2003. *Современная проза: конструкция и смысл (В. Маканин,
Л. Петрушевская, В. Пелевин)*, М.: МГОУ.

Маркова, Т. М. 2003. *Формотворческие тенденции в прозе концаXX века.
(В. Маканин, Л. Петрушевская, В. Пелевин)*, Екатеринбург.

Немзер А. 1999. "Как бы типа по жизни: Роман Виктора Пелевина
≪Generation 'П'≫как зеркало отечественного инфантилизма."
Время MN. 26(30) марта.

Нефагина, Г. Л. 1998. *Русская проза: второйполовины 80-х- начала 90-х
годов XX века*. Минск: Экономпресс.

Нефагина, Г. Л. 2003. *Русская проза концаXX века*. М.: Флинта.

Одиннадцать бесед о современной русской прозе. 2009. М.: Новое литературное обозрение.

Полежаев, Д. В. 2003. *Идея менталитета в русскойфилософии "Золотоговека."* Волгоград: ВолгоградскийгоС. университет.

Ремизова, М. 2007. *Толькотекст.* М.: Совпадение.

Смирмов, И. П. 1994. *Психодиахронологика.* М.: Новое Литературное о бозрение.

Скоропанова, И. С. 2004. *Русская постмодернистская литература.* М.: Флинта.

Тимина С.И., Ерофеев В., Немзер А. и др. 2003. *Русская литература XX века в зеркале критики.* М.: Академия.

Хрemтомагия: Русская литература XX века в зеркале критики. 2003. СП б.: Петербургский университет.

Чупринин С. 2009. *Русская литература сегодня: Новыйпутеводитель.* М.: Время.

Штейн, БориС. 2004. *Русская проза на рубеже веков.* М.: ИЛЕКСА.

Basinskii, Pavel. 2001. "The Pelevin Syndrome: A 'New Writer' Is as Old as the World." *Russian Studies in Literature* 37, 3.

Borenstein, Elliot. 2004. "Survival of the Catchiest: Memes and Postmodern Russia." *Slavic and East European Journal* 48, 3.

Dalton-Brown, Sally. 1997. Ludic Nonchalance or Ludicrous Despair? Viktor Pelevin and Russian Postmodernist Prose." *Slavonic and East European Review* 75, 2.

Dobrenko, Evgeny. 2000. "Between History and the Past: (Post-)Soviet Art of Re-Writing." *Russia at the End of the Twentieth Century: Culture and Its Horizonsin Politics and Society.* Stanford: Stanford University.

Dubin, Boris. 2000. "Russian Intelligentsia Between Classics and Mass Culture." *Russia at the End of the Twentieth Century: Culture and Its Horizons in Politics and Society.* Stanford: Stanford University.

Epstein, Mikhail N. 1995. *After the Future: the Paradox of Postmodernism and Contemporary Russian Culture.* Trans. by Anesa Miller-Pogacar. Amherst: University of Massachusetts Press.

Genis, Alexander. 1999. "Borders and Metamorphoses: Viktor Pelevin in the

Context of Post-Soviet Literature." Slobodanka Vladiv-Glover, ed. *Russian Postmodernism: New Perspectives on Post-Soviet Culture*. New York: Berghahn.

Lipovetsky, Mark. 2000. "Literature on the Margins: Russian Fiction in the Nineties." *Studies in Twentieth Century Literature* 24, 1.

_____. 2001. "Russian Literary Postmodernism in 1990s." *Slavonic and East European Review* 79, 1.

McCausland, Gerald. 2000. "Viktor Pelevin and the End of Sots-Art," Marina Balina, ed., *Endquote: Sots-Art Literature and Soviet Grand Style*. Evanston, IL: North western University Press.

_____. 2001. "Generation PPP: Pelevin-Pepsi-Pustota-Proizvodstvo-Prodazha-Pribyl," *Wiener Slawistischer Almanach*, Sonderband 54.

Milne, Lesley. 2004. "Jokers, Rogues and Innocents: Types of Comic Hero and Author from Bulgakov to Pelevin." Lesley Milne, ed., *Reflective Laughter: Aspects of Humourin Russian Culture*. London: AnthemPress.

■■■ **Ⅶ.** 현대 러시아 여성소설의 '체르누하'
 − L. 페트루셰프스카야의 중·단편을
중심으로*

이항재

* 본 논문은 『러시아어문학연구논집』, 제14집(2003)에 발표된 것으로 한국러시아문학회의 동의를 얻어 다
  시 수록한다.

VII.
현대 러시아 여성소설의 '체르누하'
– L. 페트루셰프스카야의 중·단편을 중심으로

1. 머리말

현대 러시아 여성소설(женская проза) 연구에서 '체르누하(чернуха)'의 문제는 여성소설의 개념 및 범주 문제와 함께 중요하게 다루어진다.[1] 여성소설의 테마 및 자질(качество)과 연관된 '체르누하'는 "현실의 부정적인 여러 측면을 묘사하고, 잔혹하고 폭력적인 장면이 가득하며, 암담함과 파멸의 분위기가 짙게 배어 있는 작품"으로 사전에는 정의되어 있다.[2] 따라서 여성소설의 '체르누하'는 오늘날 러시아의 여성작가들이 즐겨 다루는 현실의 부정적인 모습들 – 가난, 이혼, 낙태, 소외, 알코올중독, 강간, 폭력, 절도, 불륜, 매춘, 약물

---

[1] 필자는 현대 러시아 여성소설의 용어와 범주의 문제, 여성작가들의 세대구분, 그리고 이른바 제2세대 러시아 여성작가들의 작품의 특징을 테마별로 나누어 거칠게 살펴본 바 있다. 여성작가들을 1, 2, 3세대로 구분한 것은 그들이 태어난 연대를 기준으로 편의상 그렇게 나눈 것이다. 이항재, 「개혁-개방 이후 러시아 여성소설 연구」, 『러시아 문학』(1998), 25~43쪽 참조.

[2] Г. Н. Скляревской(ред.), *Толковый словарь русского языка. Языковые изменения*(СПб., 1998). 1990년 이전에 발행된 사전에는 체르누하라는 올림말이 없는 걸 보면, 이 단어는 1990년대 초에 나타난 신어(新語)임을 알 수 있다.

남용, 정신병, 범죄, 자살, 살인—혹은 이런 부정적인 측면을 그린 작품을 말한다.[3] 여성소설의 '체르누하'는 공격성(агрессивность), 잔혹성(жёсткость), 자연주의(натурализм)와 동일시되면서 종종 여성소설을 부정적으로 비판하는 빌미가 되기도 한다.[4]

'체르누하'가 긍정적이든 부정적이든, '체르누하'는 현대 러시아 여성소설의 가장 뚜렷하고 강력한 경향임에 틀림없다. 본고에서는 먼저 러시아 여성작가들의 작품에 나타나는 '체르누하'의 다양한 양상을 살펴보고, 제2세대 여성작가로 '체르누하'를 대표하는 류드밀라 페트루셰프스카야(Л. Петрушевская: 1938~)의 중-단편 세계를 작품 속의 여성 형상을 중심으로 비교적 자세하게 고찰한 다음, 이러한 작업을 토대로 '체르누하'와 여성소설의 또 다른 경향이자 일반적 특징인 세태풍속묘사(бытовизм)와의 관계에 대해 생각해 보기로 한다.

2. 제2, 3세대 여성작가들의 '세태 묘사'

현대 러시아 여성소설에서 행복한 가족은 아주 드물고 불행한 가족은 각양각색이다. 모든 불행한 가족의 중심에는 무정하고 이기

---

[3] 본고에서는 '체르누하'가 '현실의 부정적인 측면을 즐겨 그리는 여성소설의 한 경향'을 의미하는 용어로 주로 사용되겠지만, 이따금 현실의 부정적인 측면 그 자체 혹은 현실의 부정적인 측면을 그린 작품을 지칭하는 용어로도 사용되고 있다.

[4] 여성소설의 공격성, 잔혹성, 자연성에 대한 부정적 언급과 비판은 다음의 논문 참조. Бенджамин Сатклифф, "Критика о современной женской прозе," *Филологические науки.* №. 3(М., 2000), С.117~132.

적인 여성과 남성 그리고 자식들이 있다. 제2세대 여성작가인 갈리나 셰르바코바(Г. Щербакова: 1937~)의 「만다린의 해, 혹은 이상적인 대안(Мандариновый год, или идеальный вариант)」은 현대 러시아의 불행한 가정생활, 왜곡된 부부관계, 부모와 자식들 간의 갈등을 담담하게 그린 답답하고 우울한 이야기이다.[5] 출판사 직원인 알렉세이 니콜라예비치와 러시아문학 선생인 안나 안토노브나 사이에는 딸 레나가 있는데, 최근에 알렉세이와 안나는 특별한 이유도 없이 종종 언쟁을 벌인다. 결국 알렉세이는 안나와 헤어지고 출판사 동료(교정원)인 빅토리야와 결혼하려고 한다. 빅토리야는 화가 페도로프와 이혼하고 페도로프가 준 좋은 아파트에서 혼자 외롭게 살고 있다. 그러나 자기 아파트에서 떠나고 싶지 않은 알렉세이는 안나에게 이상적인 대안—빅토리야의 좋은 아파트와 현재 살고 있는 아파트를 맞바꾸자는—을 제시하지만 안나는 이 제안을 거부한다. 딸 레나는 사랑하지 않으면서 편리하고 경제적이라는 이유로 함께 살지만, 익숙해진 아파트를 서로가 차지하려는 이기적인 부모를 존경하지도 사랑하지도 않는다. 레나는 "난 이 아파트를 증오해. 이런 가족은 찢어져야만 해."라고 부모에게 거칠게 말하면서, 동시에 자기에게 자동차를 살 돈을 주면 아파트를 맞바꾸도록 엄마를 설득하겠다고 아버지에게 교활한 제안을 한다. 처음에 부모는 레나의 제안에 화를 내지만 결국 이 제안을 받아들이려고 한다. 그러나 마지막 순간에 레나는 이 제안을 취소한다. 알렉세이는 직장에서 새 아파트를 받으려고 노력하지만 뜻을 이루지 못하고, 가정 문제를 해결하지도 못하다가 갑자기 심장마비로 사망한다. 사람들

---

[5] Г. Щервакова, *У ног лежачих женщин*(М., 2002).

은 이런 일이 만다린이 많이 팔린 해에 일어난 일로만 기억할 뿐, 알렉세이에 대해 곧 잊어버린다. 그리고 생활은 아무 일도 없었다는 듯이 예전처럼 흘러간다.

여기에서 사랑과 이해, 상호 존중을 바탕으로 한 공동체로서의 전통적인 가족의 모습은 이미 찾아볼 수 없다. 부부는 서로 사랑하지 않고, 자식은 부모를 존경하지 않는다. 가족 구성원들 사이에는 불신, 언쟁, 갈등, 타산, 이기심, 거래만이 있을 뿐 진정한 사랑과 이해와 희생은 존재하지 않는다. 작가는 한 가족의 불행한 생활과 우울한 풍경을 꼼꼼하고 냉정하게 그리면서 이 불행한 가족의 매듭을 풀 수 있는 건 알렉세이의 죽음뿐임을 간접적으로 암시하고 있다.

제3세대 여성작가의 대표 격인 타티야나 톨스타야(T. Толстая: 1951~)의 중·단편의 주요 모티브는 꿈과 현실의 괴리, 약속된 것과 실행되지 않은 것 사이의 갈등, 진·선·미에 대한 꿈과 속물적인 현실의 대비, 무엇보다 여성을 황폐하게 만드는 환멸과 이상 사이의 갈등이다. 톨스타야의 대표작 「안개 속의 몽유병자(Сомнабула в тумане)」의 모티브, 플롯, 등장인물들, 작가의 입장, 그리고 전반적인 슈제트의 분위기는 이런 특징을 잘 보여 준다. 로라의 아버지는 선량하고 조용한 동물학자였지만, 지금은 직장에서 해고되어 동물과 자연에 대해 글을 쓰며 공상에 잠겨 밤마다 집안을 떠돌아다니는 몽유병자이다. 로라의 약혼자인 데니소프도 병을 앓고 있다. 데니소프는 자기가 곧 죽을 것이고 아무도 자신을 기억하지 않으리라고 생각하면서 늘 슬픔에 잠겨 있다. 데니소프는 이웃에 사는 선장에 관해 이야기를 쓰고 현실생활에서 좋은 일을 하려고 생각하지만 아무 일도 하지 못하고 죽음에 대해서만 생각하게 된다. 아름답고 적극적인 로라는 아버지를 간호하고 데니소프를 도와주려고 노력하면서 온통 일상에 매달려 있다. 로라는 자신이 극장에 간 사이에 아파트가 털리고(도둑은 커튼까지 가져갔다) 산에서 죽은 동창생 마코프와 만난 얘기를 데니소프에게 해 준다. 데니소프는 마코프를 잊혀진 영웅이라고 생각하여 마코프 박물관을 짓기 위해 모금을 하고 독서회를 조직하지만 수포로 돌아가고, 마코프는 영웅이 아니라 평범한 사람임이 밝혀진다. 데니소프는 능력은 있지만 사람들을 멸시하기 좋아하는 바흐티야로프에게 부탁하여 결혼하는 마코프의 여자 친척이 옷장을 사도록 도와줄 뿐이다. 한편, 로라의 아버지는 어딘지 알 수 없는 곳으로 사라져서 영영 발견되지 않는다. "정말로 그는 그 세상에 도달할까?(Неужели он не добежит до света?)"[6]라는 애매한 질문으로 이 단편은 끝난다.

이 단편에서 우리는 두 개의 서로 다른 세계와 만난다. 하나는 근심걱정, 시시콜콜한 생각, 질병, 해결되지 않은 문제들로 가득한 현실적인 지상의 세계이다. 이 세계는 마치 안개에 휩싸인 듯하고, 이곳의 사람들은 마치 안개 속에서 살아가는 것 같다. 안개는 일상성, 찰나성, 속물성, 모호함이 가득한 이 세계의 상징이다. 이 안개 속의 세계에서는 숨쉬기가 어렵고, 사물을 올바로 보고 식별하기도 어렵다. 다른 하나는 순결한 영혼과 빛이 지배하고, 안개가 걷힌 이상의 세계이다. 로라의 아버지와 데니소프는 안개가 가득한 지상의 세계에 살면서 안개가 걷힌 빛의 세상으로 나가고자 하는 사람들이다. 데니소프는 현실 세계에서 살면서 이 세상의 가치와 진실에

---

[6] T. Татьяна, *Ночь*(М., 2002). C.330.

대해 의심하고, 인생의 의미와 지상의 존재의 덧없음에 대해 깊은 생각에 잠긴다. 데니소프에게 마코프는 자신이 지향하는 순수한 다른 세계의 상징이다. 그러나 현실 세계에서 데니소프는 환상과 공상에 빠져서 바흐티야로프 같은 사람들에게 종속되어 무력하게 살아간다. 데니소프는 때론 풍자적으로 때론 부정적으로 그려지지만 거칠거나 이기적이지 않다는 점에서 바흐티야로프 같은 사람들과는 근본적으로 다르다. 데니소프가 두 세계의 경계선상에서 살면서 다른 세상을 지향하고 있다면, 로라의 아버지는 몸만 이 세상에 있을 뿐 이미 다른 세상에 속한 사람이다. 덧없는 인간의 세계에서 사소한 근심걱정과 욕망이 부재하는 '그곳', 그 세계로의 떠남은 사람들과 도시를 휩싸고 있는 어둠과 영원한 안개로부터 벗어나 선과 빛의 세계로 넘어가는 것을 의미한다고 볼 수 있다. 데니소프와 아버지와는 달리 로라는 현실 세계에서 열심히 살고 있다. 착하지만 다소 어리석은 로라는 '다른' 세상의 가능성에 대해 전혀 생각하지 못하고 일상의 걱정거리에 빠져 살아간다.[7] 여기에서 데니소프, 로라의 아버지, 로라에 대한 작가의 태도는 단순하지 않고 매우 복잡하게 나타난다. 그러므로 "정말로 그는 그 세상에 도달할까?"라는 물음 속에는 더 낫고 더 가치 있는 생활과 세계에 대한 작가의 의혹과 기대가 동시에 울리고 있다.

「불과 먼지(Огонь и пыль)」에는 많은 점에서 서로 대립되는 두 여성의 생활과 인생이 묘사되고 있다.[8] 톨스타야의 다른 여주인공

---

[7] 작가는 로라를 긍정적으로 그리고 있지만, 아버지의 몽유병을 타액(唾液) 요법으로 고치려고 하는 로라의 비이성적인 생각과 노력을 희화하기도 한다.

[8] Татьяна, *Ночь*, C.87~103. 「불과 먼지」는 『러시아 문학』 제9집(1998년)에, 「라일라와 마라」는 『러시아 문학』 제8집(1997)에 우리말로 번역되어 실려 있다.

들처럼 림마는 남편과 아이들과의 불편하고 건조한 현재의 생활은 진실한 생활이 아니라고 생각하고, 밝고 평화롭고 물질적으로 안정된 미래의 생활을 꿈꾼다. 그러나 그 꿈은 애매모호하다. 림마는 거대하고 중요한, 전혀 다른 것을 생각하지만 타성에 젖어 생활하면서 밝은 미래에 대한 믿음을 점점 상실하고 생활에 불만족해한다. 어느 날 문득 림마는 모든 것이 먼지에 덮여 있다고 느낀다. 림마와는 반대로 추한 외모에 정신이 나간 듯한 스베틀라나의 인생은 고통으로 가득 차 있다. 스베틀라나는 폭행을 당하고 노예로 팔려 어딘가로 오랫동안 실종되기도 했다. 그녀는 림마처럼 망상과 희망에 기대어 꾸며 낸 인생을 살지 않고 실제적인 진짜 인생을 살아간다. 미치광이 같은 그녀는 열정에 몸을 맡기며 남자들을 유혹하기도 한다. 스베틀라나는 택시를 타고 가다가 사고를 당해 불에 타 죽었는데, "멀리서도 화염이 보였으며 불기둥이 하늘까지 치솟았다. 불을 잡을 수가 없어서, 모든 게 다 타 버렸을 때 사고 현장에서는 아무것도 발견되지 않았다. 이렇게 잔해들만이 남아 있었다."[9] 신비하고 수수께끼 같은 스베틀라나의 인생처럼 그녀의 죽음도 신비하고 수수께끼 같다. 림마가 인생의 중년에 공허와 피로와 환멸을 느낀다면 스베틀라나는 내면에 품고 있던 불에 타서 죽는 것이다. 먼지가 림마의 불만족스럽고 우중충한 고여 있는 삶을 상징한다면, 불은 자유분방하고 열정적이며 역동적인 스베틀라나의 삶을 상징한다. 우리는 작가가 서로 다른 두 인생을 대비하여 보여주면서 스베틀라나의 인생에 더 공감하고 있음을 알 수 있다.

톨스타야는 다른 작품에서도 언뜻 추하고 여러 모로 두드러지진

---

[9] 같은 책. 103쪽.

않지만 마음이 넉넉하고 고결한 영혼을 지닌 여주인공들에게 따스한 공감을 보내고 있다. 「소냐(Соня)」의 여주인공 소냐는 언뜻 단순하고 모자라는 여자처럼 보이지만 실제로는 영리한 사람들보다 더 훌륭하고 착하다. 사람들은 사심이 없이 남을 도와주려는 그녀를 비웃고 속이지만, 그녀는 모든 사람들을 믿는다. 낭만적인 그녀는 가상의 연인을 사랑하는데, 가상의 연인에 대한 그녀의 생각은 맑고 순수하다. 아이들은 소냐를 두려워했지만, 소냐가 자기들을 진심으로 대해 준 걸 알고는 사랑과 존경의 마음으로 그녀를 추억하게 된다. 「사랑스런 슈라(Милая Шура)」[10]의 여주인공 알렉산드라도 맑고 순수하지만 이 세상에서의 삶은 불행하다. 그녀는 크르임에서 만난 이반 니콜라예비치를 사랑하지만 그에게 사랑을 고백하지 못하고, 사랑을 고백하지 않은 것에 대해 늘 아쉬워한다. 그녀는 자신의 행복을 찾지 못하고 그냥 그렇게 사망한다. 작가는 진한 슬픔을 갖고 사샤에 대해 이야기하고, 우리는 그 슬픔에 공감하게 된다. 「안개 속에서 나온 달(Вышел месяц из тумана)」[11]의 여교사 나타샤도 사랑을 꿈꾸지만 그녀에게 사랑은 찾아오지 않는다. 나타샤의 아름다운 꿈과 대비되는 더럽고, 비좁고, 불편하고, 거친 공공 주택의 생활만이 자세하게 그려진다. 그녀는 나이가 들어 젊은 날의 꿈을 잃어버리고 마음도 메말라 버린다. 나타샤는 특별한 일이 한 번도 일어나지 않은 생활에 이미 익숙해져 버렸고, 아름다움에 대한 그녀의 꿈은 아무것도 이루어지지 않는다.

    톨스타야는 뭔가 아름답고 순수한 것을 꿈꾸지만 결국 현실 공

---

10) 같은 책, 42~54쪽.
11) 같은 책, 128~142쪽.

간에서 그 꿈을 이루지 못하는 사람들(데니소프, 소냐, 슈라)에게 따스하고 공감어린 시선을 보낸다. 그러나 톨스타야가 싫어하는 유형의 인물들도 있다. 「맘모스 사냥(Охота на мамонта)」12)의 간호사 조야가 그런 여자다. 조야는 목적을 이루기 위해서는 무슨 짓이라도 할 준비가 되어 있다. 심지어 혐오스런 블라디미르에게 시집을 가려고도 한다. 보장 없는 사랑을 원치 않는 그녀는 덫을 놓아 남편을 포획하려고 한다. 여자 사냥꾼 같은 조야가 맘모스인 블라디미르를 사냥하는 꼴이다. 톨스타야는 조야의 공허함, 무원칙, 진실하고 순수한 감정의 부재를 비판하고 있다. 「고행자(Факир)」13)의 필린도 톨스타야가 싫어하는 타입의 사람이다. 그는 우아하게 보이지만 허풍쟁이이고 실제로 따분하고 속이 텅 빈 사람이다. 여주인공 갈랴는 처음에 필린을 재능 있는 남자라고 생각하고 그에 대해 호감을 갖지만, 곧 별 볼 일 없어 보이는 자기 남편이 훨씬 내실 있고 믿음직한 남자임을 알게 된다. 필린에게서 환멸을 느낀 갈랴는 평범한 사람들의 일상적인 생활에서 소중한 의미를 발견한다.

이렇듯 톨스타야의 작품에서는 현실과 이상, 꿈과 환멸, 낮과 밤, 빛과 어둠, 불과 먼지, 빛과 안개 등 서로 충돌하고 대립하는 모티브가 교체되어 나타난다. 톨스타야는 이런 모티브들의 교체를 통해 인간 생활에서 나타나는 대립적인 두 원칙의 갈등과 투쟁을 보여주면서, 오늘날 러시아인들이 이 긴장된 자장 속에 불안하게 존재하고 있음을 말하고 있다. 「밤(Ночь)」이라는 작품에는 엄마의 지나친 사랑으로 이상하고 비정상적으로 변한 알렉세이 페트로비치가

---

12) 같은 책, 191~203쪽.
13) 같은 책, 204~230쪽.

등장한다. 그는 거리에서 깡패에게 얻어맞고 나서 작가가 되는데, 첫 번째로 쓴 작품에서 '밤, 밤, 밤, ……'이라고 열 번을 연이어 쓴다. 이러한 모습에는 밤만이 진실이면서, 동시에 밤은 결코 진실일 수 없다는 모순된 생각, 낮과 빛에 대해서도 써야만 한다는 작가의 의도가 숨어 있다. 실제로 톨스타야의 소설에는 인생의 밝은 측면과 어두운 측면, 낮과 밤, 희망과 환멸이 공존하고 있지만, 여전히 인생의 어두운 측면, 밤과 안개, 환멸의 색조가 더 강하게 나타난다. 그러나 다른 여성작가들과는 달리 톨스타야가 집요하게 응시하며 그리고 있는 '밤'의 풍경에는 현실적이기보다는 관념적인 색채가 진하게 나타난다. 이러한 관념성은 톨스타야의 산문에 독특한 분위기, 즉 지적인 요소(интеллектуальность)를 부여하는 주요한 요인으로 작용하고 있음을 알 수 있다.

제2세대 여성작가인 토카레바(В. Токарева: 1937~)와 울리츠카야(Л. Улицкая: 1939~)의 여주인공들도 가지각색으로 불행하다. 토카레바의 「나는 있다. 너는 있다, 그는 있다(Я ест. Ты ест. Он ест)」에 등장하는 여성들은 하나같이 불행하다. 과부인 안나는 아들과 며느리와 불편한 관계이고, 안나의 여자 친구들은 남편의 외도, 물욕, 의심, 질투로 괴로워한다. 교통사고로 식물인간이 된 며느리가 아들에게 버림당하는 것을 보고, 안나는 비로소 같은 여자의 입장에서 며느리를 이해하게 되고 진정으로 며느리를 돌본다. 이 작품에는 세대 간의 갈등, 가족의 해체, 이혼, 불륜 등 삶의 부정적인 측면들이 가득하다. 울리츠카야의 「소네치카(Сонечка)」의 여주인공 소네치카는 하고 싶은 일(독서와 공부)을 제쳐 두고 평생 가사를 돌보며 화가인 남편의 성공과 딸의 교육을 위해 헌신했지만 그 대가는 남편의 배신과 딸의 가출이었다. 남편이 죽고 딸이 시집간 뒤 파킨슨병에 걸려 의자에 홀로 앉아, 비로소 자신이 좋아하는 책을 읽고 있는 소네치카의 모습은 위엄 있고 아름다우면서 동시에 답답하고 슬프다.[14]

셰르바코바, 톨스타야, 토카레바, 울리츠카야의 등장인물들은 주로 도시의 중산층 여성들이다. 그들의 일상은 대개 불행하지만, 그 나름의 탈출구와 구원의 작은 희망과 수단을 갖고 있다. 그들에게 일상은 답답하고 고통스럽지만 그럼에도 불구하고 살아가야만 하는, 여전히 살만한 가치가 있는 삶의 공간이다. 그들을 구원하는 것은 때론 망각이고, 때론 사랑과 자기희생이고, 때론 선과 빛과 아름다움이 가득한 '그곳', 즉 다른 이상적인 세계를 꿈꾸고 열망하는 것이다. 위에서 말한 여성작가들은 불행하고 고통스럽게 생활하면서 육체와 마음의 병을 앓고 있는 현대 러시아인들, 특히 여성들의 신산한 일상생활(быт)을 자세하게 그리고 있다. 이런 의미에서 이들을 대표적인 '세태풍속작가(бытовист)'라고 말할 수 있다. 그러나 현대 러시아인들의 일상생활을 묘사(бытовизм)하고 있는 이들의 작품에서 우리는 '체르누하'의 요소도 쉽게 발견할 수 있다.

---

[14] 토카레바의 소설에 대해서는 이항재, 「개혁·개방 이후 러시아 여성소설연구」를, 울리츠카야의 「소네치카」에 대해서는 이항재, 「현대 러시아 여성소설의 풍경」, 『세계의 문학』(겨울호, 1999년)을 참고할 것.

3. 페트루셰프스카야의 '체르누하'

셰르바코바, 톨스타야, 토카레바, 울리츠카야와는 달리 여성소설의 '체르누하' 혹은 잔혹한 산문(жестокая проза)의 경향을 대표하는 페트루셰프스카야는 가난하고 짓밟힌 중하층 여성들의 비참한 생활을 그린다.[15] 페트루셰프스카야의 작품 세계는 '체르누하' 그 자체이고, 등장인물들(미혼모, 이혼녀, 알코올중독자, 정신병자, 반미치광이, 살인자, 도둑)의 흐로노토프는 바로 지금 이곳의 생존 현장이며 공공 주택과 공중화장실과 병원과 부엌이다. 다시 말해 페트루셰프스카야가 생각하는 생활은 공공 주택, 싸구려 차(茶), 튀긴 감자, 세탁, 청소, 시장보기, 살림과 노동, 집과 직장의 무질서, 해고, 알코올중독, 배우자의 배신, 아이들 양육, 질병, 늙음, 자살 기도, 정신병원, 텔레비전, 여자의 유산이나 출산으로 끝나는 덧없는 사랑, 온갖 유형의 죽음 등등으로 이루어진 것이다.[16] 페트루셰프스카야는 인간 생활과 인간 심리의 어두운 측면을 상세하게 그리면서 생활에서 더 좋은 것과 더 나은 미래를 기대하는 사람들을 풍자하고 야유한다. 이 모든 것들이 작품 전체에 절망, 궁경(窮境), 부조리 등의 칙칙한 분위기를 만들어 낸다. 그러므로 비합리성과 비정신성, 삶의 잔혹성과 무의미함이 가득한 페트루셰프스카야의 작품 세계는 지극히 현실적이고 시시콜콜한 일상의 공간이면서, 동시에 환영과 환각이 출렁이는 비현실적인 공간이기도 하다.

---

[15] 페트루셰프스카야의 몇몇 단편들(「그물과 함정」, 「라일라와 마라」, 「그런 처녀」, 「메데이아」)에 대해서는 이항재, 「개혁-개방 이후 러시아 여성소설 연구」를 참고할 것.

[16] M. Бабаев, "Эпос обыденности. О прозе Л. Петрушевской," *День за днём*(М., 1994. 9. 20).

페트루셰프스카야의 중편 「밤(Время ночь)」은 '체르누하'의 전형적인 작품이다. 우선 '밤'이라는 제목이 작품 전체의 암울한 내용을 암시하고 있다. 이야기의 중심에는 시인이자 연금생활자인 안나 안드리아노브나 골루베바, 그녀의 딸과 아들인 알료나와 안드레이 그리고 안나가 정성을 다해 돌보는 손자 티마가 있다. 이야기는 안나의 일인칭 서술로 진행된다. 쥐꼬리만 한 연금과 인세로 살아가는 안나는 병에 시달리며 궁핍한 생활을 하고 있다. 안나는 살아온 지난 세월을 이렇게 회상한다.

> 당시 나는 겨우 쉰 살이었다! 젊은 날에 벌써 뼈마디가 쑤시고 혈압이 걱정되었다. 항상 그랬다! 정말이지 나는 밤마다 잠을 자지 못했고, 잠깐 눈을 붙였다가 깨고, 또 눈을 붙였다가 깨곤 했다. 그 후 내 인생은 눈사태처럼 무너져 내렸다. 그러나 이 위에 비밀의 커튼을 치자. 무덤 속의 비밀처럼 모든 사람에겐 비밀이 있으니까. 이 비밀은 누설하는 것이 아니다.[17]

이 '무너져 내린' 인생에서 안나는 가난과 질병 속에서 모욕을 당하며 살아왔다. 안나뿐만 아니라 그녀의 자식들도 마찬가지다. 알료나는 극심한 가난을 겪으면서 마음이 거칠어지고 정신분열증 증세를 보이고 있다. 안드레이는 술을 마시고 싸워서 투옥되고, 자살을 기도하고, 하마터면 강도에게 살해당할 뻔했다. 물질적인 궁핍이 육체적인 건강의 훼손뿐만 아니라 정신적인 빈곤을 초래했음을 알 수 있다. 주인공들이 살고 있는 공공주택은 지옥이나 다름없다. 비좁은 공간에서 그들은 서로 언쟁하고 말썽을 일으키고 비명을 지르고 주먹질을 해댄다. 공공주택의 부엌 풍경을 들여다보자.

---

[17] Л. Петрушевская, *Дом девушек. рассказы и повести*(М., 1998), C.376.

계속 뭔가가 부글부글 끓고, 뭔가를 계속 다리고 있었다. 땀에 흠뻑 젖은 알료나는 변비를 앓고 있다. 그녀의 갈라진 젖꼭지와 거친 유선(乳腺)이 보였다. 온도가 높다는 얘기다. 비열한 놈[18]의 면상을 하얗게 질리게 만든 티마의 비명소리. 나는 가만히 있다. 알료나는 비열한 놈이 다른 놈과 함께 밤에 냉장고를 열어 또 모든 걸 먹어 치웠다는 것을 확인하고 나서 나더러 자기 아이를 건드리지 말라고 요구했다. 아침에 보니 아무것도 없었다! 텅 빈 집.[19]

안나의 눈에 비친 또 다른 가족의 일상을 보자.

두 눈을 반쯤 감고, 급한 나머지 욕실을 힐끗 쳐다보니 이런저런 생각이 떠돈다. 물에 흠뻑 젖은 티마는 비명을 지르고, 알료나는 아침마다 변기에 앉아 똥을 싼다. 감옥에서 돌아온 안드레이는 아침에 일어나서 아무 데도 가지 않고, 심지어 목욕탕도 화장실도 가지 않고 그의 의자 겸 침대가 놓여 있는 부엌에 미친놈처럼 앉아서 혼자서 커피를 마시려고 날 쫓아낸다.[20]

가족의 생활은 주로 비좁은 방, 부엌, 화장실, 목욕탕에서 이루어지며, 궁핍과 비명과 탐욕과 패륜이 이 공간을 가득 채우고 있다. 그들은 피를 나눈 가족이라기보다 남남이고 서로가 서로에게 적대적이다. 「밤」에는 별다른 사건도 없고, 슈제트의 변화도 거의 없다. 아무 의미도 없는 자잘한 일들과 매일 그만그만한 잿빛 일상의 반복만이 있을 뿐이다. 많은 일들이 현재가 아니라 과거에 일어나고 있고, 회상의 형식으로 서술되고 있다. 그러나 느린 서사와 외적 단조로움에도 불구하고 내적으로는 극적 요소가 가득하다. 안나는 인생의 무서웠던 시기를 종종 회상한다.

---

[18] 비열한 놈은 알료나의 남편 사쉬카를 말한다. 화자인 안나는 알료나의 남편을 항상 비영한 놈이라고 부르고 있다.

[19] 같은 책, 381쪽.

[20] 같은 책, 370쪽.

소환장을 받고 안드레이가 경찰에 끌려간 무서운 시기였다. 나는 경찰서에 있었다. 예심판사가 내게 고함을 쳤다. 안드레이는 얼굴이 노래져서 반죽음이 되어 집으로 돌아왔다. 사람들이 계속 전화를 해대며 그에게 소리를 질러댔다.[21]

「밤」은 기본적으로 가난과 질병에 시달리면서 고통스럽게 살아가는 삼대에 걸친 불행한 여성들의 이야기로 볼 수 있다. 페트루셰프스카야는 예술적 현미경을 통해 몸과 마음이 망가지고 황폐해진 여성들의 삶을 들여다보고 있다. 여든이 넘은, 안나의 어머니 시마는 육체적으로 너무나 쇠약해져서 정신병원에 누워 외롭게 서서히 죽어 가고 있다. 안나는 온갖 방법으로 어머니를 도우려고 애쓰지만 결국 어머니를 지저분한 변두리 정신병원으로 보내지 않을 수 없었다. 가족과 친척들이 살아 있는데도 정신병원에서 홀로 죽어 가는 시마의 모습은 인간 존재의 비극과 긍정적인 가족상에 대한 환상의 붕괴를 여실히 보여 준다. 가족의 중심이었던 시마는 이제 아무에게도 쓸모없는 존재가 되어 국가의 보호에 내맡겨진 것이다. 시마는 오래전부터 자기 집이 없었고, 친척들은 남이나 다름없었다. 파괴된 가족과 자기 집 없이 가난하게 사는 것은 페트루셰프스카야의 작품에 등장하는 많은 여성들이 일반적으로 겪는 운명이다.

홀로 외롭게 살고 있는 안나도 많은 점에서 어머니의 인생을 되풀이하고 있다. 알료나는 어머니를 잊은 채 바쁘게 살다가 일 년에 딱 한 번 전화하거나 도움을 받으러 들를 뿐이다, 결국에는 안나도 딸과 손자들로부터 버림을 받게 된다. 안나는 아들을 사랑하지만 아들은 오래전에 남이 되어 버렸다. 아들은 착하고 정직했었지만

---

21) 같은 책, 397쪽.

감옥에 들어가 나쁜 친구들과 연루되어 술을 마시고 자살을 기도하게 된다. 아들은 보드카를 살 돈이 필요할 때만 어머니를 생각한다. 아들이 어머니를 부양하는 것이 아니라 어머니가 아들을 부양하는 꼴이다. 안나는 빚 때문에 거의 맞아 죽을 뻔한 아들에게 마지막 남은 돈을 준다. 안나에게 아들과 딸은 남이나 다름없다. 안나는 시를 쓰고 손자를 돌볼 때만 마음의 기쁨과 평화를 느낀다. 딸한테 '글에 미친 여자(графоманка)'라고 비웃음을 당하기도 하고, 비록 시집을 내진 못했지만 시인의 칭호는 안나의 생활에서 중요한 의미를 지닌다.

대학에서 공부한 딸 알료나도 어머니의 실수와 환멸을 되풀이하면서 불행하게 살고 있다. 알료나는 우연히 만난 남자의 첫째아이(티마)를 낳고, 대학생 사쉬카를 속여서 결혼을 했다. 사쉬카는 자기가 속고 있다는 것을 알았지만 거주등록증과 아파트가 필요해서 알료나와 결혼했다. 결국 서로가 서로를 속인 것이다. 알료나는 결혼하고 나서도 남편을 배반하고, 남편과 어머니와 늘 언쟁을 벌이며 시끄러운 사건을 만들어 낸다. 이런 불행하고 왜곡된 상황에서 아이들이 태어나고 자란다. 가족의 불행과 질병이 대물림되는 것은 우연이 아니다. 시마가 정신분열증을 앓고, 안나와 알료나도 정신분열증 증세를 보이고 있다. 가난과 질병뿐만 아니라 실패, 환멸, 거짓, 소외, 무감동과 무관심, 몸과 마음의 공허, 도덕과 윤리의 상실, 그리고 정상적인 인간관계와 가족관계를 파괴하고 가족 간의 사랑을 불가능하게 만드는 모든 부정적인 요소들이 대물림되고 있는 것이다.

실제로 페트루셰프스카야의 작품에는 진정한 가족 관계, 가족 간의 사랑과 이해를 찾아보기 힘들다. 남녀 간의 관계와 사랑도 그렇다. 여기에 낭만적이고 순수한 사랑이 깃들 여지가 없다. 남녀의 사랑과 육체관계는 단지 동물적인 욕망의 해소와 거친 일상과 정신의 빈곤만을 보여 줄 뿐이다. 알료나는 첫 번째 남자와의 첫 관계를 이렇게 일기에 적고 있다.

> 피가 흥건한 누더기 옷 속으로 그가 기어들어 왔다. 그가 펌프질을 해대자 밑에 깐 짚더미가 축축해졌다. 나는 옆구리에 구멍이 뚫린 고무 인형처럼 삑삑 소리를 냈다. 그는 내가 책에서 읽고 기숙사에서 친구들로부터 들은 모든 짓거리를 하룻밤 사이에 시도했다.[22]

알료나의 첫 경험에는 낭만도 주저도 떨림도 느낌도 없이 그저 기계적인 행위로서의 펌프질만 있을 뿐이다. 일기에서 또 다른 남자와의 육체관계가 조금도 미화되지 않고 거칠고 노골적으로 묘사된다.

> 그는 매 순간을 이용하고 싶어 하는 듯 했다. 그는 다시 내 옷을 벗길 구실을 찾고 있었다. 그러나 옷을 벗길 필요도 없었다. 그는 거의 옷을 입은 채로 그 짓을 했고, '자, 참아'라는 말만 했다. 모든 것이 간단하게 끝났다. 나는 다시 타이츠를 신었다.[23]

건강한 육체도 고결한 정신도 잃어버린 이런 여성들의 고통과 불행은 누구의 잘못인가? 물론 대부분의 경우 남성들의 잘못으로 나타난다. 페트루셰프스카야와 다른 여성작가들의 소설에서 남성

---

[22] 같은 책, 362쪽.
[23] 같은 책, 366~367쪽.

들의 모습은 극히 부정적이고 혐오스럽다. 안나가 생각하는 남성들은 '고릴라들'이고 거친 짐승들이며 어리석고 게으르고 음탕하고 비겁하고 지저분한 자들이다. 가정의 지주(支柱)인 남성들이 이 모양이어서 가정은 파괴되고 여성과 아이들이 고통을 당한다. 남자들은 늘 여성들을 배신하고 아내와 아이들을 버린다. 페트루셰프스카야의 작품에서 부정(不貞), 이혼, 유산(流産), 모욕당하고 굴욕 당한 여성들의 테마가 주요한 자리를 차지하는 건 우연이 아니다. 그러나 부정과 방탕에 관한 한 여성들도 남성들 못지않다. 여성들은 우연히 만난 남성들과 연애감정이나 마음의 갈등도 없이 쉽게 육체관계를 맺고 남편을 배신하며, 늘 병에 걸려 있고 자주 애를 지운다. 이러한 여성 형상은 투르게네프(И. С. Тургенев)가 그린 고결한 품성과 맑은 영혼을 지닌 여성들 혹은 육체적 사랑과 정신적 사랑 사이에서 갈등하고 연애와 사랑의 정신성에 대해 숙고하는 톨스토이(Л. Н. Толстой)의 여성들과는 전혀 다르다. 그러나 고결한 품성과 맑은 정신을 상실한 이러한 여성들의 고통과 불행은 딱히 누구의 잘못이라기보다는 현재를 사는 러시아인들, 특히 여성들이 처한 삶의 일반적인 조건에 기인한다고 볼 수 있다.

「밤」의 어둠과 비극은 마지막 부분에서 극에 달한다. 안나가 애지중지하며 키운 손자 티마가 엄마 편을 들어 자신을 등지고, 자식들이 할머니인 시마를 정신병원으로 데리고 갈 때 안나의 대상과 인물에 대한 냉정하고 객관적인 시선과 서술은 몹시 흔들리고 문장과 구두법은 엉망이 된다.

왜 그는 거기서 혼자 잠을 잘까. 아, 아, 아, 왜 네 엄마는 혼자 잠을 자지, 우리

는 생각하지 않을 거야. 거의 칠 년 동안 잠을 자고, 티마의 물건인 모직 수건을
머리에 쓰고, 귓병 때문에 그에겐 그처럼 좋은 체크무늬의 수건이 필요해. 아아,
그는 온통 노란 얼룩무늬 옷을 입었네. 이 장뇌유(樟腦油)는 하늘나라에 가져갈
수 없는데.[24]

자식들이 늙은 어머니를 정신병원에 보내는 패륜의 장면에서 안
나는 흥분하고 의식이 혼미해져 자신에게 무슨 일이 일어나는지
잘 이해하지 못한다. 안나는 어머니를 자기 집으로 데려와야 한다
는 의무감과 병든 늙은이와 같이 살 수 없다는 딸의 가정을 지켜줘
야 한다는 생각 사이에서 번민한다. 결국 어머니를 정신병원으로
보내고 안나는 혼자 집으로 돌아오지만 집에는 아무도 없다. 안나
가 할머니를 집으로 데려오리라고 생각한 딸이 손자들을 데리고
집을 나간 것이다. 이야기는 이렇게 끝난다.

마루에는 침이 묻은 먼지투성이의 고무젖꼭지가 뒹굴고 있었다. 알료나가 애들을
데리고 나간 것이다. 모든 게 끝났다. 티마도 아이들도 없다. 어디로 갔을까? 알
료나는 어딘가 갈 곳을 찾아냈을 것이다. 그건 그녀의 일이다. 그들이 살아 있다
는 게 중요하다. 산 사람들이 날 떠났다. 알료나, 티마, 카탸, 어린 니콜라이도 가
버렸다. 알료나, 티마, 카탸, 니콜라이, 안드레이, 세라피마, 안나, 눈물을 용서해
다오.[25]

결국 가족은 뿔뿔이 흩어지고 안나의 정신적 공허와 고독만이
남는다. 이 정신적 공허와 고독은 안나의 인생에서 일어났던 모든
일─이혼, 가난, 실직, 비좁은 거주 공간, 질병─보다 더 무서운 것
이다. 안나가 '밤'을 사랑하는 것은 우연이 아니다. 밤은 그녀를 위

---

24) 같은 책, 437쪽.
25) 같은 책, 447쪽.

한, 페트루셰프스카야의 대부분의 주인공들을 위한 시간이다. 이 시간에 그녀는 비로소 휴식을 취하고 일을 하고 시를 쓰며 인간처럼 생활한다. 낮은 그녀를 위한 시간이 아니라 행복하고 성공한 사람들의 시간인 것이다. '그럼에도 불구하고' 안나를 비롯한 자식들이, 사람들이 여전히 '살아 있다는 것'은 중요한 의미를 지닌다.

「서클(Свой круг)」은 대학시절부터 지금껏 십 년 이상 동안 매주 금요일마다 세레쥐와 마리샤의 집에 모여서 술 마시고 춤추고 환담을 나누는 여러 친구들(안드레이, 조라, 콜랴)에 대한 이야기이다. 스스로를 인텔리겐차라고 생각하지만 그들은 서로에 대한 배려와 이해 혹은 사랑과 우정의 감정을 지니고 있지 않다. 이 서클의 회원이자 이야기의 화자인 여주인공은 늘 남을 비웃기 좋아하고 잔인하고 악의에 찬 이지적인 여성이다. 세레쥐의 막역한 친구인 콜랴의 첫 번째 아내였던 여주인공은 냉정하고 객관적인 시선으로 모든 인물들과 대상을 자세히 묘사하고 있다. 레코드가게 판매원으로 일하던 렌카는 회원으로 받아들여지지 않다가 교묘하게 마리샤의 신임을 얻고 여주인공-화자와 헤어진 콜랴와 결혼하여 이 서클에 합류하게 된다. 마리샤의 딸 소네치카는 미술, 음악, 시에 재능이 있는 신동이고, 콜랴와 여주인공 사이에 태어난 일곱 살 난 알료샤는 특별한 재능이 없는 아주 평범한 아이로 여주인공이 키우고 있다. 그동안에 안팎으로 많은 일들이 일어났다. 콜랴는 다시 렌카를 버리고 대학시절부터 연모하던 마리샤에게로 간다. 이즈음에 세레쥐는 사랑하는 딸을 위해 마리샤와 형식적인 부부관계만 유지하고 있을 뿐 남이나 다름없는 생활을 하고 있었다. 여주인공의 어머니는 병으로 죽고 아버지도 심근경색으로 죽는다. 여주인공은 자신이 시력을 잃어 가고 있고 불치의 병 때문에 곧 죽을 거라는 걸 알고 있다. 그래서 그녀는 아들의 미래와 운명에 대해 어떤 환상도 갖고 있지 않다. 자신이 죽으면 전 남편 콜랴가 아들을 데려가 키우지 않고 기숙학교나 고아원에 보낼 것을 걱정한 여주인공은 부활절 날에 콜랴를 비롯한 모든 친구들을 집으로 초청하여 그들이 보는 앞에서 계단에 앉아 있던 아들에게 고함을 치며 아들의 얼굴을 때려 피를 낸다. 이것은 아들에 대해 모든 사람들의 연민과 동정을 불러일으키기 위해 치밀하게 계산된 행동이었다. 그녀의 짐작대로 콜랴는 아들을 자신이 데려가겠다고 소리를 지르고 주변사람들은 모두 아들을 걱정한다.

> "알료쉬카! 알료쉬카! 모든 게 끝났다! 내가 데려가마. 엄마는 맘대로 하라고 해! 단, 넌 여기 있어서는 안 돼! 정말 쓸모없는 여자야!" 콜랴가 계단을 내려가며 소리쳤다.
> 나는 빗장을 질러 문을 잠갔다. 내 계산은 맞았다. 그들은 모두 하나같이 아이의 피를 차마 볼 수 없었다. 그들은 조용히 서로를 따로따로 갈라놓을 수 있었지만, 아이, 아이들은 그들에게 성스러운 것이었다.[26]

창밖을 통해 아들을 데리고 가는 전 남편 콜랴를 바라보며 여주인공은 생각한다.

> 알료샤는 부활절 첫째 날에 내 무덤을 찾아올 것이다. 나와 알료샤는 그렇게 하기로 마음속으로 약속했고, 나는 무덤으로 가는 길과 찾아올 날을 가르쳐주었다. 알료샤는 이해할 것이다, 영리한 아이니까.(......) 알료샤는 내가 작별인사도 하지 않고 축복 대신에 그의 얼굴을 때린 걸 용서해 줄 것이다.[27]

---

26) 같은 책, 347쪽.
27) 같은 책, 348쪽.

주변 사람들의 연민과 동정을 이끌어 내기 위해 아들을 폭행할 수밖에 없는 여주인공의 계산된 행동은 그녀 자신은 물론 주변사람들의 마음이 얼마나 무정하고 이기적이고 비인간적인가를 보여 준다. 여주인공은 전 남편은 물론 십 년 이상 관계를 맺어 온 친구들에게 자신의 불치 병에 대해서 말할 수 없고, 아들의 문제를 상의할 수도 없다. 이것은 가족관계는 물론 사람들 사이의 자연스런 인간관계가 완전히 깨졌으며, 사람들 사이에 동정과 선행이 자리할 여지가 없음을 보여 주는 것이다.

실제로 여주인공의 눈에 비친 서클 회원들은 육체적으로나 정신적으로 온전치 못한 사람들이다. 렌카는 앞니가 네 개나 없고, 안드레이의 첫 번째 부인 아뉴타는 자궁에 이상한 병이 있고, 안드레이의 두 번째 부인 나쟈는 한쪽 눈이 푹 꺼져 반숙 계란 같은 모습이다. 이러한 육체적인 결함은 이들의 정신적인 결함과 빈곤을 암시한다. 남자들은 모두 한두 번씩 아내를 버린 비도덕적이고 뻔뻔스런 자들이다. 제드코프(И. Жедков)의 지적대로, 이러한 등장인물들은 마치 전통에서 떨어져 나와 지금 여기에 존재하는 것 같다. 그들은 스스로를 문화인이라고 생각하지만 문화의 경계를 벗어난 사람들이다.[28] 페트루셰프스카야의 작품에 자주 등장하는 비참한 중하층 출신 인물들과는 달리 이들은 물질적 궁핍으로부터는 벗어났지만 극심한 정신적 결함과 정서적 빈곤을 앓고 있다는 점에서 모두 '밤'의 인간들인 것이다.

페트루셰프스카야의 중·단편 선집인『처녀들의 집』에 실린 다른

---

[28] Г.Л. Нефагина, *Русская проза второй половины 80-х--начала 90-х год-ов хх века*(Минск, 1998), С.131 재인용.

작품들도 현대 러시아인들, 특히 여성들의 암담한 일상을 잔인할 정도로 자세하게 묘사하고 있다. 알코올중독과 절도(「알리-바바」), 어린아이 유기와 살해(「아이」), 성적 학대(「그런 처녀」), 미혼모 문제(「그물과 함정」), 고독과 소외(「라일라와 마라」), 질병과 죽음(「빠냐 아줌마의 불쌍한 마음」), 살인과 정신병 (「메데이아」) 등이 이 선집에 실린 주요한 테마들로 하나 같이 일상의 '체르누하'를 생생하게 보여 주고 있다.

4. 맺음말

오늘날 러시아 여성소설은 더 이상 '다른 문학', '비공식 문학'에 속하지 않고 현대 러시아문학에서 중요한 자리를 차지하고 있다. 무엇보다 여성작가들은 자잘한 신변잡기나 이념이니 조국이니 하는 거대 담론에서 벗어나 러시아인들, 특히 여성들의 보편적 일상을 객관적으로 자세하게 그려 내고 있다. 이런 의미에서 여성작가들은 모두 '세태풍속묘사(бытовизм)'에 충실한 '세태풍속묘사 작가들(бытовисты)'로 볼 수 있다. 많은 비평가들이 여성소설에 주목하며 이 점을 긍정적으로 평가하고 있다. 그런데 그들이 그려 낸 러시아인들의 일상은 항상 거칠고 칙칙하며 어둡다. 그 속에서 살고 있는 사람들의 생활은 하나같이 불행하고 고통스러우며, 불행과 고통의 양상 또한 그만그만하다. 우리는 페트루셰프스카야와 몇몇 여성작가들의 작품을 읽으면서 가난, 이혼, 낙태, 소외, 알코올중독,

강간, 폭력, 절도, 불륜, 부정, 매춘, 약물남용, 정신병, 범죄, 자살, 살인 등 현대 러시아인들의 일상의 어두운 속내와 만날 수 있었다. 몇몇 남성 작가들과 비평가들이 부정적 현실을 폭로하는 여성작가들의 경향과 작품에 'порнуха'를 연상케 하는 '체르누하'라는 치욕스런 꼬리표를 붙여 '체르누하'의 공격성, 잔혹성, 자연성을 지적하며 여성소설의 주요한 경향인 '체르누하'를 비판하고 있다.[29] 그러나 기본적으로 '세태풍속묘사'와 '체르누하'가 일상이라는 토양에 깊이 뿌리박고 있고, 그 일상을 객관적으로 자세하게 묘사한다는 점에서 '세태풍속묘사'와 '체르누하'는 거의 동의어라고 볼 수 있다. 달리 말하면 오늘의 러시아 일상은 그만큼 어둡고 부정적이고 고통스럽다는 얘기다. 그러므로 '체르누하'에 대한 지나친 비판은 여성작가들에 대한 남성작가들과 비평가들의 편견과 경계심을 일정 정도 반영하는 것이다.

그러나 우리가 위에서 살펴보았듯이, 여성작가들이 그려 내는 일상의 어둠에는 명암의 차이가 있고, 그 어둠 속에서 살아가는 불행한 사람들, 특히 여성들에 대한 작가의 태도에도 미묘한 차이가 있음을 알 수 있다. 톨스타야, 울리츠카야, 토카레바, 세르바코바의 작품에는 어둠 속에서 비치는 희미한 한 줄기 빛이 있고, 그 빛을 지향하는 사람들이 있다. 그 빛은 자기희생, 사랑, 선행, 인내, 상호이해 그리고 아름다움이다. 그러나 페트루셰프스카야가 그려 낸 일

---

29) '체르누하'의 공격성, 잔혹성, 자연성에 대해서는 앞에서 인용한 Б. Сатклиф의 논문 С.124~127 참조. 최근에 Н. 네이제르만과 М. 리포베츠키는 'чернуха'를 신자연주의(неонатурализм)와 신감상주의(неосентиментализм) 경향으로 설명하면서, '체르누하'를 사회에 대한 잔혹한 진실의 정화력에 대한 믿음과 이데올로기와 설교 등에 대한 증오를 반영하는 것으로 본다. Н. Л. Лейдерман, М. Н. Липовецкий, *Современная русская литература. Книга 3. В конце века(1986-1990-е годы)* (М., 2001). С.80~86.

상은 여전히 깜깜 절벽이다. 거기엔 탈출구도 없고 구원의 희미한 빛도 보이지 않는다. 페트루셰프스카야는 존재의 불랙홀 혹은 지옥 같은 심연을 응시하며 우리에게 자기가 본 것을 그냥 그대로 냉혹하게 묘사하고 보여 줄 뿐이다. 그리고 삶은 치욕이고 고통이지만 그래도 '살아 있는 게 중요하다'고 말할 뿐이다. 여기에서 삶의 진실이 무엇이고, 누가 삶을 더 진실하게 그려 내고 있는가의 문제는 그다지 중요하지 않다. 중요한 것은 그들이 그려 내는 대상과 그 대상에 대한 작가의 태도를 통해 나타나는 다양한 현실인식과 세계관의 차이를 있는 그대로 인정하고, 그것에 대해 일정한 비판적 거리를 유지하는 것이다.

참고문헌

이항재. 1998. 「개혁-개방 이후 러시아 여성소설 연구」. 『러시아 문학』.

이항재. 1999. 「현대 러시아 여성소설의 풍경」, 『세계의 문학』. 겨울호.

Петрушевская, Л. 1998. *Дом девушек. рассказы и повести*. М.

_____. 1998. *Песни XX века. Пьесы. Искусство*. М.

_____. 1989. *Три девушки в голубом*. М.

Щервакова, Г. 2002. *У ног лежачих женщин*. М.

Татьяна, Т. 2002. *Ночь*. М.

Василенко, С. 2002. *Дурочка*. М.

Токарева, В. 1991. *Повести и рвсссказы*. М.

Улицкая, Л. 1999. *Медея и её дети*. М.

Скляревской, Г. Н(ред.). 1998. *Толковый словарь русского языка. Языковые изменения*. СПб.

Бабаев, М. 1994. 09. 20. "Эпос обыденности. О прозе Л.Петрушевской." *День за днём*. М.

Нефагина, Г. Л. 1998. *Русская проза второй половины 80-х--начала 90-х годов xx века*. Минск.

Лейдерман, Н.Л., Липовецкий, М. Н. 2001. *Современная русская литература. Книга 3. В конце века (1986-1990-е годы)*. М.

Бенджамин Сатклифф. 2003. "Критика о современной женской прозе." *Филологические науки*. М. № 3.

Ажгихиная, Н. И(сост.). 1994. *Новая волна. Русская культура и субкультуры на рубеже 80-90-х годов*. М.

Немзер, А. 2000. *Литературное сегодня. 90-е годы*. М.

Shneidman, N. N. 1995. *Russian Literature 1988-1993; The End of an Ear*. Univ. of Toronto Press.

제3부

⋮

예 술

Ⅷ. 포스트소비에트 시대의 러시아영화에 나타난 역사적 재현의 문제들*

기계형

---

* 본 논문은 『역사와 경계』, 제71권(2009)에 게재된 것으로 수정·보완하여 다시 수록한다.

VIII.
포스트소비에트 시대의 러시아영화에
나타난 역사적 재현의 문제들

1. 들어가는 글

개봉된 지 이미 10년이 지났지만 니키타 미할코프(Никита Михалков) 감독의 <시베리아의 이발사(Сибирский Цирюльник)>는 포스트소 비에트 시기에 나온 러시아영화들 가운데 역사 멜로 블록버스터로서 흥행에 성공했을 뿐만 아니라, 영화가 담고 있는 독특한 민족주의 적 서사와 영화를 둘러싼 담론 때문에 특별한 주목을 받는 영화이 다.[1] 한편, <타이타닉>에 비견되는 또 다른 영화 안드레이 크라프 추크(Андрей Кравчук) 감독의 <제독(Адмиралъ)>은 2008년 10월, 역사 멜로 블록버스터로서 러시아영화사 100주년을 기념하기 위해 제작되었을 뿐만 아니라, 그동안 금기시 되었던 백군(Белая Гвардия)

---

[1] 이 영화는 "러시아 영화사에서 가장 비싼 영화"라는 수식어가 따라다니며(제작비 4천3백만 달러, 광고 비 2만 달러) 1999~2000년 러시아 박스오피스 1위를 차지하는 성공을 거두었다. 1999년 5월, 칸영화 제 개막작으로서 한국에서는 2000년 10월 "러브 오브 시베리아"라는 제목을 달고 상연된 바 있다.

을 부각시켜 역사영화가 역사기억의 전쟁터가 될 수 있음을 보여
준다는 점에서 각별히 이목을 끈다.[2]

흥미로운 점은 영화 개봉 직후는 물론이고 지금까지도 평범한
시민에서부터 전문 영화비평가에 이르기까지 많은 사람들이 다양
한 방식으로 영화에 대답하고 있다는 사실이다. 특히 두 영화의 공
식게시판을 통해 관객들이 쏟아 내는 의견들을 종합해 보면, "고난
에 찬 러시아 역사"를 되돌아보고 "러시아인의 진정한 정체성"과
"위대한 러시아에 대해 긍지"를 느끼는 계기가 되었다는 표현이 압
도적으로 많다.[3] 이러한 맥락에서 이 영화들이 각별히 러시아인들
에게 던지는 의미를 음미할 필요가 있다. 역사가의 입장에서 보면
<시베리아의 이발사>와 <제독>은 특히 러시아의 현재를 비추는
거울과 같은 역할을 한다는 점에서 매우 흥미로운 비평의 대상으
로 다가온다.

그동안 '역사영화와 역사적 사실', '역사영화와 역사교육' 사이의
긴장관계를 다룬 논문들이 다수 발표되었고, '영상역사학' 연구들
을 통해 역사영화는 과거를 통해 현재를 보여 주는 정보들의 원천
으로서 자리 잡은 듯 보인다. 그리고 역사영화의 이정표가 되어 준
마르크 페로(Marc Ferro)나 로젠스톤((Robert Rosenstone)의 언명들은
'클리셰(cliche)'의 느낌마저 든다.[4] 그런데, 역사가만큼 영화감독도

---

[2] 총 2천만 달러의 제작비를 들인 이 영화는 러시아에서 개봉되자마자 할리우드 대작 「이글 아이」를 꺾고
3주 연속 박스오피스 최고 정상의 인기를 누렸다. 2009년 1월에는 러시아 최고의 영화상 '황금독수리
(Золотой орел)'의 4개 부문을 석권하고 콜차크 제독 역을 맡았던 콘스탄틴 하벤스키는 최고 남우주연
상을 수상했다. http://us.imdb.com/title/tt1101026/ 구 소련지역, 독일에 이어 한국에서는 2009년 4월
16일에 <제독의 연인>이라는 제목으로 개봉되어 상영된 바 있다.

[3] <시베리아의 이발사> 공식 홈페이지 참조. http://mikhalkov.comstar.ru <제독의 연인>의 공식 홈페
이지 참조. http://admiralfilm.ru/

[4] 마르크 페로, 『역사와 영화』(까치글방, 1999), 로버트. A. 로젠스톤, 『영화, 역사: 영화와 새로운 과거의

스크린 안에서 독자적으로 역사를 재현해 낼 수 있다는 주장에 충분히 동의하면서도, 역사가들은 여전히 감독이 재현해 낸 역사의 상이 실제의 역사와 어느 정도로 부합하는지에 주목하게 된다. 왜냐하면 영화란 본질적으로 예술의 한 장르로서 감독 자신의 상상력이 부가되기 마련이며, 감독은 관객에게서 보다 극적인 감동을 이끌어 내기 위해 사실을 왜곡 또는 각색할 수 있기 때문이다. 게다가 감독이 과거에 말을 건네고 과거를 스크린 속에서 재현해 내는 과정에서 결국에는 과거의 인물들을 현실로 불러내기 때문이다. 바로 이런 맥락에서 두 영화 <시베리아의 이발사>와 <제독>에 나타난 역사적 재현의 문제를 살펴보는 것은 의미가 있다. 그러한 작업은 역사가들로 하여금 역사의 현재성 문제를 부단히 고민하게 해 주며, 역사는 "실제로 어떠했었는지(Wie es eigentlich gewesen)", 그리고 어떻게 해석해야 하는지를 되묻게 하기 때문이다.

하지만, 이 글은 영화 속 재현이 역사적 사실에 부합하는지의 여부에만 강조점이 있는 것은 아니다. 한 치의 오류 없이 과거역사를 완전히 재현하는 것은 불가능할 뿐만 아니라 그것이 이 글의 목적도 아니다. 게다가 <시베리아의 이발사>는 역사적 배경이 제정러시아시대라는 것 이외에는 허구적 요소가 강한 반면에, <제독>은 새로 발굴된 자료에 기반하여 실제의 요소가 강하다. 그럼에도 불구하고 다음의 몇 가지 공통점은 두 영화를 같은 지면에서 분석할

만남』(소나무, 2002); 그 외에 러시아와 소련을 배경으로 한 영화들에 대한 전문논문도 상당수 출간되었다. 류한수, 「전쟁의 기억과 기억의 전쟁: 영화 '한 병사의 발라드'를 통해 본 대조국전쟁과 소련 영화의 '해빙'」 『러시아연구』, Vol. 15, No. 2(2005), 97~128쪽; 박원용, 「10월혁명의 영상독해」, 『역사교육』, 제94집, No. 6(2005), 171~199쪽; 이문영, 「현대 러시아 영화산업의 변화와 블록버스터」, 『러시아연구』, Vol. 17, No. 2(2007), 269~294쪽; 주경철, 「영화를 위한 변명 - 역사와 영화의 관계에 대한 탐색」, 『프랑스사 연구』, 제2호(1999), 129~145쪽 외.

수 있게 해 준다.

첫째, 두 영화는 19세기 말 20세기 초 엄청난 격변의 시기에 러시아를 "살아냈던" 사람들에 대한 역사 인식의 중요한 텍스트로 읽힐 만하며, 더욱이 두 감독이 "진정한 러시아"를 불러오는 과정에서 과거에 대한 노스텔지어와 함께 러시아 민족주의의 호소가 나타난다. 둘째, 두 영화의 역사적 배경은 30년이라는 한 세대 정도의 차이를 두고 특히 제정러시아 시대 말기에 집중되며, 제정러시아 시대의 가치를 이상적으로 그리고 있다는 공통점이 있다. <시베리아의 이발사>에서는 조국애, 명예, 순수함과 우정이 되살려야 할 중요한 가치로서 강조되었으며, <제독>에서도 역시 조국애, 명예와 아울러 정교신앙과 신의가 강조되었다. 셋째, 두 영화 모두 러시아 제국의 군대에 포커스가 맞춰져 있다. 전자는 1885년 알렉산드르 3세 시대의 육군 사관생도들과 장교들에, 후자는 1916년부터 1920년의 해군 수병들, 장교들, 나아가 백군에 강조점이 있다. 넷째, 두 영화를 구성하는 주요 공간은 러시아제국의 심장부인 모스크바와 상트 페테르부르그에서 부터 멀리 떨어진 광활한 시베리아의 삼림과 설원의 주변부로 확장되는 공통점이 있다.

이러한 공통점을 염두에 두고, 이 글은 과거에 말을 건네는 감독의 태도를 중심으로 분석하고자 한다. 미할코프 감독은 러시아제국의 젊은 사관생도(юнкер) 톨스토이를 통해 과거의 도덕적 가치를 현재에 전달하려는 영화의 플롯을 위해 제정러시아의 시대적 배경을 적극적으로 활용하고 있다. 아울러 안드레이 크라프추크 감독은 백군과 그 지도자 알렉산드르 콜차크(Александр Васильевич Колчак) 제독을 영화의 전면에 내세우며 볼셰비키 해석이 지배해 온 주류

역사 아래서 그 목소리를 내지 못했던 사람들에 대한 정치적, 도덕적 복원을 시도하고 있다. 특히 이 글에서는 <시베리아의 이발사>와 <제독>이 나오게 된 배경과 맥락을 염두에 두고 영화의 역사적 재현이 안고 있는 복합적이고 중층적인 문제들을 살펴보고자 한다.

2. 러시아의 민족주의와 애국주의를 위해: 영화
   〈시베리아의 이발사〉

1) 스크린 밖의 풍경과 스크린 안의 풍경 사이에서

문화비평가 버지트 뷰머스(Birgit Beumers)는, 소련 해체 이후 "러시아 주류의 영화제작자들이 러시아의 황량함, 심연, 퇴보를 묘사하던 시기에" 미할코프가 <시베리아의 이발사>를 통해 관객에게 도덕적 길잡이를 제공하고 할리우드식 블록버스터를 만들려고 시도했다고 지적한 바 있다. 나아가 이 영화는 러시아 과거에 대한 내러티브를 통해 미래적 가치를 만들어 낸다고 평가했다.[5] 한편, 문화비평가 수잔 라슨(Susan Larsen)은 이 영화가 "과거의 순수한 가치"를 확인하고 복구하려는 멜로드라마로서, 미할코프 감독의 미

---

5) Birgit Beumers, *Nikita Mikhalkov: Between Nostalgia And Nationalism* (New York. 2005), p.114. 그 외에, Birgit Beumers, "Sibirskii tsiriu'nik," in Jill Forbes and Sarah Street, eds., *European Cinema* (Palgrave, 2000), pp.195~206.

적, 이데올로기적, 상업적 포부와 러시아에 대한 사랑이 혼합되었다고 평가하고 있다. 그는 <시베리아의 이발사>가 잃어버린 러시아의 문화적, 민족적 전통을 되찾는 과정에서 스타일, 감정, 내러티브에 있어 과도하게 러시아의 남성적, 민족적 덕목을 강조하며, 궁극적으로 러시아적 영웅의 가계도를 만들어 냈다고 비판한다.[6]

우선, 스크린 밖에서 이 영화는 성공적으로 포장되었다. 모스크바에서 처음 상연된 1999년 2월 20일은 러시아 정교회의 사순절이 시작되기 전의 마슬레니짜(Масленица) 축제에 맞춰 선택되었으며, 대형스크린과 돌비 음향시스템을 갖춘 최신의 영사장비와 크레믈린 궁을 가득 메운 관객 속에 특히 빅토르 체르노미르딘, 예브게니 프리마코프와 같은 고위급 관료들과 정치가들도 대거 자리 잡고 있었다. 영화 상영에 뒤이어 붉은 광장에서는 마치 국경일이라도 되는 듯 불꽃놀이가 행해졌다. 몇몇의 관찰자들은 미할코프가 자신의 새 영화로 대통령운동을 벌이기라도 하는 것 같다고 혹평하기도 하였다. 영화 상영에 뒤이어 대대적인 상업적 판촉행사가 이루어졌다. 영화를 기리기 위해 향수회사 "신새벽(новая заря)"은 2종의 향수를, 담배회사 "다비도프"는 "시베리아 이발사" 시가를, 그리고 "헤르메스(Hermes)" 회사는 100장의 "시베리아 이발사" 스카프 컬렉션을 출시하였다. 크레믈린 궁전, 정치가들, 불꽃놀이, 독점적 상품들의 판매 등은 단지 상업적인 이해관계의 표현이 아니라 할리우드 영화를 쓰러뜨리겠다는 야심을 보여 주는 엠블렘의 역할을 한다는 지적이 나오기도 하였다.[7]

---

[6] Susan Larsen, "National Identity, Cultural Authority and the Post-Soviet Blockbuster: Nikita Mikhalkov and Aleksei Balabanov," *Slavic Review* 62, no. 3 (Fall 2003), pp.502~503.

아울러 영화광고의 카피, 즉 "그는 러시아인이며, 많은 것을 설명해 준다(Он русский, многое объясняет)."는 이 영화를 잘 표현해 준다. 감독 미할코프는 영화에서 러시아적인 것의 의미들을 부각시키려고 했으며, 라르슨이 지적했듯이 영화는 러시아 민족주의와 애국주의를 표방한 것으로 보인다. 그런데, 자세히 들여다보면 이 영화는 다음의 세 가지 코드로 읽힌다. 첫째, 비극적 사랑의 멜로드라마로서 이 영화는 광적인 발명가 미국인 맥크래캔과 그의 딸을 가장하고 미국에서 온 미모의 브로커 제인 대(對) 사관생도로서 순수한 정열과 명예를 숭고하게 여기는 러시아인 안드레이 톨스토이라는 상반된 캐릭터의 설정, 둘째, 제인과의 개인적 사랑과 사관생도들의 우정과 조국애의 갈등적 대조, 셋째, 1885년의 시대적 상황이다. 즉, 이 영화에는 민족, 조국애와 우정, 역사성의 표방이라는 세 가지 색깔의 코드가 녹아 있다.

그러면, 스크린 안으로 들어가 보자. 영화는 1885년 아일랜드-미국계 발명가 더글라스 맥크래캔(배우: 리차드 해리스)이 시베리아의 삼림벌목용으로 자신이 설계한 기계 <시베리아의 이발사>를 상용화할 수 있는 자금마련을 위해 미국으로부터 제인 칼라한(배우: 줄리아 오몬드)을 부르면서 시작된다. 신용압박을 받고 있었던 맥크래캔은 육군사관학교의 교장이자 장군인 라들로프(배우: 알렉세이 페트렌코)를 유혹하여 알렉세이 대공으로부터 자금지원을 얻으려고 제인을 고용한다. 제인은 맥크래캔의 딸로 가장하고 자의식과 자만심이 강한 라들로프 장군과 장난연애를 하며 결국에는 프러포즈를 하게 만든다. 인생을 비즈니스로 여겼던 제인은 도덕적 가치

---

7) 같은 책, 499쪽. 당시 상황은 다음을 참조. http://www.kinema.uwaterloo.ca/ff-rh992.htm

를 존중하는 사관생도 톨스토이(올렉 멘쉬코프)를 만나 사랑에 빠지지만, 사업지원에 대한 최종계약서를 손에 쥐기 위해 라들로프와 연애놀음을 지속한다. 톨스토이는 자신이 주역을 맡은 "피가로의 결혼" 공연 도중에 제인과 다정하게 앉아있는 라들로프 장군을 공격하였고, 장군은 알렉세이 대공 면전에서 일어난 사건을 무마하기 위해 알렉세이 대공 살해미수죄로 톨스토이를 기소한다. 톨스토이는 자신의 행동에 대해 부인하려는 시도도 하지 않은 채 시베리아 유형에 처해진다. 영화는 제인이 1905년에 미국의 사관생도로서 훈련 중에 있던 자신의 아들 앤드류(흥미롭게도 아버지 안드레이 톨스토이의 영어식 이름)에게 편지를 보내 아버지의 존재를 알려주는 내레이션과 아들을 만나러 가는 장면으로 끝난다.

첫째, 극 중에서 미국인 캐릭터와 러시아인 캐릭터가 극단적으로 충돌하는 모습은 매우 흥미롭다. 미국인 맥크래캔과 제인은 순수하고 헌신적인 심성을 상실한 세상을 대표한다. 반면에, 러시아 사관생도들은 명예와 조국에 대한 사랑으로 가득 차 있다. 전자는 오직 사업성공이나 목표달성만을 생각하는 반면에 후자는 고통과 자기희생, 그리고 운명적 삶을 받아들인다. 믿음도 없고 누군가를 위해 살아 본 적도 없는 제인은 톨스토이를 사랑하면서도 계약건을 성사시킬 목적

(위) 서방에서의 포스터: 화려한 드레스를 걸치고 무도회를 즐기는 제인 칼라한이 부각되어 있다.

으로 게임을 계속했던 것에 비해, 안드레이는 자신의 도덕적 기준을 지켜 냈다. 미국인 발명가 맥크래켄의 기계 <시베리아의 이발사>는 시베리아의 삼림을 벌채하면서 자연을 망치는 제국주의적 수탈의 상징이라면, 시베리아 유형지 작은 마을의 이발사(그의 집 현관에 있는 표지와 집안의 탁자에 가지런히 놓여 있는 이발 기계를 통해 간접적으로 알 수 있는) 안드레이는 자연에 순응하며 자연과 함께 하는 구식의 이발사이자 마을의 치료사로 남는다.

둘째, 영화 안에서 제인과의 사랑의 관계와 사관학교 생도들의 우정의 관계는 매우 대조적으로 나타난다. 나아가 영화는 안드레이가 개인적 사랑이나 개별가족을 넘어서는 유대를 발견하는 인상마저 준다. 비록 제인은 비극적 상황이 자신으로 인해 일어났음에도 불구하고 안드레이를 위해 의미 있는 행동을 하지 못했으나, 사관생도들은 안드레이의 고통과 안타까움을 함께 나눈다. 그들은 안드레이가 위기에 봉착할 때마다 언제나 기꺼이 안드레이를 도왔으며, 그러한 측면은 특히 안드레이를 시베리아로 떠나보내며 모스크바기차역에서 눈물을 흘리는 사관생도들의 모습 속에 극적으로 표현되어 있다. 동료들은 안드레이의 이름을 외치고, 사관생도들의 행진가(Кадецкая фуражка)를 부른다. 사진감독 레베셰프(Пабел Лебешев)는 슬픔을 극대화하기 위해, 안드레이를 떠나보내고 서로의 어깨에 얼굴을 파묻고 울고 있는 사관생도들의 얼굴을 클로즈업해서 감동적으로 보여 준다. 제인은 이러한 동료애, 연민, 함께하는 슬픔과는 완전히 비껴나 있다. 무엇보다도 사관생도들 간의 강한 우정은 러시아 남성성의 영웅적 이미지를 구축하려는 감독의 강박관념을 고스란히 드러내는 것 같다. 미할코프 감독은 개인적인 비애를 함께 풀어 가는 가족과 같은 하나의 공동체로 군대를 그려 냈고, 그럼으로써 러시아 사회 전체를 하나의 가부장, 하나의 대가족으로 치환시키고자 했다.

셋째, 시대적 맥락을 지적할 수 있다. 1990년대 말에 러시아인들은 왜 이 영화에 열광했는가? 이에 대해서는 영화가 만들어지던 당시의 상황에서 요인을 찾을 수 있다. <시베리아의 이발사>는 1987/88년에 시나리오가 쓰였고, 1992/1993년에 출판되어, 1995/1997년 사이에 제작되었다. 그것은 고르바초프의 개혁이 실패하고 소비에트 연방이 해체되며 새로운 러시아가 출현한 그야말로 격동기를 거치면서 만들어졌다. 이 영화의 배경에 러시아 변화의 현실이 오롯이 반영되어 있다고 해도 과언이 아닐 것이다. 이 시기에는 1917년 혁명이 권력욕에 사로잡힌 "소수음모가의 쿠데타"라는 서방의 반공주의적 시각이 러시아에서 수용되기도 하였고, 면죄부를 얻었던 레닌마저도 부인되었으며, 소련의 해체 이후에 러시아연방만 덩그러니 남은 상황에서 "현실사회주의체제"의 실험은 실패로 끝난 듯 보였다. 자본주의 시장경제로의 전환기에 러시아인들 사이에서 한편에서는 과거에 대한 향수와 다른 한편에서는 강한 러시아를 향한 일종의 '심리적' 러시아 민족주의의 요구가 일어나고 있었다. <시베리아의 이발사>는 이러한 상황에 대한 감독 미할코프의 대답이었다. 미할코프 자신이 흥행의 보증수표이기도 했지만, 무엇보다도 당시의 상황을 예리하게 읽고 있었다는 점을 주목해야 할 것이다.[8]

---

[8] 미할코프는 엘리트 명문가에서 태어났다. 그의 아버지 세르게이 블라디미로비치는 시인이며, 극작가로서 「소련의 국가」를 쓴 장본인이고 가장 유명한 아동문학가의 한 사람이었다. 그의 어머니 나탈리아 콘찰로프스카야(1903~1988)는 유명화가 표트르 콘찰로프스키의 딸이다. 그의 외할머니 올가 수리코바는 러시아 최고의 화가 바실리 수리코프(1848~1916)의 딸이기도 하다. 그의 형 안드레이 콘찰로프스키 또한 1980년 서방으로 망명을 떠나기 직전까지 소련에서 작업을 했으며, 최근 다시 러시아로 돌아왔다. 니키

아울러 러시아 영화시장이 바닥을 치고 올라오는 순간에 마침 관객들이 러시아식 블록버스터를 찾았다는 점도 영화의 상업적 성공의 중요한 요인이었다. 이 두 번째 요인은 매우 중요하며 자세한 설명이 필요하다. 1980년대 중반 이후 영화관객들은 검열영화, 즉 금지되었던 주제(알코올중독, 마약, 범죄)를 다룬 영화들에 이끌렸으며, 이는 다분히 페레스트로이카가 가져다준 '공개'의 분위기와 관련이 있었다. 그렇지만 개혁·개방에 뒤이어 결국 소련이 붕괴하면서 1980년대 말과 1990년대 초에는 소위 "체르누하(Чернуха)"의 메시지가 영화를 압도하였다.[9] 영화 속에서는 마피아, 매춘녀, 거지와 부랑아, 알코올중독자들과 가난한 연금생활자들이 배회하는 황폐한 러시아의 현실, 그리고 그러한 현실을 야기한 과거가 폭로되었다. 과거의 건강한 가치들마저도 모두 부정되었고 전환기적 변화의 위기를 벗어날 수 있는 돌파구는 어디에도 없는 절망적인 현실만 존재했다. 놀라운 점은 바로 이러한 상황 속에서 고단한 일상생활을 "살아내야 했던" 러시아인들이 이러한 어두운 영화를 외면하기 시작했고, "위대한 영화의 제국"에서 언제나 안정적으로 존재했던 관객층이 급속하게 해체되는 초유의 사태가 벌어졌다. 러시아의 영화산업은 1990년대 중반에 이르면 10만 명의 관객을 동원하는 것조차 어려웠다.

미할코프의 영화는 바로 이러한 분위기가 반전되는 상황에서 홍

타 미할코프는 1995년 이후 모스크바국제영화제의 종신위원장, 1998년부터는 러시아연방영화인연맹의 의장을 맡고 있으며, 2000년대 블록버스터 영화의 산실인 영화스튜디오 트리테의 사장이자, 영화인을 후원하는 문화재단의 소유자이다. 체르노미르딘 총리시절에는 정당 '우리의 집(Наш дом)'의 사실상의 2인자였다. Birgit Beumers, *Nikita Mikhalkov*, pp.3~12.

[9] "체르누하"는 "러시아의 냉혹한 현실을 배경으로, 그것을 유일한 공간으로 사용한 문학, 영화, 시각예술, 음악"을 통칭한다. 이문영, 『현대 러시아 사회와 대중문화』(한울, 2008), 93쪽.

행을 불러일으킬 수 있었다. 영화산업의 부진 속에서 영화보호법과 같은 제도적 차원의 정부지원과 영화인들의 각성이 일어나고 있었으며, 어려움 속에서도 희망을 가질 수 있게 해 주는 따뜻한 영화, 소위 "좋은 영화(доброе кино)"에 대한 기대감이 생겨나고 포스트소비에트시대에 맞는 긍정적 주인공이 요구되었다. 미할코프는 순수한 러시아적 가치를 추구한 주인공 톨스토이를 제시하였다. 미할코프가 스크린 속에 재현해 낸 과거역사는 마치 "정치적 성명서"와 같은 것이 되었다. 그는 러시아의 진정한 가치를 창조하고 질서와 규율이 회복되기를 바라면

(위) 러시아 오리지널 포스터: 안드레이 톨스토이의 진지한 태도가 부각되어 있다. 높은 도덕적 가치를 추구하는 그는 마치 자신의 명예를 더럽히는 어떠한 행동도 받아들일 수 없다는 강한 몸짓을 보여 준다.

서 러시아의 미래에 대한 강한 민족주의적, 애국주의적 메시지를 담아 영화 속에서 재구성을 시도하였다고 할 수 있다.

2) 러시아 민족주의와 애국주의 사이에서

그런데, 미할코프 감독은 왜 영화의 시대적 배경을 알렉산드르 3세(1881~1894)의 치세에 맞추었던 것일까? 필자의 관심은 바로 여기에 있다. 러시아인의 잃어버린 민족적 전통의 원형이 과연 알렉산드르 3세의 치세에 존재하기라도 했던 것일까? 이 영화는 정확히

말하자면 시대적 배경을 제정러시아로 삼은 것 이외에는 실제로 존재한 역사적 인물에 대한 영화도 아닐뿐더러, 시나리오 작가의 상상력에 기초한 극영화이기 때문에 굳이 역사적 사실의 왜곡이나 오류를 평가의 중요한 잣대로 삼을 필요가 없을지도 모른다. 그렇지만, 러시아에서 민족주의에 대한 논의가 바로 1990년대 중반에 가장 두드러진 사회적, 정치적 이슈로 떠올랐다는 점을 고려해 보면, 미할코프가 영화의 주요 배경으로서 알렉산드르 3세의 시대를 선택한 것은 우연이 아니며 특히, 이 시대에 대한 감독의 문제의식이 깊숙하게 작용하고 있었다는 점을 지적할 수 있다.

우선, 몇 가지 사소한 오류들을 지적해 보자. 감독 미할코프는 역사적 사실 그 자체보다는 시대의 대표성에서 더 많은 것을 끌어왔다. 예컨대, "인민의 의지(народная воля)" 그룹의 테러활동은 알렉산드르 2세의 암살 전에 이미 줄어들기 시작했고, 황제의 사망 이후 일망타진되어 1885년에는 이미 운동의 맥이 끊긴 상태였음에도 불구하고 영화 속에서는 운동이 격렬하게 진행되고 있는 것으로 나타난다. 미할코프 감독이 독특한 러시아적 색채를 드러내기 위해 공들여 연출한 마슬레니짜 축제 장면의 경우, 사실상 당시에 평민들은 불꽃놀이를 하지 않았다.[10] 아울러 19세기 러시아의 문화적 환경에서는 공식, 비공식 석상에서 영어만이 아니라 오히려 불어와 독어가 더 빈번하게 들렸을 것이다. 그리고 톨스토이가 상처받은 자존심과 명예를 걸고 친구와 결투를 벌이는 장면에서, 펜싱 연습장 한가운데 중세형 갑옷을 두른 소품이 설치되어 있는 것은

---

[10] Ю. Ковалев, М. Панова, *Когда мы отдыхаем: Русские народные песни и игры,* (М., 1995), C.16~19.

매우 어색하다. 18~19세기 전반기 귀족의 결투문화를 19세기 후반에 배치하는 방식은 역사적 개연성이 떨어진다.[11] 한편, 라들로프 장군의 사무실에 알렉세이 대공과 직통전화가 연결되어 있다는 설정은 당시보다는 소비에트시대에 가서야 가능한 상황이다.[12] 앞에서 제시한 여러 예에서 보듯이 미할코프는 영화를 위해 존재하지도 않았던 과거를 만들어 낸 셈인데 미할코프로서는 이런 오류들을 사소한 것으로 간주했을 수도 있다.

필자의 생각에 <시베리아의 이발사>에서 눈여겨볼 점은 오히려 다음과 같은 사실에 있다. 미할코프가 스크린 속에서 재현해 낸 과거는 다분히 감독 자신의 해석이 개입된 것이겠지만 - 미할코프는 시나리오 공동작업을 한 당사자이다 - 다른 한편으로 감독 자신의 현실인식과 바램이 농축되어 나타난 것으로 보인다는 점이다. 알렉산드르 3세의 시대로부터 미할코프 감독이 불러내고 싶었던 것은 아버지를 구심으로 하는 애국주의였다고 해석할 수 있다. 즉, 영화에서 알렉산드르 3세는 반동적이고 민족주의적 통치자라는 역사적 평가와 상반되게 "자비로운 짜르"로 묘사되고 있다. 황제는 자식에게 자애로운 아버지일 뿐만 아니라(열병식에서 아들인 황태자 미하일 - 나중에 니콜라이 2세 - 을 말안장 위에 앉히는 다정한

---

11) 1837년 결투로 사망한 시인 푸쉬킨(Александр Пушкин)에게서 보듯이 러시아 귀족에게 결투는 명예를 가리는 중요한 방식이었지만, 사실상 러시아에서는 19세기 말까지도 결투에 관한 공식적인 규칙이 없었다. 뒤늦게 1894년 알렉산드르 3세는 귀족들의 결투를 합법화하였는데 법령, 즉 "장교들의 분쟁해결 질서에 관한 규칙(Правило о порядке разбирательства ссор в офицерской среде)"은 결투가 사라져 가는 시기에 나온 때늦은 조치였다. 이 규칙에 의하면 장교사회는 결투지정권, 결투거부권을 가졌지만 결투는 퇴직한 후에야 가능했다. 규칙은 결투에 대한 형사책임을 파기하지 않았으며, 누가 "규칙에 따라" 정해진 최고질서에 따라" 총을 쏠지에 대해 미리 특사를 약속하는 문서였다. 다시 말해, 이제 결투는 사라졌지만 문서들만 눈덩이처럼 쌓였던 것이다. А. Востриков, *Книга о русской дуэли* (СПб., 1998), С.6. 공식적으로는 1917년 혁명 이후에 결투가 금지되었다.

12) http://www.ostfront.ru/Bibliotek/Mikhalkov.html

아버지), 열병식을 하는 군인들 앞에서는 용맹과 위엄을 갖춘 이상적인 아버지로 부각되었다. 이것은 포스트소비에트의 시대에 제작된 대부분의 영화에서 아버지라는 캐릭터가 부재하던 것과 비교해 매우 대조적이다. 감독은 "어머니 러시아" 모국(родина)이 아니라 "아버지 러시아" 조국(отечество)에 대한 사랑과 갈망을 그려 냈다. 특히 극 중에서 미할코프 자신이 알렉산드르 3세를 연기함으로써 가족과 국가의 아버지 역할을 자청하는 모습에서 이러한 '부성적' 애국주의에 대한 감독의 적극적인 열망을 확인하게 된다.

둘째, 미할코프 감독이 알렉산드르 3세의 시대에서 불러내고 싶어 했던 것은 그 시대의 확고한 '러시아화' 정책에 기초한 민족주의 경향이 아니었을까 하는 생각이다. 물론, 선왕 알렉산드르 2세가 1881년 3월 1일 반정부세력인 '인민의 의지' 잔류 단원들의 폭탄테러에 의해 사망한 후에 36세의 나이로 갑작스럽게 황제가 되었던 그는 이미 진행되고 있던 개혁조치들을 대부분 무위로 되돌리면서 소위 '반동의 시대'를 열었으며,[13] 정치 환경을 급속도로 얼어붙게 만든 장본인이었다.[14] 알렉산드르 3세는 타 민족들에 대한 배타적 러시아화 정책을 수반한 러시아 민족주의의 수호자로서, 니콜라이 1세 시대의 통치이데올로기였던 "러시아정교(правосдавие), 전제정(самдржание), 민족주의(народность)"를 정책의 주요 기조로 삼았다고 알려져 있다.[15] 미할코프 감독이 재현해 낸 알렉산드

---

13) 일반적으로 역사서술에서는 알렉산드르 3세가 정치적 "반동"의 시대를 열었다는 평가가 지배적이지만, 자본주의 경제성장 면에서 국가주도의 산업화 정책이나 철도 등의 기간산업 발전과 연관해 그의 시대를 개혁의 연장선상으로 평가하기도 한다. Российская академия. управления гуманитарный центр, *Реформы в России* (М., 1993), C.91~99.

14) 이 시기에 나온 조치들로서는 1881년 늦여름 국가안전과 공공질서를 보호하기 위한 명목의, 실제로는 부분적인 계엄령상태를 의미하는 "임시법규"를 비롯해 대대적인 반동적 악법들이 통과되었다.

르 3세의 모습은 이러한 역사적 평가와 정합성을 갖지는 않지만, 적어도 강력한 민족주의 정책을 통한 사회의 안정을 바라는 감독의 입장이 반영되었다고 파악된다.

　마지막으로 영화는 그 시대의 강력한 전제정을 부각시키고 있다. 알렉산드르 3세의 정신적 지주였던 포베도노스쩨프는 "인민과 짜르 사이에 있는 무제한의 상호 신뢰, 밀접한 유대 덕분에" 러시아는 위대하며, 인민은 용맹스럽고 훌륭한 자질을 보존하는 사람들이다. 우리는 "그들로부터 많은 것을 배울 수 있다."고 역설한다.16) 인민과 짜르의 혼연일체를 주장하는 그에게 지방자치기구(земство)나 법정과 같은 모든 공공의 정치포럼은 "수다 떠는 곳(говорильни)"으로 폄하되었다.17) 선왕 알렉산드르 2세의 권력시나리오가 적어도 서구적 온건 여론의 지지를 구하면서 엘리트를 육성하려고 했다면, 알렉산드르 3세와 포베도노스쩨프는 이러한 요소들을 배제했을 뿐만 아니라, 그러한 엘리트를 외국사조에 물들은 "민족정신의 배반자"라고 매도하였다. 특히 알렉산드르 3세가 4월 29일 즉위식에서 한 선언의 요지는, 전제적 특권을 유지하고 확대하겠다는 것이었다.18) 선언은 다음과 같이 끝을 맺고 있다. 러시아가 수차례 "동란(смуты)에서 살아남았던 것은 바로 우리의 땅과 그것(전제정 − 필자)과의 깨지지 않는 혼연일체 속에서" 그리고 세습적인 짜르

---

15) А. Ю. Дворниченко, С. Г. Кащенко, М. Ф. Флоринский, *Отечественная история* (М., 2002), С.337~338.

16) Е. А. Перец *Дневник (1880-1883)*, (М-Л., 1927), С.38.

17) П. А. Зайончковский, *Кризис самодержавия на рубеже 1870-1880-х годов* (М., 1964), С.328~29.

18) Richard Wortman, *Scenarios of Power: Myth and Ceremony in Russian Monarchy* (Princeton Univ. Press, 2000), p.202.

권력의 보호 아래에서 있기 때문이다. 포베도노스쩨프는 이처럼, 17세기의 "동란기(смутное время)"를 연상케 하는 "동란"이라는 단어를 사용함으로써 러시아에서 질서의 복구, 영토의 확장, 국가 기구의 강화를 주장하고자 하였다.[19] 이 선언은 러시아를 국가나 제국으로서가 아니라, 러시아 대지(земля русская)로서 언급한다는 점이 놀라운데, 이것은 고대의 연대기에 나오는 용어로서, 세습적 인 군주와 러시아의 '대지' 사이에 "깨어지지 않는" 역사적 일체성 이 있어 왔다는 것을 가리킨다. 이는 광활한 러시아 대지와 러시아 민족을 연결시켜 해석할 수 있는 근거가 되었고 러시아 이외의 지 역에서 러시아화 정책을 강화하는 이데올로기로 작동할 수 있었다.

이러한 세 가지 측면을 고려하면 알렉산드르 3세의 치세는 흥미 롭게도 푸틴의 시대와 오버랩된다. 일반적으로 1990년대 중반 이 후 러시아 민족주의 발흥의 원인으로 크게 4가지 측면이 지적되어 왔다. 첫째, 소련의 현실사회주의의 붕괴 이후 생겨난 이데올로기 의 공백, 둘째, 정체성의 공백 혹은 정체성의 위기를 지적할 수 있 다. 즉, 소련 전역에서 인민을 동원할 수 있었던 소비에트 사회주의 의 가치가 사라지고 각 공화국들이 독립하는 상황에서 러시아인들 이 정체성의 새로운 구심점으로서 민족주의를 찾았다. 셋째, 체제 전환 과정에서 파국에 이른 사회, 경제상황의 악화도 중요한 요인 의 하나이다. 넷째, 체첸전의 발발에서 나타나듯이 소수민족들의 민족감정 분출에 대한 반응으로서 러시아 민족주의가 강조되기 시 작했다는 점이다.[20] 이러한 일련의 상황 속에서 제도적 민주주의에

---

[19] 17세기에 외국의 침입, 류릭왕조의 단절, 자연재해 등의 격변에 처했던 상황을 의미한다.

[20] 김태연, 「현대 러시아에서의 루스끼 민족주의: 그 발생, 특성 그리고 정치적 의미」, 『슬라브학보』 24권

역행하는 강력한 통치권력을 행사하였던 푸틴 대통령은 마치 새로운 러시아의 아버지이자 강력한 짜르로 보였고, 체첸인들과의 전쟁을 벌이면서 강력하고 영광스런 러시아제국을 부활시킨다는 인상마저 주었다. 어떻게 보면 미할코프가 영화 속에서 재현한 알렉산드르 3세의 시대는 이러한 조치들을 통해 러시아의 정치, 사회적 안정을 이룬 푸틴 대통령의 통치체제를 찬성하는 감독의 입장을 드러내기 위한 고의적인 장치가 아닐까?

3) 장교들의 열병식과 남성적 우정 사이에서

영화 <시베리아의 이발사>가 과거로부터 불러내고자 했던 애국주의, 민족주의, 강력한 통치력은 무엇보다도 군대에서 키워지는 남성적 가치였다는 점이 흥미롭다. 영화 안에서 군대는 개인적 사랑과 가족을 대체할 수 있는 이상화된 공동체로 나타난다. 이 공동체 안에서 황제와 그의 충성스런 군대는 진정한 일치를 이룰 뿐만 아니라, 질서정연한 열병식은 황제와 장교들을 잇는 일치의 표현이었고, 일사불란한 통일성을 지니는 러시아제국의 상징이었으며, 사관생도들 사이의 우정은 조국에 대한 깊은 사랑에 기초하는 것이었다. 미할코프 자신은 바로 이러한 점을 강조하고 싶었을 것이다. 하지만, 알렉산드르 3세의 시대가 이러한 기대에 잘 부합했던 것은 아닌 듯하다.

미할코프가 감탄해 마지않았던, 그리고 영화 안에서 하나의 대체

1호(2009) 153~154쪽.

가족으로 이상화하는 공동체로서 군대는 무엇보다도 장교들의 공동체를 의미했다. 1874년 밀류틴에 의해 수행된 러시아 군대개혁은[21] 프러시아와 프랑스의 전쟁에서 프러시아의 승리를 목격한 후 군지도자들 가운데 조성된 찬성여론 속에서 촉진되었다.[22] 영화 속 주인공 톨스토이는 명문 귀족가문은 아니었던 것으로 보이는데, 적어도 영화 안에서는 능력에 의해 군 고위층으로 올라갈 수 있는 첫 번째 사다리가 사관생도(장교)라는 것을 넌지시 보여 주고 있다. 이러한 가능성은 무엇보다도 군대개혁의 과정에서 생겨났다. 열병식은 장교가 되는 과정에서 중요한 관문이기도 했는데, 이것은 장교들의 유대에도 중요했지만, 적어도 황제와 혼연일체를 경험하는 통로가 되었을 것이다.

흥미롭게도 영화 속에서 알렉산드르 3세는 근위연대를 포함해 군대의 열병식을 즐겼으며 군대와 혼연일체를 이루었던 것으로 묘사되고 있는데, 사실상 그것은 선왕인 알렉산드르 2세의 이미지였다는 점을 지적해야 한다. 1881년 4월 29일 즉위선언 직후, 알렉산드르 3세는 수도의 근위연대의 연중행사인 5월 열병식을 마르스 연병장(Марсово поле)에서 열었는데 그것이 마지막이었다. 선왕

---

[21] 밀류틴의 군대개혁 이후, 귀족층이 출생과 혈통, 교육, 커넥션에 의해 군 고위층을 독점하는 경향은 줄어들었다. 물론 개혁은 군대에서 귀족의 우위를 완전히 제거하지는 못했지만, 재능을 기반으로 하는 장교진입의 길을 열어주었다. 존 부쉬넬(John S. Bushnell)의 설명에 따르자면, 두 트랙의 시스템이 만들어진 것이었다. 즉, 비특권계층이 들어가는 정규군대와 엘리트 귀족이 들어가는 배타적인 근위대로 이분화되었다. 밀류틴은 지역사령부의 엄격한 요구에 응하는 융커학교와 군사 김나지움을 도입하였다. 그는 그동안 고위 장교직을 선호하는 젊은 귀족들을 위해 고상한 학교교육을 제공한 생도 군사교련단(cadet corps)을 폐지했다. 그는 입학기준을 높였고, 참모 아카데미(General Staff Academy)의 커리큘럼을 개선하였다. П. А. Зайнчковский, *Кризис самодержавия на рубеже 1870-1880-х годов*, С.186~187.

[22] John S. Bushnell, "Miliutin and the Balkan War: Military Reform vs. Military Performance," in Ben Eklof, John Bushnell, and Larissa Zakharova, eds., *Russia's Great Reforms, 1855-1881* (Bloomington, 1994), pp.150~151; Forrestt A. Miller, *Dmitrii Miliutin and the Reform Era in Russia* (Nashville, 1968), pp.182~230.

알렉산드르 2세 시대의 제복을 입고 마지막으로 벌였던 5월 열병식은 군사적 전통의 연속성을, 그리고 전제정의 담대한 통치력을 보여 주는 증거였다. 독일과 오스트리아의 대사를 포함해 터키와 페르시아의 외교사절들도 초빙되었다. 황제는 사열한 근위대의 거대한 함성 속에서 말에 올라탔으며, 보병과 기병 편성부대가 황제의 텐트 앞으로 행진해 지나갔다. 알렉산드르 3세에 의하면 이러한 열병식은 "전제정의 힘과 영원함을 과시하는 것이었다." 알렉산드르 3세는 열병식에서 "우리는, 우리의 할아버지와 아버지의 예에 따라, 전제적으로 그리고 군주적으로(самодержавно и единодержавно) 통치할 것이다."라고 소리쳤고, 군대는 함성으로 대답하였다. 5월 열병식은 이것이 마지막이었으며, 알렉산드르 3세는 열병식을 겨울궁전 앞의 겨울 열병식으로 대체하였다.[23]

알렉산드르 3세에게 열병식은 "전제정의 힘"을 드러내는 것이었던 반면에, 알렉산드르 2세에게 열병식은 절대 변치 않는 개인의 헌신과 상호 헌신의 영역이며, 제복, 행진, 마상 기술, 승마술의 신비에 고취된 남성들의 영역이며, 사회에 대한 믿음을 잃어버릴 때조차도 상호 헌신의 시나리오가 퍼져있는 영역이었다. 황제와 장교들 사이에 소통되었던 이러한 군대문화의 모범은 러시아제국의 수행원들에게서 그대로 표현되었다. 황제 수행원들의 사열식은 모든 열병식의 중심에 있었다. 알렉산드르 2세와 수행원들과의 관계는

---

[23] 겨울궁전 앞에서의 열병식은 군 열병식의 화려한 스펙터클을 침울하고 위협적으로 만드는 것이었다. 한 장교는 회고하기를, "하늘은 대부분 회색이었으며, 군대의 코트와 흰 눈은 조화를 이루지 못했고, 회색 종위 위에 그린 수채화처럼 단조로운 그림으로 구성되었다. 오로지 둔하게 번뜩이는 흉갑기병의 갑옷과 모자가 그 장면을 활기 있게 해 주었을 뿐이었다." Б. В. Геруа, *Воспоминания о моей жизни* (Paris, 1969), vol. 1, C.81, C.92. Richard Wortman, *Scenarios of Power: Myth and Ceremony in Russian Monarchy*, p.203 재인용.

격식이 없고 동지적이었다. 그는 그들을 친구라고 불렀고, 그들 자녀들의 대부로서 행동했으며, 그들이 아플 때 방문하였다.[24) 사열식과 열병식의 수행원들 가운데는 외국의 왕자들과 귀족가문의 젊은 장교들이 포함되어 있었다. 미하일롭스키 승마연습장에서 열리는 수도의 근위연대의 일요마상대회(Sunday review)는 열병식의 하이라이트였다. 러시아군제복을 입은 대공들과 외국의 왕자들이 함께 사열식에 참가해 명령을 받았고, 외국 사절단들과 가족들은 이것을 관람하며 서로의 관계를 돈독하게 만들었다. 제복을 입은 다양한 연대의 사열식, 무기를 가지고 펼치는 연기 등은 보는 사람들의 눈을 사로잡았으며, 황제는 기분이 좋아지면 "훌륭하다(молодец)!"를 외쳤고, 열병식 참가자들은 "우리의 최선을 다해서 기쁩니다. 폐하!"를 외쳤다. 이러한 외침은 몇 번이고 계속되었다.[25)

결론적으로 영화 속에서 미할코프 감독이 재현해 낸 장교들과 알렉산드르 3세 사이의 완전한 교감 장면은 실제로는 알렉산드르 2세에게 더 적당한 모습이었다. 정치적 반동노선을 택했던 알렉산드르 3세는 사회의 여러 세력들과 그러한 교감을 충분히 만들어 내지 못하였다. 특히 사관생도들 사이의 우정의 관계나 열병식에서 나타나는 황제에 대한 충성심으로 표현되는 고양된 애국주의가 1885년 상황에 존재했는지에 대해서는 지극히 의문이다. 이런 맥락에서 아버지 짜르와 충성스러운 군대, 그리고 질서정연한 열병

---

24) 적어도 월트만(Richard S. Wortman)의 설명에 따르면, 알렉산드르 2세에게 열병식은 황제의 의지를 드러내는 것이라기보다는 오히려 상호 충성을 대대적으로 보여 줌으로써 정략결혼을 통해 연결된 서구 황실과 러시아 귀족엘리트의 커뮤니티의 표시였다. 황제와 교유했던 수행원들 숫자는 1855년에 179명에서, 1881년에는 385명으로 늘어났다. Richard Wortman, *Scenarios of Power: Myth and Ceremony in Russian Monarchy*. p.132.

25) В. Вонлярский, *Мои воспоминания* (Berlin, 1939), С.47~48.

식, 사관생도 사이의 진실한 우정으로 표현되는 조국에 대한 사랑은 어쩌면 미할코프의 현재적 열망이 만들어 낸 일종의 판타지가 아닐까 하는 생각이 드는 것은 이런 맥락 때문이다. 이처럼 미할코프 감독의 영화 <시베리아의 이발사>에 나타난 역사적 재현의 문제점은 동일하게 크라프추크 감독의 영화 <제독>에서도 반복되어 나타난다. 역사적 논쟁이 되는 인물 콜차크의 선택은 역사적 재현이 지니는 복합적, 중층적 문제들을 더욱 부각시킨다.

3. 제정러시아 시대의 노스탤지어: 영화 〈제독〉

1) 영화 안과 영화 바깥의 풍경 사이에서

영화 <제독>은 평가가 상반되는 인물과 시대를 향해 감독 크라프추크가 그간의 역사인식에 대해 문제제기를 했다는 점에서 주목할 만하다. 특히 이 영화는 현재까지도 정치적·법적 복권이 이루어지지 않은 백군 지도자 콜차크를 다룬 역사영화라는 점에서, 그리고 내전((Гражданская война, 1918~1920)이라는 매우 논쟁적인 주제들과 연결됨으로써 현재 러시아에서 벌어지는 역사기억을 둘러싼 갈등을 반영하고 있다는 점에서 흥미롭다. 내전에 대한 평가는 1917년 10월혁명에 대한 평가와 연동해 논쟁적이다. 소련시기에 오랫동안 금기시되었던, 콜차크를 비롯한 백군에 대한 연구는 소련의 붕괴 이후 활발하기 이루어질 수 있었으며, 영화 <제독>

은 바로 이러한 연구들을 기반으로 해서 제작될 수 있었다.

2006년부터 약 2년에 걸려 제작된 이 영화의 주제는 언뜻 보면 내전의 격동기에 콜차크(배우: 콘스탄틴 하벤스키) 제독과 티미료바(배우: 옐리자베타 보야르스카야) 사이의 사랑에 있으며, "전쟁은 선택이지만 사랑은 운명"이라는 꽤나 진부한 영화광고 문구에서 나타나듯이 생사를 넘나드는 전쟁터에서 꽃을 피운 영원한 사랑처럼 보일 수 있을지 모른다.

내용은 다음과 같이 요약할 수 있다. 1차 세계대전 시기 발트해에 출현한 독일군 순양함과의 전투에서 혁혁한 공을 세우고 41살의 젊은 나이에 흑해 함대의 제독에까지 오른 콜차크는 군동료의 아내인 티미료바와 운명적인 사랑에 빠진다. 그러나 가정이 있는 그는 아내에 대한 신의와 아들에 대한 책임으로 자신의 감정을 절

(위) 러시아 개막 상연 포스터

제한다. 1917년 2월 혁명 이후 케렌스키 임시정부와 화합할 수 없었던 콜차크는 미국으로 추방되고, 그의 아내와 자식은 세바스토폴에 남아 있다가 영국상선을 타고 파리로 망명한다. 콜차크는 다시 러시아로 들어와 백군에 가담하고 1918년 11월 시베리아 동부전선에서 백군의 지도자가 된다. 옴스크 지역을 중심으로 한 백군의 위력은 1919년 가을을 지나면서 적군의 수적 우

세 속에서 점차 쇠잔해지고, 겨울에 이르러 이르쿠츠크로 퇴각하지 않으면 안된다. 티미료바는 콜차크가 옴스크에 있다는 소식을 듣고 남편과 헤어져 간호병으로 지원한다. 멀리에서 콜차크를 지켜보면서 사랑을 키워 가던 티미료바는 콜차크와 오랜만에 해후하고 시베리아철도를 장악하고 있던 체코군의 기차를 타고 이르쿠츠크로 퇴각한다. 콜차크의 유일한 희망은 카펠 장군이 속히 이르쿠츠크로 진격해 주고 그곳에서 힘을 합세하는 것이었지만 뜻대로 되지 않는다. 제1차 세계대전 시기에 러시아제국 편에 섰던 체코군은 당시로서는 가장 믿을 만한 무장군이었다. 체코인들은 연합군 사령관 쥐낭(Janin)의 명령을 받았지만 중립을 선언하면서 연합군에 대한 협조를 거부했고, 콜차크는 이르쿠츠크에 도착하자마자 이미 볼셰비키가 접수한 이르쿠츠크 정치국에 넘겨진다. 콜차크는 투옥되었다가 1920년 2월 7일 총리 페펠랴예프와 함께 총살형에 처해진다. 콜차크와 함께 기꺼이 투옥되었던 티미료바는 콜차크 사형 이후 풀려났지만, 백위군과의 관련으로 그 후 37년간 감옥과 유형소에서 전전하다가 1960년에 풀려났으며 1975년에 사망한다.[26]

영화 상연 이후 「콤소몰스카야 프라브다(Комсомольская правда)」와의 인터뷰에서 크라프추크 감독은 내전과 백군이라는 주제가 매우 논쟁적인 문제이고 신랄하게 비판받을 수 있음을 예상했다고 밝히면서도, 이 영화가 "자신의 군동료의 아내인 젊은 여성을 사랑하게 된 사람의 복잡하고 도덕적인 주제"로도 읽히기를 희망했다. 아울러, 이 영화의 프로듀서로 참가한 아나톨리 막시모프 역시 다음과 같이 말하고 있다. 그는 "역사영화는 전문가들에게서 반드시

[26] Е. Толстая, *Адмирал кинороман* (СПб., 2008); *Адмирал Энциклопедия* (СПб., 2008).

동의를 얻는 것은 아니며, 역사영화는 이데올로기적 입장에 따라 일정한 시각을 갖고 사건에 집중한다는 점에서 똑같다."고 언급하면서 "우리의 영화는 사랑에 대한 영화이다. 전체적으로 보면 사람들, 우리나라, 그리고 인생의 선물에 대한 것이다. 여기에서 역사는 단지 형식이고, 상황이며, 그 속에 조심스러운 행위들이 있다."고 주장한다.[27] 그럼에도 불구하고 <제독>에서 애정 라인은 백군과 내전이라는 논쟁적 주제에서 눈을 돌려놓을 만큼 분명하지 않다.

서로에게 총부리를 대고 서로를 죽였던 동족상잔의 비극이 벌어진 내전에 대해서 역사가들은 지금까지도 매우 다른 입장에서 서 있으며, 이것은 러시아 상영 이후 이 영화가 왜 그렇게 사람들 사이에서 논쟁을 일으켰는지 이유가 설명되는 지점이기도 하다. 예컨대, 『콤소몰스카야 프라브다』는 감독, 프로듀서, 영화비평가, 역사가, 정치가 등 서로 다른 입장의 패널을 만들어 토론을 주최하였는데, 이것은 바로 내전과 백군이라는 역사주제에 대한 이해의 현주소이기도 하다. 아래에서 몇 대목을 인용해 보기로 하자.[28]

　－**쥐리노프스키**: ……볼셰비키는 러시아 민족의 색깔을 완전히 조각냈다. 그들은 철면피들이다. 하지만 콜차크, 브란겔, 유데니치, 데니킨, 브루실로프는 바로 우리의 영웅이다. 바로 이 장군들, 바로 이것이 진정한 군대이다. 이 영화가 상영된 후에, 새로운 젊은이들이 10월 혁명, 레닌, 볼셰비키, 스탈린, 배신자들, 그리고 지금까지 혁명이 불가피하다고 증명해온 모든 사람들을 경멸하게 되는 것이 내게는 중요하다. 우리는 백군의 완전복권으로 돌아가야만 한다.

---

27) *Комсомольская правда*, 17 октября 2008 г. 편집진과의 인터뷰.

28) 토론에는 다음의 사람들이 참여했다. 쥐리노프스키(Владимир Вольфович Жириновский) 러시아 민족주의 정치가, 보수적 우익인사. 러시아자유민주당(Либерально-демократической партии России, ЛДПР) 당수; 유리 주코프(Ю, Жуков) 역사가, 러시아 군사연구소 연구원; 데니스 코즐로프(Д. Козлов), 역사가; 아나톨리 막시모프(А. Максимов), 영화 프로듀서; 알렉세이 쉬포프(А. Шипов) 역사가; 다닐 돈두레이 (Д Дондурей) 영화평론가, 유명한 저널 「예술영화」지의 편집인. 그리고 크라프추크 감독이다.

—**주코프**: 만약에 히틀러의 전기를 그렇게 똑같이 만든다면, 그가 백마 위에 앉은 영웅으로 인정되겠는가? 영화를 만든 사람들이 대체 무엇을 했는가? 콜차크에 대한 모든 부정적인 것을 던져 버렸다. 그가 관료기질이 있다는 점, 라스푸틴과의 관계, 싱가포르에서 영국군 정보기관에 의해 돌려보내진 것 말이다…….

—**크라프추크**: 당신은 대체 어디에서 그런 자료를 얻었는가? 당신이 말하고 있는 그것을 증명해 주는 사료가 있는가?

—**주코프**: 그렇다. 근거 없는 이야기가 아니다. 1923년부터 콜차크에 대한 심문서가 출간되었다. 콜차크는 1917년 여름에 재판에 회부되어야만 했기 때문에 러시아에서 도망쳤다는 것을 부정하지 않았다. 그는 핀란드, 노르웨이, 영국, 캐나다를 경유해 미국으로 도망갔다.[29]

—**크라프추크**: 당신은 틀렸다.[30]

1925년에 창간된 이후, 사실상 소련의 정치이데올로기에 맞춰 호흡했던 『콤소몰스카야 프라브다』지가 백군지도자 콜차크와 백위군 영화에 대해 토론의 장을 제공한다는 것 자체는 어쩌면 최근 20년간 엄청난 변화를 겪은 러시아 상황을 잘 반영해 주는 에피소드일지도 모른다. <제독>에 대해 영화 밖에서 이루어진 위의 대담은 무수히 많은 논쟁의 한 부분일 뿐이지만 화자들의 정치적 입장을 엿볼 수 있게 해 준다. 다음의 대목은 그들의 입장이 확실히 구별되는 지점이다.

"**주코프**: ……콜차크는 국가적 반동을 개시했다. 다수인민이 총살형에 처해졌다. 몇 달 후에 지방 주민들이 콜차크의 독재에 저항해 반란을 일으킨 것이다. 볼세

---

29) 심문서는 바로 다음을 의미한다. *Допрос Колчака*, Публ. и предисловие К. А. Попова (Л.: Гиз), 1925. 심문서는 부분 또는 전체로 다양하게 출간되었다. 예컨대, *Допрос Колчака*, *Арестант пятой камеры* (М., 1990); А. В. Колчак, *Последние дни жизни*, Сост. Г. В. Егоров (Барнаул, 1991)가 그러한 경우이다. 그리고, 게센이 출간한 것으로 표시되는 다른 텍스트도 있다. "*Протоколы допроса адмирала Колчака чрезвычайной следственной комиссией в Иркутске в январе — феврале 1920 г.*" *Архив русской революции* (М., 1991). Кн. 5. Т. 10. С.177~321. 콜차크의 심문서는 인터넷 상에서 모두 제공된다. 다음을 참조. http://militera.lib.ru/db/kolchak/index.html

30) http://admiralfilm.ru/

비키가 아니다. 처음에 총을 쏘았던 것은 볼셰비키가 아니란 말이다. ……당신의 이 영화 때문에, 젊은이들의 머릿속에는 아무것도 남지 않을 것이며, 당신은 판타지 같은 역사해석으로 그들을 현혹시키고 있다. 역사는 정직하다. 적군이 이겼단 말이다. 모든 것을 이겼던 말이다……

－**주코프**: 러시아가 죽어가고 있을 때, 콜차크는 미국으로 도망쳤다. ……

－**쥐리노프스키**: 그는 결코 도망치지 않는다! 1917년 혁명이 제국을 붕괴시켰고, 아무것도 없었다. 콜차크제독은 위대한 사람이다. (도망친) 예를 대라……

－**코즐로프**: 만일에 우리가 교육의 측면에서 말하는 것이라면, 올바르게 교육해야 한다. 콜차크는 우수한 유형의 사람이며, 단지 그의 일생에 대한 올바른 역사는 어떠한 블록버스터보다 재미있을 것이다. (중략)

－**쉬포프**: 필름이 성공했으므로, 그에 대해 논쟁하는 것이리라…… 우리에게는 콜차크 개인이 흥미롭다……. 만네르헤임 백작이 콜차크에게 핀란드 독립을 승인하는 척하면서 페트로그라드를 공격하라고 제안했을 때…… 제독은 단호하게 거절했다. 그는 러시아는 "하나여야 하고 분리되어서는 안 된다(Россия должна **быть одиной и недилимой**)."고 말했다……. 콜차크는 바로 그런 사람이다. 그는 구 러시아로 돌아가기를 원했고, 러시아를 사랑했지만, 구 러시아가 10월 이후에는 이미 사라졌다는 것을 이해할 수 없었던 그런 집단의 사람이었다. 그들도 이룰 수 없는 어떤 것을 위해 싸웠다! 내전에서, 콜차크는 자신의 조국에 맞서 싸웠는데, 러시아인들 중 대부분이 그 전선 쪽에서 있었기 때문이었다. 그렇지만 우리가 그의 명예와 성실함을 거부할 수는 없다.

－**주코프**: 거부할 수 있다. 그는 영국 정보기관과 관련되었다. 증거를 댈 수 있다……

－**쥐리노프스키**: 당신의 스탈린은 훨씬 더 끔찍하다…… 그 자신이 형사범죄 경력자이다. 그런데도 당신은 그를 옹호하고 있다……

－**돈두레이**: ……우리의 영화에서 이루어진 70년 동안의 위조를 하나의 필름으로 한꺼번에 대답하는 것은 옳지 않을 것이다. 어쨌거나 필름은 자신의 역할을 잘해 낸 것 같다. 적군들이 영웅만은 아니었음을 보여 주었다. 내전은 매우 복잡한 시대였다." [31]

골수 러시아 민족주의자답게 지리노프스키는 레닌과 볼셰비키, 그리고 스탈린에 이르는 일체의 소련역사를 부인하는 입장으로서

---

[31] http://admiralfilm.ru/

백군, 특히 백군지도자들에 대한 영화 만들기를 주장한다. 내전시기 군사전문가인 주코프는 볼셰비키 주류역사 서술에서 한발도 양보하지 않고 있으며, 그에게 콜차크는 여전히 영국 스파이이다. 영화평론가 돈두레이는 가장 수정주의적인 목소리를 내고 있다. 그는 소련 시대의 왜곡상을 지적하면서도, 결국에는 내전과 관련된 양질의 영화제작이 낮은 수준의 영화를 가려 줄 것이라고 주장하고 있다.

2) 역사적 사실과 역사적 재현 사이에서

그렇다면, 이러한 대중문화의 흐름 뒤에서 역사학은 콜차크와 내전에 대해 어떻게 설명하고 있는가? 소련의 공식역사에서 적군과 백군 사이의 군사적 대결로 설명되곤 하는 내전은 17세기 초 "동란의 시대(Смутное Время, 1605~1613)"라고 부를 만큼 혼란스러웠던 시대를 제외하고는 전례가 없는 분열, 무정부상태, 외국군대의 개입 등으로 각인되어 있다. 내전은 "새로운 세계와 낡은 세계 사이의 서사시적 투쟁"으로서 혁명의 대의를 지지하는 사람들, 그리고 반혁명의 대의를 지지하는 사람들 모두에게 이상주의와 영웅주의를 불러일으켰다.[32] 하지만, 그 과정은 매우 혹독하고 쓰라린 결과를 수반하는 죽고 죽이는 전쟁이었다.

1980년대 중반 이후, 러시아혁명사에 대한 전면적 재평가 속에서 내전에 대한 역사적 평가도 이루어지기 시작했다. 내전은 단순히 적군과 백군의 군사적 대립만이 아니라, 민족적, 이념적, 사회적

---

[32] Steve A. Smith, *The Russian Revolution: A Very Short Introduction*, Oxford University Press, 2002(『러시아혁명: 1917년에서 네프까지』, 박종철 출판사, 류한수 번역, 63쪽).

또는 지역적 단층선을 따라 대립하는 여러 세력들 사이에 다중적 전선을 만들면서 진행된 극도로 복합적인 갈등이었음이 밝혀졌다.[33] 내전의 양상은 처음에는 보수적이고 민족주의적인 장교들과 볼셰비키 사이의 전투가 주를 이루었다. 전자는 백군을 구성했는데, 그들 가운데 데니킨(Антон Иванович Деникин, 1872~1947) 장군의 의용군과 콜차크 제독의 시베리아군, 유데니치(Николай Николаевич Юденич, 1862~1933) 장군의 북서군이 유명했다. 이러한 전열에 또 하나의 위협요인이 되었던 것은 바로 사회주의 혁명가 당이 이끄는 이른바 "민주적 반혁명"세력이었다. 그들은 백군 못지않게 볼셰비키 통치에 대해 위협을 가했다. 하지만, 내전의 복잡한 양상을 좀 더 결정적으로 만든 요인은 백군과 적군의 전쟁이 러시아제국이 빠르게 해체되던 시기에 이루어졌다는 사실이다. 1918년에는 남부 국경의 우크라이나, 서부국경인 발트지역의 에스토니아, 라트비야, 리투아니아, 핀란드, 그리고 1920년에는 폴란드에 뒤이어 카프카스 지역의 아제르바이잔과 아르메니야에서 민족주의 운동이 일어남으로써 볼셰비키와 백군 사이의 전쟁은 더욱 복잡한 양상을 보였다. 아울러 내전은 1차 세계대전의 결과와 연관되고, 나중에는 전후 영향권 설정과 연관되어 국제적 차원으로 번져 나갔다. 이 국제적 요인은 내전과 충돌에서 결정적 요인은 아니었으나 중요한 요인의 하나였다. 마지막으로 볼셰비키와 백위군 사이의 싸움은 강력한 파르티잔 운동, 탈영병의 게릴라행위, 수많은 농민봉기 등으로 말미암아 훨씬 더 복잡한 양상을 띠었다.

크라프추크 감독은 내전 시기 콜차크를 둘러싼 역사에 조심스럽

---

[33] 한정숙, 「서평－러시아 내전을 바라보는 몇 가지 시각들」『서양사연구』 25집(2000), 163~176쪽.

게 말을 건넨다. 크라프추크 감독은 콜차크와 백군이라는 역사적 인물과 집단을 스크린에서 재현해 내고 있지만 그것은 매우 추상적으로 표현되는 경향이 있다. 이 주제가 여전히 논쟁적이며 사회적 반향이 매우 크다는 점에서도 그 원인을 찾을 수 있겠지만, 무엇보다도 그는 역사가가 아닌 까닭에 사실의 정확성 여부는 그다지 중요하지 않을 수도 있다. 따라서 크라프추크가 재현해 낸 과거는 다음의 코드로 다시 읽을 수 있을 것이다. 첫째는, 전쟁 영웅의 전형성, 둘째, 백군의 정치적 복권, 셋째, 러시아정교의 부활이 그것이다.

영화는 크게 두 부분으로 구성된다. 1917년 혁명 전후의 소용돌이 속에서 콜차크의 삶의 궤적은 "제정러시아의 제독"과 옴스크에 설립된 정부의 "러시아 최고통치자"로서 나누어 그려지고 있다. 1917년 혁명을 분기점으로 그의 인생의 전기는 바다에서 이루어졌다면, 후기의 인생은 육지와 철로에서 이루어졌다. 감독은 평생 바다와 배를 사랑한 그의 영웅적 삶을 인상적으로 그려 내고 있다. 마지막에 백군정부의 최고지도자로 생을 마감한 것은 그의 선택이 아니었고, 어쩌면 콜차크 자신도 파란만장한 러시아 혁명사의 희생자였음을 전하려고 하는지도 모른다. 그리하여 감독은 영화 곳곳에 그가 평생 바다의 사람이고 바다에서 명예로울 수 있는 사람이었다는 상징적 표현을 아끼지 않는다. 예컨대, 2월혁명 이후 해군장교들의 무장해제 시에 자신의 칼을 바다에 버린다든가, 영화의 처음과 마지막 장면에 배를 장치한다는 점도 그러하다.

이러한 맥락에서 영화의 첫 장면은 퍽 인상적으로 다가온다. 1916년, 발트해에 있는 필라우 지역의 독일해역 가까운 곳에 러시

(위) 러시아 개막 당시의 상연 포스터

아제국의 함대 "시베리아의 사수 (Сибирский стрелок)"함이 떠 있다. 210mm 구경함포로 무장한 독일순양함 프리드리히 칼 호 앞에서 45mm 구경함포로 무장한 러시아의 배는 작고 형편없어 보인다. 수뢰 투척 임무를 마치는 순간, 멀리에 있던 독일배의 함포 사격으로 러시아 해군은 순식간에 혼란에 빠진다. 콜차크는 독일 함대의 기관실을 정조준하여 영웅적으로 함포사격을 가한다. 적군을 혼란에 빠뜨려 잠시 시간을 번 콜차크는 수뢰를 투척한 해역으로 독일군 배를 유인한다. 앞에는 수뢰가 가득한 바다, 뒤에는 독일군 함대가 쫓아오는 일촉즉발의 위기가 스크린에 긴장감을 부여한다. 바다 속 수뢰들이 클로즈업되고 돌비 음향시스템은 조금이라도 스치면 터져 버리고 말 것 같은 기괴한 음향을 쏟아 낸다. 그리고 배 옆으로 수뢰를 따돌리는 바로 그 순간, 추격해 오던 독일함대는 엄청난 폭발음을 내며 바다 속으로 침몰한다. 영화는 압도적인 인상을 주는 첫 장면의 감동을 스크린 곳곳에 배치하고 있지만, 이 해전 장면처럼 콜차크 제독의 침착하고 영웅적인 면모를 드러내는 장면은 없을 것이다. 콜차크는 전쟁의 혼란 속에서 긴장감을 놓치지 말도록 강하게 수병들과 장교들을 밀어붙이는 엄한 제독으로 표현된다. 쓰러져 있는 수병을 일으켜 세우지는 않지만 수병들

의 목소리에 귀를 기울이고 여기에서 힌트를 얻어 수뢰가 묻힌 바
다로 독일함대를 유인할 수 있었다.

그 후 콜차크 제독은 모길료프 총사령부로 가서 니콜라이 황제
를 알현하여 해군준장이자 흑해함대의 총사령관으로 임명을 받았
지만 곧 2월혁명과 함께 300여 년간 지속된 짜르전제정은 막을 내
리면서 결국 무장해제 당한다. 즉, 6월에 세바스토폴 병사소비에트
는 반혁명의 위험을 문제 삼아 모든 장교의 무장해제를 요구했던
것이다. 감독은 이 장면에서 러시아제국이 아직 전쟁을 지속할 여
력이 있었음에도 불구하고, 혁명이 발발하자 전쟁을 중단하지 않으
면 안 되었던 당시의 아쉬움과 참담함을 넌지시 보여주고 있다.[34]
8월 코르닐로프 장군의 반혁명 쿠데타가 실패하자 전쟁영웅인 콜
차크 제독이 군의 구심점으로 부각되는 상황에서 케렌스키정부는
그의 반혁명 견해를 문제 삼아 그를 미국으로 보낸다. 중요한 것은
수많은 보수귀족과 부르주아 엘리트 세력들이 러시아를 떠나는 상
황에서 1918년 10월 13일 그는 러시아로 되돌아갔다는 사실이
다.[35] 그는 당시 다음과 같이 쓰고 있다. "미국에서부터, 나는 러시
아 서부로 가려고 결심했다. 정부에 나의 출장보고서를 낸 후에 무

---

[34] 군사사가 케이건(Frederick W. Kagan)과 하이엄(Robin Higham)은 제정러시아 군대사의 특징 중 하나
는 "강약의 패러독스"라고 지적한 바 있다. 러시아 군대의 규모는 거대하지만, 해군은 지역함대로 제
한되었고 전쟁터가 분리되었다는 것이다. Robin Higham, Frederick W. Kagan (eds), *The Military
History of the Tsarist Russia*, Palgrave Macmillan Published: 2008, p.9. 그러나 존스(David R. Jones)는
1차 세계대전 시기의 러시아군이 오스트리아-헝가리군, 터키군보다 더 잘 싸웠으며, 독일군과 비교해
도 견줄 만했다고 주장한다. 문제는 통치엘리트 안에서의 "정치분열"에 있었다. 그는 그동안 러시아
제국 군대사 연구가 로마노프왕조의 몰락과 소련의 등장이라는 맥락에서 이루어짐으로써 결국 연구
가들이 제국군대의 성과를 왜곡하는 우를 범했다고 주장한다. 같은책, 244쪽

[35] 콜차크의 전기를 참조. И. Ф. Плотников. *Александр Васильевич Колчак: жизнь и деятельность.*
Ростов (Д.: Феникс, 1998); И. Ф. Плотников, *Александр Васильевич Колчак: исследователь,*
адмирал. Верховный правитель России (М., 2002); П. Н. Зырянов, *Адмирал Колчак. Верховный*
Правитель России. 2-е изд. (М.: Молодая гвардия, 2006); Н. А. Кузнецов, *Александр Васильевич*
Колчак (М., 2007).

엇이라도 시작하기 위해 말이다. 샌프란시스코에서 떠나는 배를 기다리는 시간이 상당히 오래 걸렸다. '카리오ー마루'라는 배였다. 나는 서쪽을 통해 동쪽으로 가기로 결심했다."[36]

영화의 구성에서 두 번째 부분은 미국에서 돌아와 백군에 합세한 후의 활동이 전개된다. 당시 옴스크에 세워진 총재정부는 매우 혼란한 상황이었다. 차르정부가 오스트리아-헝가리 군 전쟁포로에서 모집한 군인 38,000명으로 이루어진 체코군단이 1918년 5월에 볼셰비키에 맞서 봉기하자 사회주의 혁명가들이 꿈꾸어 온 "반혁명 민주화"의 기회가 도래한 듯 보였다. 전면적인 내전은 바로 이때부터 시작되었는데, 체코군단의 도움을 받아 사회주의혁명가당 세력은 옴스크에 총재정부를 세웠다. 볼셰비키 타도, 제헌의회 복원, 독일과의 전쟁 재개가 그들 정부의 공약이었다. 하지만, 보수적인 군인 장교들과 지역 농민들 사이에서 제3의 길을 구하려던 총재정부의 무능 앞에 카자키출신 장교들이 내부반란을 일으켜 옴스크 총재정부의 사회주의혁명가당 소속관료들을 체포하고 1918년 11월 18일에 콜차크 제독을 "러시아 최고통치자(Верховный Правитель России)"로 선출하고 그의 최고권을 선포하였다.[37]

크라프추크 감독은 콜차크가 러시아 최고통치자로서 옴스크를 지배하던 상황이나, 우랄지역 전투에 대해서는 자세히 보여 주지 않

---

[36] Протокол заседания чрезвычайной следственной комиссии по делу Колчака (Стенографический отчет). Заседание Чрезвычайной Следственной Комиссии 27 января 1920 г. кн.: *Окрест Колчака: документы и материалы* (Составитель А.В. Квакин), (М., 2007), С.374.

[37] Steve A. Smith, 위의 책, 67쪽. 1918년 11월에 돈지역에서 제정러시아의 군참모 알렉세예프 장군(M. B. Алексеев)이 반 볼셰비키 세력을 의용군으로 조직하면서 최초의 백군이 구성되었다고 할 수 있다. 그 후, 볼셰비키가 모길료프 러시아군사령부를 장악하기 직전에, 몇몇 군대지도자 코르닐로프와 데니킨이 도망하여 알렉세예프에 합세하였다. David MacKenzie, Michael W. Curran, *A History of Russia, the Soviet Union, and Beyond* (Ohio State Sniversity Press, 1993), p.565

는다. 실제로 1918년 11월에 콜차크가 옴스크 정부를 접수한 이후, 내전은 공산주의 세력인 적군과 반혁명세력인 백군으로 분명히 나뉘었다. 사료에 의하면, 그는 주민들에게 다음과 같이 공표하였다. "국가의 완전한 혼란과 내전의 극히 어려운 조건에서 이러한 권력의 십자가를 받아들이고, 나는 반동의 길로도 치명적인 당파성의 길로도 가지 않겠다는 것을 공표한다." 아울러, 그는 새로운 권력의 목표와 과제를 선언했다. 첫째는 군대의 강화와 전투능력의 향상이었고, 둘째는 "볼셰비즘에 대한 승리(победа над болшевизмом)"였으며, 셋째는 "사멸한 국가의 재생과 부활(возрождение и воскрешение погибающего государства)"이었다.[38] 그런데, 영화는 권력접수의 시기를 매우 감동적으로 재현해 낸다. 크라프추크 감독은 이 대목을 시베리아 동부전선의 한 곳에서 콜차크가 수많은 병사와 장교들을 향해 다음과 같이 외치는 장면으로 그려내고 있다. 그는 "전능하신 하느님 앞에 조국 러시아를 위해 최고통치자로서 러시아를 받들며, 러시아의 성공적인 부활을 위해 내 인생, 내 가족, 내 안위를 희생하더라고 러시아를 받들겠다."고 맹세한다. 스크린 속에는 운집한 그의 병사들, 미국과 영국 등 연합군의 깃발이 보이지만, 화면을 가득 채우는 것은 콜차크 뒤로 힘차게 나부끼는 러시아제국의 깃발이었다. 시베리아의 설원에 눈발이 흩날렸지만 병사들 누구 하나 움직이는 법이 없었다. 러시아제국의 깃발은 그의 맹세에 감격해 가슴으로부터 우러나오는 존경의 염을 담아 무릎을 꿇고 콜차크에게 기대하는 병사와 장교들의 얼굴과 오버랩된다.

그렇다면 콜차크와 백군이 옴스크를 비롯한 여러 지역에서 이루

---

[38] http://militera.lib.ru/h/bolnyh2/04.html

어 내고자 했던 것은 무엇인가? 콜차크는 적군과 대치한 상태의, 어찌 보면 가장 다양한 성격의 정치세력을 통일시켜 새로운 국가 권력을 구성해야 하는 임무를 가진 것이었다. 그러나 이것은 가능한 일이었을까? 백군은 유데니치, 브란겔, 데니킨 등 다양한 장군들을 중심으로 여러 지역에 산발적으로 흩어져 있었으므로 어떤 통일된 입장이 없었다. 그들은 "나뉠 수 없는 하나의 러시아", 즉 국체, 법과 질서, 정교회 가치를 복원하고 실추된 러시아군의 명예를 되찾으려고 애썼으며, 스스로 "계급을 넘어서", "당파를 넘어서" 존재한다고 주장하였다. 실제로, 백군세력은 지주와 기업가들의 재산과 권력 회복을 위한 강령을 만들어낸 적이 없으므로 계급운동을 추구하지도 않았으며, 자신들이 이루려고 애썼던 정치체제에 대한 합의가 거의 없었다.[39]

감독은 콜차크가 벌인 지상전 상황에 대해서는 거의 언급하지 않는다. 그것은 어쩌면 감독의 계획된 의도일지도 모른다. 왜냐하면 그는 지상전에서 실패했고 이것은 매우 치명적인 결과를 가져다주었기 때문이었다. 하지만 역사적 사실은 어떠했는가? 내전 초기에 백군의 상황은 양호한 편이었다. 1918년 12월에, 콜차크의 시베리아 군대는 군장비가 비축되어 전략적인 중요성을 지닌 페름지역을 접수하였고, 1919년 3월에는 사마라와 카잔 진격에서 돌아와 4월에 우랄 전체를 접수하였으며, 결국에는 볼가지역에 이르렀다. 그러나 지상전에 능숙하지 않았던 콜차크는 곧 위기에 봉착했다.

---

[39] 정치적 견해차를 억누르려는 노력의 일환으로 그들은 전쟁이 끝나기 전까지는 "미리 정해 놓지 않는다"는 원칙을 내놓았다. 그러는 동안에 다양한 그들을 묶어 낼 수 있었던 것은 "볼셰비키에 대한 증오", 러시아민족을 해치는 "독일-유대인"의 음모에 대한 분노였다. 이러한 상황에서 백군 세력이 사회적, 이데올로기적으로 통일성과 조정이 부족했던 것은 당연했다. 스티브 A. 스미스, 『러시아 혁명: 1917년에서 네프까지』, 68쪽.

후방지원이 부재한 상태에서 일치하지 않는 군사명령체계로 인해 힘이 분산되었을 때, 적군은 콜차크 부대에 역습을 감행하였다. 5월에 콜차크의 부대는 후퇴를 시작하였고, 8월까지 우파, 예카테린 부르그, 첼랴빈스크에 도달하지 않으면 안 되었다. 6월에 그는 핀란드독립을 인정받기 위해 페트로그라드로 10만 명의 군인을 보내자는 만네르헤임(Carl Gustaf Emil von Mannerheim)의 제안을 거부하였으며, "나뉠 수 없는 하나의 위대한 러시아 사상(идея великой неделимой России)"에 어떤 최소한의 이익도 없으면 결코 행동하지 않겠다고 공표하였다. 결국, 반년이 걸려 콜차크의 부대가 이르쿠츠크를 향해 퇴각하면서 옴스크체제의 붕괴가 일어났다. 이 시기에 그는 부대가 배고픔 때문에 광적으로 변하게 되리라는 사실을 직시했는데, 결국 그것은 1919년에 그의 군대를 비극으로 몰아넣었다.[40] 콜차크는 이러한 곤혹스런 상황에 대해 연합군의 장군들에게 솔직하게 털어놓았다.

> "여러분들은 곧 스스로 믿게 될 것입니다. 우리가 얼마나 불쌍한 사람들인지, 그리고 우리가 왜 장관자리에 있는 사람도 포함해, 그러한 자리에 적당하지 않은 사람들을 참아 내지 않으면 안 되는지 말입니다. 그것은 대체할 수 있는 사람이 아무도 없기 때문입니다———."[41]

매우 고뇌에 찬 탄식이지만 영화는 이러한 내용들을 보여 주지

---

[40] 백군의 전선이 무너지는 과정에서 파르티잔의 공격도 만만치 않았다. 그동안 일부 볼셰비키 잔류세력이 파르티잔에 들어가기도 했고, 백군-적군 양쪽의 동원명령을 피하기 위해 숲으로 들어간 시베리아 농민들이 파르티잔을 구성하기도 했다. 1919년 9-10월에는 이러한 세력이 미미했지만, 가을에 백군의 전선이 무너지면서 대규모 탈주병이 생겨났다. 이러한 소문들은 콜차크 부대의 후방에도 영향을 주었다.

[41] Ганин А. В. Враздробь, или почему Колчак не дошел до Волги? (ГА РФ. Ф. Р-5960. Оп. 1. Д. 8а. Л. 89) 이 논문의 전문이 다음에 수록됨. http://scepsis.ru/library/id_1961.html

않는다. 오히려 크라프추크 감독은 백군 지도자들과 장교들에게 명예와 도덕성을 부여하는 쪽을 택한다. 이러한 행동은 나중에 콜차크가 옴스크를 버리고 이르쿠츠크로 퇴각하는 과정에서도 나타난다. 자신의 운명을 예견한 콜차크는 자신의 호위대를 해산하고 "가장 좋은 것은 살아남는 일이라는" 말과 함께 끝까지 자신을 지키고자 했던 부하들을 도중에 내리게 한다. 무엇보다도 특히 옴스크를 버리고 이르쿠츠크로 퇴각하는 콜차크를 돕기 위해 카펠 장군이 벌이는 행진은 매우 인상적이다. 카펠 장군의 부대는 부대전원의 장군에 대한 신뢰나 장군 자신의 높은 도덕성에 비추어 볼 때 적군과 차이가 없었으며, 카펠의 부대는 탄약이나 장비가 모두 소진되어 적군과 백병전을 벌이는 상황에 직면해서도 매우 영웅적으로 싸워 낸다. 카펠 장군의 부대에 나타난 이러한 심리전 양상은 크라프추크 감독의 표현에 따르자면 백군의 "일반적인 모습"이기도 했다.

한편, 카펠 장군에게서 나타나는 다른 덕목은 신의였다. 그는 이르쿠츠크에 도달하기 위해 필사적으로 병사들을 독려하였고, 언제나 자신이 앞장섰으며 어리석을 정도로 순수한 그는 강에 빠지는 사고를 당한다. 결국 그는 동상에 걸려 양 발목을 잘라내야 했으며 마침내 죽음의 길에 이르게 되지만, 그는 자신이 병사를 버리지 않았으며 죽어서도 병사들을 지킨다는 유언을 남긴다. 이것은 크라프추크가 재현해 낸 새로운 백군 지도자의 이미지라기보다는 이미 1920년대 불가코프의 소설 『백군』에서 제시된 바 있다. 불가코프는 백군을 "자신의 신념을 위해 목숨을 바칠 준비가 되어 있는 용기 있는 사람들", "누구보다도 명예를 지킬 줄 아는" 훌륭한 사람으로 묘사함으로써 많은 비판을 받은 바 있다.[42]

결국, 크라프추크 감독은 콜차크와 백군부대를 다른 방식으로 재현해 내고 있다고 말할 수 있다. 그는 그들이 반혁명의 기수도 아니고 그렇다고 『콤소몰스카야 프라브다』에서 역사가 쉬포프가 언급했듯이 "이룰 수 없는 꿈을 향해 나갔던," 진정한 러시아라는 가치가 무엇인지 찾아 헤맸던 사람들로 묘사하고 싶었던 것 같지는 않다. 감독은 콜차크에 대해 적군이 붙인 오명, 즉 "피에 굶주린 독재자(кровавый диктатор)"가 아니었다는 점을 적극 강조하면서 다음과 같이 설명한다.

> "우리는 승리자의 시각으로 내전을 바라보는 데 익숙해 있다. 백색테러는 소비에트혁명영화에서 악당들의 변하지 않는 특징이다. 우리는 역사에 대한 시각에서 '붉은색' 필터를 벗겨 내려고 시도했지만, 그렇다고 그것을 '백색'으로 바꾸기 위해서가 아니었다. 콜차크에 대해 쓴 대규모 악행들은, 실제든 혹은 허위든 간에 이 땅에서 벌어진 전쟁들 가운데 가장 잔인한 유혈전인 내전의 피할 수 없는 현상이었다. 알렉산드르 콜차크는 러시아의 최고통치자로서, 육해군 전략문제의 해결을 맡았고, 삶의 안정을 위해 국내법을 수립하였다. 콜차크가 1918년 우파(ufa)의 정부의 체포당한 사람들에게 어떻게 행동했는지 주의를 기울이는 것이 의미가 있다. 그 후에 그는 러시아 정부를 맡았다."[43]

이러한 맥락에서 보면 콜차크와 백군은 어떤 다른 가능성을 찾았던 사람들이며, 반혁명세력이라기보다는 나름의 규율과 질서를 가진 합법적인 정부였다. 감독은 이러한 전제 속에서 그들의 복권문제를 넌지시 제기한다. 콜차크에 대한 법적 복권의 문제는 최근 역사학계

---

[42] 불가코프는 1926년 이 작품을 연극으로 올리고자 공연허가를 신청했을 때, 백군의 명예와 영웅성을 강조하는 "철두철미한 백군 옹호자"로 비판받고 거부당했다. 김혜란, 「비겁함의 죄와 그 죄인들: 불가꼬프의 내전 작품에 나타난 '비겁함'의 모티브 연구」『러시아어문학논집』 72쪽; 미하일 불가코프, 『백위군』, 유승만 번역 (열린책들, 1996).

[43] 대담 및 토론 내용은 다음을 참조. http://admiralfilm.ru/

연구경향의 변화와 아울러, 현실적인 일련의 사건에서 그 배경을 찾아볼 수 있다. 그동안 진행되어 온 상황을 짧게 요약해 보자면 다음과 같다. 콜차크의 법적 복권의 문제는 1990년대 중반에 학술원 위원 리하초프(Д. С. Лихачёв), 사령관 셰르바코프(В. Н. Щербаков) 등 개인적 차원에서 처음으로 제기되었다. 그들은 볼셰비키 이르쿠츠크 군혁명위원회에 의한 사형결정의 적법성을 문제 삼았다. 그후, 1998년에 '정치억압의 희생자를 기억하는 교회설립기금회' 회장 주예프(С. Зуев)는 군검찰청으로 콜차크 복권에 관한 청원서를 보냈다. 이에 대해 1999년 1월 26일, 자바이칼군재판소는 콜차크가 전권을 가지고 시민과 관련된 반혁명적 테러를 멈추지 않았기 때문에 복권이 적절하지 않다고 회신을 보내왔다. 그 후 콜차크 복권 옹호자들 가운데 '신앙과 조국을 위하여(За Веру и Отечество)' 조직의 책임자인 니콘(Иеромонах Никон)은 최고재판소에 복권거부 이유 해명을 청원하였다. 2001년에 최고재판소는 이르쿠츠크군혁명위원회의 총살형 결정이 타당했다고 결의하였다. 그러자 콜차크 옹호자들은 2000년에 바이칼군법정이 '재판의 시간과 장소에 대한 통지나 변호인 없이는' 사건을 검토할 권한을 갖지 않는다고 정한 헌법재판소로 이 사건을 보내기로 결정하였다. 그리고 결국, 2004년에 헌법재판소는 내전기의 백군의 복권에 관한 1심재판(복권에 관한 문제를 처음 내놓은 곳)이 법률적 절차를 위배했음을 발견했고, 재심의를 하도록 1심재판으로 돌려보냈다. 콜차크의 법적 복권에 관한 이러한 일련의 과정은 결과적으로 콜차크라는 인물을 긍정적으로 평가하도록 사회적 반향을 일으켰다. 비록 과거의 공산주의자, 좌파정치진영, 퇴역군인들의 반대가 있었지만, 콜차크를 기

리는 기념비가 2002년 상트페테르부르그, 그리고 2004년 이르쿠츠 크에 세워졌던 것이다.[44]

3) 백군지도자와 희생자 사이에서

영화 「제독」을 읽는 세 번째 코드는 바로 러시아정교회의 부활 이라고 말해야 할 것이다. 다양한 집단으로 이루어져 있으며, 이데 올로기적으로 사회적으로 계급적으로 매우 다른 백군을 이어 주었 던 것은 확실히 러시아정교였다. 감독은 영화의 중요한 순간마다 콜차크와 백군을 매우 신앙심이 깊은 러시아정교도로 그리고 있다. 영화 도입부의 첫 해상전 장면 중 독일군과의 죽음을 다투는 싸움 에서 콜차크 제독은 수병들과 장교를 갑판에 소집하여 기도를 올 린다. "구세주여, 어린 양을 돌아보소서."라는 그의 기도는 영혼의 깊은 내면으로부터 울려나와 마치 예배의식을 집전하는 사제의 기 도와 오버랩된다. 한편, 콜차크는 1918년 11월에 시베리아 동부전 선에 위치한 옴스크정부에서 권력을 부여받고 수많은 병사들 앞에 서 맹세를 하는 장면에서도 러시아정교도로서의 비장함을 드러낸 다. 그는 운집한 군사들 앞에서 "전능하신 하느님 앞에 맹세"한다 고 밝히며, "조국 러시아를 위해," 최고통치자로서 러시아의 성공 적인 "부활"을 위해" 러시아를 받들겠다고 연설하였는데, 그의 언 명은 러시아정교회 사제의 의식집전에 의해 더욱 더 숭고한 의미

---

[44] 영화의 공식 홈페이지 접속을 통해 얻은 결론이기는 하지만, 콜차크의 복권에 대한 앙케트에서 찬성 86.1%, 반대 6.1%, 유보 7.6%라는 수치가 나왔다. 콜차크 복권에 대해서는 다음의 연구를 참조. С. В. Дроков, *Адмирал Колчак и суд истории* (М., Центрполиграф, 2009).

가 부가된다는 느낌을 전해 주고 있다.

이러한 일련의 상황은 영화의 마지막 장면과 하나의 세트를 이루어 자기완결적인 모습을 보여 준다. 마지막 장면에서 그는 성호를 긋고 난 후에 총살형에 처해지는데, 감독은 그의 죽음에 상당한 의미를 부여하는 것을 볼 수 있다. 전통적으로 침례의식을 하기 위해 파 놓은 십자가 모형의 얼음구덩이 속으로 그의 시체가 던져진다. 슬로우 모션으로 그의 몸은 힘없이 물속으로 가라앉는데 마치 수난당하는 희생자의 모습으로 그려지고 있다. 올바른 신념 속에서 살다가 비로소 죽음 안에서 자유로워진 그의 시체는 자세히 보고 있으면 마치 해방자의 모습으로까지 비쳐진다. 이처럼 영화 속에서 콜차크는 자신의 신념 때문에 볼셰비키에 의해 죽임을 당하는 수난자와 희생자로서 전환된다.

그동안 혁명과 내전의 시기는 말할 것도 없고 스탈린 시대의 영화 속에 등장하는 종교는 지극히 반동적이고 부정적인 모습으로 그려졌다. 무신론에 기초하는 소련사회에서 종교는 금기이며, 철저히 탄압의 대상이었기 때문이었다. 무지몽매한 "노예의 종교"로서 정교회는 거부되었으며, 혁명의 시기에 수많은 교회들의 종탑이 벗겨지고 주물기계에 눌려 무기로 변형되었으며, 성물들은 불태워지거나 훼손되었고 교회는 콤소몰이나 노동조합의 공공 집회장소로 변형되거나 야채창고로 이용되었다. 이러한 맥락에서 보면, 러시아정교회에 대한 감독의 시선은 매우 파격적이라 할 수 있다.[45]

이 영화 속에서 러시아정교는 진정한 화해와 위로의 종교로서

---

45) Jolyon Mitchell, "Portraying Religion and Peace in Russian Film," *Studies in World Christianity*, pp.142~152.

표현되고 있다. 동존상잔의 비극을 딛고 사회에 대해, 그리고 역사에 대해 화해를 요청하는 감독의 목소리는 다음의 대화에서 오롯이 반영되어 있는 듯하다. 수북한 시체를 한 구덩이에 묻으면서 두 병사가 이야기를 나눈다.

> 병사 A: Хоронил в одной общей могиле и красных и белыха?(적군과 백군을 하나의 묘에 묻었네그려?)
> 병사 B: А что их господь краской метил что ли?(대체 하느님이 색깔을 생각이나 하시겠어?)

백군이나 적군이나 하느님 앞에서는 모두 같은 사람들인데 따로 무덤을 만들 필요는 분명 없다는 것이다. 그리고 그들 곁으로 사제가 지나가면서 모든 시체에 똑같이 향을 피우고 죽음을 위로한다.

4. 결론

이상에서 <시베리아의 이발사>와 <제독>을 중심으로 분석하였다. 19세기 말 20세기 초를 역사적 배경으로 한 이 영화들에서 감독에 의해 예술적으로 재현된 과거는 역사가들의 그것과 분명 다를 수 있다. 이 글에서는 두 영화가 과거를 재현하고 있지만, 궁극적으로는 포스트소비에트 시대에 두 영화들이 제작되었던 당시의 상황들과 매우 밀접한 연관을 가지고 있다는 점을 확인해 보고자 하였다. <시베리아의 이발사>는 1990년대 중반까지의 탈출구 없는 현실에 대한 절망감 속에서 "체르누하"의 분위기를 일소하려는 영화계의 분위기와 이념 및 정체성의 공백을 메우는 대체 이데올로기로서 민족주의적 분위기가 고양되는 상황들과 맞물려 있다. 이와 비교해 보면 <제독>의 출현배경은 좀 다르게 나타난다. 2000년대에 들어서면서 러시아사회는 정치적 불안과 사회적 혼란, 특히 경제적 어려움으로부터 다소 벗어나고 있던 상황이었으며, 푸틴 대통령 집권 직전과 직후의 2차 체첸전과 러시아-그루지야 전쟁을 제외하면 민족갈등도 크게 줄어드는 경향이 있었다.[46] 오히려 이 시기에는 적어도 역사연구 분야에서 문서고 접근과 새로운 방법론에 기초해 다양한 인물과 사건에 대한 재평가가 이루어졌다. 아울러 콜차크에 대한 복권논의가 알려진 것과 아울러 대중소설의 간행 및 영화 상영은 일반대중문화 차원에서도 콜차크와 백군 일반에 대해 재평가하는 분위기를 일으키는 데 일조하였다.

요컨대, <시베리아의 이발사>에서 되살리고자 한 것은 19세기 러시아의 전형적인 가치였다. 미할코프 감독은 러시아인이 잃어버린 순수한 감정에 대한 향수, 조국을 위한 애국심, 러시아 전통의 아름다움을 그러한 가치와 연결시켰다. 미할코프는 그러한 가치를 숭고한 이상, 타협하지 않는, 그리고 강한 리더십을 가진 국가 러시아와 관련시키고자 하였다. 또한 <시베리아의 이발사>는 러시아 관객에게 노스탤지어를 심어 주었다. 이 영화는 1998년에 일어난 사건(니콜라이 2세와 가족의 유해를 상트 페테르부르그에 안치하는 문제)과 연결되어, 혼란스러운 현재와 관련된 소비에트시대가

---

[46] 이러한 상황에서 러시아 민족주의도 새로운 양상을 띠었던 바, 오히려 '스킨헤드'처럼 이주자 혐오증에 기초하는 극단적인 외국인 혐오현상과 같은 '일상적 민족주의'의 양상이 일어나고 있다. 이에 대해서는 별도의 다른 연구가 필요하다.

아니라 혁명 전의 제정러시아 시대에 대한 향수를 불러일으켰는지도 모른다. 한편, 영화 <제독>은 매우 논쟁적인 시대(내전기)의 논쟁적인 인물(백군지도자 콜차크)을 빌려 역시 제정러시아 시대의 '가치와 이상'을 강조하고 있다. 감독은 콜차크 영화를 통해 모든 주류해석에서 붉은색을 털어 내고 객관적으로 보자고 제안하고 있다. 백군 역시 러시아를 진정으로 사랑했던 사람들이라는 결론을 내린 크라프추크 감독의 영화는 철저히 백군의 시각에서 만들어진 백군을 위한 영화이며, 감독의 최종적인 강조점은 그들이 용감했으며 명예를 숭고하게 여기는 사람들이었다는 데에 있다. 비록 영화 속에 과거의 어느 일정한 시기, 그리고 어떤 인물과 집단이 재현될 수 있다는 사실을 십분 이해한다고 하더라도, 현재를 사는 사람들의 문제의식이 조급하게 투영됨으로써 아직 끝나지 않은 역사적 해석을 뒤엎거나 현실을 정당화하는 수단이 될 수 있다는 점을 조심해서 살펴야 할 것이다.

참고문헌

김태연. 2009. 「현대 러시아에서의 루스끼 민족주의: 그 발생, 특성 그리고 정
　　치적 의미」. 『슬라브학보』. 24권 1호. 153~154쪽.

로젠스톤. 로버트. A. 2006. 『역사-영화와 새로운 과거의 만남』. 소나무.

류한수. 2005. 「전쟁의 기억과 기억의 전쟁: 영화 '한 병사의 발라드'를 통해
　　본 대조국전쟁과 소련 영화의 '해빙'」. 『러시아연구』. Vol. 15, No. 2.
　　97~128쪽.

박원용. 2005. 「10월혁명의 영상독해」. 『역사교육』. 제94집. 6. 171~199쪽.

이문영. 2007. 「현대 러시아 영화산업의 변화와 블록버스터」. 『러시아연구』.
　　Vol. 17, No. 2. 269~294쪽.

이문영. 2008. 『현대 러시아 사회와 대중문화』. 한울.

주경철. 1999. 「영화를 위한 변명 - 역사와 영화의 관계에 대한 탐색」. 『프
　　랑스사 연구』. 제2호. 129~145쪽.

페로, 마르크. 1999. 『역사와 영화』. 까치글방.

한정숙. 2000. 「서평-러시아 내전을 바라보는 몇 가지 시각들」. 『서양사연구』
　　25집. 163~176쪽.

Вонлярский, В. 1939. *Мои воспоминания*. Berlin.

Востриков, А. 1998. *Книга о русской дуэли*. СПб.

Геруа, Б. В. 1969. *Воспоминания о моей жизни*. Paris.

Допрос Колчака, 1990. *Арестант пятой камеры*. М.

Дроков, С. В. 2009. *Адмирал Колчак и суд истории*. М.: Центрполиграф.

Квакин, А. В. (Сост.) 2007. *Окрест Колчака: документы и материалы*. М.

Егоров Г. В (Сост.) *А. В.* 1991. *Колчак: Последние дни жизни* Барнаул.

Зайончковский, П. А. 1964. *Кризис самодержавия на рубеже 1870- 1880-х
　　годов*. М.

Зырянов, П. Н. 2006. *Адмирал Колчак, Верховный Правитель России*. 2-е
　　изд. М.: Молодая гвардия.

Ковалев, Ю. Панова, М. 1995. *Когда мы отдыхаем: Русские народные песни и игры.* М.

Комсомольская правда, 17 октября 2008 г.

Кузнецов, Н. 2007. А. *Александр Васильевич Колчак.* М.

Перец, Е. А. 1927. *Дневник (1880-1883).* М-Л.

Плотников, И. Ф. 1998 *Александр Васильевич Колчак: жизнь и деятельность. Ростов* Д.: Феникс.

Плотников, И. Ф. 2002. *Александр Васильевич Колчак: исследователь, адмирал, Верховный правитель России.* М.

Толстая, Е. 2008. *Адмирал кинороман.* СПб.

_____. 2008. *Адмирал Энциклопедия.* СПб.

Beumers, Birgit. 2005. *Nikita Mikhalkov: Between Nostalgia And Nationalism.* New York; I. B. Tauris.

_____. 2000. "Sibirskii tsiriu'nik," in Jill Forbes and Sarah Street, eds., *European Cinema.* London: Palgrave. pp.195~206.

Eklof, Ben. Bushnell, John and Zakharova, Larissa (eds). 1994. *Russia's Great Reforms, 1855-1881.* Bloomington: Indiana University Press.

Forrestt A. Miller. 1968. *Dmitrii Miliutin and the Reform Era in Russia.* Nashville: Vanderbilt University Press.

Higham, Robin. Kagan, Frederick W. (eds). 2008. *The Military History of the Tsarist Russia.* London: Palgrave

Larsen, Susan. "National Identity, Cultural Authority and the Post-Soviet Blockbuster: Nikita Mikhalkov and Aleksei Balabanov," *Slavic Review* 62, no. 3 (Fall 2003). pp.502~503.

MacKenzie, David. Curran, Michael W. 1993. A *History of Russia, the Soviet Union, and Beyond.* Ohio: Ohio State University.

Mitchell, Jolyon. "Portraying Religion and Peace in Russian Film." *Studies in World Christianity.* pp.142~152.

Smith, Steve A. 2002. The Russian Revolution: A Very Short Introduction. New York: Oxford University Press. (『러시아혁명: 1917년에서 네프까지』, 박종철 출판사, 류한수 번역)

Wortman, Richard. 2000. *Scenarios of Power: Myth and Ceremony in Russian Monarchy.* Princeton Univ. Press.

* 인터넷

http://admiralfilm.ru/ (검색일: 2009년 4월 20일)
http://mikhalkov.comstar.ru (검색일: 2009년 4월 21일)
http://www.kinema.uwaterloo.ca/ff-rh992.htm, (검색일: 2009년 4월 30일)
http://www.ostfront.ru/Bibliotek/Mikhalkov.html (검색일: 2009년 3월 15일)
http://scepsis.ru/library/id_1961.html (검색일: 2009년 4월 5일)
http://militera.lib.ru/db/kolchak/index.html (검색일: 2009년 4월 20일)

IX. 포스트소비에트 시대 러시아 전쟁 영화의 특징*

김성일

* 본 논문은 『노어노문학』, 제21권 제2호(2009)에 발표된 것으로 한국노어노문학회의 동의를 얻어 다시 수록한다.

Ⅸ.
포스트소비에트 시대 러시아 전쟁 영화의 특징

1. 들어가는 말

　20세기 러시아 역사는 '야만인'과 국가의 관계라는 용어로 해석될 수 있다. 야만인은 끊임없이 움직이는 목표물이었다. 그것은 때로 실제 적이었으나, 어떤 때는 상상되거나 날조되기도 했다. 짜리 정부에 있어 야만인은 일본인, 혁명가, 유대인 혹은 독일인으로 다양하게 정의되었다. 그러나 새로운 소비에트 정부에 있어 야만인은 사회당과 경쟁하는 자본가, 귀족계급, 로마노프 왕조, 영국인, 독일인, 부농, 스파이, 전쟁에서 돌아온 죄수 등으로 바뀌게 되었다. 이러한 많은 적들만큼이나 20세기 러시아에서는 다양한 종류의 전쟁이 발발했었다. 이러한 전쟁을 보다 구체적으로 살펴보면 다음과 같다: 제1차 세계대전(1914~1918), 내전(1918~1921), 대조국전쟁(1941~1945), 아프가니스탄 전쟁(1979~1989), 그리고 체첸 전쟁(1992~1994, 1998). 이러한 전쟁은 러시아 전쟁영화에서 다양하게 묘사되었다. 정규군과 빨치산 양자 모두를 포함한 전투에 관한 픽션 영화와 치열한 전선에서의 전투 영화, 몇몇 스파이 스릴러 영화, 그리고 '전쟁 전'과 '전쟁 후'의 상황에 대한 영화들이 그것이다.

이러한 전쟁을 주제로 한 러시아 전쟁영화는 소비에트 영화사에서뿐만 아니라 포스트소비에트 시대에도 그 중요성을 잃지 않고 있다. 그것은 소비에트 사회 및 정치에 관한 연구의 주된 원천이 되기 때문이다. 소비에트 전쟁영화는 당이 국민들에게 지나간 과거에 대해 알도록 하고자 하는, 국가적으로 재가 된 이야기를 강화하거나 훼손시키는 잠재력을 가지고 있다. 그러나 보다 중요한 것은 영화가 소비에트 역사에 대한 공식적인 견해를 지탱해 주거나 혹은 그것에 도전하기 위한 가장 경쟁적인 공간을 제공한다는 점이다. 러시아 사회에 있어 영화에 대한 레닌의 견해는 여전히 유효하며 참으로 정치적 설득을 위한 유용한 도구의 역할을 하고 있다.

이러한 점에서 전쟁영화는 소비에트 러시아 영화사에서 특별한 위치를 차지하고 있다. D. 영블러드는 이에 대해 다음 4가지로 설명하고 있다. 첫째, 소련은 전쟁(제1차 세계대전과 내전) 중에 탄생하여 결과적으로 전쟁(아프가니스탄 전쟁)으로 인해 끝났다고 할 수 있다. 둘째, 전쟁은 그것이 실제로 구체화된 것이든 신화화된 것이든지 간에 양자에 있어서 고도로 중앙집권화된 권위주의적 국가를 주장하기 위한 이론적 근거가 된다. 즉, "우리는 우리를 파괴하고자 하는 적에 의해 포위되었다."라는 프로파간다는 그에 대한 가장 명확한 예이다. 셋째, 소비에트 권력의 수사학은 사회주의적인 만큼 또한 매우 군국주의적이다. 전시에 소련 사회는 전투가 벌어지고 있는 '전선'에서의 다양한 '캠페인'을 수행할 목적의 '여단'으로 조직되었다. 하지만 '영화-전선'이 영화 산업을 기술하는 데만 사용되지는 않았다. 그것은 또한 1920년대 주요 영화 잡지의 제목으로 사용되기도 했다. 마지막으로, 소비에트 역사에 전쟁과 전쟁 시기의 구심성이 주어진다면 전쟁영화는 소비에트 역사가들이 갖지 못했던 예술 혹은 오락, 향락의 모습으로 공식적인 역사를 전복시킬 기회를 제작자들에게 주었다. 많은 소비에트 영화감독들은 사이비 역사가들이 진지하게 수행했던 것처럼 역사적 기획과 자신들의 역할을 수행했다.[1]

영블러드는 자신의 책에서 러시아 전쟁영화를 러시아 영화가 시작된 1896년부터 현재까지 크게 9가지 시기로 구분하여 살펴보고 있다.[2] 그중 마지막 시기가 이 논문의 주제인 푸틴 대통령이 집권

---

[1] Denise J. Youngblood, *Russian War Films. On the Cinema Front, 1914~2005*(Lawrence: University Press of Kansas, 2006), p.3.

[2] 영블러드의 구분을 살펴보면 다음과 같다.

첫 번째 시기는 러시아 영화가 시작된 1896년에서 무성영화가 종말을 고하는 1932년까지의 36년간이다. 이 시기에 러시아는 3차례의 전쟁(러일전쟁, 제1차 세계대전, 내전)과 혁명(1905년, 1917년 2월, 1917년 10월)을 차례로 겪었다. 전쟁영화 특유의 풍부한 내용보다는 그 이외 것들에 의해 특징지어지는 배아적 애국 문화와 더불어, 1920년대 중반으로부터 1928~1932년 문화 혁명이 끝나는 때까지의 소비에트 영화의 황금시기에 전쟁영화는 주변적 역할에 머물렀다.

두 번째 시기는 전쟁영화 장르의 창조를 향한 첫걸음을 떼고, 스탈린주의, 사회주의 리얼리즘, 영화제작자들 간의 관계를 시험했던 시기이다. 다음 3개의 전쟁 고전영화가 그 대표적인 작품들이다: <차파예프>, <우리는 크론슈타트 출신이다>, <시쵸르스(Shchors)>. 이 시기는 점증하는 군국주의, 체제순응주의로의 강압, 그리고 대테러로 알려진 당과 군의 대량 숙청에서 정점을 이루게 되는, 폭넓게 퍼진 국가 테러 등에 의해 특징지어진다. 영화에 대한 스탈린의 강박관념은 제작자들에게 커다란 어려움을 불러일으켰으며 그들은 예술적 자율성을 유지하기 위해 많은 노력을 기울였다.

세 번째 시기 러시아 전쟁영화에서는 전시 선전선동적 노력과 더불어 억압적인 정치적 명령에도 불구하고 '여성화' 및 '인간화'라는 주목할 만한 장르적 특징의 변화가 일어난다. 이러한 영화는 주로 대조국전쟁 동안 제작된 영화들이다. 전쟁의 대부분을 자신의 영토에서 적과 싸웠기 때문에 소련에서 전투를 위해 모든 국민이 동원되는 것은 필수적이었다. 전쟁이 끝날 무렵까지 적군(독일군)은 공격적이었다. 이 시기 대부분의 소비에트 전쟁영화는 군인이 아닌 빨치산과 여성을 묘사했다. 그러나 1944년까지 여성과 게릴라들은 보다 높은 계급과 보다 나은 제복을 입은 장교와 같은 인물들로 점차 대체되어 간다.

네 번째 시기는 제2차 세계대전 이후부터 스탈린 죽음까지의 스탈린주의로의 회귀 시기이다. 이 시기는 소비에트 영화생산이 정치적, 경제적 이 두 가지 이유로 인해 거의 정지되었던 "영화 기근"에 의해 특징지어진다. 냉랭한 문화적 분위기는 특히 전쟁영화의 제작에 커다란 영향을 끼쳤다. 스탈린은 대조국전쟁에 대한 기념식을 자기 자신의 염원에 대한 잘 꾸며진 기념식으로 점차 교묘하게 대체하려 했다. 이로써 1940년대 후반까지 스탈린은 대부분의 제2차 세계대전 영화의 "영웅"이 되었다.

했던 때로서, 이 시기는 일반적으로 러시아 영화를 위한, 그러나 특별히 러시아 전쟁영화를 위한 새로운 삶의 시작으로 간주된다. 1990년대 후반 러시아의 많은 새로운 감독들이 영화의 주제로서 아프간과 체첸전쟁으로 관심의 방향을 돌렸고 2000년 이후부터는 제2차 세계대전 영화, 특히 텔레비전 영화가 국내 영화생산의 주를 이루게 되었다. 이러한 변화의 흐름은 애국심과 국가자존심을 회복하고자 하는 푸틴정부의 기획과 일치했으며, 대조국전쟁의 낭만화된 변형들은 이러한 국가적 기획을 도왔다. 하지만 다른 한편으로 전쟁에 대한 모든 향수를 돋우거나 혹은 소름끼치게 만드는 이러한 영화적 왜곡은 감춰진 가장 더러운 역사적 비밀을 폭로함으로

다섯 번째 시기는 비록 1964년 10월 브레주네프가 권력을 이어받은 후 명쾌한 결말을 갖지는 못했지만, 어떻든 흐루시초프의 통치와 동일시되는 문화적 이완기인 해빙기와 연관된다. 소비에트 영화는 1950년대 중반부터 60년대 후반까지 중요한 예술적 부흥을 경험하게 된다. 예술적인 측면에서 볼 때, 해빙기의 가장 중요한 영화들 중 많은 작품들은 탈스탈린화의 주요한 측면인, 대조국전쟁의 유산을 재검토한 전쟁영화들이다. 또한 전쟁영화는 이 시기에 절정에 달했던 대중 관객들을 겨냥하여 제작되었다. 즉, 예술이든 오락이든 간에 해빙기 전쟁영화는 제2차 세계대전에 인간적인 모습을 부여했다.

여섯 번째 시기인 1960년대 후반은 참으로 전쟁영화 제작자들에게는 어려운 시기였다. 브레주네프가 애국주의와 군국주의를 증진시키려 제2차 세계대전에 대한 기념의식을 좀 더 강화시킴으로써 자신의 권위를 강화시키려고 했기 때문이다. 감독들은 이제 오제로프의 <해방(Освобождение: 1968~1971)>에서 절정에 다다른, 전쟁 서사시를 위해 개인적 취향의 전쟁영화를 만들지 못하도록 하는 조치에 실망을 느꼈다. 이 시기 감독들은 또한 코미디 전쟁영화를 만들려는 시도도 했다. 이러한 영화들은 현실도피적 오락을 갈망하는 대중들의 인기를 끌었다. 이러한 변화의 결과로 몇몇 전쟁영화 감독들은 내전을 주제로 한 영화를 제작하기도 했다.

일곱 번째 시기는 1970년대로, 이 시기 영화적 풍경은 일반적으로 장르와 상관없이 질 낮은 소비에트 영화의 제작시기로 평가받는다. 몇 가지 점에서 브레주네프적 '속물근성'은 스탈린주의적 권위주의보다 더욱 투쟁하기 어려운 것으로 판명되었다. 비록 피상적인 전투 서사시가 계속해서 대량생산되었고, 그리고리 추흐라이 같은 유명한 해빙기 감독들과 알렉세이 게르만과 라리사 쉐피트코 같은 재기 넘치고 재능 있는 젊은 감독들이 수많은 도전적인 전쟁영화를 제작했음에도 불구하고 전쟁영화 장르로 보자면, 1972~1979년은 소비에트 전쟁영화의 정점을 기록한 시기였다.

여덟 번째 시기는 불안한 1980년대이다. 고르바초프가 1986년 소비에트 사회를 재건하고자 하는 원대한 계획을 밝힐 때까지 소비에트 영화는 소비에트 삶의 다른 모든 측면과 같이 쇠퇴하고 있었다. 1985년 전승 40주년 기념식은 오직 단 하나의 중요한 전쟁영화, 엘렘 클리모프의 <와서 보라(Иди и смотри: 1985)>를 탄생시켰을 뿐이다. 영화산업의 재조직과 글라스노스찌의 시작은 전쟁영화를 위한 조종을 울리는 것 같았다. 감독들은 이전에 금지된 주제로 눈을 돌렸으며 적어도 초기에는 이러한 폭로에 대한 관객들의 취향은 만족을 모를 정도였다. 그러나 수출을 위한 소비에트 영화시장의 개방과 더불어 국내 영화생산 기반은 붕괴되었고 마침내 소비에트 영화산업은 소련이 1991년 12월 25일 그 종지부를 찍었던 때에 빈사상태의 늪으로 빠지게 된다. 같은 책, 6~9쪽.

써 드러나게 되는 진실에 의해 반격을 받기도 한다.

본 글에서 필자는 소련 붕괴 이후 10년 가까이의 혼란기를 지나 강력한 지도력을 바탕으로 새로운 포스트소비에트 시대를 연 푸틴 시대의 러시아 전쟁영화에 대해 살펴보고자 한다. 주제의 고찰 범위가 광범위한 관계로 개별 영화 작품보다는 주요 흐름과 그 특징을 주로 살피는 데 초점을 맞추고자 한다.

2. 새로운 민족정체성 확립의 필요성

소련의 붕괴는 러시아인들에게 극심한 정체성의 혼란과 위기를 불러일으켰다. 이러한 위기는 소비에트 붕괴 이후 자본주의로의 이행 과정에서 발생한 경제위기에 의해 더욱더 심화되었다. 이로 인해 점차 두 가지의 서로 다른 믿음이 러시아 사회에 광범하게 퍼져나가게 되었다. '새로운 민족 정체성의 의미 확립의 필요성'과 '서양, 특히 미국의 대중문화가 러시아의 가치를 위협한다는 공포'가 그것이었다.

1990년대를 통틀어 러시아의 많은 정치가들과 문화인들은 '러시아 국민됨'이라고 하는 고양된 의미를 각인할 수단이 될 수 있는 '쓸모 있는 과거'를 찾으려고 애써 왔다. 보리스 옐친은 1996년에 '새로운 러시아의 사상'을 찾는다고 공포까지 했지만 그해가 끝날 무렵 흐지부지되어 버리고 말았다. 즉, 소비에트 생활의 어두운 측면과 어떻게 절충할 것인가에 대한 문제를 확실히 해결하지 못한 채 체첸 전쟁의 현실과 직면한 옐친은 국민정체성이 기반하고 그 위에서 그것이 다시금 세워질 수 있는 새로운 사상을 탐색, 발전시키는 데 실패했다.

이에 반해 국가 통일성 확립의 필요성을 예리하게 인식하고 있었던 블라지미르 푸틴은 많은 러시아인들이 여전히 자부심을 갖고 기억할 수 있는 한 가지의 성취, 즉 나치 독일에 대한 승리를 중심으로 '러시아 국민됨'의 고양된 의미를 확립해나갈 것을 결정하였다. 2000년 5월 9일 전승기념일에 푸틴은 전쟁의 기억이 우리 세대로 하여금 강력하고 번영된 국가를 건설해 나가는데 도움이 될 것이라고 천명하였다. 전쟁의 기억을 활용한다는 푸틴의 계획의 일부에는 당시 문화부 장관이던 미하일 슈비드코이가 제안한 '2001~2005 러시아 문화'에 관한 2000년 8월 계획에 대한 그의 지원이 포함되어 있다. 푸틴은 러시아의 애국심을 부흥시키는 데 도움이 되는 문화 생산물에 200억 루블을 지원하는데 동의했다. 모스필름의 대표 샤흐나자로프가 영화 <별>의 새로운 버전을 제작할 것을 결정했을 때 그는 이 프로그램에서 기금을 받았다. 비록 정부의 이러한 지원이 이후 대중의 눈살을 찌푸리게 만드는지도 모르지만, 그러한 영화제작이 반드시 필요하다고 했던, 2001년도 샤흐나자로프의 신념은 당시 러시아의 애국주의적 상황의 보다 폭넓은 문화적 맥락 속에서 보자면 정확하게 맞아떨어지는 것이었다.

러시아 영화에 있어서 포스트소비에트의 초반기는 스탈린 통치 말기만큼이나 황폐했으며 심지어 새로운 독립 국가들의 영화에 있어서는 더욱더 황폐했다. 영화산업의 거의 전면적인 붕괴는 문화적 재난이었다. 1990년대 전반에 걸쳐 러시아 경제가 비틀거리는 동

안 러시아 영화제작은 1990년 300편에서 1996년에는 28편으로 급
감했다. 이에 반해 할리우드 영화와 쓰레기 같은 외국영화가 러시
아 시장과 스크린에 범람했으며, 외국 멜로드라마와 국내 에로물들
이 텔레비전을 장식했다. 이로써 러시아 영화가 고사할 위험에 처
하게 될 것이라고 하는 우려가 점점 더 확산되기 시작했다.

위기에 대한 새로운 자각은 러시아 영화를 변화의 길로 들어서
게 했다. 하지만 러시아 영화를 재건하는 길은 고된 일이었다. 그러
나 머지않아 차츰 영화산업의 도약을 위한 분기점들이 나타나기
시작했다. 그 첫 번째 분기점이 된 것은 1996년 러시아 정부가 또
다시 고스키노에 약간의 보조금을 할당한 사건이었다. 그 보조금으
로 21편의 특집 영화가 제작되었다. 이후 두 개인 텔레비전 스튜디
오-NTV-Profit와 STV-가 이익을 낸, 질 높은 영화 제작을 시작
할 수 있는 충분한 자금을 조달했다. 그 이후로 러시아 텔레비전은
지속적으로 장편 영화제작의 실질적인 보험의 역할을 하게 된다.[3]

이러한 러시아 영화의 새로운 변화는 마침내 1998년 5월 새로운
전기를 맞이하게 된다. 러시아 영화 제작자 협회 신임 회장으로 선
출된 니키타 미할코프는 '새로운 민족 영화'를 위한 강연에서 러시
아 영화가 러시아 국민들에게 도덕적 지침을 제시할 수 있음을 주
장한다. 러시아 시장에서 미국 영화가 80퍼센트를 차지하고 있다는
사실을 언급하면서 미할코프는 '우리 아이들이' 미국 영화의 영웅
들은 잘 알지만, '그들이 그처럼 어려운 조건 속에서 살아남을 수
있도록 도와줄' 러시아 영웅들은 단 한 명도 갖고 있지 못하다는
것을 지적했다. 미할코프는 암암리에 러시아 영화 제작자들에게

---

[3] 같은 책, 205쪽.

'새로운 러시아의 사상'을 찾아낼 것을 요구했다. 1998년작 블록버스터 <시베리아의 이발사>는 이러한 도전에 맞서려는 미할코프의 개인적 노력을 잘 보여 주는 영화이다. 하지만 <시베리아의 이발사>는 박스 오피스에서는 좋은 성적을 보였지만 러시아 영화를 경제적 침체에서 끌어내지는 못했다. 1998년의 루블화의 폭락은 산업 위기를 심화시켰을 뿐이었다. 하지만 푸틴 시대의 초기에 이르러 오일 머니와 루블화의 안정에 힘입어 러시아 경제가 회복되자 마침내 미할코프의 이러한 바람은 실현 가능하게 되었다.[4]

이러한 점증하는 영화계에 대한 지원으로 전쟁영화 제작도 활기를 띠게 된다. 최근 10년간 제작된 전쟁영화는 제2차 세계대전과 아프간 전쟁, 체첸 전쟁에 관한 영화에 초점이 맞춰져 있다. 이러한 전쟁들은 대부분의 미국인들에게 제2차 세계대전과 베트남 전쟁이 받아들여지는 것과 같은 그러한 명백한 대비로 러시아인들에게도 똑같이 다가온다. 즉, 파시스트 침략에 대항한 전쟁은 선한 전쟁이지만 아프간과 체첸 전쟁은 만일 그것이 '나쁘지' 않다면 고통스럽게 애매할 뿐이다. 아프간과 체첸 전쟁이 소련 자존심에 깊은 상처를 주었거나 전쟁의 정당성에 논란의 여지를 불러일으키는 것에 반해, "신화란 재상연과 조직화된 재분절화를 포함하는 담론을 조직하는 것이며 동시에 현재에서 과거의 사건을 조직하는 것이다."[5]라는 의미에서 소련의 대조국전쟁 신화는 과거를 상연할 수 있는

---

[4] Stephen M. Norris. "Guiding stars: the comet-like rise of the war film in Putin's Russia: recent World War II films and historical memories," *Studies in Russian and Soviet Cinema,* Vol. 1, No. 2(2007), p.165.

[5] Tomas C. Wolfe. "Past as Present, Myth, or History? Discourses of Time and the Great Fatherland War," Richard Ned Lebow, Wulf Kansteiner, and Claudio Fogu (eds.), *The Politics of Memory in Postwar Europe*(Durham, NC: Duke University Press, 2006), p.267.

기회를 제공한다. 퍼레이드와 의식(儀式), 기억이라는 설비들은 '그런 공연들을 통해서 다시 살아봐야 하고 다시 경험되어져야 하는 그 어떤 것으로서 과거'를 제시하였다.

소련에서 발전된 전승(戰勝)에 대한 신화적인 해석은 강력한 스토리라인을 갖고 있다: '짐승 같은 나치가 침공하여 소비에트 인민들은 그들의 손아귀에서 고통을 받았다. 그러나 스탈린의 영도 아래 그들은 애국적으로 응수하여 마침내 승리를 거머쥐었다.' 아미르 바이너는 전쟁에 대한 이 내러티브가 두 개의 기본적인 구성성분을 가지고 있다고 썼다. 그가 '계급적인 영웅주의'와 '보편적인 고통'이라고 부른 것이 그것이다. 첫 번째 경우, 러시아인들이 가장 영웅적으로 행동하여 그 결과 승리에 커다란 공헌을 하게 되는데, 승리에 대한 상상화된 영웅적 기여에 따라 개별 소비에트 민족들의 서열이 매겨졌다. 내러티브의 두 번째 부분은 모든 소련 시민들을 비인간적인 나치의 손아귀에서 당한 집단적인 고통의 의미 속으로 포함시키는 것이다.[6]

하지만 이 내러티브 신화와 수년간에 걸친 신화의 공연 속에는 많은 진실이 담겨 있다. 영웅적 계급제도와 보편적인 고통이라는 단순한 스토리[7]는 (적군에 대한) 협력이나 점령과 같은 전시의 경

---

[6] 전쟁을 다룬 소비에트 영화들은 1945년에서 1985년까지 대조국전쟁의 신화를 공연함에 있어 주역을 담당했다: 미하일 칼라타조프의 <학이 날아간다>(1957), 세르게이 본다르축의 <인간의 운명>(1959), 그리고리 추흐라이의 <병사의 발라드>(1959), 안드레이 타르콥스키의 <이반의 어린 시절>(1962), 엘렘 클리모프의 <와서 보라>(1985). 이런 복합적인 영화들에서조차 전시 내러티브의 근본 개요는 유지되었다. 즉, '러시아인들은 가장 영웅적이고 독일인들은 잔인하며 모든 소비에트 시민들은 고통받았다.'

[7] 고전적 서사 구조는 이상적으로 전쟁 이야기를 말하는 데 적용된다. 스토리(파블라)는 인물-중심적이고 행동-지향적이다. 플롯(슈제트)은 세 부분으로 구성된다: 현상(평시)이 창조된다; 그런 다음 그것은 방해된다(침략); 그리고 마지막으로 정돈된다('승리'). 그러나 소비에트 러시아 문맥에서 승리가 미국적 스타일의 행복한 결말을 의미하는 경우는 거의 드물다. 오히려 '죽음을 통한 순교의 완수'라고 하는 행복에 대한 소비에트 해석을 의미한다. 전형적으로 적어도 다음과 같은 두 가지 스토리 라인이 있다: '임무'(집단적 목표)와 '개인'(지도자 개인 혹은 동료). 이야기는 플래시백과 크로스 커팅을 제한적으로 사용하면

험이라는 문제점들을 무시하거나 은폐하였다. 이 선한 전쟁의 그림을 복잡하게 만드는 것은 이 전쟁의 좋지 않은 측면에 대한 지속적인 조사와 폭로이다: NKVD(내무인민위원회)와 SMERSH[8]의 편재, 형사범 부대, 출정군인의 체포와 구금 등등. 따라서 러시아 전쟁영화의 궤도는 명백하지 않으며 감독들은 이러한 흥미로운 가능성을 지속적으로 탐구하고 있는 중이다.[9]

3. 소비에트 전쟁 신화 해체의 조짐

제2차 세계대전 이후로 소련의 영화 산업에서 전쟁영화는 주요 특집이었고 포스트소비에트 시대에도 여전히 상당한 중요성을 가지고 있다. 1941~1945년의 대조국전쟁을 배경으로 하는 영화들, 특히 실제로 전쟁 중에 만들어진 영화들은 몇 가지 특징적인 요소들을 확립하였다. 이 변수들은 2000년에 블라지미르 푸틴이 러시아 연방 대통령에 취임하기까지, 그리고 취임한 이래로 전쟁 묘사에 있어 다소간의 차이는 있더라도 지속적으로 남아 있게 되는 것들이었다. 그것은 '적을 악마화하는 것'(그것이 나치가 되었든 혹은 체첸의 '테러리스트들'이 되었든 상관없이), '성스러운 러시아를 수호하기 위하여 전쟁을 긍정하는 것', '평범한 러시아 병사를 정직

서 순차적으로 전개된다. 영화의 시각적 스타일은 사실적이고 제한된 기법의 색채로 사건이 묘사된다는 점에서 잘 드러난다. 아울러 이야기는 명확한 영화 메시지를 가진 쫓아가기 쉬운 구조를 갖는다.

[8] '스파이들'을 죽이기 위해 NKVD가 세운 방첩활동 그룹.

[9] Denise J. Youngblood, *Russian War Films. On the Cinema Front, 1914~2005*, p.206.

함의 상징이자 러시아 혼의 본연의 모습으로 그리는 것' 등이었다. 이러한 특징들로 인해 대조국전쟁을 다루고 있는 포스트소비에트 영화 역시 소비에트 시대의 영화들과 큰 차이를 보이지 않는다. 실로, 민감한 민족적 자부심이 영화 속에 내재되어 있는 것이다. 1990년대에 허가된 스크린에서의 빈번한 폭력성은 2000년 이래로 악마의 얼굴을 한 본성과 러시아 병사의 자기 헌신과 육체적 강인함에 대한 보다 직접적인 증거가 된다. 고의적인 폭력과 대량 학살 가운데서 피 흘리고 고통받은 것은 러시아 병사이다. 비록 지금은 그들의 상처가 매우 빈번히 자기편에 의해 생겨나게 된 것이라는 점이 인정되고 있지만 말이다.[10]

전쟁영화의 주제로서 대조국전쟁 관련 영화들이 봇물처럼 쏟아져 나오기 시작하는 것은 2000년 이후부터이다.[11] 2000년 5월 전승 55주년을 맞이하여 러시아 영화평론가들은 대조국전쟁에 대한 영화가 부족하다고 한탄했다. 그 이후 영화대본은 급증했다. 텔레비전은 전쟁에 대한 새로운 역사를 대중화하는 데 특히 중요한 역할을 했다.[12] STV의 다큐멘터리 시리즈인 <크레믈린-9(Кремль-

---

10) David Gillespie, "Defence of the Realm: The 'New' Russian Patriotism on Screen," *The Journal of Power Institutions in Post-Soviet Societies*, Issue 3(2005), p.61.

11) 21세기 초 몇 년간 대부분의 다른 러시아 대조국전쟁 영화는 <유형 대대(Штрафбат, 2004)>, <푸가쵸프 소령의 마지막 전투(Последний бой майора Пугачёва, 2005)>, <에셸론(2005)>보다 좀 더 간소한 주제를 갖고 있었다. 그것은 '거대한 낭만적, 액션 가득한 영화'와 '작고 사색적인 영화' 이 두 가지 범주로 나눠진다. 전쟁 모험 영화의 가장 훌륭한 예 가운데 2004년 개봉된 4작품이 있다: 비탈리 보로베브의 <비공식적인 임무(Неслужебное задание)>, 뱌체슬라프 니키포로프의 <알 수 없는 높이로(На безымянной высоте)>, 알렉산드르 아라빈의 <붉은 합창단(Красная капелла)>, 안드레이 말류코프의 <파괴 활동가(Диверсант)>. 이 영화들은 어떤 다른 교전국의 영화들과도 거의 구별되지 않는데 그것이 바로 정확한 핵심 포인트이다. 몇몇 감독에게 있어서 대조국전쟁은 "제2차 세계대전"이 되었다. 즉 국력의 상징적 대들보가 아닌 상업영화를 위한 스토리 라인의 원천으로서 바뀌게 된 것이다. Denise J. Young Blood. *Russian War Films. On the Cinema Front*, 1914~2005, pp.223~224.

12) 전승 60주년 기념을 위해 2004~2005년 제작된 TV 시리즈 역시 주목할 만하다. 그중 다음 세 영화가 특히 중요하다: 니콜라이 도스탈의 11부작 RTV 시리즈, <Штрафбат>(2004); NTV용 블라지미르 파티아노프의 <Последний бой майора Пугачёва>(2005, four part); 러시아 채널용 블라질렌 아

9: 2001)>는 이 주제에 수많은 에피소드를 만들어 냈다. 특히 <알려지지 않은 봉쇄(Неизвестная блокада: 2003)>라는 제목이 붙여진 레닌그라드 봉쇄에 관한 것은 주목할 만하다. 이것은 NKVD 문서보관소의 기록에 바탕을 둔 것이다. 이 40분짜리 다큐멘터리는 죽은 사람과 죽어 가는 사람에 대한 뉴스영화(newsreel)적 장면을 보여 줄 뿐만 아니라 NKVD가 압류하여 전달되지 못한 편지들로부터 그 증거들을 제공한다. 이 편지들은 대중들의 분위기가 용감하고 영웅적이었던 만큼이나 패배적이고 반소비에트적이었다는 것을 보여 준다. <알려지지 않은 봉쇄>는 인육을 먹었던 것과 자살에 대해 공공연히 언급한다. 하지만 이 도시를 독일이 점령할 바에야 오히려 군인들이 도시 전체와 주민들을 모두 파괴해야만 한다고 NKVD가 정부에 건의했던 사실은 언급하지 않는다. 다른 시리즈 영화 <탑 위의 저격병(Снайперы на башнях: 2004)>은 <알려지지 않은 봉쇄>보다는 덜 센세이션하다. 하지만 정부는 수도에서 소개하고 있는 중이라는, 1941년 10월 15일 선언 이후 모스크바에서의 '혼란'과 '공황'을 솔직히 인정하고 있다. 대신 이 중 어느 것도 전쟁 전문학자에게는 뉴스거리가 아니다. 그러나 이 이슈들은 러시아 안에서 대조국전쟁에 대한 공적 담론을 미리 제기하지는 않았다.

　니콜라이 레베제프 감독의 <별(Звезда: 2002)>은 제2차 세계대전을 주제로 한 주요 포스트소비에트 전쟁영화들 중의 하나이다. 이 영화는 저명한 전쟁작가인 엠마누일 카자케비치(1913~1962)의

르세네프의 <Эшелон>(2005, four parts). 이 영화들은 모두 다 모진 폭로를 그 내용으로 한다. 같은 책, 218~219쪽.

1947년 소설을 두 번째로 영화화한 것이다. 첫 번째 영화는 1949년에 알렉산드르 이바노프 감독이 제작하였으나 스탈린의 사후인 1953년에야 개봉되었으며 커다란 성공을 거두었다. 당시 2천8백9십만 명의 관객을 동원하여 1953년 박스오피스 집계 6위에 랭크되었다.[13]

이 영화의 배경은 1944년 봄이다. 이 시기는 소련군이 독일군을 소비에트 국경 쪽으로 밀어붙이고 있는 상황이었다. 제목인 '별'은 적군의 엘리트 정찰대에 붙여진 이름인데 이 정찰대는 적 전선의 후방을 교란시키는 임무를 맡고 있었다. 압도적인 병력 차이에도 불구하고 영웅적으로 자신들의 임무를 수행한다. 임박한 독일의 역습에 대해 지휘부에 경고하기 전에 그들은 죽을 수 없었다. 독일군의 역습은 후에 격퇴되지만, 그들은 포위되어 마지막까지 적과 총격전을 벌이다가 장렬하게 최후를 맞게 된다. 하지만 영화와 달리 카자케비치의 소설은 병사들이 기지로 복귀해 눈을 부릅뜨고 지키고 있는 NKVD의 있을지도 모르는 반소(反訴)에 직면하기보다는 차라리 죽음을 선택했다는 것을 암시한다. 그런 반소는 탈주와 비겁함에 대한 고소로 이어질 수 있는 것이었다. 그러나 공교롭게도 이러한 정치적인 차원이 레베제프의 영화에서는 빠져 있다.[14]

---

[13] 그리고리 마라모프가 그 이유를 다음과 같이 설명하고 있다. E. 카자케비치의 유명한 소설 『별』을 각색한 영화를 다시 만들라는 요구, 특히 적의 후방에서 작전 중이던 정찰대의 영웅적 죽음에 대해서는 가공하지 않은 전횡적인 폭력에 다름 아니라고 말할 수 있다. 스탈린은 그 비극적인 결말에 찬성하지 않았는데, 그것이 병사들로 하여금 정찰대원이 되는 것을 꺼리도록 할 수 있기 때문이었다. 결국 그의 요구로 병사들이 자신들의 임무를 수행하고 손실 없이 기지로 복귀하게 하는 것으로 개작된다. 그런 결말은 저자의 의도를 망치는 것이고 예술의 질을 떨어뜨리며 인물들의 성격화를 뒤집는 것이라는 취지의 모든 논쟁은 결국 수포로 돌아가고 말았다. 그 결과 감독인 A. 이바노프는 관객들 스스로가 그 병사들의 운명을 결정할 수 있도록 하는 열린 결말을 남김으로써 두 가지 입장을 조정하려 애썼다. 그래서 이 영화는 살아남게 되었다.

[14] <별>은 안드레이 말류코프의 TV 시리즈인 <파괴 활동가>(2004)와 많은 공통점을 가지고 있다. 이 작품 역시 조국 러시아를 위해서라면 그들 자신의 생명의 위협은 전혀 개의치 않는, 독일군의 전선 후

　레베제프의 영화는 잘생기고 애국적이며 밝은 눈을 가진 러시아 소년들이 자신들의 조국을 위해 죽어 가며, 죽음에 대한 파토스와 기지로 돌아오는 연인 카짜의 번민 등을 전면에 부각되는 오케스트라의 음악 등을 통해 강조한 모범적인 작품이다.[15] 하지만 병사들의 죽음과 전쟁이 소비에트 국민들에게 끼치는 영향에 초점을 맞춤으로써 결말은 소비에트 영화의 모범적인 줄거리에 대한 일말의 수정을 제시한다. 우리는 알게 된다. 카짜는 '승리를 목도하고 자신이 학교에서 역사 교사로 일하던 고향으로 돌아갔다. 그녀는 끝내 결혼하지 않았다.' 카짜의 전쟁 이후의 삶은 그 전쟁으로 치른 엄청난 인구(人口)학상의 비용을 암시한다. 러시아는 엄청나게 많은 수의 '트라브킨'(영화 <별>의 주인공) 같은 죽음으로 고통받은 것에 그치지 않고 트라브킨과 카짜가 낳지 않은 아이들의 상

방에서 활동하면서 적들 사이에 혼란을 야기하는 적군 엘리트 부대에 관한 것이다. 그렇지만 <파괴 활동가>를 <별>과 구분 짓는 것은, <파괴 활동가>에서 주요한 적은 독일군이 아니라 NKVD라는 점이다. NKVD는 그 어떤 실패한 임무라도 있으면 그것을 탄압과 처형을 위한 기회로 이용하기 위해 호시탐탐 노리고 있다. 실로 <파괴 활동가>는 나치 독일에 대한 전쟁 동안 적군 병사들이 외부의 적보다는 그들 자신의 내부의 적에게 더욱더 많은 위험이 노출되어 있었다는 인상을 만들어 냈다. 이는 역사가들과 작가들에 의해 확인되었다. David Gillespie, "Defence of the Realm: The 'New' Russian Patriotism on Screen," pp.62~63.

[15] 이바노프의 정찰병들은 중년이지만, 레베데프의 정찰병은 젊은이들이다. 이것은 또 다른 관객들에게 호소하기 위해서이다. 이 영화의 비극적 낭만주의는 서서히 사라지는 감상적 내막과 자신들의 청춘기에 희생되어진 이 젊은이들의 아름다움만큼이나 자연의 아름다움에 초점을 맞추는 풍부한 영화 촬영기법에 의해 고양된다.

실에 의해서도 고통받은 것이다.

이 글이 읽혀지는 동안 카메라는 좀처럼 젊은 병사들의 얼굴을 떠나지 못한다. 승리로 결말을 맺는 것보다 영화는 전쟁으로 인한 어마어마한 죽음과 러시아인 사망자들의 '방해받은 영혼'에 초점을 맞출 것을 선택한다. 더욱이 소비에트 정부는 1964년까지 그들의 희생을 인정할 것을 거부함으로써 그들을 부당하게 대우했다고 하는 사실을 <별>은 제시한다. 이 결말에서 영화는 많은 소비에트 군인들에게 가해진 장기적인 역사적인 과오를 강조하면서 <병사의 발라드>와 <맑은 하늘>과 같은 그리고리 추흐라이의 전쟁에 대한 해빙기 내러티브를 개작한다.

<별>과 같이 대중 관객들을 위해 제작된 판에 박힌 스토리 영화는 기울어가는 애국주의에 거슬러 용기를 북돋고 군국주의를 지원하고자 하는 푸틴정부의 국가 부활 시책에 잘 맞아떨어졌다. 비록 일군의 러시아 학자와 영화제작자들이 이러한 애국적 방향전환에 대한 미묘한 억압에 대해 사적인 우려를 표명했지만 보다 복잡한 전쟁 시기의 주제를 다루는 영화들은 여전히 계속해서 만들어졌다.

<별>과 그 이후 제작된 영화들은 아주 중요한 두 가지 측면에서 소비에트 전쟁영화의 신화를 깨뜨렸다. 첫째로, 새로운 영화들은 소비에트 시민들이 모두 똑같이 고통받았던 것은 아니었다라고 하는 사실을 제시했다. 푸틴시대의 영화들은 종종 소비에트의 관리들이 개별 시민들에게 고통을 야기하였음을 묘사했다. 둘째로, 소비에트 붕괴 이후 제작 및 상영된 영화들은 소비에트 영화들이 거의 보편적으로 짐승으로 묘사했던 독일 사람들을 캐스팅하여 그들

역시 자신들과 마찬가지로 전쟁 속에서 고통받은 인간으로서 그리고 있다.[16]

이런 영화들 중 가장 잘 알려진 영화인 <뻐꾸기(Кукушка: 2002)>는 <검문소(Блокпост: 1998)>의 감독 알렉산드르 로고쥐킨의 작품이다. 이 작품은 국제영화제에서 폭넓게 상영되었고 로고쥐킨은 2002년 모스크바 영화제에서 최우수 감독상을 받았다. 로고쥐킨의 영화는 전쟁에 대한 소비에트 영화의 내러티브를 완전히 뒤엎는다. 여기서 적들(외부와 내부의 적 모두 다)의 인간됨이 드러나게 되며 진정한 희생자는 소비에트의 시민이 아닌 '안니'이다.

2003년에는 전쟁에 대한 소비에트 내러티브에 더욱더 수정을 가한 표트르 토도롭스키의 <황소 별자리에서(В созведии быка)>와 알렉세이 게르만 Jr.의 <마지막 기차(Последний поезд)>가 개봉된다. 토도롭스키는 전쟁을 그리고 있는 자신의 영상 속에서 인간애가 증오에 대해 승리를 거두었고, 독일 병사들 역시 스탈린그라드에서 고통받았음을 보여 주고 있다. <황소 별자리에서>가 인간으로서의 독일인들을 조역으로 특별히 다루었다면, <마지막 기차>는 전쟁을 다룬 영화 중에서 최초로 독일인을 주연으로 발탁함으로써 러시아 영화의 새로운 역사를 썼다.[17] 게르만 Jr.의 관점에서 볼 때 독일과 소련의 시민 양쪽 모두 똑같은 인간이며, 둘 다 고통을 받았다는 것이다. 이는 소비에트 시대에 발전되어 온 내러티브 신화를 한층 깨부수는 것이었다. 한편 2004년에 개봉된 드미트리

---

16) Tomas C. Wolfe. "Past as Present, Myth, or History? Discourses of Time and the Great Fatherland War," p.167.

17) 같은 글, 171쪽.

메스키예프의 <우리 자신>(Свои) 역시 위 두 영화와 동일선상에 있는 영화이다. 이 영화는 그해 모스크바 국제 영화제에서 대상 및 다른 많은 상들을 휩쓸었다. 이 영화가 문제시되는 것은 바로 '그 한계 상황' 때문이다. 즉 그것은 '점령지'로서 평화와 전쟁, '우리'와 '그들', 인간애와 야만성 사이에 존재하고 있는 공간이다. 이 영화가 전통적인 주인공들을 뒤바꾸었다는 것 역시 매우 주목할 점이다. 마을의 사령관(보그단 스툽카 연기)은, <뻐꾸기>에서의 이반처럼, 신화적인 소비에트 내러티브에서 볼 수 있는 전형적인 주역이 아니라 차라리 스탈린주의 영화에 나오는 전형적인 내부의 적에 가깝다. <우리 자신>이 개봉된 이 시기에 전쟁을 영화식으로 변형시키려는 관심이 텔레비전에서 폭발적으로 일고 있었다. 공동으로 8편의 시리즈물이 방영되었다. 이러한 시리즈물들은 '러시아의 영혼'을 다시 새로워진 민족적 정체성의 원천으로서 묘사하였다. 또한 그 전에 제작되었던 특집 영화들처럼 내부에 있는 적을 '진짜 적'으로 묘사하면서 소비에트 문화에서는 허락되지 않았을 영웅적인 인물들을 포함시킴으로써 전쟁에 대한 내러티브 신화를 더욱 확대시켰다.[18] 이 시리즈물에는 많은 사관학교 학생들과 사라토프의 주민들이 영웅으로 등장한다. 하지만 시리즈물 속에서 보이는 영웅주의는 소비에트 영화들 속에서 강조된 집단주의적 성격의 영웅주의라기보다는 개인주의적 성격의 영웅주의이다.

알렉산드르 아타네시안이 2006년 발표한 영화 <무뢰한>(Сволочь)은 소비에트의 전시 내러티브 수정작업에 종지부를 찍은 작품이다. <유형 대대>를 바짝 뒤쫓으면서 <무뢰한>은 소비에트의 여러

---

18) 같은 글, 173쪽.

도시들에서 범죄인이 되어 목숨을 연명해 가는 십대 고아들에게 초점을 맞춘다. 전쟁이 한층 격화될 무렵 NKVD에 잡힌 젊은이들은 조국에 봉사하기 위한 훈련과 준비과정을 거쳐 스스로의 명예를 회복시키기 위해 카자흐스탄에 있는 감옥으로 보내진다. 영화는 그들의 훈련과정과 그리고 냉혹한 껍질로부터 그 젊은이들을 잘 달래어 진정성을 이끌어 내려 애쓰는 두 명의 장교에게 초점을 맞춘다. <무뢰한>은 스탈린주의 국가에서 그가 관찰해 낸 것들과 그것이 야기한 관례들 중에서 어느 것 하나도 가치 있는 것으로 간주하지 않는다. 영화 속 '무뢰한' 중의 상당수가 대숙청 기간에 자신들의 부모가 죽는 것을 목격했고 거리에서의 삶으로 인해 인간성을 몽땅 상실해 버렸다. 그들은 양심의 가책 없이 살인을 했고 훔쳤으며 그들을 인간으로 만들려는 노력에 저항했다. 결국 그들의 '보상'은 독일의 기지를 파괴하기 위한 자살임무에 보내지는 것이었다. 소년들 대부분이 지상으로 낙하하던 중에 사살되었고 2명을 제외한 전원이 사망했다.[19]

<무뢰한>은 소비에트 시대의 영화 속에 아이들이 등장하던 방식을 뒤집었다. <이반의 어린 시절>과 <와서 보라>의 주인공들이 둘 다 전쟁으로 인해 자신들의 부모와 어린 시절을 잃어버렸는데 그들의 이러한 상실은 동부전선에서의 나치 정책의 직접적인 결과로 빚어진 것이었다. 그러나 <무뢰한>의 젊은이들은 스탈린주의 국가의 폭력성 때문에 자신들의 어린 시절을 잃어버렸고 전쟁이 일어날 무렵에는 이미 냉혹한 범죄자가 되어 있었다. 그들은 십대 범죄자들을 어른과 동일하게 취급한 소비에트의 전시 관료들

---

[19] 같은 글, 175쪽.

과 스탈린주의 법에 의해 더욱더 무뢰한이 되어 갔다. 임무에 실패한 아이들의 사체를 흘긋 일견한 독일 장교는 어린아이들을 총알밥으로 내모는 그런 종류의 시스템에 저주를 퍼붓는다. 소비에트의 영화들 속에서 짐승으로 그려진 독일인들이 이제 소비에트 정부의 비인간적인 관행에 대한 심판관으로 서게 되는 것이다. 만약 독일이 소련군이 가졌던 인력을 가졌었더라면 전쟁에서 이겼을 것이라고 말한 <유형 대대>에서의 독일군 지휘관의 코멘트도 이와 다를 바 없는 것이다.

　제2차 세계대전을 그리고 있는 이러한 현대 러시아 영화들에 대한 간략한 개관을 통해 우리는 2000년 이후 영화관과 TV를 통해 상영된 러시아 전쟁 영화들이 조국전쟁에 대한 소비에트 내러티브를 얼마나 해체시키고 있는가를 잘 살펴보았다. 언급된 영화들이 2002년 이래로 등장했던 전쟁에 대한 특집물과 TV 시리즈물 전부를 총망라하는 것은 아니다. 하지만 이 영화들은-크고 작은 스크린 위에서-소비에트적 영화 내러티브를 바꿔 버렸고 모두 다 소비에트 국가를 적으로 묘사하거나 '짐승 같은' 독일인들을 인간화시키거나(아니면 둘 다) 하였다. 어떤 영화들은-예를 들면 <마지막 기차>-전쟁에서 러시아 사람들이 가장 영웅적이었고 소비에트 민중들이 가장 많이 고통받았다는 견해를 명백하게 뒤집어 버렸다. 전쟁영화의 폭발을 주도했던 <별> 같은 영화들까지도 소비에트 국가가 죽은 사람들에 대한 추억에 손상을 입혔다는 생각을 포함하도록 전쟁 내러티브의 한계를 확장시켰다. 2002~2006년 러시아 전쟁영화들을 상영한 추억의 극장들은 궁극적으로 관객들에게 인간으로서의 독일인과 부농 영웅들, 형벌 대대와 희생제물이

된 어린이들이 어떻게 제2차 세계대전을 체험했는가라는 관점에서
전쟁을 다시 생각해 보는 기회를 제공한 것이다.

4. 의식되는 타자의 시선

  체첸 전쟁이 차르 및 소비에트 러시아의 과거에 깊이 뿌리박혀
있지만 체첸의 분리주의 운동은 1991년 소련 붕괴 이전까지는 시
작되지 않았다. 이 전쟁은 특별히 목표가 된 민간인들과 그리고 러
시아 공화국 영토 내에서 벌어진, 진정으로 러시아적인 싸움이었기
때문에 아프간 전쟁이 갖고 있지 않은 어떤 특징을 갖고 있다는 점
에서 러시아인들의 다양한 상상력을 불러일으켰다. 하지만 2005년
가을 표도르 본다르축의 <9중대(Девятая рота)>가 개봉되자 상황
은 달라지게 된다.

  군인들과 그들 가족에 대한 아프간 전쟁의 영향을 보여 주는 몇
몇 다큐멘터리는 이미 1980년대 말에 나타났다. 1991년 두 장편 영
화가 개봉되었다. 4부작 TV 시리즈인, 블라지미르 보르트코 감독
의 <아프간 파괴(Афганский излом)>[20]와 블라지미르 마우에르
감독의 범죄 스릴러인 <아프간 사람(Афганец)>이 그것이다. 전자
는 전쟁 막바지를 배경으로 하고 있으며, 후자는 민간인 삶으로 되
돌아와 범죄 갱에 가입하는, 아프간 전쟁의 소비에트 베테랑에 관
한 영화이다. 그 외 블라지미르 호티넨코의 <무슬림(Мусулманин:

---

[20] 이 영화는 올리버 스톤 감독의 <플래툰>(1986)의 러시아판이라고 볼 수 있다.

1995)>이 전후 러시아 전쟁포로의 귀향을 다루는 것에 반해 티무르 베크맘베토프의 <페슈바르 왈츠(Пешварский вальс: 1994)>는 전투영화이다.[21]

이후 아프간 전쟁은 <9중대>가 2005년 9월 말 그 첫 주에 제작비 전액을 회수하면서 스크린을 강타할 때까지 러시아 영화에서 죽은 주제로 보였다. 이 영화의 엄청난 시사회 명성은 블록버스터를 예보했다. 감독 표도르 본다르축은 이 영화를 자기 아버지 세르게이 본다르축의 영전에 바쳤다. 그러나 이 영화 속에서 아버지의 영향은 거의 발견되지 않는다. <9중대>는 각성의 시기를 위한 전우 영화다. 이 영화는 <인간의 운명>과 <그들은 조국을 위해 싸웠다>와 같은 아버지 본다르축의 영화를 구별시켜 주는 주의 깊은 인물의 발전을 결핍하고 있다. 아들 본다르축의 냉소는 서툴러서 그로 인해 이 영화는 다소 비현실적으로 비춰진다.

<9중대>는 샘 멘더스의 <Jarhead>(<9중대> 이후 한 달 후에 미국에서 개봉됨)와 시대정신을 공유한다. 이 영화는 두 시간 동안 훈련에서부터 죽음까지의 젊은 소집병 그룹을 그리고 있다. 영화의 첫 번째 반은 그들의 '전쟁 전' 시기이다: 무자비한 훈련교관인 하

---

21) Denise J. Young Blood. *Russian War Films. On the Cinema Front, 1914~2005*, pp.206~207.

Ⅱ. 포스트소비에트 시대 러시아 전쟁영화의 특징 | 359

사관의 통제 하에 5개월간의 훈련. 교관은 즉시 그들의 과거의 삶과 개성이 더 이상 아무것도 아님을 소년들에게 알려 준다. 왜냐하면 그들은 '보잘것없는 사람'이기 때문이다. 새로운 신병 대부분은 소비에트 하층계급 출신의 흉악범이다. 잔인하고 저속하며 무지하고 육체적으로는 부러진 코, 나쁜 치아, 호리호리한 신체 등으로 구분된다. 다른 한편으로 두 주인공은 지식인 출신의 멋있고 감성적인 젊은이다. 하나는 예술가이고 다른 하나는 향학열에 불타는 의사이다.

훈련캠프는 혹독하리만큼 처절하다. 훈련 막바지에 그들의 하사는 자신이 충분히 거칠지 못하다라고 하는 자신의 공포를 표현한다. 이것은 아프가니스탄을 향해 그들을 충분히 준비시킬 수 없다는 것을 의미한다. 그들이 배속된 9중대의 비인간화된 베테랑 병사들은 처음부터 무자하던보다 좀 더 무섭다. 베테랑과 신병들은 공포스러운 전투에서 서로 비슷하게 몰살당하며 이 이야기를 들려주기 위해 한 사람만이 살아남아 구조된다. 사격과 폭발은 울려 퍼지는 오케스트라 작품과 경쟁한다. 흰 살색과 금발의 러시아 소년의 피투성이가 된 시체는 매부리코의 거무스레한 아프간사람의 시체와 그리고 얇고 부드러운 핑크와 짙은 회색으로 영상화된 아프간 경치를 고급예술로 심미화시키는 장면들과 대조된다. 비록 영화의 배경은 소비에트이지만 체첸 전쟁 마지막 몇 달 동안에 이 영화를 본 관객들은 영화 속에 감춰져 있는 체첸에 대한 암시적인 비유를 놓치지 않았다. 실제로 러시아 TV 제작자의 말에 따르면 처음에 이 영화는 체첸 전쟁에 대한 기획으로 착상되었다고 한다.

체첸 전쟁으로 인해 러시아 감독들은 직접적이고 즉각적인 방식으로 "전쟁에 있어서의 타자" 문제를 다루게 되었다. 1994년 첫 체첸 전쟁이 발발했을 때 체첸 주민들은 인종적으로 체첸이든 러시아인이든 공포의 상태 속에서 살았다, 비록 이론적으로 2000년에 제2차 체첸 전쟁이 끝났을지라도. 이것은 "전후"의 개념을 다시 정의하는 일종의 평화이다. 만성적인 테러분자의 활동과 계속되는 군사적 점령. 체첸 전쟁은 "타자화"의 개념에 흥미로운 복잡성을 도입시켰다. 왜냐하면 체첸 전쟁은 내전이기 때문이다. 그러나 이것은 러시아 내전과는 다르다. 그것의 기원이 계급적 바탕이나 이데올로기적인 것이 아닌 인종적, 종교적이기 때문이다.

체첸전쟁에 관한 주요 영화로는 블라지미르 호티넨코의 영화 <무슬림>, 세르게이 보드로프의 <카프카스의 포로>(1996), 알렉산드르 로고쥐킨의 <검문소(Блокпост: 1998)>, 알렉산드르 네브조로프의 <연옥(Чистилище: 1998)>, 알렉세이 발라바노프의 <전쟁(Война: 2002)>, 안드레이 곤찰롭스키의 <바보들의 집(Дом дураков: 2003)>, <명예는 나의 것(Честь имею: 2003~2004)>, <사르마트(Сармат: 2004)>, 알렉산드르 소쿠로프의 <알렉산드라>(2007) 등이 있다. 이러한 영화들은 두 개의 범주로 나뉘어진다: 체첸사람들을 동양화된 타자로 제시함으로써 갈등을 낭만화시키는 범주와 자연과 더불어 사는 당당하고 고결한 사람, 그리고 "이방인들이 문가에 있다."라고 하는 징후를 통해 갈등을 제시하는 범주가 그것이다.[22]

이들 영화 중 블라지미르 호티넨코의 영화 <무슬림>에서는 러시아 정교의 가치들과 전통이 철저하게 숙고되었고, 그 결과 결핍

---

22) 같은 책, 208~209쪽.

된 부분들이 드러났다. 그리고 러시아의 하층사회는 부도덕화되고 점점 더 허무주의적인 것으로 그려졌다. 세르게이 보드로프의 <카프카스의 포로>는 러시아와 카프카스인들의 도덕적 가치와 책임을 나란히 놓는데, 침략자이자 잘못된 자로 등장하는 것은 러시아인들이고 코카서스인들은 고결하고 고귀한 야만인의 역할을 맡는다. 알렉산더 로고즈킨의 <검문소>는 고립된 전초기지에 배속되었지만 낯설고 이해할 수 없는 땅에서 이방인인 점령자로 남아, 지역민들에게 경멸당하고 그들 자신의 상관들로부터 개인적인 특권과 이득을 위해 착취당하는 일단의 러시아 병사들을 공감가게 그린 장면들을 제공한다.

5. 나오는 말

현대 러시아 영화는 자기주장, 남자와 남자의 관계에 대한 모색, 그리고 그에 필연적으로 뒤따르는 권력의 관념을 통해서 자기정체성 탐구를 모색하고 있다. 전쟁영화는 언제나 개인과 국가의 관계에 집중되어 있는데 이는 그들 간의 유대가 어째서 병사들은 보다 위대한 집단을 위해 전선에서 자기 생명을 바칠 준비가 되어 있어야 하는가를 설명하기 때문이다. 하지만 체첸 전쟁을 다룬 최근의 영화들은 이 유대가 끊어졌음을 보여 준다. 그럼에도 불구하고 러시아는 무엇보다도 강력하고 통일된 국가를 가져야만 한다.[23] 강한

---

[23] 이 점은 이리나 이사코바가 밝히고 있듯이 블라지미르 푸틴 대통령의 임기 중에 특히 명백해졌다.

확신으로 적으로 감지하고 있는 대상들에게 거절할 준비가 되어 있음을 보여 주는 러시아의 '새로운' 자기 이미지는 최근 영화들과 TV 방송물 등에 반영되고 있으며 심지어는 강화되기까지 하고 있다. 이러한 현상은 1980년대 레이건의 도전적인 미국 외교정책이 <람보>와 같은 영화나 '전투 중에 실종된'과 같은 시리즈에 구현되기 시작한 것과 비슷하다. 그렇지만 러시아의 태도를 구별 짓는 것은 그 중심부에 가해진 상처받은 민족적 정체성의 메타 내러티브가 계속되고 있다는 점이다. 힘은 옳은 것이다. 그러나 그것은 다치게 만드는 성격을 갖고 있다.

대조국전쟁을 다룬 포스트소비에트 시대의 영화들은 소비에트 시대의 전쟁물들과 박진감 넘치게 일치한다. <유형 대대>의 경우에서 보듯이 예전에는 역사적인 조사가 금지되어 있던 영역이 개방되었고 소비에트의 불의와 범죄에 대한 보다 더 용감한 발언이 모두가 볼 수 있도록 천명되고 있다는 점은 일반적으로 인정된다. 하지만 희망이 없는 악마 같은 적에 대항하여 민족이 생존 그 자체를 위해 절박하게 싸운다는 내러티브는 아직도 전쟁영화 속에 명확하게 남아 있다. 비기독교도인 적과의 전쟁(체첸 전쟁)은 포스트소비에트 직후의 시기에 새로 탄생한 러시아 제국의 고유한 정체성 확립에 대한 기대를 불러일으켰다. 1999년 이래 체첸 전쟁은 이에 대한 공공의 동요를 가라앉힐 필요성에도 불구하고, 영토적 통합성과 민족적 긍지의 빙이라는 정부의 발표에 부합하며 정당화될

"2000년 초에 권좌에 오른 이래, 러시아 국가의 쇠약함, 러시아 주변지역의 불안정과 분쟁, 그리고 기울어 가는 러시아의 국제적 지위 등에 대한 점증하는 우려에 응하여 푸틴 대통령은 러시아를 재건하는 수단으로서 군부와 기타 국가권력기관에 대한 중앙통제를 공고히 하기 위한 방안을 강구했다." David Gillespie. "Defence of the Realm: The 'New' Russian Patriotism on Screen," p.69.

수 있었다. A. 콘찰롭스키와 같은 몇몇 목소리만이 다른 관점을 제공했다.

이러한 흐름과 관련하여 최근 어느 한 신문에서 이와 톰슨은 '러시아의 식민 정복에 대한 기념적인 응답이 부재함'을 한탄했다. 바로 이것이 '러시아의 집단적 기억을 여전히 거부와 쇼크의 상태'에 머물러 있게 한다. 따라서 '러시아의 고통은 기념했지만 러시아에 피해를 입은 민족들의 고통은 기억하지 않으며, 적을 위해서는 한 방울의 눈물도 흘리지 않는 것이다.' 2000년부터 러시아 스크린 상영물들은 강한 남자의 귀환, 근육질 제국의 부활, 무장 분쟁을 통한 명예와 애국의 재주장 등을 광범위하게 강조하고 있다.

2005년 5월 제60회 전승기념일은 새로운 러시아 영화산업의 소재로서 대조국전쟁에 대한 관심이 소생한 것뿐만 아니라 전시 대포의 리바이벌이라는 점에 의해서도 두드러졌다. 전승기념일이 있은 지 한 달 후 제27회 모스크바 국제영화제는 전시 전쟁영화에 대한 회고전을 개최했다. 주로 대조국전쟁기에 제작된 영화들을 포함해서 다양한 영화들이 선보였다: <그녀는 조국을 지킨다>, <무지개>, <침공>, <말라호프 언덕>, <모스크바의 하늘>, <전쟁 후 오후 6시> 등. 이 영화들이 호소하고 있는 것은 매우 이해하기 쉬운 것으로서 특히 불특정한 시대에 그렇다. 하지만 이들 영화에 나온 종종 불완전한 시민들은 진부한 냉전의 마분지 주인공들이 아니다. 그들이 영화에서 보여 준 고통과 희생은 진짜 고통과 희생을 그린 것이다. 더구나 그들의 희생은 목적을 갖고 있었다. 명명백백한 현실적인 적을 무찌름으로써 그들의 조국과 민족을 구한다는 것이다. 그러나 이제 많은 러시아인들은 고통스러운 과거의 희생과 수치심보다는 자부심을 불러일으켜 주는 그런 쓸모 있는 과거를 갈망한다. 최근 영화와 TV에서 대중에게 알려진 대조국전쟁에 대한 새로운 사실들은 가슴 아픈 것이었다. 그러나 그것이 그 끔찍한 몇 해 동안 소비에트 사람들이 보여 준 영웅주의와 희생들을 축소시켰다기보다는 더욱 강화시켰다. 전쟁 기간의 성공과 실패들을 개인화 및 극화하고 시각화함으로써 영화들은 2천7백만 명이 사망했다는 통계가 결국에는 한 사람의 비극임을 전후 세대가 이해할 수 있도록 했던 것이다.

참고문헌

김현택 외. 2008. 『붉은 광장의 아이스링크 - 문화로 읽는 오늘의 러시아』. 서울: 한국외국어대학교 출판부.

이문영. 2008. 『현대 러시아 사회와 대중문화』. 서울: 한울아카데미.

이성주. 2006. 『영화로 보는 20세기 전쟁』. 서울: 가람기획.

Зак, М., Михеева, Ю.(сост.). 2006. *Война на экране*. М.

Virilion, Paul. 2004. 『전쟁과 영화: 지각의 병참학』. 권혜원 옮김. 서울: 한나래.

Stites, Richard. 2008. 『러시아의 민중문화: 20세기 러시아의 연예와 사회』. 김남섭 역. 서울: 한울아카데미.

Forum Resent, "Reassess, and Reinvent: the Three R's of Post-Soviet Cinema," *Slavic and East European Journal*, Vol. 51, No. 2. Summer 2007.

Gillespie, David. 2005. "Defence of the Realm: The 'New' Russian Patriotism on Screen." *The Journal of Power Institutions in Post-Soviet Societies*, Issue 3.

Menashe, Louis. 2004. "Patriotic Gauze, Patriotic Gore: Russians at War." *Cineaste*. Vol. 29, No.3.

Norris, Stephen M. 2007. "Guiding stars: the comet-like rise of the war film in Putin's Russia: recent World War II films and historical memories." *Studies in Russian and Soviet Cinema*. Vol. 1, No. 2.

Stishova, Yelena. 1997. "Screening the Past." *Russian Life*. Vol. 40, No. 2.

Youngblood, Denis J. 2006. *Russian War Films. On the Cinema Front, 1914~2005*. Lawrence: University Press of Kansas.

_____. 2001. "A War Remembered: Soviet Films of the Great Patriotic War." *American Historical Review*. Vol. 106, No.3.

Wolfe, Tomas C. 2006. "Past as Present, Myth, or History? Discourses of Time and the Great Fatherland War." Richard Ned Lebow, Wulf Kansteiner, and Claudio Fogu(eds.). *The Politics of Memory in Postwar Europe*. Durham, NC: Duke University Press.

■■■■　Ｘ． 알렉세이 우치텔의 영화 〈우주를 꿈꾸며〉
– 해빙기를 향한 향수 혹은 쓰디쓴 냉소*

김수환

* 이 논문은 『러시아어문학연구논집』, 제24집(2007)에 게재된 것으로 한국러시아문학회의 동의를 얻고 수
정·보완하여 다시 수록한다.

1. 들어가며: 현대 러시아 영화, 역사와 영화 간의
어떤 조우

일찍이 영화와 역사 간의 의미심장한 교차점에 주목했던 프랑스의 역사가 마르크 페로(Marc Ferro)는 영화에 대한 사회적이고 역사적인 독해가 우리들로 하여금 '과거의 보이지 않는 구역'에 도달할 수 있게 해 준다고 말했다. 그에 따르면, "영화는 일종의 반(反)역사(countre-histoire) 혹은 비공식 역사의 형성에 기여하는바, 영화는 기록 문서들(흔히 공식 기관에 의해 보존되는 기억들)로부터 벗어나 있는 역사이다. 공식 역사의 대척점에서 활동하면서 의식 형성에 참여한다는 점에서, 영화는 역사의 한 주체가 된다."[1] "여러 제도권 기관들이 사회로부터 빼앗아간 역사를 되찾아 주는 일"을 역

---

[1] 마르크 페로, 『역사와 영화』, 주경철 역(까치, 1999), 11쪽.

사가의 첫 번째 의무로 간주했던 그에게, 역사 속에서 발언권을 가지지 못한 사람들, 그래서 증언을 거부당한 사람들을 필름에 담고 그들의 목소리를 들려주는 영화란 곧 역사가의 과제 자체와 다르지 않았다.

하지만 역사와 영화 간의 조우가 언제나 이렇듯 생산적인 상호 성만을 증명하는 것은 아니다. 역사란 결국 과거를 기억해 내는 '행위'이며, (행위로서의) 기억은 반드시 그 행위의 주체를 전제하기 마련이다(역사는 항상 누군가에 의해, 그리고 누군가를 위해 기억된다). 또한 그 기억의 행위가 사회적인 성격을 지니는 것인 한, 그것은 언제나 선택과 배제의 과정을 수반할 수밖에 없다(무엇인가가 새롭게 '기억'되는 과정에서, 다른 무엇인가는 공식적으로 '망각'된다). 그렇게 때문에, 되살려진 과거의 (집단적) 기억은 때로, 부당하게 억압되었던 비공식 역사의 재건이 되기보다는 오히려 부당한 현재를 은폐하고 각색하기 위한 효과적인 도구가 되기도 한다.[2] 어떤 한 시대의 영화들이 과거를 기억해내는 일에 집요하게 매달리는 것처럼 보일 때, 그 '재현의 기억 장치'가 작동하는 구체적인 방식과 방향을 보다 꼼꼼하게 점검해 보아야만 할 이유가 여기에 있다. 영화가 역사와 조우할 때, 심지어 영화가 역사를 '반성'할 때조차도, 우리는 여전히 그 반성의 근본적인 동인과 실제적인 결과들에 관해 따져 물어야만 한다.

---

[2] 문화적 기억이 망각에 저항하는 재생의 메커니즘을 지녔다는 생각은 현대 문화학의 일반화된 시각이다. "창조적 메커니즘"으로서의 문화적 기억은 비존재의 영역에 보존되었던 선행 텍스트들을 끊임없이 되살려 낸다. 유리 로트만, 『기호계』, 김수환역(문학과지성사,2008), 299쪽. 그러나 동시에 이런 재생의 과정은 언제나 특정한 망각의 프로그램을 작동시키며, 그것이 고도로 복잡한 '기억정치'와 맞물리게 될 때(예컨대, 파시즘) 그것은 오히려 특정한 종류의 기억을 적극적으로 정립시키는 형식을 취할 수도 있다.

최근 2~3년간 소위 새로운 르네상스를 맞이하고 있는 러시아의 대중 영화가, 그 부흥의 신호탄이 된 영화 <야간 경비대(Ночной дозор, 2004)>의 기록적인 성공 이래로[3], 유독 '과거의 기억'을 되살려 내는 작업, 즉 자국 역사의 영화적 재현 작업에 매달려 왔다는 점은 주목할 만하다. 러시아 자국 영화의 흥행 신기록을 차례로 갈아 치운 대작 영화들의 행진은 러시아와 터키 간의 전쟁이 벌어졌던 1877년(<터키 감비트(Турецкий Гамбит, 2005)>)에서 출발해, 기아와 테러, 그리고 음모의 시대인 1891년(<연방 고문관(Статский советник, 2005)>)을 거쳐, 마침내, 아프가니스탄으로부터 구소련이 철군했던 지난 1988년(<9중대(9-рота, 2005)>)에까지 이르렀다. <야간 경비대>의 흥행에 고무된 방송사[제1채널(Первый канал)]가 두 번째로 투자와 마케팅을 맡은 영화 <터키 감비트>는 개봉 첫 주 만에 <야간 경비대>의 수입을 앞질렀고, 아프가니스탄 전쟁을 다룬 영화 <9중대>는 관객 동원 신기록 행진을 넘어선 거대한 사회적 신드롬을 불러일으켰다.[4]

---

3) 영화 <야간 경비대>(2004)의 놀랄 만한 성공이 현대 러시아 영화사에서 지니는 사회-문화적 의미를 그에 앞선 문제작 <부메르(Бумер, 2003)>를 통해 고찰해 보고자 시도한 글로, 김수환, 「영화 <부메르(Бумер)>: 신화에서 현실로 혹은 90년대에 바치는 진혼곡」, 『러시아문학연구논집』 제21집(한국러시아문학회, 2006), 9~27쪽.

4) 영화 <9중대>가 러시아 사회에 불러일으킨 신드롬은 지난 2004년 영화 <태극기 휘날리며>가 우리 사회에 몰고 온 사회적 파장과 여러모로 비교될 만하다. 아프가니스탄 전쟁과 관련된 집단 기억을 공유하는 세대뿐 아니라 그에 관해 잘 모르는 어린 세대들까지 일종의 순례 여행처럼 극장을 찾았고, 이 집단적 유사-황홀경은, 마침내 대통령이 직접 감독을 비롯한 영화 관계자들을 크렘린에 초청해 함께 영화를 관람함으로써, 그 제의적 절정을 맞았다. 푸틴은 "아프가니스탄 전쟁은 역사의 어두운 페이지이지만, 소비에트의 군인들은 그곳에서 명예롭게 자신들의 임무를 수행했다."는 말로 영화에 대한 찬사를 표명했고, 이 영화는 러시아를 대표하여 아카데미 외국어 영화상 후보로 진출했다. 지난 2006년 제11회 부산영화제 상영작이기도 하다.

　이들 대중 상업 영화들의 대대적인 흥행이 지니는 문화적 의미
를, 이른바 '기억 정치'의 전략과 관련하여 따져 묻는 일은 별반 어
렵지 않을 것이다. 이 영화들은 그간 직접적으로 대면하기 어려웠
던 역사의 어두운 상흔들, 테러와 전쟁으로 얼룩진 분열증적 기억
들을 명료하고 단순한 플롯 구조와 화려한 스펙터클의 영상을 통
해 재현함으로써, 오히려 그것들을 관객들의 의식 속에서 편안하고
안전하게 무장 해제시키고 있다. 역설적이지만 과거를 말하는 이
영화들은 역사적 사건의 (고통스런) 회상이 아니라 그에 대한 (합의
된) 망각에 보다 효과적으로 복무한다.[5]

　그러나 러시아 대중 상업 영화계가 자국의 역사를 소재로 한 이
런 떠들썩한 '기억 제의(ritual)'를 벌이고 있을 무렵, 러시아의 영화
계는 그와는 동떨어진, 하지만 분명 영화와 역사가 조우해 만들어

---

[5] 한편 이 경우 영화 속에서 재현되는 '과거'의 사건들은 '현재'의 사태를 정당화하기 위한 거칠고 직접적
인 메타포로서 기능한다. 즉 여기서 소거(/은폐)되고 있는 것은 과거와 현재간의 역사적 '차이', 사건들의
진짜 맥락과 그 뒤에 도사린 정치적 의도이다. 『터키 감비트』와 『9중대』에 열광하는 러시아의 관객들은
이 영화를 보면서 "그들이 도대체 왜, 그때 그곳에서 싸워야만 했는지"를 묻지 않는다. 대신 관객들이 떠
올리는 것은 오늘날 여전히 이어지고 있는 또 다른 싸움(전쟁)이다. "현재의 러시아가 체첸에서 이슬람
극단주의와 싸우고 있는 한, 러시아의 관객은 어째서 과거의 러시아가 불가리아에서 터키인들과 싸워야
만 했는지를 따져 묻지 않는다." Elena Prokhorova and Alexander Prokhorov, "Turkish gambit
(2005)," *KinoKultura — New Russian Cinema*, (October, 2005). http://www.kinokultura.com/reviews/
R10-05gambit.html. (검색일: 2007년 1월 15일) 과거와 현재의 차이가 소멸되어 버리는 이 자리에서
결국 남겨지는 것은 싸움의 '정당성'에 대한 집단적인 확신뿐이다.

낸 또 하나의 풍경이라 해야 할, 어떤 '다른 기억'과 만나고 있었다. 그 만남은 과거의 사건을 영원한 현재를 위한 메타포로 바꿔 놓는 대신에 오히려 아이러니와 역설로 가득 찬 모호한 알레고리로 그려 놓았고, 당연하게도 그것은 집단적인 열광과 찬탄 대신에 격렬한 논쟁과 다양한 반응, 때로는 극단적으로 상반된 평가를 낳았다.

지난 2005년 열린 제27회 모스크바 영화제에서, 본선에 오른 유일한 러시아 영화로서 대상인 황금 게오르기상을 수상한 영화 <우주를 꿈꾸며>[6)]는 몹시 기이한 과거 이야기이자 현저하게 낯설어진 소비에트 회고담이다. 1950년대 후반의 소비에트 사회를 배경으로 한 알렉세이 우치텔(A. Utichel) 감독[7)]의 네 번째 장편 <우주

---

6) 영어 제목 <우주를 꿈꾸며(Dreaming of Space)>의 러시아어 원제는 <예감으로서의 우주(Космос как предчувствие)>이다.

7) 1951년생인 우치텔 감독은 오늘날 러시아에서 가장 주목받는 영화인 중 한 사람이다. 오랫동안 다큐멘터리 감독생활을 하다가 1995년 첫 장편으로 데뷔한 그는, 지난 2000년에 노벨상 수상 작가 이반 부닌의 매우 '특별한' 사생활을 다룬 영화 <그의 아내의 일기(Дневник его жены)>로 일약 스타덤에 오른다 (이 영화는 그해 다수의 자국 및 해외 영화제에서 수상했고, 아카데미 영화제 외국어 영화상 후보에 노미네이트되기도 했다). 2003년에 도시 청년 문화를 아이러니적 색채로 그려 낸 차기작 <산책(Прогулка, 2003)>을 발표했고, 지난해 개봉한 <우주를 꿈꾸며>(2005)가 그의 4번째 장편 영화이다. 한 평자를 말을 빌리자면, 그는 현재 소쿠로프 감독과 더불어 이른바 러시아의 '영화제용' 감독으로 분류될 수 있다: 즉 "소쿠로프(A. Сокуров)가 칸으로 간다면, 우치텔은 모스크바에 남는다." <우주를 꿈꾸며>는 15개국 이상의 국제 영화제에 초청 상영된 바 있으며, 지난 2005 제10회 부산 국제 영화제에서 공식 상영되었다.

를 꿈꾸며>는 장인의 손길로 만들어진 역작이라는 평가에서부터 기대에 못 미치는 졸작이라는 악평에 이르기까지[8] 수많은 반응을 이끌어 내며, 결국 그해의 가장 문제적인 영화들 중 하나가 되었다.

1950년대 후반에서 1960년대 초반에 이르는 소비에트 시기, 흔히 '해빙(оттепель)'이라는 단어로 표현되는 이 가깝고도 먼 과거는 저 문제적인 영화 속에서 과연 어떤 모습으로 도래했을까? 50년이 좀 못 되는 과거, 너무 멀지도 그렇다고 너무 가깝지도 않은 이 과거를 여전히 '기억'하고 있는 수많은 러시아의 관객들에게, 이 '영화적' 기억은 과연 어떤 의미로 다가올 수 있었을까? 이어지는 짧은 글에서 우리의 기본적인 관심은 이 의미심장한 영화적 기억의 도래, 어떤 이에게는 뼈저린 공감을, 또 다른 이에게는 불쾌한 모욕감을 안겨 주었던 이 영화적 사건의 내적 풍경을 보다 세밀하게 해부하는 것, 그리고 이를 통해 그런 특별한 영화적 '기억 행위'가 오늘날 러시아의 사회-문화적 현실 속에서 갖는 심오한 역사적 의미를 (재)음미해 보는 것에 있다.

---

[8] <우주를 꿈꾸며>는 화려한 멤버 구성으로 이미 제작 초기 단계부터 화제가 되었다. 멤버 구성진만으로 볼 때, 이 영화는 현재 러시아 영화계의 일급 프로들을 모아 놓은 드림 프로젝트라 해도 과언이 아닐 정도이다. 우선 의심할 바 없는 당대 최고의 시나리오 작가(А. Миндадзе)를 비롯해 (TV 시리즈 『백치(Идиот)』 이후에) 단연 최고의 인기를 구가하고 있는 배우 미로노프(Е. Миронов), 그리고 (오랫동안 무라토바(Кира Муратова) 감독과 작업해 온) 촬영기사(ЮрийКлименко)와 소쿠로프 감독의 오랜 파트너인 프로듀서(Вера Зелинская)까지 매우 보기 드문 조합을 보여 준다. Ирина Козел, Роман Корнеев, ММКФ-XXVII: <Космос как предчувствие>, <Дитя> и <Время прощания> http://www. kinokadr.ru/articles/2005/06/06/mmkf.shtml. (검색일: 2007년 1월 15일)

2. 1957년, 소비에트의 작은 인간: "날아오르거나" 혹은 "도망치거나"

　역사적 기억의 영화적 재현이라는 문제와 관련해서, 영화 <우주를 꿈꾸며>가 갖는 일차적인 특징은 우선 선택된 '시대' 자체의 비범함에 놓여 있다고 할 수 있다. 우치텔 감독은 이념적 성격을 띠는 기존의 소비에트 회고담에서 단골 메뉴로 등장했던 스탈린의 시대를 선택하지 않았다. 대신에 그는, 어쩌면 소비에트의 전 시기를 통해 가장 빛나는 황금기라고 말할 수 있는 '해빙기', 그중에서도 미래에 대한 기대와 낙관주의가 최고조에 달해 있었던 1950년대 후반을 선택했다. '60년대 세대(шестидесятники)'라는 용어가 보여 주듯, 이 시기는 어둡고 암울한 소비에트 역사에서 그나마 '향수'로 기억될 수 있는 유일무이한 시기라 할 수 있다. 이 '위대한 꿈'의 시대를 장식해 준 최고의 배경이었던 '우주(космос)'는 이제 '예감(предчувствие)'이라는 결코 예사롭지 않은 단어와 결합되어 21세기의 관객들 앞에 나타났고, 그들은 이 영화가 20세기 러시아 역사의 가장 생생했던 한 시기를 과연 어떻게 다시 보여 주게 될지 궁금해하지 않을 수 없었다.

　영화의 시간적 배경이 되는 1957년, 그해는 사회주의 제국 소련이 전 인류를 위한 꿈의 실현을 예감하며, 바야흐로 다가올 빛나는 미래를 상상하던 바로 그 시기였다. 오랜 스탈린 독재로부터 벗어나 '해방'의 시기를 통과해 온 소련은 1957년 10월, 마침내 세계 최초로 인공위성 스푸트니크호를 우주로 쏘아 올리는 데 성공했다.

그리고 이로부터 4년 후(1961년) 인류 최초의 우주인 가가린은 그 꿈을 현실로 만든다. 이 시기를 살아가던 당시의 사람들에게, 인공위성과 우주인이 갖는 의미가 결코 "과학과 기술의 위대한 성취"에 국한될 수 없는 것이었음은 잘 알려져 있다. 그것은 무언가 더 큰 어떤 것, 예컨대 전 인류에게 다가올 유토피아적 미래의 신호, 최소한 이제 곧 닥쳐올 진정한 '자유'에 대한 빛나는 상징이었다.[9]

해방과 자유의 시대, 정확하게는 그에 대한 기대와 낙관의 시대를 배경으로 한 영화 <우주를 꿈꾸며>에서, 무엇보다도 먼저 눈에 띄는 것은 이 위대한 '시대'와 그 시대를 살아가고 있는 인간들의 숨 막히는 '현실' 간의 극명한 대조다. 우주로 표상되는 장대한 유토피아적 꿈과 그 꿈의 실재적 이면이라 할 조야한 현실 사이의 역설적 거리, ─ 당시에는 아직 감지되지 못했지만 분명 오늘날에는 선명하게 느껴질 수밖에 없는─ 이 간극은, 영화가 남겨 주는 뚜렷한 인상이다. 우치텔 감독은 소비에트 역사의 한 페이지를 장식하는 이 꿈의 시대를 배경으로, 그 시대를 살아가는 (작은) 인간들의 무모한 '탈출기'를 차갑게 그려 내고 있다. 우주를 향한 인류의 비상이 예감되던 그 시절, 소비에트의 작은 인간들(Homo Sovieticus)은 과연 어떤 꿈을 꾸며 살고 있었을까?

영화의 줄거리는 기본적으로 소비에트적 삶의 상이한 두 가지

---

[9] "소비에트 사람들에게 우주는 전면적인 해방에 대한 상징이었다. 스탈린이 폭로되었고, 솔제니친이 출판되었다. 트랜지스터 라디오가 나타났고, 발의와 비판에 대한 논의가 오고 갔다. 우주로 나가는 일은 이제 해방 과정의 논리적인 완결이자 자유 시대의 논리적인 시작인 것처럼 보였다." П. Вайль и А. Генис. *60-е Мир советского человека.*(М., Н.Л.О. 2001), С.25. 이렇게 보자면, <우주를 꿈꾸며(Dreaming of Space)>라는 이 영화의 영문 제목은 사실상 '예감'이라는 단어에 내포된 작품의 가장 핵심적인 뉘앙스를 애초부터 놓치고 있는 셈이다. 한편, 우치텔 감독은 여러 차례의 인터뷰에서, 제목에 포함된 단어 '예감'이 갖는 중요성을 계속해서 강조한 바 있다: "모든 분위기(атмосфера)는 영화의 제목에 담겨 있습니다. 여기서 열쇠가 되는 단어는 '예감'입니다." http://www.rolan.ru/magazine/50?article=200848. (검색일: 2007년 1월 15일)

 행로를 대변하는 두 남자 주인공의
이야기로 구성되어 있다. 노르웨이
와 국경을 맞대고 있는 북부의 한
작은 항구도시에서, 레스토랑의 요
리사로 일하고 있는 타고난 낙천주
의자 빅토르[그는 영화 속에서 망아
지(конек)라는 별명으로 불린다]는 어느 날 권투 연습장에서 외지
로부터 온 신비스런 인물 게르만을 만나게 된다(복싱의 달인인 그
는 한겨울에 얼음장 같은 바다에서 수영을 하고, 퉁명스런 식당 종
업원 여자를 순식간에 사로잡는 신기한 능력까지 지녔다). 게르만
의 기이한 매력에 정신없이 빠져들게 된 주인공 빅토르는(영화의
종반부에서 두 사람의 행로가 결정적으로 갈라지기 전까지), 영화
내내 게르만을 '닮아 간다.'

 한편, 빅토르가 대변하는 소비에트
적인 순진무구함의 정반대편에는 음
험한 인물 게르만이 서 있다. 그는 자
신의 신비스런 음울함 뒤에 전혀 다
른 모티브를 숨기고 있는바, 순진한
빅토르에게는 보이지 않는 이 모티브
는 물론 '탈출'의 몽상이다. 밀반입된 트렌지스터 라디오를 통해
서방방송(Голос Америки)을 듣고, 매일 아침 면도를 하면서 영
어 문장 "I seek for political asylum"을 중얼거리는 그는, 다른 세계
(другой мир), 다른 공간(other space)을 꿈꾸는 소비에트 사회의 내
적 타자이다.[10) 그의 삶을 이루는 모든 단편들(복싱, 수영, 세계지

도, 영어)은 이 세계로부터의 탈출이라는 단 하나의 모티브를 위해 복무한다(그의 목표는 바다를 헤엄쳐 건너 국경 지대에 정박해 있는 노르웨이 함선에 망명을 요청하는 것이다).

한 시대 전체가 '또 다른 공간'(우주)으로의 비상을 예감하고 있었던 그 낭만적인 시절에, 정작 그 시대를 살아가는 인간은 '또 다른 공간'(서방)으로의 탈출을 꿈꾸고 있었다는 것, 이 아이러니한 상황은 영화의 표층에서 직접적으로 작동하는 가장 일차적인 '역설'을 이룬다. 어떤 점에서, '우주 비행'과 '정치적 망명' 간의 이런 알레고리적 대응은 작품 속에서 직접 실현되고 있다. 영화의 후반부에서 게르만은 자신을 영웅시하는 순진한 인물 빅토르에게 사실은 그가 우주인이 되기 위해 선발된 특수 요원이며 곧 우주로 날아오르게 될 것이라 고백함으로써, 끔찍한 '현실'을 낭만적인 '동화'로 번역한다. 한편, 이 낭만적 동화를 한 치의 의심 없이 받아들이는 빅토르, 분명 현실의 뼈아픈 진실보다는 낭만적 동화의 가상(假想)을 더욱더 필요로 하는 그의 '순진무구함'은 여기서 끔찍스런 '백치스러움'과 구분 불가능해진다(어떻게 보면, 소비에트의 작은 인간 빅토르의 순진함은 끔찍한 현실 자체보다 더욱 더 끔찍스럽다).

몇몇 평자들이 이 영화가 남겨 주는 인상을 '감옥과 같은 공간'의 느낌이라 지적한 것[11]은 이런 점에서 의미심장하다. 닫힌 공간

---

10) 트랜지스터 라디오로 대변되는 '외부의 목소리'는, 주지하다시피, 해빙기 문화 전체를 수식하는 표상이었다. '철의 장막' 너머에 존재하는 '다른' 삶에 대한 관심, 라디오를 통해 들려오는 다른 언어, 다른 음악(재즈)을 향한 낭만적 욕구는 그 자체로 이미 정치적인 것이었다[그런 점에서 영화 속의 대사 "라디오는 곧 정치야(Транзистор — это политика!)"는 당시의 문화적 상황을 간결하게 요약한다]. '해빙'의 문화적 기원에 미친 미국 문화의 영향(아메리카니즘)과 그 결과 나타난 일상의 다양한 변화들에 관해서는 Л. Б. Брусиловская, *Культура повседневности в эпоху "оттепели": метаморфозы стиля* (М., 2001), С.26~57 참조.

11) Юлия Идлисс, "Космос как космос." http://www.polit.ru/culture/2005/06/24/kosmos.html. (검색일: 2007년 1월 15일)

안에 유폐된 느낌, 소비에트적 삶의 조건이라 할 이 집단적 '폐쇄 공포증(claustrophobia)'은 기이한 판타지를 만들어 낸다. 벗어날 수 없기에 모두들 탈출을 꿈꾸게 되는 이런 상황에서, 우주로의 비행은 정치적 망명의 메타포가 된다. 그러니까 결국 전혀 우주에 관한 이야기가 아닌 것으로 판명되는 이 영화[12]가 시사해 주는 일차적인 전언은 다음과 같다: 당시 소비에트의 평범한 시민에게 더 넓은 세계로 나갈 수 있는 방법은 단지 두 가지뿐이었다. "날아오르거나" 혹은 "도망치거나." 만일 우주로 날아오를 수 없다면, 남는 길은 하나뿐이다. 도망치는 것! 이외의 다른 길은 존재하지 않았던바, 말하자면 그 두 가지 길은 '동시적'인 것이었다.

이렇게 보자면, 많은 이들에게 궁금증을 안겨 주었던 제목 "예감으로서의 우주" 역시 이해할 만한 것이 된다. 핵심은 예감이라는 단어에 부여된 역설적인 '이중성'에 달려 있다. 1950년대 후반 소비에트 사회 전체를 사로잡았던 유토피아적 '기대', 우주를 향한 이 낭만적 '예감'이란 결국 (당시로서는 결코 예상할 수 없었던) 미래의 파국을 가리키는 불길한 '전조(前兆)'이기도 했다.[13] 수십 년 후에 일어난 어떤 일, 우리가 개방과 개혁(perestroika)이라 부르는 어떤 일은 바로 그 때, 이미 그곳에서 시작되었다(이런 점에서, 러시아 원제의 가장 충실한 영어 번역은 아마도 "Space as presentiment"가 될 것이

---

12) 이와 관련하여 흥미로운 사실은 영화 속에서 카메라가 단 한 번도 하늘을 비추지 않는다는 점이다. 말하자면 이 영화는 하늘이 전혀 등장하지 않는 우주 이야기인 셈인데, 심지어 인물들이 들판에 누워 하늘의 위성을 바라보는 장면에서조차 관객들에게 하늘을 보여 주지 않는다. 감독은 인터뷰에서 이런 설정이 다분히 의도적인 것이었음을 밝힌 바 있다: "인물들 중 아무도 우주와 관련이 없다는 말인가요? 전혀 없습니다. 촬영 감독 유리 클리멘코와 저는 하늘을 찍어야 할 것인지를 오랫동안 숙고한 결과, 결정을 내렸습니다. 우리 영화에서는 낮에도 밤에도 단 하나의 하늘 장면도 존재하지 않습니다." http://www.rolan.ru/magazine/50?article=200848 (검색일: 2007년 1월 15일)

13) 실제로 предчувствие라는 러시아어 원제는 '예감'과 '전조'라는 이중적 의미를 지닌다.

다). 외부를 향한 꿈은 결국 내부의 파열을 부른 씨앗이었다. 이렇게 해서, 예감/전조로서의 '우주'는 소비에트-러시아의 현대사에 있어 해빙이 갖는 역사적 의미에 관한 매우 적절한 '알레고리'가 된다.

하지만 과연 그게 전부일까? 이 '문제적인' 영화는 정녕 '순응'과 '반항'으로 요약 가능한 소비에트적 삶의 두 행로를 가치론적으로 대립시킨 정치적-이념적 알레고리에 불과한 것일까? 새삼 기억할 것은 이 영화를 향한 비평가와 관객들의 모순된 반응들이다. 어떤 점에서, 역사적 과거를 다룬 영화 <우주를 꿈꾸며>의 '진짜' 문제성은 핵심만을 간추린 위와 같은 비평적 진단(모두가 나름대로 탈출을 꿈꿀 수밖에 없는 닫힌 소세계에 대한 감독의 비판적 고찰)이 영화 속 인물들의 다면적인 캐릭터와 그들 사이에서 벌어지는 구체적인 에피소드들, 나아가 그에 대한 관객들의 실제적인 반응과 뚜렷한 '불협화음'을 일으키기 시작하는 바로 그 순간, 명백하게 드러난다.

문제는 이 영화의 내러티브상에, 두 주인공의 행보를 순응과 반항의 이분법으로 분명하게 가치 구분할 수 없도록 만드는, 모종의 치명적인 '역설'이 스며들어 있다는 점이다. 즉, 단어 '예감'에 깃들어 있는 역설적인 이중성은 작품 속에서 인물들의 성격과 행보가 갖는 피치 못할 '이중성'으로 분명하게 확대되고 있다. 영화『우주를 꿈꾸며』에서 대립하는 두 인물, 그리고 그들이 대변하는 상이한 두 세계관은 절대적으로 독립된 별개의 실존으로 등장하지 않는다. 두 실존적 세계관 간의 선명한 이원적 대립 대신에 관객들이 보게 되는 것은 '복제'의 관계를 통해 서로 복잡하게 얽혀진 인물들, 때로는 실제와 마스크, 진실과 가상이 구분 불가능할 정도로 뒤섞여 버린 어떤 혼돈의 풍경이다.

말하자면 여기서 두 인물 간의 '차이'는 (그 차이를 아우르는) 보다 상부의 원칙 하에서 상대화되고 있는 것처럼 보인다. 이때 그 상부의 메타-원칙이 전제하는 명제는 다분히 고골(N. Gogol)적인 것이다; "모든 것이 겉보기와는 다르다!(Все не то, чем кажется!)" 모든 것이 겉보기와는 다른, 나아가 '모든 것이 반대로 되는' 이 세계를 온전히 이해하기 위한 유일한 방법은, 그 세계를 떠받치고 있는 갖가지 '역설들'을 그것 내부로부터 하나씩 돌파해 나가는 방법뿐이다.

3. 가상(假想)과 전복(顚覆)의 시학: 두 개의 실존, 하나의 세계

많은 이들이 지적한 대로, 러시아의 관객들에게 영화 속 두 주인공의 이름이 부여하는 상징성은 분명한 것이다. 주목할 것은 이 상징성에 내포된 의미심장한 이중성이다. 예컨대, 빅토르의 별명인 망아지(конек)는 흔히 순박하고 이타적이며 충직한 사람을 일컫는 러시아의 속어 표현으로서 영화 속 빅토르의 성격을 집약적으로 표현해 주지만, 동시에 그것은 러시아 민담에 등장하는 곱사등이-망아지(конек-горбунок), 즉 (주인공 이바누슈카가 곤경에 처했을

때마다 그를 구해 주는) 구원자-요정의 형상과 뗄 수 없이 연결되어 있다.[14] 단순하고 순진한 바보이면서 동시에 최종적인 승리를 획득하는 구원자이기도 한 빅토르/망아지의 역설은 여기서 전적으로 유효하다.

한편, 또 다른 주인공 게르만의 이름이 갖는 상호 텍스트적 상징성은 한층 더 직접적이다. 이른바 '페테르부르크 텍스트'의 문제적 주인공들을 잘 알고 있는 관객들에게, 탈출을 꿈꾸는 몽상가 게르만은 푸슈킨의 저 유명한 '도박사' 게르만(『스페이드의 여왕』)을 곧바로 연상시킨다. 여기서 그 두 사람을 연결하는 고리는 소위 게르만(들)의 '강박증'이다.[15] 푸슈킨의 게르만을 특징지었던 과도한 강박증은 여기서도 변함없이 작동하는바, 게르만의 모든 일상과 행위는 탈출이라는 단 하나의 목표에 '강박적으로' 조준되어 있다[자신의 모든 일상을 탈출을 위한 준비에 할애하는 그는 빅토르의 여자친구 라라(Лара)가 외국여객선에 출입한다는 사실을 알게 되자마자 그녀를 유혹하고, 이 계획이 무용해지자 곧바로 빅토르를 떠난다]. 그러나 언젠가 푸슈킨의 게르만이 그랬던 것처럼, 운명을 건 '결정적인 순간'에 행운은 그를 비껴간다. 게르만은 실패하는 프로타고니스트이며 그 실패의 책임은 어느 정도 본인 자신에게 있다(다시 말해, 게르만의 교활함과 용의주도함은 여기서 그의 맹목적인 '우둔함'의 다른 이면이 된다).

빅토르의 (백치스러운) 순진함과 게르만의 (교활한) 냉철함이 대

---

[14] Katerina Clark, "Aleksei Uchitel's Dreaming of Space (2005) reviewed by Katerina Clark." http://www.kinokultura.com/reviews/R10-05kosmos.html (검색일: 2007년 1월 15일)

[15] 사실 게르만은 러시아 문학에 자주 등장하는 전형적인 '들린(obsessed)' 인물의 유형이라 할 만하다. 영화의 포스터에서 "게르만의 옆얼굴(profile)"을 강조한 것이 과연 우연일까?

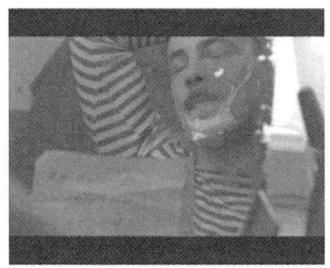

조되는 가운데, 이 관계가 '역전'될 수 있는 가능성은 영화의 초반
부터 이미 계속해서 암시된다. 영화의 첫 장면에서 세 번에 걸친
무모한 도전(권투시합)을 통해 자신의 우상인 게르만에게 불시의
일격을 가한 바 있는 빅토르는 사실 '모방'의 천재이다. 빅토르가
게르만의 밀수품 트렌지스터 라디오를 통해 들려오는 서방 방송을
처음 듣고 (뜻도 모른 채) 그것을 '마치 앵무새처럼' 그대로 따라하
는 장면은, 게르만의 언어적인 무능함(그는 간단한 영어문장 하나
를 말하기 위해 매일 아침 연습한다)과 인상적인 대조를 이루면서,
이후에 펼쳐질 빅토르의 운명에 관한 흥미로운 복선을 제공한다(빅
토르는 바로 그날 게르만에게 영어 문법책을 빌렸고 이후에도 '따
라 하기' 연습을 게을리 하지 않는다).

  사실 영화 <우주를 꿈꾸며>에서 '복제'를 통한 반복의 기법은

작품 전체에 걸친 구성적 원칙으로 작동하고 있다고 해도 과언이 아니다. 게르만과 빅토르의 복제관계가 영화 전체의 중심축을 이루고 있다면, 빅토르와 같은 레스토랑에서 일하는 그의 여자친구 라라(Лара)와 여동생 림마(Римма) 역시 다분히 의도적인 연출적 의도를 통해 제시되고 있다 (그녀들은 서로 전혀 닮지 않았음에도 종종 쌍둥이의 인상을 준다). 그들이 서로 대체될 수 있는 복제관계라는 사실은 내러티브상의 첫 번째 '반전' 장면에서 뚜렷하게 드러난다. 라라가 게르만의 유혹에 빠지고 빅토르와 라라의 관계가 서먹해진 이후, 관객들은 아무런 추가적인 설명도 없이 갑자기 라라 대신에 림마와 함께 있는 빅토르를 보게 된다. 숲에서 자전거를 타다가 함께 넘어지는 이 장면은 바로 직전에 (라라와 함께) 이미 등장했던 장면의 동일한 '반복'이며, 따라서 트릭의 효과는 관객들이 당연히 라라일 것이라 예상하는 순간 (라라가 아닌) 림마의 얼굴이 클로즈업되는 반전에 놓여 있다. 이 의미심장한 반전의 장면에서 림마는 여전히 빅토르의 추앙을 받고 있는 게르만을 '불쌍한 바보'라고 부르면서 빅토르 자신과 관객 모두의 예상을 뒤엎는 수수께끼 같은 말을 한다:

> "그래, 빅토르, 바로 너야. 네가 이 도시에서, 아니 이 지역 전체에서 제일 현명해. 그래서 내가 널 선택한 거야(Да, Виктор, ты — самыйумныйв городе, даже в области, поэтому и я тебя выбрала)."

언니와 연인이었던 자신을 림마가 선택했다는 말을 이해하지 못하는 빅토르에게 그녀는 대답한다:

"나는 항상 이렇게 될 줄 알고 있었어. 난 기다린 거야. 모든 사람은 각자 자신의 때가 오기를 기다릴 줄 알아야 해(Я всегда знала, что так будет. Я ждала. Нужно каждому человеку уметь ждать своего часа)."

한편, 이런 예기치 않은 반전, '모든 것이 겉보기와는 다르며' 어쩌면 그 '반대'일 수도 있다는 이런 미묘한 암시 이후에, 복제의 모티브는 더욱 더 강력하게 작동한다. 게르만은 빅토르에게 트렌지스터 라디오를 선물로 남긴 채 떠나버리고, 곧바로 이어지는 다음 장면에서 이제 관객들은 완전히 '게르만이 되어 버린' 빅토르를 보게 된다(빅토르가 아무런 예고도 없이 갑자기 게르만으로 '변하는' 이 장면은 라라가 림마로 변하는 앞선 장면에 이은 두 번째 반전의 트릭이다).

빅토르의 '변신'과 더불어 이제 바야흐로 후반부로 치닫는 영화의 내러티브는 역시 갑작스런 방식으로 빅토르와 게르만을 다시 재회시킨다. 게르만의 겉모습을 '연기'하던 빅토르가 곤경에 빠져 게르만의 마스크를 벗으려는 바로 그 순간16)에, 어디선가 갑자기 나타난 진짜 게르만이 빅토르를 구해 주고, 두 사람은 마치 쌍둥이 형제처럼 '비밀스런 의식'을 함께한다. 게르만은 빅토르에게 자신

---

16) 게르만의 가면을 쓴 채, 처음 게르만과 함께 갔던 선술집을 찾은 빅토르는 싸움에 휘말리게 되고, 사소한 물리적 폭력 앞에서 너무나도 손쉽게 가면을 벗는다. "이봐들, 난 카뉵이냐, 카뉵이라구!"

의 탈출 계획의 '동화적 버전'을 열에 들떠 이야기하고("인간은 달에 가게 될 거야!"), 이제 마침내 모든 것을 이해하게 된 빅토르는 감격에 겨워 단언한다: "그건 바로 네가 될 거야, 게르만!" 형제의 비밀스런 회합과 영웅적인 이별, 영화 전체의 클라이맥스를 이루는 이 장면에서 느껴지는 감독의 냉소적 아이러니는 말 그대로 냉혹한 것이다. 바야흐로 전 인류적인 과업을 위해 떠나가는 친구에게 빅토르는 묻는다.

> "잠깐, 만일 영어를 한다면, 만일 영어를 잘 안다면(그건 어떨까?)(Подожди, если английский?, Если человек знает английскийязык?)"

이 질문이 결국 무엇을 뜻하게 될 것인지 알지 못한 채, 다만 "그건 좋은 거야."라고 대답하며 떠나가는 게르만의 머리 위로, 카메라는 서서히 움직이기 시작한다. 그리고 아마도 (영화 전체에 걸쳐 가장 인상적인 비주얼 중 하나인) 이 철도역 장면[17]에서 관객들이 보게 되는 것은 저 멀리 벽에 걸린 '레닌'의 부조(浮彫)이다.

지금껏 관객의 예상과 기대를 계속해서 미묘하게 비껴가면서, 결

---

[17] 열차와 군중들의 소음이 합쳐진 무겁고 음산한 사운드를 배경으로 펼쳐지는 이 장면은, (어딘지 모르게 살아 있는 것 같지 않은) 사람들의 음울한 동작과 더불어 명백하게 '수용소'를 떠올리게 한다. 한편, 거대한 구름다리와 비쭉비쭉 솟아 있는 건물의 외양은 (디스토피아적 분위기로 채색된) '우주 정거장'의 느낌 또한 부여해 준다.

코 겉으로 보이는 것이 진실의 전부가 아님을 암시해 왔던 영화는, 이제 마침내 영화의 종반부에서 그 모든 역설의 이중성을 집약하는 가장 '원초적인' 하나의 '역설'로 관객들을 이끈다. 그날 밤, 게르만은 빅토르에게 이제껏 숨겨 왔던 자신의 진짜 본모습을 털어놓고(게르만은 언젠가 수용소에서 한 정치범을 만났고, 그는 게르만의 삶에 지울 수 없는 흔적을 남겨 놓았다. 탈출의 꿈은 바로 그 때부터 시작된 것), 자고 있는 빅토르를 남겨 둔 채 홀로 차가운 겨울 바다로 떠난다. 불빛을 깜박거리며 마치 희롱하듯 멀어져 가는 함선과 그것을 쫓아 하염없이 헤엄쳐 가는 게르만, "불쌍한 바보" 게르만의 꿈은 그렇게 차가운 밤바다에서 비극적인 최후를 맞는다.

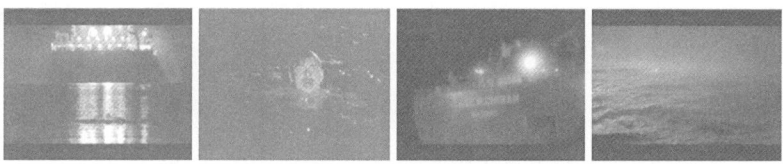

자, 그렇다면 이제 질문이 남는다. 만일 게르만이 아니라면, 그토록 꿈꾸었던 '다른 세계'에 온전히 다다르게 되는 자는 과연 누구인가? 게르만의 죽음 장면 이후에 곧바로 이어지는 다음 장면에서 관객들은 기차를 타고 모스크바로 떠나는 빅토르를 보게 된다. 거의 '분신'의 지경에까지 이르렀던 두 주인공의 운명이 결정적으로 갈라졌음을 명시하는 이 여행의 동반자는 물론 (그가 진심으로 사랑했던 라라가 아니라) 언젠가 빅토르를 "가장 현명한 사람"이라 단언했던 여동생 림마이다. 기차 식당 칸에서, 라라와의 이별에 상심해 있는 빅토르에게 축배를 권하며 날리는 그녀의 결정적인 한 마디는,

지금껏 이 모든 '가상'과 '전복'의 내러티브를 통과해 온 관객들에게, 영화가 표명하는 역설적 아이러니의 최대치를 보여 준다;

"네가 뭐가 될지 알아? 대사야!(……)넌 대사가 돼서 브라질로 가게 될 거야. 바로 그렇게 끝나게 되어 있는 거야, 빅토르[Ты знаешь, кем будешь? Послом! (……)ты послом в Бразилии будешь. Вот чем все кончится, Виктор]."

빅토르에게 마침내 "그의 때(твой час)"가 왔음을 알리며 림마가 전하는 이 말의 울림은 결정적인 것이다. 그것은 가면과 흉내로 점철된 이 모호하고 혼란스런 이야기의 종말을 지시하고 있다. 결국 최종적으로, 게르만이 그토록 꿈꾸었던 '다른 세계'에 다다르게 되는 자, 그는 빅토르이다. 흥분과 기대 속에서 모두가 탈출을 꿈꾸었던 그 시절에, 한 사람은 차가운 밤바다에서 비극적인 최후를 맞았고, 또 한 사람은 브라질의 대사가 되어 마침내 '다른 세계'에 발을 디딘다. '지상의' 우주를 향한 지극히 현실적인 이 탈출 계획을 가능하게끔 만들어 줄 빅토르의 무기가 다름 아닌 그의 외국어 능력, 보다 정확하게는 앵무새처럼 남을 흉내 낼 줄 아는 그의 진기한 재능이라는 점을 다시 상기시킬 필요가 있을까.

한 평자의 지적처럼, 이런 원초적인 역설은 결국 단순한 흉내쟁이 바보가 승리하는 세계에 대한 쓰라린 냉소일 수 있다. 말하자면 그것은, "우둔함, 배신, 사회적 무지, 그리고 비겁함과 맞닿아 있는 유아적인 미성숙과 순진함"[18]의 세계에 대한 작가와 감독의 비판적 코멘트일지 모른다. 혹은 또 어쩌면 그것은, "그 어떤 요리사라

---

[18] Наталья Сиривля, "Дедо в нюансах *Космос как предчувствие*," *Искусство кино*(No 10, 2005), http://www.kinoart.ru/magazine/10-2005/repertoire/sirivlia1005/ (검색일: 2007년 1월 15일)

도 국가를 통치할 수 있다(У нас каждая кухарка может управлять государством)."는 레닌의 저 유명한 경구가 한 인간의 전기 속에서 실현된 양태일지도 모른다.[19] 하지만 이와 더불어 반드시 지적하지 않을 수 없는 사실은 다음과 같다. 빅토르가 그저 바보가 아니었듯이 게르만 역시도 진짜 반체제인사(диссидент)는 아니었다. 어떤 점에서, 진실로 쓰라린 아이러니는 개인적 자유를 꿈꾸었던 게르만 역시도, '다른 세계'를 꿈꾸었던 그 시절의 수많은 다른 사람들처럼, 또 한 명의 몽상가에 불과했다는 것, 그리고 그런 점에서 '소비에티쿠스'라 불리는 이 종족의 어쩔 수 없는 일원인 그의 계획 역시도 (빅토르의 성격만큼이나) 단순하고 나이브한 것이었다는 점에 놓여 있다.

그렇다면, 빅토르와 게르만의 '차이'마저도 상대적인 것이 되어 버린 이 자리에서, 결국 최종적으로 남겨지는 것은 무엇일까? 그것은 아마도 두 사람 모두를 만들어 낸 이 '허구적인 그럴듯함'의 세계 자체가 아니까. 한 평자에 의해 "허상성(мнимость)"이라 이름 붙여진 세계,[20] 보다 서구적인 용어로 표현하자면, 아마도 틀림없이 '시뮬라크르'에 해당할 만한 그런 세계의 풍경 자체가 아닐까? 가면이 가면을 대체하고, 꿈(몽상)이 현실을 대신하며, 슬로건이 실재를 잠식해 버린 그런 세계! 그렇다면 이제 우리는 다시 물어보지 않을 수 없다. 과연 그런 세계 속에서 '우주'에 관한 꿈과 예감이란 정말이지 무엇을 의미할 수 있었을까?

---

[19] Katerina Clark, "Aleksei Uchitel's Dreaming of Space (2005) reviewed by Katerina Clark." http://www.kinokultura.com/reviews/R10-05kosmos.html (검색일: 2007년 1월 15일)

[20] Ян Левченко, "Гагарины шнурки." *Критическая Масса*(M., No. 2, 2005). http://magazines.russ.ru/km/2005/2/le13.html (검색일: 2007년 1월 15일)

4. 나오며: 가가린의 구두끈, 혹은 향수의 두 유형

모스크바행 기차 안에서 빅토르는 선량한 미소를 띤 젊은 비행 장교를 만난다. 스스로를 '유리'라고 소개하는 그 젊은이에게, 빅토르는 짐짓 비밀을 털어놓듯 은근하게 속삭인다: "그(게르만)는 이미 날아갔다네, 그런데 자네는 언제쯤?" 새벽녘에 짐을 챙겨 떠나는 유리의 구두끈이 자꾸만 풀어지고, 그걸 고쳐 매면서 그는 중얼거린다. "전 항상 이런다니까요, 꼭 오른쪽 구두가 말이죠."

훗날 인류 최초의 우주비행사가 될 젊은 비행 장교 유리 가가린 (Yuri. Gagarin)이 자꾸만 풀어지는 자신의 구두끈을 고쳐 매는 이 장면, 이 의미심장한 장면에 뒤이은 마지막 시퀀스는 영화 『우주를 꿈꾸며』를 둘러싼 가장 격렬한 비평적 논란을 불러일으켰다. 우치텔 감독은 시나리오 작가가 마침표를 찍은 기차간의 만남 장면 이후에, 누구나가 알고 있는 바로 그 장면, 너무나도 유명한 바로 그 '기록 필름'을 이어 붙였다. 붉은 광장에 모인 수많은 군중들 앞에서, 구두끈이 풀린 채로, 보무도 당당히 단상의 흐루시쵸프에게 걸어가는 가가린의 모습을 담은 바로 그 기록 필름을.

작가에 의한 시나리오에는 제시되어 있지 않은 이 장면[21], 그러니까 감독 자신의 예술적 선택이라 해야 할 이 '첨가'를 두고, 몇몇

평자들은 "다큐멘터리적인 아첨을 통해 영화를 감정적으로 죽여 버린"[22] 결정적인 실수라고 비판했다. 그들이 보기에 이 첨가는, 혹시라도 관객들이 제대로 이해하지 못했을 것을 염려한 감독이 억지로 삽입해 넣은 불필요하고 비예술적인 잉여물에 불과했다.

하지만 여기서 우리에게 보다 흥미로운 질문은 다음과 같다. 과연 이 첨가를 통해 진정으로 영화적인 무엇인가가 죽어 버렸다면, 그건 정확히 무엇을 뜻하는가? 적어도 이 기록필름이 귀에 익은 소비에트의 멜로디("Не нужен мне берег турецкий")와 더불어 등장하기 전까지, 시나리오 작가 민다제와 감독 우치텔의 합작품인 이 영화는 한 가지 소중한 깨달음을 안겨 줄 수 있었다. 간단하면서도 쉽게 깨우치기 힘든 그 교훈은, 삶이란 언제나 여하한 이데올로기적 이분법보다 더 복잡하다는 사실이다. 이념이나 구호가 아닌 삶은, 그것이 삶이기 때문에 역설과 모순, 양가성과 미결정성으로부터 완전히 자유로울 수 없다. 그리고 바로 그런 이유로 '삶'으로서 재현된 온전한 '기억'이란 언제나 과거를 재구성하고자 하는 현재의 의식에 저항한다. 현재를 정당화하는 친숙한 메타포가 아니라 오히려 현재의 의식에 균열을 일으키며 그것에 저항하는 '낯선' 기억, 진정으로 타자화된 이 '낯선' 기억만이 궁극적으로 현재를 반성하게 한다.

문화적 기억과 향수의 문제에 깊이 있게 천착해 온 보임(S.

---

[21] 영화가 끝나기까지 약 3분여간 이어지는 이 장면을 위해 우치텔 감독은 오리지널 기록 필름을 컬러판으로 수정하고, 몇 가지 변형을 가했다. 공식적인 역사 기록 '안으로' 들어간 허구의 인물 빅토르는, 이제 소비에트의 "포레스트 검프"가 되어, 꽃다발을 들고 가가린의 이름을 외쳐 부른다.

[22] Юлия Идпиcc, "Космос как космос." http://www.polit.ru/culture/2005/06/24/kosmos.html (검색일: 2007년 1월 15일)

Boym)에 따르면, 향수는 두 가지 유형으로 구분될 수 있다. 집단적이고 신화적인 프레임을 갖는 '은유적' 유형의 향수가 민족의 과거와 관련된 전통과 기념비에 집착하는 매끄럽고 총체적인 서사의 경향을 보이는 반면, "성찰적 향수"라 불리는 또 다른 유형은 집단적 기억에서 누락된 '환유적인' 세부에 천착하면서, 아이러니와 낯설게 하기를 통한 이중적 의식을 계속해서 견지한다.[23]

해빙기의 역사적 기억을 다룬 영화 <우주를 꿈꾸며>는 전자의 유형에 해당하는 기억의 영화들이 지배적인 주류를 형성하고 있는 오늘날의 러시아 영화계에서, '반성적 향수'의 태도를 견지하는 몹시 예외적인 기억의 영화가 되었어야만 했다. 그런데, 비공식 역사를 다루는 이 영화적 기억이 갑자기 예기치 않게 공식 문서고에 보관된 집단적 기억과 결합되는 순간 무언가 몹시 기이한 일이 벌어졌다.

흐루쉬쵸프를 향해 걸어가는 우주 비행사 가가린의 풀어진 구두끈. 이 유명한 클로즈업 장면을 통해 21세기의 러시아 관객들은 한 순간 갑자기 소비에트 시민들의 뇌리에 여전히 증명서처럼 박혀 있는 바로 그 '집단적/제도적 기억' 앞으로 한꺼번에 소환되었다. 그리고 바로 그 순간 지금껏 영화가 힘겹게 만들어 온 '낯선' 우주의 기억 또한 그 낯설음을 잃어버렸다. 다만 '예감'으로서만 존재하는 우주, 만일 작가의 의도대로라면 이미 시뮬라크르가 되어 버린 삶 속에서 오직 '부재'로서만 존재하는 공허한 '대문자 타자'가

---

23) Светлана Бойм, "Конец ностальгии? искусство и культурная память конца века: Случай Ильи Кабакова," *Новое Литературное Обозрение* (М., No 39, 1999) http://magazines.russ.ru/nlo/1999/39/boym.html (검색일: 2007년 1월 15일) 이후 연구에서 보임은 이런 두 유형의 향수를 각각 복원적 향수(restorative nostalgia)와 반성적 향수(reflective nostalgia)로 규정한다. S. Boym, *The Future of Nostalgia*, (A Member of the Perseus Books Group, 2001). pp.49~51 참조.

되었어야 할 그 '낯선' 우주는 한순간에 갑자기 누구나가 기억하는 친숙한 우주가 되어 버렸다.

부재하는 '대문자 타자'로서의 우주, 만일 그것이 없었더라면 소비에트의 역사가 훨씬 더 빨리 자신의 끝을 맞았을 이 우주가, 행복했던 그때 그 시절(모두가 하나 되어 긍지와 자부심을 느낄 수 있었던 그때 그 시절)을 추억하는 향수의 매개체로 둔갑해 버리는 이 기이한 변형의 순간은, 아마도 러시아 현대 영화사에서 오랫동안 반추되어야만 할 것이다. 왜냐하면 바로 이런 변형의 가능성이야말로 영화가 역사와 조우할 때 빠질 수 있는 항시적인 함정을 우리에게 일깨워 주기 때문이다. 그리고 바로 그것만이 우리들로 하여금 영화 <우주를 꿈꾸며>의 시사회를 취재한 후에 한 평자가 남긴 아래의 질문에 관해 숙고할 수 있게끔 만들어 줄 것이다.

> 반드시 지적해야 할 것은 이 장면이 관객석의 청중들을 총체적인 도취감의 상태로 몰아넣었다는 것이다(......)오늘날과 같은 이런 무기력한 냉소주의의 시대에, 어째서 관중들이 모두 함께 (심지어 리듬에 맞춰) 박수를 치고, 많은 이들이 울음을 터트리기까지 했는지를 알게 되면 흥미로울 것이다."[24]

결국 영화 <우주를 꿈꾸며>가 남겨 준 또 하나의 값진 교훈은 다음과 같다. 이제야말로 소비에트가 완전히 끝장났다는 것, 그것이 돌이킬 수 없는 과거가 되었다는 사실이 명백해졌지만 동시에

---

[24] Diliara Tasbulatova, "Study, Study, Study: The Grand Prize of the 27th Moscow International Film Festival Went to Aleksei Uchitel's Dreaming of Space." *KinoKultura*, (http://www. kinokultura.com/articles/oct05-miff.html) (검색일: 2007년 1월 15일) 말하자면 이 장면은, 이제껏 영화가 조심스럽게 열어 보인 낯선 기억의 이미지, 우주를 향한 꿈과 기대라는 유토피아적 풍경의 내부로부터 언뜻 언뜻 자신을 드러내던 그 '실재'의 맨 얼굴이 한순간에 다시금 공식적 기억의 상징화 메커니즘 속으로 빨려 들어가는 순간에 다름 아닐 것이다.

소비에트는 전혀 끝나지 않았다는 것, 포스트소비에트의 동시대 현실을 이해하기 위해서는 그것의 소비에트적 기원을 다시금 철저하게 되돌아보지 않을 수 없게 되었다는 점 또한 분명해졌다. 우주를 둘러싼 '낯선' 기억에 관한 우치텔 감독의 영화 <우주를 꿈꾸며>는 그러므로 아직은 '극복되지 않은' 기억에 관한 영화이기도 하다.

참고문헌

김수환. 2006. 「영화 <부메르(Бумер)>: 신화에서 현실로 혹은 90년대에 바
　　　치는 진혼곡」. 『러시아문학연구논집』 제21집.

로트만 유리. 2008. 『기호계』. 김수환 역, 문학과지성사.

페로 마르크. 1999. 『역사와 영화』. 주경철 역. 까치.

Бойм, С. 1999. "Конец ностальгии? искусство и культурная память конца
　　　века: Случай Ильи Кабакова." *Новое Литературное Обозрение.*
　　　№39.

Брусиловская, Л. Б. 2001. *Культура повседневности в эпоху "отепели":*
　　　метаморфозы стиля. Москва.

Вайль, П. и Генис, А. 2001. *60-е Мир советского человека.* М.: Н.Л.О.

Идписс, Ю. "Космос как космос." http://www.polit.ru/culture/2005/06/24/
　　　kosmos.html (검색일: 2007년 1월 15일)

Интервью с А. Учителем http://www.rolan.ru/magazine/50?article=200848
　　　(검색일: 2007년 1월 15일)

Козел, И. и Корнеев, Р. ММКФ-XXVII: <Космос как предчувствие>,
　　　<Дитя> и <Время прощания> http://www.kinokadr.ru/articles/2005/06/
　　　06/mmkf.shtml (검색일: 2007년 1월 15일)

Левченко Ян. 2005. "Гагарины шнурки." *Критическая Масса,* №2.
　　　http://magazines.russ.ru/km/2005/2/le13.html (검색일: 2007년 1월 15일)

Лотман, Ю. М. 2002. "Память в культурологическом освещении." *Семиосфера.*
　　　СПб.

Сиривля Н. 2005. "Дедо в нюансах *Космос как предчувствие,*" *Искусство*
　　　кино No 10. http://www.kinoart.ru/magazine/10-2005/repertoire/sirivlia1005/
　　　(검색일: 2007년 1월 15일)

Boym, S. 2001. *The Future of Nostalgia.* A Member of the Perseus Books Group.

Clark, K. "Aleksei Uchitel's Dreaming of Space(2005) reviewed by Katerina Clark."

http://www.kinokultura.com/reviews/R10-05kosmos.html (검색일: 2007년
1월 15일)

Prokhorova, E. and Prokhorov, A. 2005. Turkish gambit(2005). *KinoKultura* — *New*
Russian Cinema. October. http://www.kinokultura.com/reviews/R10-05gambit.html
(검색일: 2007년 1월 15일)

Tasbulatova, D. "Study, Study, Study: The Grand Prize of the 27th Moscow
International Film Festival Went to Aleksei Uchitel's Dreaming of
Space," *KinoKultura* http://www.kinokultura.com/articles/oct05-miff.html
(검색일: 2007년 1월 15일)

■■■■ XI. 디지털 게임 서사 모드로 구축된 현대 러시아의 정체성 모색
– 티무르 베크맘베토프의 워치 시리즈를 중심으로*

박영은

* 본 논문은 『슬라브학보』, 제25권 제3호(2010)에 게재된 것으로 원문을 수정·보완하여 다시 수록한다.

XI.
디지털 게임 서사 모드로 구축된 현대 러시아의 정체성 모색
– 티무르 베크맘베토프의 워치 시리즈를 중심으로

1. 서론

티무르 베크맘베토프(Тимур Бекмамбетов)의 <나이트 워치 (Ночной дозор, 2004)>와 <데이 워치(Дневной дозор, 2006)>는 현대 러시아 영화사의 새로운 이정표가 되는 작품이었다. 2004년 7월 개봉된 <나이트 워치>는 러시아 현지 개봉 당시 <반지의 제왕 – 왕의 귀환>, <트로이>를 제치는 관객 동원 성과를 올렸을 뿐만 아니라, 제작비의 8배가 넘는 흥행수익을 거두었다. 이 영화는 소비에트 붕괴 이후 15년 동안이나 침체의 늪에 빠져 있던 러시아 영화의 부활을 알리는 신호탄이기도 했다.[1] <나이트 워치>의 성공은 <데이 워치> 제작에 미국 영화사 20세기 폭스가 공동으로 참여하는 성과로 이어지기도 했다. <데이 워치>(2006) 역시 1년에

---

[1] Наталья Колыбина (2004), "Россия наносит ответный удар, сняв свой первый блокбастер," *ИноСМИ.Ru*. http://www.inosmi.ru/print/211442.html (검색일: 2010년 3월 30일)

3,300만 달러 이상을 거두어들이면서 1990년 이후부터 2006년까지 가장 수익성 높은 영화로 자리매김되었다.[2]

　이른바 '러시아산 블록버스터'를 제작하는 베크맘베토프에 할리우드는 러브콜을 보냈고, 이는 2008년 <Wanted>(러시아명 Особо опасен) 연출로 이어졌다. 이로서 그는 최고의 비주얼 스타일리스트라는 찬사와 함께 '세계 5대 유명 감독의 반열'[3]에 진입하는 쾌거를 이루었다. 하지만 <나이트 워치>와 <데이 워치>의 감독에 대한 러시아 팬들의 관심은 무엇보다 원래 3부작으로 기획되었던 그의 후속작에 모아졌다. 세르게이 루키야넨코(Сергей Лукьяненко)의 소설 『나이트 워치(Ночной дозор, 1988)』와 『데이 워치(Дневной дозор, 2000)』가 동명의 영화로 제작된 이후,[4] 소설 『더스크 워치 (Сумеречный дозор, 2003)』가 어떤 방식으로 영상화될 것인지는 초미의 관심사가 되기에 충분했다. 이런 뜨거운 반응은 감독 자신이 루키야넨코의 소설 제목에 상응하는 <더스크 워치(Сумеречный дозор)> 제작을 발표했기 때문이기도 했다.[5] 하지만 얼마 지나지 않아 그는

[2] Руслан Семёнов, *Молодёжное Евангелие для взрослых, Часть 2 <Дневной дозор>* (Спб., 2007), C.6.

[3] "Тимур Бекмамбетов стал пятым известнейшим режиссером мира" http://www.rosbalt.ru/2008/07/02/499995.html (검색일: 2010년 3월 30일)

[4] 영화 <나이트 워치>와 <데이 워치>가 소설과 동일한 제목으로 제작되었다고 해서 소설과 영화의 내용이 동일한 것은 아니다. 작가가 시나리오 구성에 공동으로 참여하기는 하였지만, 시나리오에는 소설과는 다른 요소들이 많이 나타난다. 소설과 영화의 가장 두드러진 차이점은 소설과는 달리 영화 속에선 안톤과 예고르가 부자(父子) 관계로 설정되어 있다는 점이다. 또한 소설 『나이트 워치』는 3부로 구성되어 있지만 영화에선 그 가운데 거의 제1부의 이야기만 다루고 있다. 영화 <데이 워치>는 소설 『데이 워치』와는 거의 관계가 없으며, 오히려 소설 『나이트 워치』의 제2부와 3부 내용의 일부가 영화의 모티프로 사용되었다. 이렇게 <나이트 워치>가 흡혈귀 이야기가 부각되는 판타지 스릴러물로 제작되었다면, <데이 워치>에는 소설과는 달리 사랑에 관한 플롯이 추가되어 있다.

[5] Fox International Productions는 Тимур Бекмамбетов가 세르게이 루키야넨코 소설에 입각하여 "Сумеречный дозор"의 촬영 준비를 시작했다고 발표했다. "Бекмамбетов приступил к 'Сумеречному дозору'" 2008-05-20. http://www.film.ru/newsitem.asp?id=5970 (검색일: 2010년 3월 30일)

이 말을 번복하며 <더스크 워치>는 제작되지 않을 것이라고 공식적으로 밝힌다. 자신의 아이디어가 이미 <Wanted>에서 독자적인 '미국판 워치'로 제작되었기 때문이라는 것이 그의 설명이었다.[6] 이에 따라 루키야넨코의 소설에 기반한 이른바 '워치 시리즈'는 <나이트 워치>와 <데이 워치> 제작으로 막을 내리게 되었다.

하지만, 이 두 영화는 러시아의 문화산업 인식 변화 차원에서 보았을 때 그 존재 자체만으로도 시사하는 바가 컸다. 여기에는 본국에서만 300만 부 이상이 팔린 『나이트 워치』로 판타지 문학 대가에게 수여하는 아엘리타 상을 거머쥔 루키야넨코가 시나리오를 공동으로 각색하면서 러시아식 판타지 소설의 영상화를 자연스럽게 전 세계에 보여 줄 수 있었기 때문이기도 했다. 오늘날 현시대의 문학정신과 독자들의 기호를 그대로 반영하는 바로미터인 판타지 소설은 영화, 애니메이션, 게임 등 다양한 형태로 제작되면서 디지털 다매체 시대의 문학적 화두가 되고 있는 것이 사실이다. 이는 판타지 문학과 애니메이션, 영화, 게임 등은 그 매체만 다를 뿐 근본적으로 동일한 뿌리를 가지기 때문이다.[7]

특히 디지털 게임에서 일반적으로 사용하는 상상력과 장르문법에 입각해 소설을 창작하는 경우도 많아졌다. 루키야넨코의 소설 『나이트 워치』와 『데이 워치』에서도 '게임'이라는 단어가 빈번하게 등장할 뿐만 아니라, 작품 전체 플롯 역시 게임의 서사와 구도

---

6) 베크맘베토프는 Lenta.ru 측 독자들의 질문에 답을 하면서 <Сумеречный дозор>는 제작하지 않을 것이라고 공식적으로 밝혔다. Семенихин Денис, "Голливудский дозор," 2008-06-27, http://lenta.ru/conf/timur/ (검색일: 2010년 3월 30일)

7) 의미를 전달하는 방법은 다르지만 창조성이라는 측면에서 영화, 미술, 애니메이션, 게임 등은 차별되기보다는 판타지의 다양한 측면만을 보여 준다. 존 그랜트·론 타이너, 『SF와 판타지 제작기법의 모든 것』, 박세형 옮김(교보문고, 2000), 7~8쪽; 이유선, 『판타지 문학의 이해』(도서출판 역락, 2005), 16~17쪽.

를 사용하고 있다. 추후 살펴보게 되겠지만 베크맘베토프의 영화는 소설 내용을 모방하면서, 동시에 소설에서 한발 더 나아가 독자적으로 컴퓨터 게임의 법칙에 입각한 시나리오를 바탕으로 촬영되었다. 이러한 단초를 토대로 본고에서는 영화 워치 시리즈의 등장인물이나 구성 법칙을 디지털 게임 세계의 미학적 구현이라는 관점에서 분석할 것이다. 더불어 워치 시리즈가 단순히 관객에게 흥미와 볼거리를 제공하는 오락 영화라는 선입관에서 벗어나, 영화에 숨겨진 러시아의 자기 성찰이라는 측면을 분석할 것이다.

사실 일반 대중이나 비평가들의 관점과 달리, 영화 제작 관계자들은 이 영화를 보다 '진지하게' 보아 줄 것을 호소하였다. 프로듀서인 콘스탄찐 에른스트(Константин Эрнст)는 돔 키노의 <나이트 워치> 시사회장에서 영화를 단순히 흡혈귀들과 변신자들에 대한 이야기로만 보지 말아 달라며, 이러한 장치들은 오히려 '오늘날의 삶에 대한 메타포'라는 사실을 누차 강조했다.[8] 시나리오 공동 집필자 루키야넨코 역시 "판타지의 내적 메커니즘은 탐정물이나 멜로드라마나 교양소설에서도 활용될 수 있는, 다시 말해 판타지는 사실주의 작품에서도 이용될 수 있는 하나의 '기법'일 따름"[9]이라며, 판타지를 현실과는 유리된 장르개념으로 보는 것에 반대했다. 이는 워치시리즈 제작자에게는 게임의 색채가 농후한 '판타지' 구도가 오히려 러시아의 현실을 양식화하는 효과적인 장치이자, 소연방 해체 후 급변하는 러시아의 사회상과 대중심리를 반영하는 예

---

[8] Георгий Дарахвелидзе, "Свои среди чужих, чужие среди своих" 2007-11-27, http://www.film.ru/article.asp?id=3962 (검색일: 2010년 3월 30일)

[9] Сергей Шаповал, "Сергей Лукьяненко: «Тарантино не задавал нам никаких вопросов»," 2004-07-27, http://www.ng.ru/culture/2004-07-27/11_lukynenko.html (검색일: 2010년 3월 30일)

술적 프리즘으로 해석할 수 있는 단서를 제공하는 것이다.

본고에서는 워치 시리즈를 개혁과 개방 이후 러시아 사회가 봉착한 위기의식과 이것을 극복하고자 하는 모색의 한 과정이라는 맥락에서 조명해 볼 것이다. 소련 붕괴 이후 세계화와 자본주의로의 이행기라는 상황에서 러시아 내에서 일어나고 있는 정체성 찾기 의식이 단순히 블록버스터로만 관심을 받아 왔던 워치 시리즈 제작자들의 손에서 어떻게 재가공되었는지 살펴볼 것이다. 또한 두 영화가 원작소설을 바탕으로 디지털 온라인 게임의 스토리텔링을 적극 활용하여 시나리오를 집필한 것은 '영화 흥행의 담보'와 함께 '현대 러시아의 정체성 모색'을 디지털 게임 서사를 통해 구현하는 것임을 밝히고자 한다. 이러한 인식을 바탕으로 영화 워치 시리즈에서 사용되고 있는 디지털 게임 양식이 드러내는 러시아적 담론의 도출 양상과 그 확장된 의미 지평이 무엇인지를 분석할 것이다.[10]

---

[10] 본 논문에서 사용된 판본은 다음과 같다. Сергей Лукьяненко, *Ночной дозор* (Москва: Издательство ЛЮКС, 2005); Сергей Лукьяненко, *Дневной дозор*(Москва: Издательство Транзиткнига, 2006). 향후 본문 인용 시 소설 『나이트 워치』는 [НД]로, 소설 『데이 워치』는 [ДД]로 표기하고 각 판본의 페이지만 기재할 것이며, 인용문의 밑줄 강조는 필자의 것이다. 번역본으로는 다음을 참고하였음을 밝힌다. 세르게이 루키야넨코, 『나이트 워치』, 이수연 옮김(황금가지, 2005); 세르게이 루키야넨코, 『데이 워치』, 이수연 역(황금가지, 2007).

2. 영화의 배경과 캐릭터 설정에 반영된 디지털 게임 서사 장치

<나이트 워치>와 <데이 워치>는 배경과 등장인물 설정에 있어서 디지털 게임의 장치들을 모방하고 있다. 물론 원작이 판타지 소설이기 때문에 가능한 것이기도 하지만, 영화는 마치 게임무비(game movie)와 같은 혼성장르의 특성을 보여 주고 있다. 이러한 양상은 특히 영화 서두에서 내레이터(narrator)가 과거의 스토리를 전달하는 부분에서 분명히 드러난다. 게임의 경우에 '배경'은 이야기의 시대적 상황을 설정하는 동시에 게이머의 행위를 특정한 서사적 의미로 고정시키는 장치이다. 이른바 '전사(前史)'로 명명되는 배경이야기는 실제 사건이 진행되는 가운데 게이머가 작동하는 공간 이야기와는 확연히 구분된다. 처음 3분 내지 5분 분량의 오프닝 동영상을 통해 전달되는 '기반적 스토리(back story)'를 통해 게이머는 게임 속 인물, 공간 및 시간의 배경을 숙지하고 전체적인 갈등 상황을 이해하게 된다.[11]

영화 <나이트 워치>는 온라인 게임 상에서 흔히 제시되는 코드를 활용하여 빛의 세력과 어둠의 세력들이 전투하는 장면으로 시작된다. 인류의 역사에는 초능력을 지닌 '다른 존재들(Иные)'이 항상 존재해 왔다는 내레이션 가운데, 이 잔혹한 전투에서 어둠의 군주인 자불론은 살육을 즐겼고 빛의 군주 게세르는 눈물을 흘렸다며 '빛'과 '어둠'의 특성을 전달한다. 원작 소설에서는 태곳적에 시

---

11) 한혜원, 『디지털 게임 스토리텔링』(살림출판사, 2005), 26쪽.

작된 싸움에서 빛과 어둠의 두 세력이 전투를 시작했다는 이야기로만 전달하는 데 반해, 영화에서는 게임의 기반적 스토리처럼 내용을 영상화하여 '1342년 프랑스 남부'라는 가상의 시간과 공간을 설정하고 있다.

양측의 힘이 비슷해 결판을 내지 못하자 두 사령관인 게세르와 자불론이 공멸을 막기 위해 대협약에 서명을 했고, 이에 따라 빛과 어둠의 세력은 각자의 법칙에 따라 각각의 권위를 인정하여 힘의 균형을 유지해 왔다는 내용까지가 게임의 '기반스토리'와 유사한 영화 속의 '전사이야기'가 된다. 그리고 위급한 상황에 처한 세계에 엄청난 힘을 가진 '다른 존재'가 등장한다는 예언대로, 안톤의 아들 예고르가 1990년대에서 2000년대 초 모스크바를 배경으로 한 스토리 속으로 도입된다. 미래 인류의 삶이 예고르의 손에 달려 있다는 예언으로 인해 빛과 어둠의 양측은 그를 자기편으로 끌어들이기 위해 적극적으로 행동하게 되고, 이것이 영화 서사의 내적 긴장성을 배가하는 동력이 된다.

중세 유럽을 배경으로 한 <나이트 워치>와 달리, 영화 <데이 워치>의 경우에는 타멜란(Тамерлан)의 부대가 활동했던 14세기 북부 이란이 배경이 된다. <데이 워치>에서는 빛과 어둠의 균형

사진 1: <나이트 워치>의 전사(前史) 장면　　사진 2: <데이 워치>의 전사(前史) 장면

이 깨어지면서 발생하는 세계의 공멸을 막을 수 있는 '운명의 분필' 전설과 함께, 이를 소유하는데 성공했던 영웅 타멜란이 등장한다. 몽골-투르크계 군사 지도자이며 티무르 제국의 창시자인 타멜란-티무르(1336~1450)는 이란, 카프카스, 인디아, 소아시아 등으로 침략 원정을 행했던 장군이자 1370년부터 회교국의 군주 역할을 했던 인물이다. 그는 적군 병사의 창에 찔렸지만 원하는 바를 쓰기만 하면 그대로 이루어지는 분필의 힘으로 목숨을 구했다고 알려져 있다. 14세기 이슬람 전설을 바탕으로 한「데이 워치」에서는 타멜란과 안톤의 운명이 세계의 역사를 다시 쓸 수 있는 분필을 찾는 인물이라는 점에서 시간과 공간을 뛰어넘어 연결되고 있다. 즉 게이머가 게임의 법칙 속으로 뛰어들게 된 전사이야기를 염두에 두고, 소설에는 등장하지 않는 내용을 창조하여 영화 서두에 배치한 것이다.

워치 시리즈에 등장하는 인물들 역시 컴퓨터 게임의 다양한 캐릭터와 연결된다. 게임의 세계에는 현실에서는 존재할 수 없는 종족이나 마법을 부리는 인간, 동물로 변하는 다양한 인물들이 등장한다. 이들 게임속의 종족들과 캐릭터 클래스들의 등장으로 판타지 게임 장르의 재미가 배가된다. 뿐만 아니라 게임의 세계에서는 고유한 법칙인 일종의 알고리즘이 존재하는데, 이것이 현실과는 달리 게임을 게임답게 만드는 장치들이기도 하다.[12]

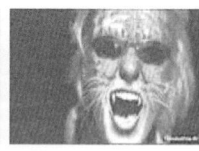

사진 3. <나이트 워치>에 등장하는 마녀 및 변신자(호랑이, 곰, 올빼미) 캐릭터

[12] 전경란, 『디지털 게임, 게이머, 게임문화』(커뮤니케이션북스, 2009), 20쪽.

소설과 영화 워치 시리즈에서는 게임 캐릭터들이 소위 '다른 존재들'이라는 이름으로 등장하고 있다. 전투 시에 곰과 호랑이로 변하는 변신자들, 인간의 피를 필요로 하는 흡혈귀, 마녀, 어둠과 빛의 마법사 등이 그들이다. 이들 영적인 힘의 소유자들인 '다른 존재들'은 선한 인간이나 악한 인간들로부터 필요한 에너지를 흡수해 자신들의 세력을 유지한다. 적의와 증오에 가득한 암흑의 세력은 분열과 파괴를 지향하는 반면, 빛의 세력은 선과 동정심에 따라 타인을 돕고자 하는 열망을 지니고 있다.

영화에 등장하는 인물들이 '환생'을 거듭했다는 점 역시 게임 캐릭터의 특징을 반영하는 것이다. 게임 내러티브에는 죽은 캐릭터를 살려내고 레벨업하는, 이른바 게임을 다시 하는 '재구성'의 특징이 있다. 게임의 반복 가능성은 게임의 캐릭터 생성 과정을 거쳐, 전투 수행 후에 인물이 죽으면 다시 살려내어 다음 게임판에서 게임을 계속하면서 생성되는데, 이는 자연스럽게 게임 캐릭터들의 환생이라는 특징과 연결된다.

야간 경비대의 수장이자 위대한 마법사로 설정된 게세르는 티베트 태생으로 천오백 살 이상이나 된 인물이다. 그는 "빛과 어둠 사이의 협약을 체결하던 때에도 직접 참석했던"(НД, 168) 인물로서, 19세기 말에서 20세기 초에는 중앙아시아에서 회교종법학자로, 그 다음 생애에서는 반혁명 세력인 바스마치의 지휘대장으로, 그 후엔 붉은 군대 위원으로 위장 근무했으며 최근 10년 전까지 소연방 공산당 지구 위원회 서기로 근무한 것으로 묘사되어 있다.

환생을 거듭했던 그의 현 존재가 야간 경비대 모스크바 지부 책임자인 보리스 이바노비치이다.[13] 그는 몽골-티베트 구비문학의 주인공인 게세르의 이미지와 중첩된다. 실제 신화 속 게세르는 '괴물의 박멸자(истребитель чудовищ)'라는 의미를 지니며 카오스와 맞서 싸우는 사탄의 파괴자이다. 게세르 신화에서는 지상의 세계가 사악한 힘에 의해 위기에 처했을 때 인간을 괴롭히는 나쁜 마법사 무리를 응징하고 우주의 조화를 회복시켜 모든 생명에게 환희와 행복을 가져다줄 영웅 게세르가 태어났다고 전하고 있는데,[14] 작가는 이를 토대로 야간 경비대 수장의 이미지를 구축한 것이다.

그 외에도 육체를 잃는 벌을 받아 80년간 올빼미 몸에 갇혀 살아야 했던 올가 역시 이백 살 이상이 된 존재로 기술된다. 게세르와 아주 오랫동안 친구이기도 했고 연인이기도 했던 그녀는 프리메이슨의 경력과 함께 환생을 경험했던 인물로 설정되어 있다.[15] 세계를 '빛(свет)'으로 인도하는 이미지를 지닌 스베틀라나라는 여인 역시 신화와 전설의 판타지적 모티프를 통해 구체화되고 있다. 영화 속 그녀는 안톤이 지하철에서 우연히 목격한 존재지만, 그녀에 대한 이야기를 전해들은 게세르는 그녀가 <비잔틴 전설>에 등장하는 성 처녀의 환생임을 직관한다. 신성의 세계를 도입하여 신화적 차원을 추가하는 것이 판타지 구축을 위한 주요 요소이듯이,[16] 영화 <나이트 워치>에서는 소설에는 존재하지 않는 비잔틴 전설을

---

[13] http://archivsf.narod.ru/cinema_2/n_dozor.htm (검색일: 2010년 3월 30일)

[14] Руслан Семёнов, *Молодёжное Евангелие для взрослых, Часть 1 <Ночной дозор>*, (Спб., 2007), С.103~104. 게세르(Geser)는 동아시아와 시베리아를 아우르는 넓은 지역에서 발견되는 영웅서사시의 제목인 동시에 서사시 등장인물의 이름이기도 하다. 일리아 N. 마다손 채록. 『바이칼의 게세르 신화』, 양민종 옮김(솔 출판사, 2008), 25쪽, 43~44쪽 참조.

[15] 올가의 전생은 그녀와 몸을 바꾼 안톤의 영적 추리를 통해 밝혀진다. 소설에서는 "100년 전 시인 블록이나 구밀료프가 등장하는 문학 살롱 같은 데서 가느다란 궐련을 파이프에 끼어 물고 있는 우아한 귀부인의 모습을 한 올가. 비밀 공제 조합이나 민주정치나 정신적 완벽 추구에 관한 문제들을 토론하며 미소 짓는 올가의 모습.(НД, 221~222)과 같은 표현으로 구체화된다.

[16] Kathryn Hume. *Fantasy and Mimesis* (Methuen: New York and London. 1984), p.87.

도입하여 신화성을 부여하고 있다.

　오랜 세월 동안 러시아 역사와 함께해 온 야간 경비대원들에 대한 묘사와 달리, 주간 경비대원의 수장인 자불론의 생애에 대한 언급은 소설 속에서도 누락되어 있다. 마치 야간 경비대가 러시아 역사와 '함께'해 온 존재라면, 주간 경비대는 뿌리 없이 '이식된' 존재임을 암시하는 것이다. 또한 소설에서 자불론은 온몸이 비늘로 덮이고 거대한 남근을 가진 고전적인 '데몬'의 형상으로 묘사되는 데 반해,[17] 영화에서는 그의 형상에 고전적 악마의 이미지가 투사되지 않는다. 오히려 그는 현실에서 막대한 장악력을 지니며 대중문화를 주도하는 인물로 그려져 있다. 원하는 것은 무엇이든지 얻을 수 있는 안락함과 편안함으로 인간의 눈을 가리는, 이른바 향락주의가 주간 경비대를 대변하는 문화와 연결되는 것이다.

　뿐만 아니라 자불론은 항상 컴퓨터 게임을 즐기며 사이버 세계에 정주하는 인물이기도 하다. 캐릭터를 정하고 그 역할 수행 과정을 통해서 게임을 하는 RPG(Role Playing Game)의 게이머가 주어

 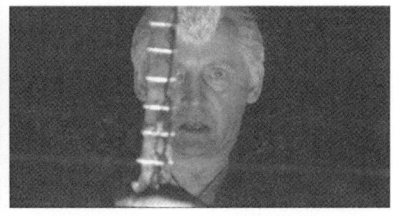

사진 4: 컴퓨터게임에 설정된 자불론의 아바타　사진 5: 안톤과 결투하는 실제 자불론의 모습

---

17) 소설에서 자불론이 변화하는 모습은 다음과 같이 묘사되어 있다. "불코브라의 잔해는 위로 날아올랐고 불꽃을 일으키고 광선을 내뿜으며 빛을 발하는 구름과 함께 뿔뿔이 흩어지고 녹아내려 갔다. 이 불꽃 아래 자불론은 복잡스러운 마법의 몸동작을 취하며 양팔을 쭉 뻗고는 서서히 일어났다. 전투 중에 그의 의복은 다 찢겨 나가 지금은 완전히 벌거벗은 몸이었다. 그의 몸은 데몬의 고전적 특징을 갖춰 가면서 변형되었다. 피부 대신에 빛바랜 비늘이 몸을 덮었고 기이한 형태의 두개골은 머리카락 대신 엉성한 털 같은 것이 자라고 있었고 가느다란 눈에는 수직상의 동공이 박혀 있었다. 몸 중앙에는 이상할 만큼 비대한 성기가 매달려 있고 꼬리뼈에는 양 갈래로 난 짤막한 꼬리가 축 늘어져 달려 있었다."(НД, 143)

진 역할에 따라 다양한 방식으로 게임에 참여하듯이, 자불론 역시 자신의 분신인 '아바타'를 통해 롤플레잉 게임을 한다. 여기서 자불론의 '아바타'는 게임을 통해 자신의 전투를 미리 체험하는 이른바 그의 '사이버 육체'이다. 이 과정에서 그의 게임하기는 일종의 모사행위(simulation)적 특성을 지닌다. 자불론은 현실의 연장이자 또 다른 현실을 경험하는 환상의 공간인 디지털 게임을 통해 오늘날 게임을 즐기는 러시아 신세대의 행위를 무의식적으로 반영하고 있다.

영화에서는 예고르를 사이에 두고 안톤과 자불론이 벌이는 전투 장면이 그들을 아바타로 진행되는 시뮬레이션 재현으로 제시되기도 한다. 이들의 싸움에 대한 묘사에서 나타나듯이 예고르는 빛과 어둠의 세력 사이에서 일종의 히든카드 역할을 한다. 안톤이 처음 예고르를 발견했을 때, 그를 두고 '게임에서 아직 배분이 이루어지지 않은 카드(Он-несданная карта в игре)'(НД, 252)라고 표현했던 것은 예고르가 당시까지는 어느 편에 설지 결정하지 않았음을 암시한 것이다. 예고르가 지닌 무한한 가능성으로 인해 <나이트 워치>에서 게세르는 그가 여자 흡혈귀에게 전염되어 흡혈귀가 되면 빛과 어둠의 균형이 붕괴될 수 있다고 우려했던 것이다. 하지만 <데이 워치>에서 예고르는 이미 자불론을 삼촌이라고 부르며 그의 후계자가 되어 아버지 안톤과 대립하는 상황에 빠져 있다. 이로 인해 안톤이 연인 스베틀라나와 아들 예고르 사이에서 극심하게 갈등하게 되는 상황이 영화 서사에 긴박성을 부여하게 된다.

사진 6: 예고르를 사이에 두고 안톤과 자불론이 벌이는
컴퓨터 게임상의 결투

　뿐만 아니라 소설에서는 여러 개별 인물들이 일종의 카드로 설
정되어 있으며, '게세르가 움직이는 게임의 수'에 지나지 않는다고
표현된 안톤 역시 "양측의 경비대들, 더 정확히는 경비대들의 지도
부가 지금 벌이고 있는 이 게임(……в той игре, что вели сейчас
Дозоры, точнее-руководство Дозоров)"(НД, 252)에서 자신의 위
치는 어디인가를 끊임없이 묻고 있다. 게임의 규칙이 중요한 상황
에서 이를 감시하기 위해 결성된 '경비대' 중 야간 경비대는 뱀파
이어나 마녀 같은 어둠의 세력을 감찰하는 임무를 맡고, 주간 경비
대는 게세르를 위시한 빛의 세력을 감찰하는 임무를 맡는데, 이것
이 게임의 근간이 되는 '규칙'을 반영한다. 사실 디지털 게임 세계
에서 게임을 하는 것(playing)이 '시행착오를 반복하며 그 체계를
배우는 것'[18]이듯이, 야간경비대와 주간경비대는 이 규칙을 준수하
면서 게임을 펼치고 있는 것이다.

---

[18] 전경란, 『디지털 게임, 게이머, 게임문화』. 22쪽.

사진 7: 빛과 어둠의 세력을 감시하는 두 노인　　사진 8: 감시체계를 상징하는 대형광고판의
　　　　　　　　　　　　　　　　　　　　　　　　'눈'의 이미지

　게임에서 규칙의 중요성은 영화에서 경비대원들을 지켜보는 두 노인을 통해서도 구현되고 있다. 이들의 모습은 '공정성(справедливость)'을 중요한 신학적 관점에 두며, 선과 악의 대결을 강조하는 조로아스터(Zoroaster)교의 이원론적 세계관을 연상시킨다.[19] 여기서 선과 악의 모습을 형상화하는 두 노인의 모습은 조로아스터에 의해 쓰인 『아베스타』에서 적대 관계를 대변하는 '아후라 마즈다'와 '앙그라 마이뉴'라는 쌍둥이 형제의 모습을 영상화한 것이다. 이는 선과 악 가운데 어느 한쪽만을 중시하지 않고 양쪽 모두를 공정하게 대해야 하는 원칙을 영상화한 것이다.

　<데이 워치>에서 두 노인은 안톤이 주간 경비대원을 살해했다는 의혹을 받게 된 상황에서 나타나 만일 안톤이 살해한 것이 아니라는 증거를 찾지 못하면 주간 경비대원이 요청하는 대로 안톤의 제거를 허락할 수밖에 없다고 알려 준다. 이처럼 영화에서 두 노인

---

[19] Руслан. Семёнов, *Молодёжное Евангелие для взрослых, Часть 2 <Дневной дозор>*. С.45~46. С.69. // 조로아스터교의 이원론은 빛과 선의 정령인 아후라들과 어둠의 악의 정령인 데바들로 의인화되었다. 아후라 마즈다는 빛의 정령의 지도자였고, 어둠의 정령의 지도자는 앙그라 마이뉴였다. 아후라 마즈다와 앙그라 마이뉴는 모든 것을 창조하는 데 있어 동등한 것으로 간주되었다. 그러나 아후라 마즈다는 밝고 순수하고 합리적이며 사람들에게 유용한 것을 창조한 반면에, 앙그라 마이뉴는 악하고 순수하지 못하며 해로운 모든 것에 대해 책임이 있었다. 이 이원론은 뚜렷한 윤리적 색채를 띠는데 아후라 마즈다는 진리, 지혜, 선의 신이며, 앙그라 마이뉴는 거짓, 악, 그리고 오염의 신으로 일컬어진다. 세르게이 토카레프, 『세계의 종교』, 한국종교연구회 옮김(사상사, 1991), 223~224쪽.

이 등장할 경우는 빛과 어둠의 세력 사이의 불안정한 균형마저 붕괴될 수 있는 급박한 상황을 암시한다.[20] 그 외에도 영화에서는 빛과 어둠의 세력이 대협약 내용을 잘 이행하는지 감시하는 시선이 부각되기도 한다. 주간 경비대와 야간 경비대의 행보를 지켜보는 그 시선은 영화 전체를 아우르며 대형 광고판 속의 '눈'의 클로즈 샷으로 자주 등장하는데, 여기서 '눈'은 일종의 감시 카메라 역할을 하고 있다.[21]

살펴본 바와 같이 워치 시리즈는 신화, 혹은 유사 신화적 모티프의 형태로 디지털 게임 서사에서 무한히 재생산되는 초자연적인 캐릭터를 도입하고 있다. 특히 영화에서는 게임 콘텐츠에서 핵심 트렌드로 자리하고 있는 신화적 모티프를 소설보다도 적극적으로 활용하고 있다. 즉 영화 <나이트 워치>와 <데이 워치>에서는 이성과 과학의 그늘에 억눌려 왔던 고대 신화적 사고와 현대인이 추구하는 원초적 욕구를 디지털 기술상에서 재현하는 게임의 형식을 빌려 보다 가시적으로 구현하고 있는 것이다.

---

[20] "Художественный фильм <Дневной дозор>" http://www.lukianenko.ru/films_rus/41.html (검색일: 2010년 3월 30일)

[21] 물론 이것은 광고 제작자 출신이도 했던 티무르 베크맘베토프 감독의 상업적, 자본주의적 전략이기도 하다. 영화에 사용된 광고기법에 대한 언급은 여기서 논외로 한다.

3. 오컬트적 공간 문법과 게임의 '던전(dungeon)' 탐사 유형

일반적으로 판타지 소설은 우리가 사는 세계를 실재 모습의 피상적인 표현에 불과한 것으로 간주하면서 그 본질에 대해 의문을 제기하는 것에서 출발한다. 즉 드러나 보이는 사물의 배후에는 현 세계와 동등하게 설정된 또 다른 세계(alternate realities)가 존재한다고 간주하는 것이다.[22] 판타지 내용을 기반으로 한 컴퓨터 게임의 사이버스페이스 역시 괴물이나 요정과 같은 가상 존재들이 나름의 자족적인 법칙을 따라 존재하는 초자연주의적 공간, 일종의 '영적 공간(occult space)'을 표현하는 경우가 빈번하다. 루키야넨코의 소설과 티무르 베크맘베토프의 영화에서는 이런 초자연적인 세계를 '어스름의 세계(Сумрак)'로 개념화하고 있다.

'실재 세계의 현상에 대한 상징(символ явления в реальном мире)'[23]이자 현실계와는 다른 세계인 이 공간은 판타지 소설의 거장 J. R. 톨킨이 '중간계(Middle-Earth)'라고 설정한 가상 세계와도 유사하다. <반지의 제왕>에서 '중간계'가 북유럽 신화에 등장하는 인간들의 땅을 의미하는 미르가르드(Midgard)라는 허구적 공간이듯이, 워치 시리즈에 등장하는 '어스름의 세계' 역시 평범한 인간의 눈에는 보이지 않는 '그림자의 세계(теневой мир)'(НД,76)이자 일상적인 물리 법칙이 존재하지 않는 공간이다. 루키야넨코의 소설에서 어스름

---

[22] 존 그랜트·론 타이너, 『SF와 판타지 제작기법의 모든 것』, 박세형 옮김(교보문고, 2000), 42쪽.

[23] Руслан Семёнов, *Молодёжное Евангелие для взрослых. Часть 1 <Ночной дозор>*, C.161.

의 공간은 마치 옛날 영화와 같은 분위기를 자아내는 데 반해, 영화에서는 모기가 들끓는 공간으로 묘사되어 있어 어스름 세계의 분위기를 그다지 잘 전달하지는 못한다는 인상을 주는 것도 사실이다.[24] 하지만 이 허구의 공간을 창조한 작가 루키야넨코는 독자들과의 만남의 자리에서 "초자연적 존재들이 이 마법의 공간에 돌입하는 순간, 그는 자신의 의지에 따라 흡혈귀가 될 수도, 변신자가 될 수도, 마법사가 될 수도 있다"[25]며, 그가 창조한 어스름의 세계는 초자연적 존재들이 자신의 정체성을 결정하는 진실의 순간임을 강조하였다.

게임 플레이어들이 게임의 사이버스페이스 세계에 접속할 때에만 온라인상의 초자연적 캐릭터들을 만날 수 있는 것과 마찬가지로, 현실계 차원에서는 이 어스름의 세계로 들어간 존재들이 보이지 않는다. 이 법칙에 따라 워치 시리즈에서는 소위 '다른 존재'들이 경비대에 소속되어 인류 운명을 결정짓는 결사대원으로서의 삶을 살 것인가, 그렇지 않으면 특별히 자신의 마력을 발전시키지 않고 이전까지의 삶을 유지하면서 살 것인가를 이 어스름의 세계에서 '선택'해야 한다. 영화에서 힘든 선택의 경계에 선 대표적인 인물은 절대자의 운명을 타고난 예고르와 그의 아버지 안톤이다. 예고르의 선택에 따라 세계의 역사가 달라질 수 있다는 상황 설정은 그가 무한한 가능성을 지닌 힘의 소유자라는 사실을 대변하는 것

---

[24] Марианна Дейнеко, <Тайны "Ночного дозора"> (2004. 6. 28.) http://www.computerra.ru/focus/34415/ (검색일: 2010년 3월 30일)

[25] Сергей Лукьяненко, "Встреча читателей с Сергеем Лукьяненко в фирменном магазине издательства 'АСТ' 28 мая 1998 года," Интервью, http://rusf.ru/lukian/interv/int_ast1.htm (검색일 2010년 3월 30일)

이기도 하다.[26] 안톤 역시 예고르에게 "어스름의 세계에 진입한 네가 빛과 어둠 중에 무엇을 선택할 지는 오직 너 자신에게 달려 있다(А вот кем ты станешь - зависит лишь от тебя)."(НД, 82)며, 예고르 자신의 자유의사가 중요한 관건임을 표현한다.

소설과 영화에서는 평범한 사람들이 순탄한 삶을 살아가는 데 반해 안톤과 같은 '다른 존재'는 선택의 고통과 책임을 동시에 져야 하는 운명에 던져지는 상황을 묘사한다. 특히 영화에서 그는 어둠의 세력 편에 서 있는 아들 예고르와 사랑하는 빛의 여인 스베틀라나 사이에서 진퇴양난에 빠져 있다. 또한 지구의 위기를 대변하는 저주 기둥 역시 폭발 위험이 점증하는 위험한 순간에 임박해 있다. 하지만 안톤은 위기에 처한 스베틀라나를 구하기 위해 혼신의 힘을 다하며 그녀 스스로가 걸었던 저주에서 풀려날 수 있도록 끝까지 도와준다.

안톤은 그가 직면한 선택의 어려움을 헤쳐 나가면서, 게임의 법칙에 따라 그에게 부여된 '퀘스트(quest)'들을 하나하나 수행하며 성장하게 된다. 영화에서는 인류를 어둠의 힘으로부터 보호해야 하는 임무에 아버지와 아들의 관계라는 운명적 요소를 장애물로 투입한다. 안톤과 예고르를 부자(父子)지간으로 설정한 것은 소설과는 달리 영화에만 나타난 것으로, 이는 선택의 어려움을 극적으로 배가시키려는 영화 제작자의 의도라 할 수 있다. 안톤이 아들과 연인 사이에서 고통스러워하는 사이에 주간 경비대원들이 연이어 살해당하는 사건이 전개된다. 그 순간 어둠인들의 우두머리인 자불론

---

[26] 소설에서 안톤이 소년 예고르를 처음 발견했던 장면에서도 작가는 "나는 소년의 영기를 본뜨기 위해 눈을 감았다. 보기 드문 경우다. 미결정된 운명(несформированная судьба). 불분명한 잠재력. 소년은 대단한 파렴치한으로 자랄 수도 있고 정의로운 사람이 될 수도 있다."(НД, 19)고 묘사하고 있다.

은 이 사건에 안톤을 범인으로 몰아가는 시나리오를 구상하여 싸움에서 우위를 점유하려 한다. 이로 인해 빛과 어둠의 협정에 따라 숙청될 위기에 처한 안톤이 인류의 공멸을 막기 위해 전설적인 분필을 찾는 퀘스트를 요청받게 되는 것이다.

주인공 안톤의 행보를 통해 제시되듯이, 무수한 선택과 퀘스트를 수행해야 하는 게임 속의 공간은 지하동굴, 또는 지하감옥을 일컫는 이른바 '던전(dungeon)' 탐사에서 극대화된다. '던전'의 기원은 그리스 신화에서 미노타우르스가 사는 크레타 섬의 미궁 '라비린토스'에서 찾을 수 있다. 하지만 점차 의미가 확대되어 '성내의 지하감옥'이나 '몬스터와 함정이 존재하는 미궁'의 의미로 사용되었다.[27] 처음에는 1970년대 초에 제작된 <던전 앤드 드래곤즈(Dungeon & Dragons)>와 같은 게임의 이름이었다가 보통 명사 이상의 의미로 게임 고유의 개념이 된 것이다. 말 그대로 지하에 있는 감옥을 의미했던 '던전'은 이후 게임에서 주인공의 모험이 펼쳐지는 험난한 장소라는 포괄적인 의미로 쓰이면서 지하 왕국, 지하 도시, 지하 동굴 등 미로로 된 지하 세계가 배경인 게임이 늘어나게 되었다.[28] 모험형 게임에서는 대개 던전에서 괴물이나 용을 죽이고 금화와 부적, 보석류를 획득하게 되는데, 이로써 게임 내의 포인트가 쌓이면 게이머의 파워도 증가하게 된다.

던전과 관련된 게임의 퀘스트는 게이머가 실제로 게임을 플레이하는 순간 발생하는, 이른바 '이상적 스토리(ideal story)' 층위에서 발생하게 된다. 기반적 스토리가 끝나는 지점에서 시작되는 이상적

27) 김원보, 최유찬, 『컴퓨터 게임과 문화』(이룸, 2005), 129~130쪽.
28) 류현주, 『컴퓨터 게임과 내러티브』(현암사, 2003), 47쪽.

스토리는 기반적 스토리처럼 작가가 완결된 스토리를 게이머에게 일방적으로 전달하는 것이 아니라, 게임 디자이너가 게이머의 선택과 행동을 통해서 스토리를 전개해 가도록 유도하는 방식으로 이루어진다.[29] <나이트 워치>와 <데이 워치>에 나타난 이상적 스토리는 앞서 살펴본 전사(前史) 이야기가 끝나고 서사가 진행되는 현 시점, 즉 각각 2004년과 2006을 배경으로 등장인물들이 자기 행동을 스스로 결정하여 운명을 선택하는 서사와 맥을 같이하고 있다.

두 영화에 나타난 대표적인 '던전' 유형으로는 무수한 퀘스트들을 내포하는 대표적인 공간인 '스베틀라나의 집'과 전설적인 운명의 분필이 보관된 '요새'를 들 수 있다. 무엇보다 이들 공간이 영화 속의 무수한 퀘스트들을 내포하는 대표적인 공간 유형이기 때문이다. 비잔틴 성처녀의 환생이지만 현세에서는 의사라는 직업을 갖고 고독하게 살아가는 스베틀라나의 집 주위에는 어둠의 세력을 상징하는 까마귀 떼가 항상 맴돌고 있다.[30] 때때로 까마귀 떼는 그녀의 심리 상태에 따라 악을 분출하는 원추형 보텍스를 형성하기도 한

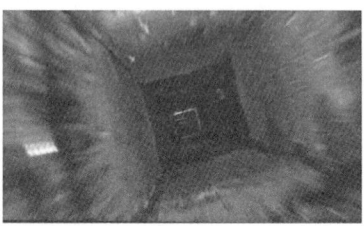

사진 9: 까마귀 떼가 맴돌고 있는
스베틀라나의 아파트

사진 10: 비행기에서 내려다 본
스베틀라나의 공간

---

29) 한혜원, 『디지털 게임 스토리텔링』(살림출판사, 2005), 31~32쪽 참고.

30) Марианна Дейнеко, "Тайны <Ночного дозора>," 2004-06-28, http://www.computerra.ru/focus/34415/ (검색일: 2010년 3월 30일)

다. 이것은 그녀가 악마가 되기를 바랐던 누군가가 내렸던 저주를 풀지 못한 상태로 그녀가 환생했기 때문이라고 영화에서는 서술하고 있다. 이런 이유에서 그녀에게 내면의 빛이 사라질 때, 선과 악의 균형이 깨어져 최후 전쟁이 촉발될 수 있다는 예언이 그녀를 맴돌며, 결국 그녀의 심리상태로 인해 수백만의 희생자가 발생할 수 있는 핵사고, 생물학적 재난, 혹성의 충돌과 같은 재앙에 인류가 직면할 수 있다는 것이다. 때문에 안톤은 스베틀라나의 집을 방문해 그녀를 둘러싸고 있는 저주를 풀어 지구의 재앙을 막아야 하는 퀘스트를 수행해야 했던 것이다.

<사진 10>은 스베틀라나가 몰고 다니는 재앙으로 인해, 그녀의 집 상공을 날던 비행기의 나사가 갑자기 빠지면서 그것이 아파트 환풍구를 타고 그녀의 집으로 떨어져 내리는 모습이다. 조감기법(bird's eye view)의 하이 앵글로 촬영된 이 장면을 통해 스베틀라나가 거주하는 공간은 또 다른 지하 감옥의 형태임이 암시된다. 깊숙이 숨겨 왔던 인간의 내면을 상징할 수 있는 던전의 확대된 비유 속에서[31] 스베틀라나의 집을 탐사하여 외부로 표출하지 못하고 쌓아 왔던 그녀의 심리적 응어리와 저주를 해소시키는 데 큰 역할을

| 사진 11: 운명의 분필이 보관된 미로 | 사진 12: 운명의 분필이 보관된 미로 지도 | 사진 13: 요새에 보관된 운명의 분필 |

---

31) 김원보·최유찬, 『컴퓨터 게임과 문화』, 131쪽 참고.

한 안톤의 행보가 구체적인 의미를 지니게 된다.

<데이 워치>에서는 이런 던전의 기능을 운명의 분필이 보관되어 있는 미로 요새가 담당하고 있다. 스베틀라나의 공간과 마찬가지로, 이 요새 역시 지구의 멸망을 막을 수 있는 운명의 분필을 획득하는 퀘스트 수행의 관문이 된다. 오랜 시간 운명의 분필을 찾기 위해 노력했던 타멜란은 목표에 거의 근접했지만, 그의 앞에는 벽으로 둘러싸인 미로가 가로놓여 있다(사진 11). 타멜란은 이 요새의 설계도를 들여다보지만(사진 12), 그것에 접근할 방법은 보이지 않는다. 이 문을 통과했던 이들은 그 끝없는 미로에서 죽음을 맞이할 수밖에 없었는데, 이는 여기서의 문이 또 다른 올가미이자 함정이었기 때문이다.[32] 하지만 타멜란은 요새의 벽을 정면 돌파하면 분필이 보관되어 있는 공간에 직접 도달할 수 있다고 직관하고 이를 감행한다. 그리고 문이 아니라 곧장 벽을 관통해서 운명의 분필을 획득하게 된다. 이처럼 게임의 '던전'은 영화에서 지하 감옥의 이미지, 등장인물의 어두운 심리상태, 예기치 못한 함정 등의 의미망으로 확대되어 활용되고 있다. 뿐만 아니라 이 던전 이미지는 게임 세계에서 주인공들이 풀어 가야 할 퀘스트에 당위성을 부여함으로써 영화의 스펙터클한 모험성을 증폭시키는 기능 역시 수행하고 있다.

---

[32] Станислав Мюллер, "Дневной дозор." http://www.talentcity.ru/index.php?option=com_content&task=view&id=38&Itemid=69 (검색일 2010년 3월 30일)

4. 게임의 서사를 통해 실현하는 현대 러시아의 정체성 모색

<나이트 워치>와 <데이 워치>에 반영된 게임 방식의 구현은 단순히 캐릭터나 오컬트적 공간 유형 설정에 머무르지 않는다. 다양한 게임 장치들은 영화의 플롯과 구조에도 적용되어 러시아의 방향성을 묻는 감독의 관점과 연결된다. 사실 이미 원작 소설에서 작가는 러시아 사회주의 혁명이나 제2차 세계대전의 근본 이유를 빛과 어둠의 세력 사이의 충돌사로 해석한 바 있다. 또한 2004년 7월, 루키야넨코는 Rambler 측과의 인터뷰에서 "어떤 조직이 빛과 어둠의 세력의 원형이 되었느냐"는 물음에 다음과 같이 대답했다.

> 굳이 그런 거친 접근을 해야 한다면, 아마도 냉전시대의 KGB(КГБ)와 CIA(ЦРУ)가 될 수 있을 것 같습니다. 그 가운데에서도 1970년대에서 1980년대까지의 상황이 되겠죠. 소설의 배경이 되고 있는 이 시기는 이미 강력한 대립은 없었던 냉전 상황에서입니다. 그럼에도 불구하고 자잘한 혁명 선동이나 갑작스런 공격, 양측의 비밀조직 등은 여전히 존재하고 있었지요. 즉 소설 『나이트 워치』는 당시 이러한 스파이 전투대원들의 법칙에 따라 쓰인 것이지요.[33]

작가 자신의 언급을 통해 드러나듯이, 이 작품은 판타지 차원의 게임 구도를 넘어서서 1970~80년대 냉전 상황을 KGB와 CIA사이의 대립 구도로 구현한다. 당연히 KGB는 마르크시스트 사회주의 소연방 체제 옹호와 연결되며, CIA는 페레스트로이카와 더불어 미

---

[33] Руслан Семёнов, *Молодёжное Евангелие для взрослых. Часть1 <Ночной дозор>*, C.265~266.

사진 14: 공산당원으로 근무했던 야간 경비대 수장인 게세르와 올가의 사진

국에서 러시아로 유입된 서구의 자본주의 체계와 연결된다. 소설에서도 야간 경비대 진영은 인류를 위한 이상적 사회 모델을 세우기 위해 노력했으며(НД, 343), 운용상 실패했지만 이론상으로는 이상적인 공산주의를 지지했다는 것(НД, 334)을 드러내고 있다. 야간 경비대의 구성원들, 즉 영화에서 빛의 세력들은 소비에트의 사회주의적 질서 및 소비에트 시대에 대해 노스탤지어를 가지고 있는 현시대 러시아 대표자들과 비슷한 속성을 지니고 있다.[34]

이에 반해 자불론을 위시한 어둠인들은 자유주의자나 자본가와 연결되는 측면이 강하다. 빛의 세력인 야간경비대는 허름하고 초라한 건물을 사용하는 반면, 어둠의 세력인 주간 경비대는 호텔 코스모스를 임대해 호화스럽게 생활한다. 뿐만 아니라 <데이 워치>에서 자불론은 러시아의 자율 시장 경제를 독점하며 마피아 세력과도 관련 있는 '신(新)러시아인(Новый Русский)'의 막대한 현실 장악력을 대변하기도 한다. 영화에 나타난 어둠의 세력들이 지니는 또 다른 특성은 선택의 자유, 행동의 자유, 생각의 자유로 표출되는

---

34) 같은 책, 265쪽.

'자유의식'이다. 그들에게 중요한 것은 자신들의 독립된 의지이다. 때문에 게세르와 올가의 행보에서 나타나듯이 빛의 세력들이 '세상을 변화시키기 위해 노력'했다면, 어둠의 세력들은 그런 필요를 느끼지 못하며 '존재하는 그대로의 것에 만족'한다.[35]

베크맘베토프 감독은 빛과 어둠의 세력의 대조적 특성이 영화의 주된 동력임을 언급하며 "70년간 유지되던 강력한 공산주의 이데올로기는 붕괴되었다. 이제 우리는 새로운 하부구조를 창조하고 있는 중이다. 세르게이 루키야넨코의 소설이 그것을 창조하는 데 도움을 줄 수 있다."[36]고 분명히 표현했다. 소비에트 연방이 무너진 후 러시아인들이 겪었던 정치적·윤리적 진공상태에 새로운 이정표가 필요한 시점이라는 점을 염두에 둔 것이다. 왜냐하면 그간 절대 선으로 믿어 왔던 이념이 무너진 후 러시아는 진지하게 자기성찰 없이 서구 문화의 유입에 정신없이 흔들려 온 것이 사실이기 때문이다.

이러한 맥락에서 영화에서는 무수한 사회악들이 러시아로 유입된 통로였던 '페레스트로이카'의 문제점을 곳곳에서 암시하고 있다. <나이트 워치>에서 자불론의 저택은 대형 공연 스튜디오 내부에 위치한다. 그곳에서 자불론은 젊은이들을 위한 쇼 비즈니스의 후견과 통제를 맡고 있다. 러시아의 경우 이 사업의 합법화는 소비에트 정권이 '페레스트로이카'를 공포한 이후에 가능했다는 점에서,[37] 러시아의 사회악과 주간경비대의 행보를 연결 짓는 것이다. 뿐만 아니

---

35) http://banda.moskva.com/nochnoj-dozor/dnevnoj-dozor (검색일: 2010년 3월 30일)

36) ERIN E. ARVEDLUND, "Russia Strikes Back With a Blockbuster Trilogy" (2004-07-21) http://www.nytimes.com/2004/07/21/movies/21NIGH.html (검색일: 2010년 3월 30일)

37) Руслан Семёнов, *Молодёжное Евангелие для взрослых. Часть1 <Ночной дозор>*, С.265, С.272.

사진 15: 코스모스 호텔 2006호   사진 16: 예고르의 파이어 볼에 맞은 2006호

라 영화에는 주인공 안톤이 처음 등장할 때 1992년이라는 시간일 설정되는데, 그것은 자본주의 정치·경제 구조가 러시아에 도입되면서 급격한 자유 개혁이 시작된 시점이 1992년이기 때문이다. 하지만 당시 안톤은 자기 의지와 판단력을 갖지 못한 사람이었으며, 이러한 상황에서 1992년에 수태된 아이가 그의 아들 예고르인 것이다.

1992년에 마녀의 거짓정보에 속아 암흑의 주술을 요청하여 아들 예고르를 살해하는 데 동의했던 비인간성의 결과는 12년이 지난 이후 부메랑처럼 안톤에게 돌아온다. 안톤은 어둠의 황태자가 된 아들 예고르의 열두 번째 생일에 거의 반죽음의 상태에 처한다. 또한 그의 연인 스베틀라나가 예고르의 파이어 볼에 가격당하자 그 충격으로 호텔 '코스모스'(우주)가 심하게 흔들린다. 모든 것을 카오스로 변하게 하는 예고르의 파이어 볼이 2006호실을 타격하는 장면은 2006년 러시아를 강타하는 대재앙과 종말을 연상시킨다. 뿐만 아니라 예고르가 스베틀라나와 대적하면서 '출구(выход)'라는 표지판을 가리키며 너에게는 선택의 여지가 없다고 했던 대사 역시 '출구 없는 러시아'의 상황을 연상하기에 충분하다. 이런 과정 가운데 오늘날 러시아의 자본가(어둠인)들에게 장악된 러시아의 통신 네트워크를 상징하는 오스탄키노 타워(Останкинская башня)의 붕괴 장면이 등장한다.

사진 17: 손가락을 자르는 알리사

사진 18: 붕괴하는 오스탄키노 타워

TV 송신탑이 파괴되는 <사진 18>은 인간이 되고 싶어 하는 흡혈귀 코스쨔를 사랑하게 된 알리사가 자불론과의 결합을 상징하는 반지가 빠지지 않자 자신의 손가락을 자르는 장면(사진17)과 연결되고 있다. 여기서 TV 송신탑의 남근 이미지와 자불론의 마법에 걸린 알리사의 손가락의 병치성이 부각된다.[38] 잘려진 알리사의 손가락과 쓰러진 TV 송신탑은 어둠인들이 대중매체를 통해 영향력을 행사했던 수단의 상실을 의미하는 것이다. 자불론을 상징하는 손가락을 자르는 것은 러시아 통신 네트워크를 장악하고 있는 자불론을 위시한 어둠의 세력들에 대한 일종의 비판으로 볼 수 있기 때문이다.

<사진 20>에서 나타나듯이 스베틀라나와 예고르의 경계에 놓인 안톤의 모습은 기로에 선 러시아의 상황을 연상시킨다. 두 명의 위대한 인물인 스베틀라나와 예고르는 서로 다른 방향으로 안톤을

사진 19: 안톤의 딜레마

사진 20: 예고르와 스베틀라나 사이에 갇힌 안톤

---

38) Руслан Семёнов, *Молодёжное Евангелие для взрослых, Часть 2 <Дневной дозор>*, C.114.

끌어당긴다. 이는 어둠의 세력 편에 서 있는 아들 예고르와 사랑하는 빛의 여인 스베틀라나 사이의 딜레마라는 차원을 넘어서서, 러시아가 '어둠'의 길로 가느냐? '빛'의 길로 들어설 수 있느냐를 묻는 영화제작자들의 의도가 반영된 것이기도 하다.

전설의 분필로 자신의 운명을 되돌린 타멜란과 마찬가지로, 안톤은 1992년 모스크바의 마녀 집으로 되돌아가 허물어진 건물 벽면에 분필로 '아니오(нет)'를 쓰면서 굴절된 자신의 운명을 복구한다. 12년 전 단순히 마녀의 말에 속아 자기 아이를 낙태하는 행위를 승낙하며 마녀에게 운명을 맡겨 버렸던 상황에서[39] 자신의 의사에 따라 스스로 '선택'하는 주체자로 변모된 모습을 보여 주는 것이다.

베크맘베토프는 영화가 개봉된 2006년에 맞추어 성서의 종말론적 관점(사진 16)과는 대조적 차원에서 아시아적 가치를 전면에 부각시킨다는 점 역시 주목해야 할 요소이다. 감독은 모든 것을 파괴하는 서구 자본주의의 논리 및 이를 비호하는 성서적 관점에 대한

사진 21: '운명의 분필'로 마녀 집 벽에   **사진 22:** 안톤이 <아니오>를 쓴 장면
　　　글을 쓰는 안톤

---

[39] 1992년 마녀의 아파트에 들어서게 된 안톤은 아내가 이틀 전에 가출했다고 하소연하며 그 이유를 알고 싶어 한다. 이에 마녀는 안톤의 아내는 다른 남자를 사랑하게 되었고, 게다가 현재는 다른 남자의 아이까지 임신했다는 거짓 정보를 안톤에게 전달한다. 아내의 마음을 돌리기 위해서는 그 아이를 죽이는 것 외에는 다른 방법이 없다는 마녀의 말에 안톤은 결국 그 말을 따르겠다는 약속을 하게 된다. 하지만 마녀가 그의 아들을 낙태하는 주술행위를 하려는 순간 야간 경비대가 출동한다. 그로 인해 간신히 낙태는 막을 수 있었지만 결국 이 일이 후폭풍을 낳게 되어, 안톤은 자기 아이를 살해하려 했다는 죄의 그물에서 벗어나지 못하게 된다. 게다가 우여곡절 끝에 태어난 아들 예고르는 미래 지구 운명을 짊어지게 될 중요한 존재였기 때문이다. 아버지가 자신을 죽이려 했다는 사실을 알고 나서 어둠의 세력에 동조하게 된다.

대척점으로서 세계를 구원할 수 있는 분필의 보관자인 '조아르'를 통해 동양적 가치관을 내세운다.[40] 중앙아시아 출신 감독답게 서구적인 지력보다는 동양적인 지혜가 세계와 러시아를 구할 수 있다는 관점을 표출한다. 때문에 소설에서는 '사마르칸트에서 파발꾼이 가져온 운명의 분필'(НД, 345) 정도로 표현되어 있는 것을 영화에서는 운명의 분필을 찾는 영웅 타멜란까지 도입하여 이 부분을 강조했던 것이다. 여기서 타멜란과 안톤은 시간과 공간을 뛰어넘어 전설적인 분필을 찾는 인물이라는 점에서 공통적이다. 두 사람 모두 시간의 벽을 발로 차서 무너뜨리며 시간과 운명을 되돌려, 이른바 영웅 신화의 주인공이 되는 것이다.

특히 안톤은 아내의 가출 이유를 묻기 위해 우연히 늙은 마녀를 찾아갔던 일이 계기가 되어 평범한 남자에서 인류 구원자로 변화되었다는 점에서 일반인도 영웅으로 재탄생할 수 있다는 심리적 효과를 관객들에게 전달한다. 즉 제작자는 주인공들의 행보에 관객들이 동화(同化)됨으로써 그들의 적극적인 관심과 흥미를 배가시키는 전략을 사용한다. 이는 컴퓨터 '역할 수행(role playing)'의 경우 게이머의 입장에서 자신이 선택하고 조작하는 캐릭터가 적어도 게임 내에서는 그 자신과 동일시된다는 심리적 유비와도 맥을 같이 한다. 이로서 단순히 주인공을 보기만 하는 것이 아니라 실제로 그 사람이 될 수 있다는 환상이 배가되는 것이다.[41] 이러한 관점에서 본다면, 제작자들이 게임을 즐기는 젊은 층의 문화와 의식 코드를

---

[40] '광휘'라는 의미를 지닌 '조아르'라는 이름은 유대교의 신비주의를 드러내는 카발라의 고전(古典) 중 하나이기도 하다.

[41] 테드 프리드만(Ted Friedman), 「컴퓨터 게임과 텍스트 상호 작용」, 이재현 편저, 『인터넷과 온라인 게임』(커뮤니케이션북스, 2001), 64쪽.

읽어 내어 이를 영화에 적극적으로 반영한 것이 워치 시리즈 흥행 성공의 주요한 요인이었던 것이다.

여하튼 안톤의 변모는 아무도 다른 사람의 운명을 바꿀 수는 없으며, 모든 사람은 자신의 운명에 책임을 져야 한다는 조아르의 말을 실행에 옮기는 것이었다. 이제 그는 마녀에게 자신의 운명을 '인간답게' 스스로 결정하겠다고 이야기한다. 그리고 평범한 인간이 되어 스베틀라나를 만나 함께 빗속을 걸어가는 것으로 영화는 종결된다. 소설에서는 안톤이 '인간'으로 되돌아온다는 것이 중요하게 부각되지 않는 반면, 영화에서는 인간다운 안톤, 인간다운 러시아의 모습을 염원한다. 또한 정치적인 차원에서 안톤은 역사 속의 타멜란과 마찬가지로 역사를 다시 쓰는 역할을 하도록 요청받고 있다.

이는 안톤이 마법적인 분필의 도움으로 운명이 해체되었던 바로 그 지점으로 돌아가 실수를 수정하는 가역적인 시간구조를 활용하면서 가능해진다. 감독은 게임의 서사와 상호 작용성을 대변하는 이것이 소설이나 영화와 달리 게이머의 행위에 따라 게임의 서사를 능동적으로 변화시킬 수 있다는 점에 착안한 것이다. 여기서 자신의 스토리를 만들 수 있는 게이머는 상호 작용성이라는 표현양식을 통해 이야기의 구조를 바꾸며 이야기를 수용하는 양식을 변화시킨다. 이와 같이 게임의 세계에서는 기반적 스토리와 이상적 스토리 외에 플레이어가 만드는 '우발적 스토리(random story)'라는 층위가 존재한다.[42] 워치 시리즈에서는 결코 끝나지 않는 스토리가 창출되는 우발적 스토리의 기능을 '새 역사 쓰기' 차원에서 모방하

---

[42] 한혜원, 『디지털 게임 스토리텔링』, 38쪽 참고.

고 있다. 지속적인 플레이를 통해 몇 번이고 반복 체험될 수 있는 가역적인 시간구조 속에서 게임속의 사건이 벌어지듯이, 감독 베크맘베토프는 시작도 끝도 없는 비선형적 서사인 디지털 게임의 특성을 활용하여 현 시대 러시아의 새로운 역사쓰기를 지향했던 것이다.

5. 결론

본 논문은 티무르 베크맘베토프의 <나이트 워치>와 <데이 워치>를 블록버스터나 오락영화로만 보았던 기존의 관점에서 벗어나서, 현 시대 러시아의 문제점 인식과 그 방향성 모색을 실현하는 텍스트로 인식하고 분석하였다. 그리고 여기서 게임의 서사가 러시아의 정체성 찾기를 실현하는 또 하나의 전략으로 구현되고 있다는 점에 주목하였다. 인기를 얻고 있는 많은 온라인 게임이 중세 판타지이듯이, <나이트 워치>와 <데이 워치>의 배경을 중세로 설정한 것은 '전투'라는 테마가 자연스럽게 드러나며, 선과 악의 대결 양상 자체가 게임의 법칙과 긴밀히 연결되어 있기 때문이다. 소설과는 달리 '중세유럽'과 '중세 아시아'를 배경으로 시작되는 두 영화는 1990년 이후의 러시아의 상황, 더 구체적으로는 1992년부터 <데이 워치>가 개봉된 2006년까지의 러시아로 귀결되고 있다.

감독은 '러시아는 어디로 가야 할 것인가?'라는 문제에 대한 성찰을 위해 러시아의 급격한 자유개혁이 시작되었던 1992년을 부각시킨다. 당시 아무런 의지를 갖지 못했던 안톤에게서 1992년에 수태된 아들 예고르는 자연스럽게 악의 하수인 역할을 한다. 소설과 달리 영화에서 안톤과 예고르를 부자(父子) 관계로 설정한 것 역시 러시아 세대 간의 간극과 갈등 증폭을 염두에 둔 것이다. 소비에트 체제가 붕괴되는 과정에서 급격하게 유입된 서구 자본주의를 대변하는 어둠의 세력과 끊임없이 이상적인 사회변혁을 도모하려는 빛의 세력 사이의 팽팽한 긴장감 가운데, 감독이 운명의 분필을 둘러싼 아우라를 신대안론으로 제시하는 것 역시 흥미롭다. 물론 감독이 중앙아시아 출신이라는 점 역시 크게 작용했겠지만, 이를 통해 러시아의 새로운 정체성 모색, 진정한 신유라시아주의에 대한 갈망 역시 읽을 수 있다.

러시아 역사를 다시 쓰고 싶다는 감독의 내적 반향은 게임 서사학 속에서 운명의 분필을 찾아 떠나는 모색의 과정으로 구현된다. '누구나 자신의 운명을 스스로 결정하고 선택해야 한다'는 영화 속의 화두는 게임의 법칙을 그대로 보여 주는 것이기도 하다. 이는 타인에게 자신의 운명을 맡겼던 상황에서 스스로 운명을 결정해야 한다는 자각을 하게 된 안톤의 행보를 통해 제시되며, 정치적 차원에서 러시아 역시 이러한 자각을 몸소 실천해야 할 시점임을 강조한다.

세르게이 루키야넨코의 판타지 소설은 게임과 접목이 되어 초자연적 게임 캐릭터를 창조했으며, 이를 기반으로 한 베크맘베토프의 영화에서는 시각적 영상화 차원에서 '던전'과 같은 오컬트적 공간 유형을 극대화하였다. 이를 통해 소설과 영화를 넘나들며 게임문법과 게임 서사학을 모방하는 워치 시리즈의 다양한 장치들이 러시아의 새로운 정체성 찾기를 실현하는 기법임을 부각시켰다. 현 시대 러시아가 직면한 문제점을 인식하고 러시아 역사를 새롭게 쓰고 싶은 영화 제작자들의 의도는 오늘날 디지털 시대의 특징을 압축적으로 보여 주는 컴퓨터 게임상의 서사의 병렬성과 반복수행성으로 인한 '가역적인 시간 구조' 속에서 보다 효과적으로 실현된다. 또한 젊은 세대의 문화적 감수성을 대변하는 디지털 게임의 요소를 영화에서 활용했던 것은 젊은 관객들의 기호에 맞춘, 영화 흥행의 또 다른 주요 성공 요인이기도 했다. 이러한 <나이트 워치>와 <데이 워치>의 놀라운 성공 신화는 글로벌 대중 코드를 러시아 문화에 적극 수용했던 글로컬(glocal) 문화의 모델로서 기록될 수 있을 것이다.

참고문헌

그랜트, 존·타이너, 론. 2000. 『SF와 판타지 제작기법의 모든 것』. 박세형 역. 교보문고.

김원보·최유찬. 2005. 『컴퓨터 게임과 문화』. 이룸.

김유중. 2007. 「디지털 시대의 문학과 심리-왜 게임에 몰입할 수밖에 없는가」. 『디지털 시대, 문학의 길』. 푸른사상.

마다손, 일리야 N. 채록. 2008. 『바이칼의 게세르 신화』. 양민종 역. 솔출판사.

루키야넨코, 세르게이. 2005. 『나이트 워치』. 이수연 역. 황금가지.

루키야넨코, 세르게이. 2007. 『데이 워치』. 이수연 역. 황금가지.

류현주. 2003. 『컴퓨터 게임과 내러티브』. 현암사.

박성현. 2005. 「포스트소비에트 러시아의 영화 속에 나타난 정체성의 위기와 문화다양성」. 『러시아어문학연구논집』. 제19권. 279~309쪽.

박영은. 2009. 「<나이트 워치(Night Watch)>: 소설과 영화에 변주된 존재와 실존의 '경계' 넘기 판타지」. 『노어노문학』. 제20권(2호). 391~416쪽.

이유선. 2005. 『판타지 문학의 이해』, 도서출판 역락.

전경란. 2009. 『디지털 게임, 게이머, 게임문화』. 커뮤니케이션북스.

토카레프, 세르게이. 1991. 『세계의 종교』. 한국종교연구회 역. 사상사.

프리드만, 테드. 2001. 「컴퓨터 게임과 텍스트 상호 작용」. 이재현 편저. 『인터넷과 온라인 게임』. 커뮤니케이션북스.

한혜원. 2005. 『디지털 게임 스토리텔링』. 살림출판사.

Лукьяненко, Сергей. 2005. *Ночной дозор*. Москва: Издательство ЛЮКС.

Лукьяненко, Сергей. 2006. *Дневной дозор*. Москва: Издательство Транзиткнига.

Семёнов, Руслан. 2007. *Молодёжное Евангелие для взрослых. Часть1 <Ночной дозор>*. Спб.

Семёнов, Руслан. 2007. *Молодёжное Евангелие для взрослых, Часть 2 <Дневной дозор>*. Спб.

Hume, Kathryn. 1984. *Fantasy and Mimesis*. Methuen: New York and London.

* 인터넷 자료

- ARVEDLUND, ERIN E. 2004-07-21. "Russia Strikes Back With a Blockbuster Trilogy" http://www.nytimes.com/2004/07/21/movies/21NIGH.html (검색일: 2010년 3월 30일)
- Колыбина. Наталья. 2004. "Россия наносит ответный удар, сняв свой первый блокбастер," ИноСМИ.Ru. http://www.inosmi.ru/print/211442.html (검색일: 2010년 3월 30일)
- Дарахвелидзе, Георгий. 2007-11-27. "Свои среди чужих, чужие среди своих." http://www.film.ru/article.asp?id=3962 (검색일: 2010년 3월 30일)
- Дейнеко, Марианна. 2004-06-28 "Тайны <Ночного дозора>" http://www.computerra.ru/focus/34415/ (검색일: 2010년 3월 30일)
- Денис, Семенихин. 2008-06-27 "Голливудский дозор" http://lenta.ru/conf/timur/ (검색일: 2010년 3월 30일)
- Лукьяненко, Сергей. "Встреча читателей с Сергеем Лукьяненко в фирменном магазине издательства 'АСТ' 28 мая 1998 года," Интервью. http://rusf.ru/lukian/interv/int_ast1.htm (검색일: 2010년 3월 30일)
- Шаповал, Сергей. 2004-07-27. "Сергей Лукьяненко: «Тарантино не задавал нам никаких вопросов»" http://www.ng.ru/culture/2004-07-27/11_lukynenko.html (검색일: 2010년 3월 30일)
- "Художественный фильм <Дневной дозор>" http://www.lukianenko.ru/films_rus/41.html (검색일: 2010년 3월 30일)
- "Тимур Бекмамбетов стал пятым известнейшим режиссером мира" http://www.rosbalt.ru/2008/07/02/499995.html (검색일: 2010년 3월 30일)
- "Бекмамбетов приступил к <Сумеречному дозору>." 2008-05-20. http://www.film.ru/newsitem.asp?id=5970 (검색일: 2010년 3월 30일)
- http://banda.moskva.com/nochnoj-dozor/dnevnoj-dozor (검색일: 2010년 3월 30일)
- http://archivsf.narod.ru/cinema_2/n_dozor.htm (검색일: 2010년 3월 30일)

XII. 포스트소비에트 문화정체성과 새로운 모스크바 공간의 탄생*

이지연

* 본 논문은 『러시아연구』, 제19권 제1호(2009)에 게재된 것으로 서울대 러시아연구소의 동의를 얻어 다시 수록한다.

XII.
포스트소비에트 문화정체성과
새로운 모스크바 공간의 탄생

1. 이원적 문화 모델과 지속적 삶

2007년 12월 14일 모스크바 시는 세계 최대 규모의 건축물인 크리스탈 아일랜드 건설 계획을 승인하였다. 이는 세계적인 건축가 노먼 포스터(Norman Foster)가 총 건설 지휘를 맡고 부동산 투자 및 경영 회사인 치기린스키 러시아랜드(Russian Land Ш. П. Чигиринского) 社가 투자하여 모스크바에 세워지는 높이 450미터 면적 250만 평방미터의 거대한 건축물로 그 면적이 미국 펜타곤의 4배에 이르며 건축비만 해도 40억 불 이상이 소요될 것이라 한다. 모스크바 당국은 '러시아의 새로운 르네상스'를 알리는 이 건축물을 2014년까지

완공할 계획으로[1] 그 안에는 3만 명 이상이 거주할 수 있는 주거시설(900개의 아파트와 3,000여 개의 호텔 객실)을 비롯하여 쇼핑몰과 대형 영화관, 국제 중·고등학교 등 세계화 시대의 새로운 러시아 문화의 단면들을 대표하는 다양한 시설들이 들어설 예정이다. 이는 지난 몇 년간 러시아가 유가 상승 등의 경제적 호재를 바탕으로 달성한 급격한 경제 성장과 국제 관계에서의 높아진 위상에 대한 상징이자 새로운 21세기 러시아에 대한 의지를 드러내는 것이다. 모스크바 중심에 21세기의 수정궁이 건설되는 것이다.

모스크바 강변의 습지(Нагатинская пойма)에 세워질 예정인 세계화 시대의 자본주의적 러시아에 대한 새로운 지향을 구조화하는 이 거대한 수직적 기념비는 표트르 대제의 페테르부르크와, 지어질 수 없었던 스탈린의 소비에트 전당을 연상시킨다. 심지어 450미터의 높이는 과거 엠파이어 스테이트 빌딩보다 높게 지으려 했던 소비에트전당의 높이 420미터를 넘어선다. 21세기의 러시아 수정궁은 현재 러시아가 지향하는 정체성의 다양한 측면들을 집약적으로 보여 주는 새로운 유토피아의 기획과도 같았다.

페레스트로이카를 거치며 진행된 해체와 파괴의 과정은 1990년대 중반을 넘어서며 자유주의에 대한 회의와 새로운 안정에 대한 열망에 자리를 내준다. 1991년 루뱐카(Лубянка) 광장의 중심

---

[1] 크리스탈 아일랜드를 비롯하여 모스크바의 또 하나의 건대한 건축 프로젝트인 국제 상업 지구 '모스크바 시티'의 건설(특히 세계에서 가장 높은 건축물이 될 '러시아 타워'를 비롯하여)은 러시아 금융 위기로 작년 말 잠정적으로 중단되었다. 과거 소비에트 전당을 비롯한 많은 건축 프로젝트와 마찬가지로 단순히 국가적 이데올로기에 대한 상징적 프로젝트에 불과해 지어지지 못한 계획으로 남게 될 것이라는 비관적인 전망도 존재하지만 투자사에서는 경제 위기 회복과 함께 건설이 재개될 것이라 말하고 있다. 크리스탈 아일랜드에 대해서는 러시아판 위키피디아(http://ru.wikipedia.org)의 Хрустальный остров 항목 등 참조. 모스크바 대형 건설 계획 중단에 관해서는 "Кризисы старые и новые. Культурные итоги-2008," *Коммерсантъ Weekend*, 19 Дек, 2008 http://www.kommersant.ru/docy. aspxDocsID1092116.

으로부터 내려져 탈신화화와 탈이데올로기화의 과정을 거쳐 예술 공원으로 옮겨진 KGB의 전신인 체카(Чека)의 설립자 제르진스키 (Дзержинский)의 동상을 되돌려 놓는 논의가 1997년 이미 등장했으며 1998년에는 급기야 두마에서 복귀를 결정했다는 사실은 이에 대한 단적인 예가 된다.[2]

페레스트로이카 시기에는 거센 성상파괴의 움직임이 러시아 전역을 지배했다. 사회주의 지도자들의 기념비들은 해체되거나 주변으로 옮겨졌으며 사회주의의 가치들은 탈신화화되었다. 스베틀라나 보임(Светлана Бойм)이 지적하고 있듯이 소비에트 기념비들의 평균 수명은 소비에트 남자 평균 수명보다 길지 못했다.[3] 부재를 존재로 치환하고 기억의 영원성을 지향하는 기념비가 50년 남짓에 불과한 소비에트 남자들의 평균 수명을 넘어서지 못했다는 사실은 아이러니하다. 그러나 1990년대 중반을 넘어서면서 이러한 과격한 소비에트적인 것에 대한 탈이데올로기화라는 새로운 이데올로기는 그 자체로 이미 탈이데올로기화의 대상이 되었다. 러시아인들에게 80년대는 '기만적인 희망'의 시기로 평가되었다.[4] 수평적이고 다원적이며 파괴적이었던 레닌 시기의 문화가 스탈린 집권과 함께 수직적이고 단일한 기념비적인 스탈린 시기의 문화로 이행해 갔음을 보여 주는 파페르늬(Владимир Паперный)의 두 문화 이론은 (Паперный, 2006) 흐루시쵸프의 스탈린 격하 운동과 브레쥐네프의

2) 제르진스키 동상을 둘러싼 논의들과 여론에 관하여서는 Benjamin Forest and Juliet Johnson, "Unraveling the threads of history: Soviet-era monuments and post-soviet national Identity in Moscow," *Annals of the Association of American Geographers*, Vol. 92, N. 3(2002), p.537을 보라.

3) С. Бойм, "Стиль PR," *Неприкосновенный запас*, N. 6(2002) http://magazines.russ.ru/nz/2002/6/boim.html

4) 같은 글

'안정'에 대한 확고한 지향의 과정 속에서뿐 아니라, 고르바초프의 페레스트로이카와 그 이후의 푸틴의 새로운 러시아 정체성 형성의 과정 속에서 역시 반복되는 듯 보인다.[5]

러시아 문화 패러다임이 보여 주는 이러한 이항 구조에 대한 지적은 비단 파페르늬만의 것은 아니다. 로트만은 러시아 문화가 연옥을 결여한 문화, 즉 중립지대가 부재하는 극단적 이항의 문화임을 지적한다. 그의 의견에 따르면[6] 러시아 문화 속에는 가치적 중립지대가 존재하지 않았으며, 따라서 러시아에서 대개의 문화변동은 선행 단계로부터의 과격한 분리나 반전을 통해 나타나게 된다. 즉, 체제 변환에 따라 이전의 反문화가 규범적 문화가 되며, 새로운 문화는 反문화의 속성들과 결합한다. 가령 기독교를 수용하면서 이것을 신성한 러시아의 종교로 확립시키기 위해 기존의 러시아 전통 토착 신앙을 이교적인 것, 불성한 것, 타파해야 할 것으로 각인시키는 블라디미르 대공의 종교 수용의 과정이 그러했다. 블라지미르 대공은 키예프언덕에 세워져 있던 토착신인 페룬 입상을 파괴하고 그것을 낮은 지역으로 옮겼으며, 페룬 입상이 서 있던 높은 언덕 위에는 성 일리야의 기독교 교회를 세웠다. 또한, 러시아 정교가 가톨릭보다 우월함을 역설해야 할 경우에는 그것을 러시아 토속신앙과 함께 '옛것'으로 규정함으로써 새로운 것과 옛것의 대립이라는 당시의 문화적 이원론 속으로 편입되는 방식을 택하였다. 이러한 이항적 구조를 따르는 문화 패러다임의 변화는 소비에트

---

[5] 이지연, 「기념비와 스탈린 신화: 권력의 재현적 공간으로서의 소비에트 예술과 삶」, 『러시아어문학연구논집』, 29집(한국러시아문학회, 2008), 346~387쪽.

[6] 이에 관하여서는 Ю. М. Лотман, "Роль дуальных моделейв русской культуры(до конца XVIII века)," *История типология русской культуры* (СПб., 2002), С.88~116을 보라.

정권의 성립과 붕괴에 있어서도 그대로 반복되었다. 차르 정권에 대한 강한 성상파괴적 움직임으로부터 시작된 러시아 혁명은 레닌과 스탈린을 차르의 파괴된 기념비 위에 세워지도록 했다. 이는 소연방이 붕괴될 때에도 마찬가지였다. 스탈린과 레닌의 기념비를 비롯한 소비에트 정권에 바쳐진 모든 기념비들은 파괴되었으며, 대신 억압되었던 차르와 러시아 정교에 바쳐진 기념비들은 복권되었다.

이처럼 로트만의 이원적 문화모델은 러시아문화 패러다임 변화 전반에 대한 매우 적확한 설명이 된다. 그러나 그의 이러한 설명은 동시에 역설적으로 기존의 지배적 문화에 대한 강제적 부정의 과정 속에서 피할 수 없었던 과거 문화의 지속과 공존을 반증하는 것이기도 하다.[7] 기독교의 전파와 함께 '낮은' 곳으로 보내지고 부정되었던 이교는 여전히 민중의 삶 속에서는 지속되었으며 그러했기에 이후 가톨릭을 이교와 동일시함으로써 배척하는 것이 가능했다. 러시아 문화의 변동이 자연스러운 흐름에 의해서보다는 정치 엘리트들의 기획과 수용에 의해 이루어져 왔다는 점 역시 강제적 문화 패러다임의 교체 속에서 여전히 지속된 다른 문화를 주목하지 않을 수 없게 한다.

사회주의를 비롯한 소비에트 이데올로기에 대한 급격한 거부와 단절 속에서 새로운 자유주의 사상과 반소비에트적인 가치들이 새 시대의 지배적인 이념이 되었다. 강요된 새로운 가치적 질서를 통해 대중을 이끌려는 정치 엘리트들의 노력은 문화의 다양한 지점

---

[7] 이러한 로트만의 이항적 구조 속에서의 강제적인 문화적인 단절과 강요된 새로운 문화, 기존의 문화의 기능을 새로운 문화가 대체하는 과정, 기존의 문화의 잠재적인 지속의 역설적 상황에 대해서는 18세기 러시아 문화 패러다임에 대한 다음의 논의를 참조하라. 김수환, 「"책에 따라 살기": 러시아적 문화 유형의 매혹과 위험」, 『러시아연구』, 15권 1호(2005), 37~38쪽.

에서 나타났다. 사회주의 지도자들의 기념비를 부수는 행위 역시 과거 문화와의 강제적 단절을 위한 프로파간다와 다르지 않았다. 이는 분명 대중들의 의식 속에도 반영되었다. 그러나 페레스트로이카 직후 스탈린의 테러에 대한 역사적 반성의 논의가 소연방의 붕괴와 함께 슬그머니 사라져 버린 사실이나 反스탈린 담론이 가장 거세었던 1988년 당시에도 스탈린을 여전히 긍정적으로 평가하는 여론이 12%에 이르렀고 심지어 1998년에는 34%에 달했으며[8], 최근 16~29세의 러시아 청년 가운데에서는 무려 56%가 스탈린이 악행이라기보다 선행을 많이 했다고 답한 것,[9] 뿐만 아니라 사회주의와 소비에트적인 것에 대한 반성이 완성될 겨를도 없이 1990년대 들어 급격히 나타나기 시작한 소비에트적인 것에 대한 강한 향수와 같은 현상들은[10] 급격한 부정과 해체의 과정 속에서도 여전히 실제 러시아인들에게 잠재된 지난 시대의 문화적 흔적들을 주목하게 한다.

필자는 70~80년대 소비에트의 비순응적 예술가들을 중심으로 생겨난 미술운동인 소츠아트(соц-арт)와 모스크바 개념주의(Московский концептуализм)를 연구하는 과정에서 이들의 스탈린주의 및 사회주의 리얼리즘 미학체계에 대한 급진적인 파괴와 해체, 탈신화화의

---

8) 김남섭, 「"우리안의 스딸린": 스딸린 테러와 러시아인들의 기억」, 『러시아 연구』, 제14권 2호(서울대학교 러시아연구소, 2004), 309쪽.

9) 라승도, 「노스탤지어의 미래: 현대 러시아 문화에 나타난 소비에트 과거의 재해석」, 『푸틴 시대의 러시아 문화: 과거, 현재, 미래』, 2008년 한국노어노문학회, 한국슬라브어학회 공동 연례학술대회 논문집, 210에서 인용.

10) 현재 러시아 문화의 노스탤지어 현상에 대해서는 이문영, 「사회문화적 현상으로서 노스탤지어: 포스트 소비에트 러시아의 과거의 활용」, 2008년 제8차 러시아학 콜로키움 - 러시아 언어, 문화 그리고 사회(프로시딩), 충북대학교 러시아, 알타이 지역연구소, 44~60쪽; N. Adler, "The future of Soviet past remains unpredictable: The resurrection of Stalinist symbols amidst the exhumation of mass graves," *Europe-Asia Studies*, Vol. 57, No. 8(2005), pp.1093~1119 등을 참조하라.

전략을 고찰하였다.[11]

그러나 해체와 탈신화화라는 미학적 전략보다 더 흥미로운 것은 이들의 망명 이후의 작품들에서 나타나고 있는 소비에트적인 것에 대한 원인 불명의 노스탤지어 현상이었다. 체제에 대한 비순응과 예술의 자유를 추구했으며 그러한 소비에트의 정치권력을 피해 해외로 망명한 이들에게서 어느 순간 나타나기 시작한 목가적인 크레믈린의 풍경이나 폐허가 된 제국의 모습은 납득하기 어려웠다. 소비에트 이데올로기의 기호들을 해체하면서 동시에 아련한 유년의 기억을 병치시키는 일련의 작품들에 대해 코마르(Комар)와 멜라미드(Меламид) 같은 작가들은 심지어 "노스탤지어의 사회주의 리얼리즘 연작(Nostalgic Socialist Realism Series)"이라는 제목을 붙였다. 게다가 그것은 소비에트 연방이 붕괴되기도 한참 이전이었다. 이 연작이 가능한 이유는 단 하나뿐이었다. 그들이 소비에트 연방을 떠났다는 것, 즉 그들에게 소비에트 이데올로기를 비롯한 모든 소비에트적인 것은 이미 그들로부터 거리를 두고 외부에 타자화되어 존재하고 있었다는 것이다. 푸쉬킨이나 차이코프스키와 마찬가지로 사회주의 리얼리즘을 비롯한 소비에트의 문화와 삶은 이들에게 사라져 버린 어떤 것인 동시에 여전히 자신들의 삶의 일부였다. 이러한 정체성의 두 층위, 달리 말하면 '그들이 체득하고 있는 삶과 문화적 습성으로서의 아비투스(habitus)' 깊이에 내재하는 소비에트적 삶의 타성과, 동시에 그것으로부터의 완전한 공간적 분리의 과정을 겪은 망명자이자 유태인이라는 정치적, 민족적 정체성

---

11) 이지연, 「해체와 노스탤지어: 소츠-아트와 소비에트 문화」, 『러시아어문학연구논집』, 21집(한국러시아 문학회, 2006), 97~125쪽.

사이에서의 괴리야말로 이들이 비판적 시선의 대상이었던 소비에트 이념의 기호들에 역설적이게도 자신들의 순진무구한 유년의 기억을 덧씌우게 된 이유가 되었다.

　이는 현대 러시아 사회 속의 소비에트적 정체성에 대해 질문하게 되는 계기가 되었으며, 현재의 러시아적 정체성이 이미 1980년대 말부터 1990년대 초반의 러시아 정체성 형성기와는 매우 다른 양상을 보이고 있음을 주목하게 하였다. 망명 예술가들이 그러했듯 소비에트 붕괴 이후 새롭게 만들어지거나 요구된 정체성, 어쩌면 정치 엘리트들의 '상징자본(Symbolic Capital)'에 대한 투쟁이나 그것의 제도화 혹은 대중과의 '상징적' 소통의 과정에서 형성된 복잡하고 혼란한 포스트소비에트적 정체성은 소비에트의 삶과의 관계 속에서 획득되고 상속된 아비투스로부터 자유롭지 못하다. 또한 1990년대 말부터 소비에트적인 것이 중요한 상징자본으로 대두되면서 그에 대한 노스탤지어가 민족주의적 이데올로기나 상업적 광고와 자주 결합되는 등의 현상은 1990년대 초 새로운 러시아적 정체성 형성의 과정 속에서 배척된 '소비에트적 정체성'이 이미 외재적인 기호체계를 형성했으며 또한 대중은 그 과정에서 그것에 대한 상실의 과정을 경험하였기에 가능했다. 즉, 소비에트적인 것은 포스트소비에트 대중에게 여전히 내재화되어 있는 것이지만 동시에 급격한 타자화의 과정을 거친 어떤 것이었다.

　이러한 문제의식을 가지고 이 글에서는 소비에트적 정체성이 페레스트로이카 이후 러시아적 정체성과의 관계 속에서 흡수, 변형 및 배척되고 새로운 러시아적 정체성이 형성되는 과정을 모스크바 소비에트 기념비들의 재의미화 과정과 새로운 기념비적 건축물의 등장을 통해 살펴보려 한다. 기념비를 둘러싼 정치 엘리트들의 투쟁의 과정은 곧 러시아의 새로운 국가 정체성 형성 과정을 상징적으로 보여 주는 것일 뿐 아니라 포스트소비에트 시기 러시아의 가치론적 질서를 말해 주는 것이기 때문이다. 더 나아가 이 글에서는 모스크바 시장 루쉬코프(Юрий Лужков)와 1990년대 모스크바의 기념비적 건축물 대부분을 건설한 체레텔리(Зураб Церетели)의 프로젝트 속에 반영된 현대 러시아 문화 정체성의 혼돈과 문화적 혼종 현상을 분석하고 소비에트적인 것의 폐기와 자유주의적이고 서구적인 문화에 대한 지향이라는 급격한 변화로부터 시작된 페레스트로이카 시기의 문화적 이원 구조가 이후 푸틴 집권 시기에 이르러 소비에트적인 것을 흡수하고 재해석함으로써 새롭게 재편되는 과정을 고찰하려 한다.

로트만이 지적한 러시아 문화의 고질적인 이원론은 현재 러시아의 문화적 다원성 속에서도 여전히 폐기되지 않는 듯 보인다. 문화적 선과 악의 틀 속에서 그것을 구성하는 문화 정체성의 요소들은 선과 악의 양 축을 오가며 전도되고 새로운 기능을 부여받는다. 이는 때로 매우 역설적인 상황을 낳았다. 1999년 자유주의적인 언론 HTB에 대한 탄압은 사유재산의 보호라는 미명하에 이루어졌다. 민주주의와 분리될 수 없는 시장 경제 원칙이 오히려 민주주의를 억압하기 위한 반대급부가 된 것이다. 자유주의와 시장경제에 대한 반대급부로서의 러시아적 좌파 이데올로기가 결국 러시아적 극우로서의 파시즘의 형태를 띠게 되는 최근의 상황 역시 이와 다르지 않다.[12] 반면 소비에트적인 것은 문화적 선의 위치로 복원된다. 바

---

12) Бойм, "Стиль PR" 참조.

로 이러한 문화적 선악 구도와 그로 인해 발생하는 역설 속에서 소비에트적인 것에 부여된 의미와 기능을 고찰하고 이를 통해 현재 러시아 문화 정체성의 참모습을 밝히는 것 또한 이 글의 목적이라 할 것이다.

2. 포스트소비에트 모스크바와 소비에트 기념비

소비에트 연방의 붕괴 이후 러시아는 소비에트적 정체성과 구별되는 새로운 정체성 수립의 과제에 직면하였다. 사실상 소비에트 연방은 하나의 국가이기에 앞서 사회주의 이념을 실현하는 거대 제국이었으며, 러시아는 그러한 이데올로기로 영토화된 제국의 구심점이었다.[13] 엄밀한 의미에서 러시아는 지금까지 본격적인 근대적 의미에서의 국민 국가를 세우지 못했다. 국민국가 건설의 시점에 소비에트 연방이 세워졌지만 그것은 하나의 거대한 이데올로기적, 지정학적 연합에 가까웠으며 근대적인 민족국가와는 거리가 멀었다. 즉, 러시아의 국가 정체성은 존재하지 않았거나 존재한다 하더라도 소비에트적 정체성과 교착되었으며, 따라서 포스트소비에트 러시아의 정체성 수립의 과정은 러시아라는 새로운 국가의 정통성을 창조해 내는 과정과 다르지 않았다.

소비에트의 정치 지도자들은 새로운 이념의 제국의 형성 과정에

---

[13] Forest & Johnson, "Unraveling the threads of history: Soviet-era monuments and post-soviet national Identity in Moscow," p.525를 보라. 아울러 포스트소비에트 공간에서 소비에트 기념비가 해체되고 재건되는 과정에 대한 본 논문의 논의들은 많은 부분 위의 논문으로부터 인용되었다.

서 과거 러시아 제국의 이념을 차용하였고 필요에 의해 변형하였던바, 이미 소비에트 시기를 거치면서 러시아적인 것과 소비에트적인 것은 복잡한 혼종의 양상을 띠게 되었다. 소연방의 붕괴 이후 러시아 역시 다른 중앙아시아와 동유럽의 국가들과 마찬가지로 소비에트적인 것을 부정하는 과정을 겪을 수밖에 없었으며, 이는 과거의 소비에트적 기억에 대한 배척과 재의미화라는 일종의 기억의 정치학으로 이어졌다. 그러나 소비에트적인 것에 대한 부정은 때로 러시아적 정체성 자체에 대한 부정과 다르지 않았으며, 따라서 이는 포스트소비에트 사회에서 이후 펼쳐지게 되는 소비에트적인 것에 대한 양가적이고 모순적인 태도를 야기하게 된다. 소비에트적인 모든 기념비들이 파괴될 수 없는 것은 당연한 일이었다.

물론 일부 기념비들은 파괴되었고 다른 것들은 중심으로부터 밀려나 옮겨졌다. 그러나 해체되지 않은 소비에트의 기념비들은 소비에트적인 것과 구별되는 러시아적 정체성의 수립을 위해 다른 새로운 정체성을 대표하는 기념비들과 결합되고 병치되었다. 정치 엘리트들의 '상징자본'에 대한 투쟁은 이러한 과거 기억의 장소들을 재의미화하는 과정에 반영되었다.

이러한 교착의 현상은 1990년대 러시아 정치 엘리트들의 각기 다른 입장들 속에서도 나타났다. 옐친은 스스로를 서구적인 지향을 지닌 민주주의자이자 러시아 민족주의자라고 규정하였다. 이때 그의 민족주의는 러시아 민족(русский)을 대상으로 하는 민족주의라기보다는 러시아라는 국가에 속한 모든 민족들을 아우르는(российский) 국가주의에 유사한 것이었다.[14] 그에게 있어서 이 두 개념은 대립된

---

14) 옐친과 공산주의자들, 루쉬코프의 정치적 노선과 그것에 반영된 소비에트적인 것과 러시아적인 것

것이 아니었다. 대신 이에 반하는 것은 "소비에트적인 것"이었다. 그는 러시아의 소비에트적 과거와 기억을 폄하하거나 재의미화했으며 자신이 러시아를 소비에트로부터 해방시켰다고 평가되기를 원했다. 즉, 그에게서는 러시아적인 것과 소비에트적인 것이 대립을 이루었으며 이때 전자에는 민주주의와 민족주의가 포함되어졌다.

반면 공산주의자들은 "소비에트적인 것"이야말로 러시아 제국을 후진성으로부터 구해 낸 것이라 주장하면서 소비에트적인 것과 민족적인 것을 문화적 선의 위치로 놓았으며 그 반대급부에 민주주의를 위치시켰다. 이처럼 옐친과 공산주의자들의 입장 차이는 러시아 혁명의 기념비들에 대해 논쟁적인 시각을 가져온 이유가 되었다. 옐친의 경우 혁명의 기념비들은 파괴되어져야 하는 것인 반면 공산주의자들에 그것은 지켜져야 하는 것이었다. 물론 공산주의자들은 새로운 러시아 건설에 적극적으로 참여할 수 있는 지배적인 위치에 있지 않았으며 따라서 이들의 상징자본에 대한 투쟁은 과거의 기념비들을 지켜내는 것에 집중되었다.

모스크바 시장 루쉬코프의 경우 옐친과 마찬가지로 스스로에게 민주주의자이자 反소비에트적 정치지도자의 이미지를 부여하고자 했다. 러시아 정교적인 것 역시 反소비에트적인 것으로서 복권되었다. 그러나 그는 다분히 러시아 민족 중심적인(русский) 민족주의 정책을 펴기도 했다. 그는 러시아 국경 너머에 사는 러시아 민족들의 권익을 대변하고자 했으며 심지어 우크라이나가 크림반도를 러시아에 반환해야 한다고 주장했다. 그는 소비에트적인 것을 비난했고 소비에트적인 잔재를 모스크바 공간에서 지워 버리고자 했지만

의 문제에 대해서는 같은 글, 528~530쪽.

정작 그가 건설한 모스크바의 모습은 많은 부분에서 과거 소비에트 건축의 부활과 같이 보였다. 즉, 그에게 있어 긍정적인 것을 이루었던 민주주의적이고 反소비에트적인 것에는 러시아 민족주의라는 다분히 反민주주의적인 가치가 포함되었다.

이처럼 과거의 정체성이나 가치를 선별하여 새로운 정체성을 만들어 내는 정치엘리트들의 작업 역시 정치적 선과 악이라는 두 축에 과거의 정체성들을 분류하여 배치하는 과정과 다르지 않았다. 모스크바의 옛 기념비들은 이러한 두 축을 따라 보존되거나 폐기되었다.

소비에트 붕괴 이후 일반적으로 그 이전의 러시아적인 것들이 찬양되었고 소비에트적인 것은 폄하되었다. 모스크바의 기념비들의 경우도 이와 유사한 과정을 겪었다. 특히 소비에트 붕괴 직후 소비에트 체제 자체에 대한 해체의 흐름이 거세었고 따라서 제르진스키 동상을 비롯한 소비에트 지도자들의 기념비뿐만 아니라 소비에트 공산당과 관련된 대표적인 상징적 장소들까지도 파괴와 재의미화를 겪는다.

예를 들어 옐친은 1993년 레닌으로부터 현재에 이르기까지의 소련 공산당의 역사를 보존하고 있으며 소련 공산당의 정책이 결정되고 그 프로파간다 만들어졌던 장소인 레닌박물관을 폐지했다. 공산주의자들은 이에 대해서 거세게 반발했지만 러시아 공산당마저도 이 사건을 정치적 이슈로 확대하고 싶어 하지 않았다.

소비에트 경제 이데올로기를 보여 주는 대표적인 공공장소였던 베데엔하(ВДНХ: Выставка Достижений Народного Хозяйства СССР) 역시 마찬가지였다. 1990년대 초반 베데엔하는 거의 버려지다시피

했으며 1992년 옐친은 베데엔하라는 명칭을 보다 일반적인 베베체 (ВВЦ: Всероссий-ский выставочный центр)로 교체하였다. 그러나 여전히 이곳은 한동안 정부의 지원 없이 방치되었다. 그 안에 세워진 기념비들은 옮겨지거나 해체되지 않았지만 버려진 것과 다름없었다. 그러나 이곳은 러시아에 자본주의가 정착되어 감에 따라 새롭게 탄생된다. 각각의 상인들이 장소를 임대하여 장사를 하기 시작했고 점차 자동차에서부터 컴퓨터, 생활용품에 이르는 모든 것을 판매하는 상업공간으로 변화해 갔다. 마침내 1999년에는 베베체의 영토 위에 본격적인 대규모 쇼핑센터를 건설하는 계획이 수립되었다. 소비에트 시기 생산자로서의 소비에트 민중을 대표하던 공간은 소비에트 경제 이데올로기가 부정됨에 따라 자본주의를 대표하는 본격적인 상업공간이 되었다. 그곳에서 새로운 자본주의 러시아의 시민들은 더 이상 생산자가 아닌 소비자의 위치에 있게 된다.[15] 늘 생산과 노동의 주체였던 소비에트인들은 소비의 주체로서의 포스트소비에트적 인간으로 변모하게 된 것이다. 이처럼 베데엔하가 베베체로 변화되고 이후 자본주의적인 공간으로 탈바꿈하는 과정은 소비에트적인 이데올로기가 비워져 버려진 공간을 자본주의적인 것이 침투해 들어가는 과정을 보여 준다.

이러한 현상은 비단 소비에트를 대표하는 공공장소에서만 나타난 것은 아니었다. 포스트소비에트의 모스크바 거리는 이러한 대표적인 예이다. 소비에트 시기 거리는 정치적인 의미의 '영토(territory)'였다.[16] 그곳에는 통제와 규율이 존재했다. 즉, 국가는 거리 곳곳에

---

15) 같은 글, 535쪽.

16) 모스크바 거리의 탈영토화에 대한 논의는 R. Argenbright, "Remaking Moscow: new places, new

내재했다. 따라서 소비에트 시기 거리에서 요즘처럼 술을 마시며 떠들어대는 젊은이들의 그룹을 발견하는 것은 쉽지 않은 일이었다. 그러나 소비에트의 붕괴와 함께 거리는 탈영토화의 과정을 겪는다. 이때 통제와 규율이 사라지고 버려진 공간은 곧 키오스크와 맥도날드를 비롯한 자본주의의 상업공간으로 메워졌다.

맥도날드는 러시아인들에게 매우 신기한 현상이었다. 무엇보다 그것은 소비에트 시기의 대표적인 사적공간으로서의 개인적 소통의 장이었던 '부엌'이 과거 영토화된 공간이었던 거리 위에 개방되는 일종의 사건이었다. 특히 유리로 된 창을 통해 안이 훤히 들여다보이는 맥도날드의 인테리어는 러시아인들에게 충격을 주었다. 이후 많은 카페와 레스토랑들이 맥도날드의 인테리어를 모방하였으며, 자주 카페 밖이나 테라스 같은 거리와 만나는 지점으로 사적인 공간은 확장되었다. 모스크바 거리에는 유난히 많은 카페와 레스토랑이 생겨났다. 이러한 과정의 심층에는 부정된 사회주의적 공간으로서의 '영토'가 자본주의 러시아의 형상으로 변화해 가는 메커니즘이 반영되어 있다. 모스크바 거리 위의 카페와 상점들은 '영토화된' 공간을 구성하는 하나의 단일한 전체로서의 소비에트의 삶이 탈영토화된 공간 위를 부유하는 섬과 같은 개인의 사적 공간으로 탈바꿈하는 것을 보여 주는 전환의 징후이다. 이는 버려진 소비에트적 기념비가 새로운 정체성의 상징으로 변형되어 가는 과정과 다르지 않았다.

포스트소비에트 러시아 정체성 형성에 있어 가장 긍정적인 것으로 평가된 것은 정교적인 것이었다. 러시아 정교와 1917년 이전의

---

selves," *The Geographical Review* Vol. 89, N. 1(1999), pp.1~15를 참조하라.

러시아 역사와 관련된 기념비들에는 새로운 의미와 후광이 부여되었으며, 이를 대표하는 기념비적 건축물들이 지어지기도 했다. 이와 함께 러시아적 정신과 문화적 유산이 강조되었다. 러시아 정부는 트레챠콥스키 미술관을 재건했고 그 안에 러시아를 대표하는 화가들의 대표작들과 성화를 전시했다. 푸쉬킨 탄생 200주년을 기념하는 1999년의 행사에는 루쉬코프가 이끌던 '조국(Отечество)' 당을 비롯하여 공산당과 심지어는 극우주의자 블라디미르 지리놉스키(Владимир Жириновский) 등 모든 정치가들이 한 목소리로 적극 참여하였다.

모스크바 강변에 구세주 성당을 건설하는 것 역시 소비에트적인 것을 부정하고 새로운 러시아적 정체성의 존재를 알리는 분명히 정치적인 행위였다. 반소비에트적이며 러시아 민족주의를 표방하는 루쉬코프가 구세주 성당의 건설을 지휘하게 된 것은 당연한 일이다. 그는 이미 1993년 붉은 광장의 카잔 성당을 재건하였으며, 마침내 1997년 9월 모스크바 850주년 기념행사 기간 동안 소비에트 전당 건설을 위해 스탈린이 파괴했던 구세주 성당 재건을 완료하고 대중에 공개하였다.[17]

---

[17] 구세주 성당 건설에 관한 자세한 내용은 D. Sidorov, "National monumentalization and the politics of

소비에트적인 것이 러시아적인 것으로 변모하는 과정을 보여 주는 또 다른 예는 승리공원(Парк победы)이다. 정교적인 것과 함께 소비에트의 역사적 사건인 2차 대전 역시 기념되고 찬양되었다. 러시아인들에게 2차 대전의 승리는 신화적인, 심지어 종교적인 사건이었다. 기본적으로 무신론적이었던 소비에트 정권의 승전을 기념하는 승리공원에 가장 정교적인 상징인 게오르기상이 더해질 수 있는 것은 이 때문이다. 1958년부터 기획되었으나 결국 건설될 수 없었던 승전기념비는 1993년 루쉬코프의 주도하에 다시 건설되기 시작한다. 이때 흥미로운 것은 승리공원을 통해 기념한 전쟁의 승리가 소비에트인들의 승리가 아닌 러시아인들의 승리로 기념되었다는 점이다. 고르바초프 시기 자본의 부족으로 건설이 중단되기 전까지 건설 계획에 포함되어 있었던 많은 소비에트적인 상징들은 제거되었다. 심지어 승리공원의 공식 안내책자에 소비에트에 대한 언급은 단 한 번도 나타나지 않았다. 대신 앞서 지적한 게오르기상과 천사상을 비롯한 정교적인 상징물들이 더해졌고 마침내 1994년에는 성 게오르기 교회가 건설되었다.[18]

이처럼 승리공원은 포스트소비에트 시기 러시아 정체성의 문제를 단적으로 보여 주는 기념물이었다. 그것은 소비에트의 역사를 포스트소비에트적으로 재의미화하였으며 차르 시대 이전 러시아의 문화적 가치들과 종교적 정체성을 더했고 이를 통해 러시아 민족주의를 고취하였다. 그러나 흥미로운 점은 1997년과 1998년에 각

scale: The resurrections of the cathedral of Christ the Savior in Moscow," *Annals of Association of American Geographers*, Vol. 90, N. 2(2000), pp.548~572를 참조하라.

18) 성 게오르기는 모스크바의 상징이기도 하다.

각 이슬람사원과 유대교 시나고그가 그곳에 더해졌다는 사실이다. 아직까지 여전히 소비에트적인 것에 대한 언급은 없었다. 그러나 이는 러시아 민족주의적인 지향이 다민족 국가로서의 전러시아적 국가민족주의로 확대되어 가는 과정을 드러낸다.

엘친은 1996년 러시아 역사에는 늘 어떠한 이념이든 존재해 왔으나 현재 러시아는 그 어떤 이념도 갖고 있지 못하다고 밝히면서 1년 동안에 걸쳐 상금 천만 루블을 걸고 새로운 러시아의 국가 이념을 공모하였다.[19] 루쉬코프의 모스크바 건설과정은 엘친이 제기한 위와 같은 문제 해결을 위한 답이자 또한 이유가 된다. 그가 기획한 많은 건축물들은 그가 지향하는 새로운 러시아 정체성의 실체를 드러내는 것인 동시에 그것이 그 어떤 실체도 지니지 못한 혼종적인 것에 불과함을 동시에 드러내고 있기 때문이다.

루쉬코프는 모스크바를 늘 건설 중인 공간으로 만들었다. '건설중인 모스크바'는 곧 '건설 중인 러시아 정체성'과도 다르지 않았다. 그의 건설 프로젝트에 의해 모스크바에는 다양한 서로 다른 스타일의 건축물들과 기념비들이 세워진다. 특히 그 중심에는 루쉬코프의 친구이자 소비에트 시기 러시아의 가장 대표적인 건축가인 주랍 체레텔리(Зураб Церетели)가 존재한다. 승리 광장과 구세주 성당을 비롯하여 대개의 루쉬코프의 건축 프로젝트에 그가 참여했다. 많은 이들은 루쉬코프와 체레텔리의 건설프로젝트를 비난했다. 심지어 솔제니친은 그가 모스크바를 완전히 망치고 있다고 개탄했다.[20]

---

[19] Forest & Johnson, "Unraveling the threads of history: Soviet-era monuments and post-soviet national Identity in Moscow," p.530.

[20] 주랍 체레텔리의 새로운 건축물과 그 특징들에 대한 논의들은 B. Grant, "New Moscow monuments, or, states of innocence," *American Ethnology*, Vol. 28, N. 2(2001), pp.332~362; B. Beumer, *Pop culture*

옆의 사진은 체레텔리에 의해 모스크바 강에 세워진 높이 98m의 피터 대제 동상(1997)이다. 러시아의 비평가들은 표트르 동상이 마치 공포영화 속의 강에서 튀어나온 괴물을 닮았다고 비난했다. 그의 건축물의 미학적인 수준에 대한 문제제기가 계속되었다. 이 거대한 기념비를 비롯하여 체레텔리의 건설에 소요되는 거대한 자본에 대해서 역시 비난이 쏟아졌다. 러시아의 경제적 위기에도 불구하고 루쉬코프는 체레텔리의 건축물에 엄청난 액수의 모스크바 시 예산을 쏟아부었다. 시민들의 반발은 거세었으며 체레텔리는 포스트소비에트 사회의 부패를 상징하는 인물이 되었다. 표트르 동상의 맞은편에는 거의 동시에 구세주 성당이 지어졌다. 구세주 성당(1997)은 루쉬코프의 반소비에트적이며 정교적인 프로젝트의 정점을 보여 주었다. 체레텔리는 구세주 성당의 건설에도 참여하였으며 구세주 성당의 벽을 조야한 국적 불명의 금속들로 장식했다. 이 역시 비난의 대상이 되었다. 특히 체레텔리가 건축을 위해 공급된 금속을 개인적으로 거래한다는 의심과 함께 그에 대한 비난은 더욱 거세졌다.[21]

Russia! Media, Arts, and Lifestyle (Santa Barbara: ABC-CLIO, 2005), pp.112~125; Бойм, "Стиль PR," D. Sidorov, "National monumentalization and the politics of scale: The resurrections of the cathedral of Christ the Savior in Moscow" 등을 참조하였다.

러시아 대중은 경제적으로 어려운 시기임에도 불구하고 구세주 성당의 건설에 대해서 비교적 높은 지지를 보였다. 당연히 그들은 시민들의 모금과 종교단체 및 정부의 지원에 의해 이 성당이 건설될 것이라고 기대했다. 그러나 실제로 구세주 성당은 모스크바의 은행들과 기업 및 자본가들의 스폰서로 건축되었다. 비록 모스크바 시민들의 지지를 받은 것임에도 불구하고 실제로 이것이 모스크바의 자본에 의해 구축되었다는 점은 흥미롭다. 결국 구세주 성당은 반소비에트적이며 정교적이고 러시아적인 상징임에도 불구하고 모스크바 자본의 힘을 상징하는 건축물로 탄생하게 되었다.

루쉬코프의 건설 사업의 많은 부분이 쇼핑몰과 해외명품매장 같은 상업공간이었다는 것 역시 이러한 관점에서 이해될 수 있을 것이다. 1990년대 후반으로부터 2000년 중반을 거치면서 모스크바의 상업 공간 면적은 전 세계 최고 수준으로 확대되었다. 서구적 자본주의의 이상을 상징하는 수정궁 형태의 삼각형 구조물이 토고 은행 건물 위에 얹어졌고 모스크바 중심부의 아호트늬 랴드(Охотный ряд) 지하를 관통하는 거대한 상업 공간이 건설되었다.[22] 이는 수직적인 거대한 스탈린 양식 건축물들이나 지하세계에 대한 계몽과 새로운 사회주의적 유토피아의 극치로서의 지하철을 건설하는 사회주의 프로젝트의 루쉬코프-체레텔리 버전과도 같았다.

시민들과 비평가들의 많은 비난에도 불구하고 루쉬코프가 체레텔리를 통해 추진한 거대한 건설 프로젝트는 모스크바 건설을 위해 많은 희생을 감수했던 스탈린 시기의 건축 프로젝트를 연상시

---

21) B. Grant, "New Moscow monuments, or, states of innocence," p.345.

22) B. Beumer, *Pop culture Russia! Media, Arts, and Lifestyle*, pp.112~125.

킨다. 그리고 이는 또한 앞서 옐친이 지적한 러시아의 정체성 부재라는 문제의식을 다시 한번 상기시킨다. 그의 비난받아 마땅한 건축 프로젝트들은 反소비에트적인 새로운 러시아적 정체성을 탐구하는 것이었지만 동시에 그 기능과 형식에 있어서는 소비에트의 기념비들과 다르지 않았다. 많은 비평가들이 그의 표트르 동상을 비난했지만 실제로 모스크바 강을 따라가며 보게 되는 그의 작품은 조야함보다는 크기로 보는 이들을 압도한다. 이는 스탈린 시기의 건축이 당시 서구의 대부분의 건축가들로부터 시대를 역행하는 것이라 비난받았음에도 불구하고 여전히 그 웅장함으로 인해 모스크바를 대표하는 건축물이 되어 있는 것과 크게 다르지 않다. 시간이 흐르면 표트르 조각상을 비롯한 체레텔리의 기념비적 건축물들 역시 도시의 풍경의 일부로 동화될 것이다.

그의 기념비들은 거대함으로 인해 현실성을 초월한다. 표트르 대제가 페테르부르그를 창조해 내었듯이 루쉬코프와 체레텔리의 기념비들 역시 새로운 러시아의 탄생을 알린다. 서구주의와 세계를 향한 새로운 도전을 상징하며 모스크바 강가에 세워진 표트르 동상과 소비에트 전당의 자리에 세워진 웅장한 구세주 성당은 서구를 지향하면서 동시에 러시아 정교와 문화적 전통, 민족주의를 하나로 결합한 러시아의 국가 이념을 세우는 행위와 다르지 않았다. 그리고 여기에는 현대 러시아, 특히 모스크바 공간을 규정하는 가장 중요한 요소인 자본주의와 상업공간의 성격까지 더해졌다. 즉, 루쉬코프의 건축물들은 러시아의 새로운 정체성을 상징하는 포스트소비에트에 바쳐진 기념비였다.

그러나 그들의 건설 프로젝트에서 가장 눈길을 끄는 것은 모스

크바 동물원의 조각상(위의 그림)과 크레믈린의 알렉산드르 정원 곳곳에 설치된 만화에서 튀어나온 듯한 동물들로 장식된 건축물들이었다. 모스크바 동물원의 개축 과정에서 체레첼리는 입구의 문을 온갖 새와 동물들의 부조로 장식된 만화적인 건축물로 만들었다. 또한 동물원 내부에 역시 동화나 만화 속에 존재할 법한 동물들로 이루어진 조각상을 세웠다. 그랜트(B. Grant)는 이와 같은 체레텔리의 건축물들에 대해 '순수성의 국가(state of innocence)'에 대한 지향을 보여 주는 것이라 평가한다.[23] 그가 만들어 낸 표트르 대제 역시 현실을 초월하는 것이었으며 그것을 장식하는 깃발들과 디테일들은 표트르 대제를 동화 속의 주인공으로 만들었다. 크레믈린의 이름 없는 병사들에 바쳐진 비석의 근처에 세워진 곰과 사자 같은 동물들의 조각상은 소비에트적인 기억을 동화적 판타지의 세계로 덮어 버린다. 모스크바 시민들은 체레텔리의 '순수한' 조각상으로 장식된 마네쥐 광장(Манежная площадь)의 분수를 산책한다. 건축가의 조야한 취향을 드러내는 것이라 단순히 말하기에는 그의 유아적인 건축물들은 현실을 아름답고 목가적인 이상으로 만들고자 했던 소비에트 시기의 프로파간다와 지나치게 닮아 있다.

이처럼 정체성의 과도기에 루쉬코프와 체레텔리에 의해 건설된

---

23) B. Grant, "New Moscow monuments, or, states of innocence," pp.332~362를 보라.

모스크바의 형상은 현대 러시
아 정체성의 단면들을 표상하
는 기호들이 공존하며 자주 그
러한 기호들의 의미가 비워지
고 그 기호의 관습화된 표면들
위로 새로운 기능이 부여되는
문화적 잡종의 모습을 보여 주
었다. 그는 反소비에트적 이념
을 표방하면서 동시에 스탈린
양식을 모방하였고 소비에트
의 낙관주의와 어린아이다움
외에는 그 어떤 것으로도 이해될 수 없는 도시 공간을 창조하였다.
러시아 정교를 통한 러시아 정체성의 복원을 상징하는 구세주 성
당 건설을 가능하게 한 것은 아이러니하게도 자본의 힘이었으며
또한 대 러시아 제국에 대한 노스탤지어를 드러내며 그가 창조한
새로운 모스크바는 도시의 가장 중심부의 지하로부터 모스크바 외
곽에 이르는, 자본의 논리를 반영하는 250만 평방미터의 쇼핑몰 공
간과[24] 해외자본들을 대표하는 대형 슈퍼마켓들 없이는 생각할 수
없는 것이기도 했다. 1990년대 후반까지 루쉬코프에 의해 건설된
모스크바의 형상은 러시아의 새로운 정체성이 소비에트적인 것에
반하는 '反소비에트적인 것'이라는 카테고리 속에 포함된 모든 이
질적인 기호들로 이루어져 있음을 보여 주었다.

그러나 1990년대 후반으로 이행하면서 러시아에서 이러한 정체

[24] B. Beumer, *Pop culture Russia! Media, Arts, and Lifestyle*, p.120.

성의 양상은 다소 변화를 겪는다. 그 가장 큰 이유는 러시아의 새로운 정체성 형성에 있어서 反소비에트적인 가치로서 급격히 유입된 자본주의에 대해 생겨난 반감이었다. 소비에트적인 것과 反소비에트적인 것으로 구분된 이항적 구도 속에서 反소비에트적인 것으로서의 자본주의와 기타 가치들 간의 대립이 생겨나게 된다. 이와 함께 소비에트적인 것은 기존의 反소비에트적 가치들로 분류되었던 모든 것들, 즉, 정교적인 것, 민족주의적인 것, 러시아의 문화 전통과 함께 하나의 카테고리를 이루게 된다. 반면 이제 정교적인 것과 소비에트적인 것이라는 양립 불가능한 두 항은 하나로 결합될 수 있게 된다. 1990년대 중반을 넘어서면서 더욱 심화된 자본주의적인 것에 대한 반감은 과거의 소비에트적인 것에 대한 향수를 더 강화하였다.

이러한 관점에서 김수환이 2004년도 영화 「나이트 워치」를 분석하며 제시하는 '변화된 사회적 의식'과 '은밀한 치환의 징후'[25]에 대한 지적은 타당하다. 反소비에트적 정체성으로 강요되어 왔지만 러시아인들의 삶 속에서 결코 선한 것이 될 수 없었던 악한 자본주의의 반대급부로서 러시아인들은 소비에트적인 것과 결합된 강한 국가의 형상을 택한다. 바로 이 시기에 과거 루뱐카 광장으로부터 옮겨진 제르진스키의 동상의 복원이 결의되고, 특히 이때 제르진스키의 형상에 '정의의 수호자', '부패 및 범죄와 투쟁하는 전사'의 이미지가 부여되는 것은 우연이 아니다.

---

[25] 김수환, 「티무르 베크맘베토프의 ≪나이트 워치≫」: 세계화 시대의 문화논리 혹은 징후로서의 영화」, 『러시아 연구』, 18권 1호(2008), 213~236쪽. 김수환이 루키아넨코의 소설과 베크맘베토프의 영화를 비교하면서 지적한 치환의 양상은 자본주의에 대한 반감이 더 강해지는 1990년대 후반, 소비에트적인 것과 자본주의적인 것 사이의 관계에서 또한 발견된다.

3. 내밀한 이산적(diasphoric) 기억과 '소비에트적인 것'

앞서 2장을 통해 살펴본 소비에트 기념비의 파괴와 재의미화, 새로운 기념비적 건축물들의 탄생 과정은, 그것이 결국 대중의 삶 속으로 침투하게 되고 어떻게든 영향을 미치게 되는 것임에도 불구하고 때로 작위적이며, 정치 엘리트들의 정치적 이상의 차원에서 결정되었다. 즉, 정체성이란 대중적인 차원의 정체성과 정치 엘리트들이 강요하는 두 차원으로 분리될 수밖에 없다. 정치 엘리트들의 급진적인 시도들은 대중의 삶에 새로운 정체성을 강요하며, 또한 대중의 삶은 정치 엘리트들의 결정에 영향을 미친다.

페레스트로이카 이후 강요된 반소비에트적 가치들은 대중의 삶을 완전히 바꾸어 놓지는 못했다. 다만 그들은 자신의 삶 속의 가장 큰 부분이 사라졌다는 것에 대한 상실감으로 그것을 먼저 체험하였다. 그리고 그러한 상실의 과정이 소비에트적인 것에 대한 타자화를 촉발하였다.

이 과정은 망명자들이 떠나 온 고향에 대해서 느끼는 상실의 감정과 다르지 않다. 망명자들이 고향을 떠났듯이, 이 경우에는 고향이 그들을 떠난 것이 된다. 어느 순간 갑자기 낯선 정체성의 사회 속에 놓이게 된 포스트소비에트 러시아인들은 그러한 정체성에 동화되어 가면서 동시에 사라진 소비에트적인 것에 대한 기억을 지니게 된다.

스베틀라나 보임은 망명자들의 집에 방문했을 때의 놀라운 경험에 대해 이야기해 준다.[26] 러시아에 살 때라면 전혀 실내 장식에 사용하지 않았을 법한 조야한 소비에트 시대의 키치에 가까운 기념품들이 하나같이 그들의 집 선반을 가득 메우고 있다는 사실이다. 이들을 방문한 또 다른 망명자는 그러한 사물들 가운데서 안락함과 친밀함을 느낀다. 그들은 과거 자신들의 고국을 상기시켜 주는 모든 물건들을 수집한다. 이들의 수집 행위는 결국 소비에트의 쓰레기들로 전시장의 공간을 채우는 일리야 카바코프(Илья Кабаков)의 설치미술과 다르지 않았다. 상실한 고향의 기억을 담고 있는 기념품들은 조국으로부터 옮겨와 각각의 집에, 혹은 박물관과 미술관에 전시된다. 스베틀라나 보임은 이들이 그러한 사물들을 통해 느끼는 감정을 "이산적 친밀감"이라 정의하였다. 포스트소비에트 러시아인들에게 있어서 소비에트적인 것 역시, 망명자들의 기억 속의 친밀한 사물들이 그러했듯이 새로운 러시아 국가 정체성 수립의 과업을 위한 정치 엘리트들의 기획들 가운데에서도 여전히 향유되었다.

이를 상징적으로 보여 주는 것이 모스크바의 예술공원(Парк искусства)이다. 원래 서 있던 자리로부터 내려진 소비에트 정체성을 상징하는 기념비들이 옮겨진 곳이 바로 여기다. 제르진스키를 비롯한 소비에트의 정치 지도자들의 기념비들은 그것의 과거의 이념적인 후광을 잃고 정치적 탈맥락화를 거쳐 이 공원으로 옮겨졌다. 이들 소비에트 지도자들의 기념비가 공원으로 옮겨졌다는 사실은 곧 과거 그것이 서 있던 공공장소가 만들어 내는 콘텍스트가 더 이상 존재하지 않으며 이들이 탈신화화의 과정을 거쳤음을 증명한다. 이러한 의미에서 1980년대 소츠-아트와 모스크바 개념주의자들

---

26) S. Boym, *The Future of Nostalgia* (New-York, 2001), pp.331~335.

의 탈신화화 전략은 포스트소비에트 정치 엘리트들이 과거 이데올로기의 기호들을 정치적으로 탈맥락화함으로써 새로운 이데올로기를 획득하는 과정을 선취한다.

공원으로 옮겨진 동상들에는 그들의 과거의 경력을 짤막하게 설명해 주는 현판이 걸리게 되었고 1996년에는 이러한 기념비들의 폐허에 본격적으로 예술 공원이라는 이름이 붙여지게 되었다.[27] 쓰레기가 된 기념비들이 이제 소비에트의 전체주의 예술을 대표하며 박물관에 전시되기 시작한 것이다. 이 공원과 나란히 위치한 또 다른 박물관에는 현대 예술가들의 작품들이 전시되었다. 외국의 관광객들에게 예술 공원은 소비에트의 역사를 돌아보게 하는 박물관과 다르지 않았다. 반면 러시아인들에 그것은 그들의 삶의 일부를 이루는 다른 공원들과 마찬가지로 편안하고 익숙한 곳인 동시에 과거의 소비에트 시기의 흔적들을 지니고 있는 장소이기도 했다.

이처럼 과거의 기념비들은 소비에트인들에게 정치적인 것이 아닌 미적인 것으로 체험되기 시작한다. 로마슈코(С. Ромашко)가 기념비에 내재한 시간의 문제를 성찰하면서 지적하고 있듯이[28] 기념비는 그것이 원래 존재하는 곳으로부터 이동하는 순간 기념비가 아닌 일종의 기념품이 된다. 이는 기념비가 그것을 중심으로 흐르던 시간의 패러다임으로부터 벗어났음을 의미한다. 이제 기념비는 도상적인 기호가 아닌 재현적인 기호가 된다. 망명자들의 선반을 장식하는 기념품들처럼 다른 장소로 옮겨진 기념비는 고유의 역사

---

27) Forest & Johnson, "Unraveling the threads of history: Soviet-era monuments and post- soviet national Identity in Moscow," pp.536~537.

28) С. Ромашко, "Монумент — сувенир — улика: временная ось мегаполиса," *Логос* No. 3-4(2002), С.97~108.

와 스토리를 지닌 기억의 사물로 변화하게 한다.

　최근 소비에트적인 기호들이 러시아인들의 일상의 삶 속으로 다시 침투해 들어오는 경우가 자주 눈에 띈다. 이것은 앞서 지적한 바와 같이 자신들의 삶 속에 여전히 그 흔적을 남기고 있는, 그러나 동시에 더 이상 존재하지 않는 과거의 문화적 유산으로서 그들에게 의미를 지닌다. 문화적 타자화의 과정 속에서 자유롭게 기호화가 가능한 사물로 재의미화된 것이다. 그러나 여기서도 정치 엘리트들의 정책과 대중의 일상의 차원은 착종의 흔적을 보인다. 대중들에게 존재하지 않지만 여전히 친근한 기억으로 남겨진 소비에트적인 기호들은 다시금 정치 엘리트들의 PR의 수단이 된다. 반면 정치 엘리트들의 프로파간다는 대중들의 집단적인 의식 속에서 소비에트적인 것을 재의미화하고 재신화화하는 과정을 촉발한다. 최근 러시아의 강한 국가주의 이데올로기의 확산과 함께 일어나고 있는 소비에트적인 것의 부흥은 단순히 강한 러시아와 과거 소비에트의 부활이라는 이념만으로 설명되지는 않는다. 그것은 페레스트로이카 이후 지난 20여 년간 러시아인들의 삶과 사회 속에서 지속되어 온 정체성 탐구의 궤적을 고스란히 반영하고 있다.

참고문헌

김남섭. 2004. 「"우리안의 스딸린": 스딸린 테러와 러시아인들의 기억」. 『러시아 연구』. 제14권 2호. 서울대학교 러시아연구소.

김수환. 2005. 「"책에 따라 살기": 러시아적 문화 유형의 매혹과 위험」. 『러시아연구』, 제15권 1호. 서울대학교 러시아연구소.

_____. 2008. 「티무르 베크맘베토프의 「나이트 워치」: 세계화 시대의 문화논리 혹은 징후로서의 영화」. 『러시아 연구』. 제18권 1호.

라승도. 2008. 「노스탤지어의 미래: 현대 러시아 문화에 나타난 소비에트 과거의 재해석」. 『푸틴 시대의 러시아 문화: 과거, 현재, 미래』. 2008년 한국노어노문학회, 한국슬라브어학회 공동 연례학술대회 논문집.

이문영. 2009. 「사회문화적 현상으로서 노스탤지어: 포스트소비에트 러시아의 과거의 활용」. 『제8차 러시아학 콜로키움 － 러시아 언어, 문화 그리고 사회(프로시딩)』. 충북대학교 러시아, 알타이 지역연구소.

이지연. 2006. 「해체와 노스탤지어: 소츠-아트와 소비에트 문화」. 『러시아어문학연구논집』. 21집. 한국러시아문학회.

_____. 2008. 「기념비와 스탈린 신화: 권력의 재현적 공간으로서의 소비에트 예술과 삶」, 『러시아어문학연구논집』. 29집. 한국러시아문학회.

Бойм, С. 2002. "Стиль PR." *Неприкосновенный запас.* 6(26). Москва.

"Кризисы старые и новые. Культурные итоги-2008." *Коммерсантъ Weekend.* 19 Дек. 2008.

Лотман, Ю. М. 2002. "Роль дуальных моделейв русской культуры(до конца XVIII века)." *История типология русской культуры.* СПб.

Паперный, В. 2006. *Культура Два.* Москва.

Ромашко, С. 2002. "Монумент － сувенир － улика: временная ось мегаполиса." *Логос* 2002(3-4).

Adler, N. 2005. "The future of Soviet past remains unpredictable: The resurrection of Stalinist symbols amidst the exhumation of mass graves."

Europe-Asia Studies. Vol. 57, No. 8.

Argenbright, R. 1999. "Remaking Moscow: new places, new selves." *The Geographical Review* 89(1).

Beumer, B. 2005. *Pop culture Russia! Media, Arts, and Lifestyle.* Santa Barbara: ABC-CLIO.

Boym S. 1999. "From the Toilet to the Museum: Memory and Metamorphosis of Soviet Trash." *Consuming Russia.* Duke Univ. Press.

_____. 2001. *The Future of Nostalgia.* New-York.

Forest, B., Johnson, J. 2002. "Unraveling the threads of history: Soviet-era monuments and post- soviet national Identity in Moscow." *Annals of the Association of American Geographers.* 92(3).

Grant, B. 2001. "New Moscow monuments, or, states of innocence." *American Ethnology.* 28(2).

Shevchenko, O. 2002. "'Between the holes': Emerging identities and hybrid patterns of consumption in post-socialist Russia." *Europe-Asia Studies*, Vol. 54, No. 6.

Sidorov, D. 2000. "National monumentalization and the politics of scale: The resurrections of the cathedral of Christ the Savior in Moscow." *Annals of Association of American Geographers* 90(2).

XIII. 포스트소비에트 시기 서구 뮤지컬의 수용과 그 명암*

조유선

---

* 본 논문은 『슬라브학보』, 제22권 4호(2007)에 게재된 것으로 원문을 수정·보완하여 다시 수록한다.

XIII.
포스트소비에트 시기 서구 뮤지컬의
수용과 그 명암

1. 들어가는 말

소비에트 사회에서 문화상품은 단일체제 하에서 그 공급과 수요
가 결정되었으며, 이에 대한 대중의 반응 역시 단선적 성격이 짙은
것이었다. 문화 영역에서 포스트소비에트의 도래는 표현의 자유와
상업주의의 대두를 주요 특징으로 하는 가운데 문화상품의 생산/소
비 메커니즘의 일대 변화를 야기한다. 체제전환에 따른 개방의 영
향과 동시대 세계적 흐름인 지구화의 여파는 이 같은 변동의 직간
접적 원인으로 작용하며 러시아 문화산업의 구조변화에 깊이 관여
하게 된다. 소비에트 시기 대표적 대중문화 장르였던 공연예술의
경우 이전에 없던 표현의 자유를 구가하게 된 공연 종사자들은 검
열과 이데올로기의 벽을 넘어 다양한 콘텐츠를 활용하고 마련하게
되었다. 반면 변화된 시장경제 체제하에서 보이지 않는 압력과 혼
란스런 자유의 '후폭풍'을 떠안으며 바야흐로 생존의 문제를 고민

해야 하는 새로운 문제적 상황에 직면하게 되었다. 다른 한편 90년대 중반부터 본격적으로 유입된 해외 자본의 출현과 그에 따른 서구식 극장경영 시스템의 도입은 오랜 세월 길들여진 레퍼토리 극장의 매너리즘에서 벗어나 극장경영의 투명성과 합리화를 제고하는 효과를 불러일으키고 있다. 동시에 극장운영을 둘러싼 예술감독과 경영감독 간의 불화, 티켓가격의 급등, 외국 자본에의 의존으로 인한 창작 주체의 정체성 혼란, 나아가 관객의 양극화와 소외현상이란 부작용을 낳고 있는 것 또한 사실이다. 이 같은 상황은 소비에트 시기를 통해 구축된 탄탄한 극장문화 환경과 '수준 높은' 대중 관객층의 지형을 변화시키고 있다.[1]

다양한 하위 장르들로 이루어지는 공연예술은 그 장르적 특성과 그것이 만들어진 사회적, 문화적 환경에 따라 고급예술과 대중예술의 경계를 넘나들어 왔다. 오페라나 발레 등이 꾸준히 고급예술로 자리매김되어 왔다면 드라마나 오페레타, 콘서트 등은 동시대 대중 관객과의 긴밀한 호흡 속에서 고급예술에서 대중예술로 혹은 그 반대로 자리바꿈해 오고 있다. 이는 공연예술에서 수용자의 중요성을 보여 주는 것으로, 공연문화의 가장 중요한 부분을 구성하는 관객은 공연물의 직접적인 소비자인 동시에 무대 위의 작품을 만들어 가는 공동의 창조자, 생산자이기에 문화정체성의 '위기'가 가중되는 혼란의 시기에 그 역할은 더욱 중요하다고 볼 수 있다.[2]

---

[1] 포스트소비에트 시기 공연예술의 제작 환경과 관객층의 변화 관련해서는 졸고를 참조: 조유선, 「포스트소비에트 시기 공연문화의 변화상: 연극의 경우」, 『슬라브학보』, 제21권 3호(2006 가을호).

[2] 사회주의 문화유산의 대표적 장점으로 클래식이 곧 대중예술이었으며, 체계적인 문화예술 교육을 통해 길러진 폭넓고 수준 높은 관객층의 형성을 들 수 있다. 소비에트 시기 극장은 단순히 공연 감상을 위한 제한적 공간이 아니라 대중 교육의 학습장인 동시에 해빙 이후 비공식 문화를 이끌어 가는 비판적 지식인과 예술가들 그리고 진실에 목말라하는 일반 관객들의 소통의 장소였다. 마치 언론과 정치회합을 아우른 듯한 이곳에서 대중은 자신들이 알고자 했던 사실, 하고 싶어 했던 이야기, 언론을 통해서는 결코 알

포스트소비에트 시기 공연문화 부문에서 상업주의 및 대중 관객층의 변화와 관련해 주목할 만할 것으로 서구뮤지컬의 등장을 들 수 있다. 공연예술의 한 장르인 뮤지컬은 오늘날 '뮤지컬 산업'이란 용어를 대두시킬 정도로 대규모 자본과 장기일정의 공연을 통해 고수익을 창출하는 문화산업 시대의 전위대 역할을 담당하고 있다. 동시대 대중의 취향에 가장 친밀하게 다가가는 뮤지컬은 서구 대중사회에서 객석을 뜨겁게 달구는 대표적인 장르라 하겠다. 개혁-개방 이후 거대 자본에 힘입은 브로드웨이(Broadway)와 웨스트엔드(West-End), 프랑스의 대형 뮤지컬 공연이 자연스레 들어오기 시작하면서 러시아 공연계에는 기존의 레퍼토리 극장 시스템을 벗어나 다양한 시스템의 새로운 극장들이 생겨나고 있다. 동시에 예술감독의 독주를 벗어나 경영감독 중심체제로 변화하고 있는 기존 레퍼토리 극장들 또한 수익의 확대 차원에서 뮤지컬 공연에 열을 올리고 있다. 서구뮤지컬의 러시아 공연은 새 천년에 들어오면서 본격화되는데 이제 모스크바의 극장에서 브로드웨이 및 유럽의 이름난 대형 뮤지컬을 볼 수 있는 상황이 되었으며, 뮤지컬에 대한 관객의 수요 역시 점차적으로 증가하고 있는 추세이다.[3] 대중문화의 상업주의와 맥을 같이하는 이 같은 뮤지컬 장르의 약진은 소비에트 시기에는 고려되지 않았던 새로운 문제들을 낳고 있으며, 이

수 없었던 진실을 보고 듣고 느끼며 정치적, 사회적 토론 문화를 꽃피울 수 있었다. 그러기에 오늘날 러시아 극장의 변화는 러시아 대중의 문화정체성의 변화와 관련해 특히 주목된다.

[3] 연극적 전통이 강한 러시아 극장문화에서 뮤지컬의 수요는 아직까지는 적은 수치이다. 2005년 극장관객 설문조사에 따르면 선호 장르로서 뮤지컬은 14%를 차지하며, 이는 코미디(50%)나 드라마(48%)와 비교해 상당히 적은 기록이랄 수 있다. 그러나 극장의 호황 속에서 서구 뮤지컬에 대한 관객의 수요 역시 오름세를 보이고 있으며, 최근작 <맘마미아>(2006)는 투자액보다 매출이 넘어설 것이라는 기대 속에서 상연 중이다. Анализ театральной аудитории на основе мсследований компании Nestle(TM NESCAFE Gold), MASNI(2005년 2월 19~22일에 걸쳐 모스크바 주요 10개 극장의 관객 500명을 대상으로 실시).

를 둘러싼 평론가 및 극장애호가들의 논쟁을 불러일으키고 있다.

다른 한편 소비에트 시기 잘 구축된 러시아 극장문화의 탄탄한 전통에 힘입어 최근까지 드러난 서구뮤지컬의 영향은 그다지 심각해 보이지는 않는다. 오랜 전통을 자랑하는 장르별 다양한 극장들과 두터운 고정 관객층의 지지 속에서 제2의 전성기를 누리고 있는 다른 공연 장르와는 달리 서구뮤지컬은 전용극장을 확보하지 못한 채 프로듀서 극장 시스템에 따라 배급되며, 소비자의 대부분은 비정기적 관객들로 채워지는 실정이다. 사실상 러시아의 경우 한국이나 일본과는 달리 이전의 오페레타나 보드빌 같은 음악극의 전통에서 발전된 자신들의 창작뮤지컬을 갖고 있었다. 장대한 음악에 시대정신과 극적 구성을 녹여낸 러시아 뮤지컬은 브로드웨이식 뮤지컬과는 분명히 구분되는데, 이처럼 자신들의 독창적인 창작뮤지컬 전통을 가진 러시아에서 서구뮤지컬의 수용은 일방적이 아닌 쌍방향적 모습을 보이며, 여러 문제점과 더불어 새로운 시기에 형성된 극장관계자 및 대중 관객의 의식을 잘 보여준다.

본 연구는 포스트소비에트 시기 대중문화의 생산/소비 메커니즘의 변화와 문화정체성이란 주제를 서구뮤지컬의 도입에 따른 제작환경 및 시스템의 변화와 관객의 수용 양상을 통해 살펴보고자 한다. 이는 새로운 시기에 전개되고 있는 러시아 대중문화의 변화상과 더불어 거부할 수 없는 지구화의 흐름 속에 맞닥뜨린 오늘날 러시아 뮤지컬의 위상과 미래에의 전망을 가늠해 보는 작업이랄 수 있겠다.

2. 뮤지컬 공연: 무엇이 어떻게 무대에 오르는가?

소비에트 시기 서구뮤지컬의 상연은 원칙적으로 금기시되었다. 사회주의 리얼리즘의 엄격한 준수를 원칙으로 하는 소비에트 극장에서 당국의 검열과 통제하에 허가된 작품들만이 상연될 수 있었기에, 서구 공연문화의 '꽃'이라 불리는 뮤지컬은 이른바 '블랙 테마'로 분류되는 다른 공연들과 더불어 상연될 기회를 갖지 못했다.[4] 그러나 문화계 전반의 지각변동을 야기한 개혁-개방의 물결은 서구 뮤지컬의 러시아 상륙을 가능케 했다. 1988년 모스크바의 오페레타 극장(Театр Оперетты)에서 상연된 웨스트엔드 뮤지컬 <캣츠(Cats)>는 그 시작을 알리는 공연이었다. 그 당시 끝도 없이 길게 늘어선 티켓예매 행렬은 서구 뮤지컬 자체에 대한 관심이라기보다는 막연히 금기시된 것들, 서구 사회에 대한 호기심과 억압된 동경이 분출된 것이라 볼 수 있다. 이후 서구뮤지컬은 러시아인들에게 서구 공연문화의 상징이자 반소비에트적 정서의 발산으로 자리 잡게 되었다.[5] 그러기에 공연예술 시장에서 개방의 기운은 무엇보다도 서구뮤지컬의 수입을 더욱 부채질하게 되었다. 1990년 6월 전설의 뮤지컬 <지저스 크라이스트 슈퍼스타(Jesus Christ Superstar)>가 모스소비에트 극장(Театр имени Моссовета)에서 러시아 연출가와

---

[4] '블랙 테마'란 현실 비판과 역사적 폭로 등을 담은 작품이나 섹스 및 퇴폐적 경향의 음란물, 마약과 폭력 같은 사회악을 다룬 주제를 총칭하는 개념으로 이 같은 주제의 공연은 소비에트 시기 엄격히 금지되었다. 소비에트 시기 및 이후의 극장 레퍼토리와 관련해서는 졸고를 참조: 조유선, 『슬라브학보』, 252쪽, 256쪽.

[5] "Круглый стол на тему: 'Музыкл, как новое театральное пространство'," С.13~14, http://www.loja.ru/stenogramma.doc (검색일: 2007년 2월 18일)

배우들에 의해 번안극으로 올랐으며, 90년대 중반 이후 <메트로
(Metro)>를 시작으로 대형 라이선스 뮤지컬의 수입이 본격화되었다.
2000년대에 들어오면서 <노트르담 드 파리(Notre-Dame de Paris)>,
<시카고(Chicago)>, <42번가(42nd Street)>, <위 윌 록 유(We
Will Rock You)>, <로미오와 줄리엣(Romeo and Juliet)> 그리고
<맘마미아(Mammia)> 등 매년 2~3편의 작품이 대형기획사 주관
으로 공연되고 있다. 상연횟수와 티켓가격에서 월등한 차별성을 보
이는 서구뮤지컬의 도입은 러시아 공연문화 시장의 지도를 크게
바꾸고 있다.

먼저 서구뮤지컬의 부각이 낳은 주목할 만한 변화 가운데 하나
로 새로운 극장과 공연기획사의 등장을 꼽을 수 있다. 기존의 레퍼
토리 극장과 맞서는 개념인 '엔터프라이즈(антеприз)' 극장의 출
현은 소비에트 시기를 통해 고착되어 온 레퍼토리 극장 시스템이
낳은 고질적 문제-즉 거의 종신형으로 운영되는 예술감독의 독주
와 전속 배우시스템의 한계, 젊은 연출가 및 배우들에 대한 기회불
균등, 지원금의 낭비와 비즈니스 마인드의 부재 등-에 대한 대안
적 성격을 띤다.[6] 예술감독이 아닌 프로듀서가 중심에 선 엔터프라
이즈 극장은 국가지원금을 전혀 받지 않는 독립극장으로서, 후원금
과 공연수익금으로 운영되는 서구식 기업형 극장을 표방한다. 이들
은 레퍼토리 극장의 폐쇄성을 극복하고 공연 자체를 위해 연출가
와 배우들이 자유롭게 결성되는 역동성을 특징으로 한다. 이들 극
장의 레퍼토리는 대부분 뮤지컬과 코미디, 가벼운 경가극 장르로

---

[6] 소비에트 시기 확립된 전 극장의 국유화는 전국의 레퍼토리 극장화와 의미를 같이한다. 이는 냉전 시기
러시아를 비롯한 동유럽의 국가들에서 행해져 왔던 것으로 예술의 대중화를 비롯한 여러 업적들에도 불
구하고 오늘날 여러 문제점들을 노출시키며 새로운 변화의 국면을 맞고 있다.

채워진다. 경영감독(프로듀서, 매니저)을 중심으로 하는 엔터프라이즈 극장의 운영방식은 오랜 기간 예술감독의 독주 하에 운영되어 온 전통적인 레퍼토리 극장의 제작 및 운영 시스템에도 영향을 미쳐, 후자 또한 경영감독 중심체제로 변화시키는 효과를 불러일으키고 있다. 장기간 지속되어 온 볼쇼이극장의 사례 및 대표적인 아카데미 극장인 모스크바 예술극장(МХАТ)과 푸쉬킨 극장(Театр имени Пушкина)의 변화는 앞으로 극장운영에서 경영진의 역할이 더 중요해지고 있음을 잘 보여준다.[7]

나아가 프로듀서의 기획력에 의해 성패가 좌우되는 엔터프라이즈 극장의 운영은 공연전문 대형 프로덕션의 탄생으로 연결된다. 1999년 뮤지컬 <메트로>의 모스크바 공연을 시작으로 만들어진 메트로 엔터테인먼트(Metro Entertainment)는 이후 모스크바 오페레타 극장과의 협연으로 <노트르담 드 파리>, <로미오와 줄리엣> 공연을 기획하며 본격적인 뮤지컬 수입 및 제작 사업에 열을 올리고 있다. 한편 저력 있는 극장문화 인프라가 잘 갖추어진 러시아 공연예술 시장은 해외 다국적 프로덕션들의 주된 공략지로 주목받기 시작한다. 네덜란드에 본사를 둔 세계적인 공연 프로덕션 스테이지 엔터테인먼트(Stage Entertainment)의 러시아 진입은 바야흐로 러시아내 뮤지컬 산업의 활성화를 꾀하는 중요한 계기로 작용하고 있다. 최근 <캣츠>(2005)와 <맘마미아>(2006)를 통해 러시아 진출의 교두보를 굳힌 스테이지 엔터테인먼트 러시아의 경영감독 보

---

[7] 90년대 중반까지 지속된 볼쇼이 극장의 예술감독 대 경영감독 간의 헤게모니 경쟁은 문화부장관이 후자의 손을 들어 줌으로써 일단락 지어졌으며, 본격적인 기업형 극장을 표방하고 나선 므하트와 푸쉬킨 극장의 최근 변화는 주목할 만하다. 러시아 레퍼토리 극장의 문제점과 변화 양상, 엔터프라이즈 극장의 등장 배경에 대해서는 졸고를 참조: 조유선, 『슬라브학보』, 249~251쪽.

가체프(Д. Богачев)는 점차적으로 증가하고 있는 뮤지컬 수요를 강조하면서 현재의 투자를 장밋빛 미래를 위한 초석으로 파악한다: "우리는 미래에 살고 있다. 그러기에 뮤지컬 붐에 대한 기대로 차 있는 지금 이 순간 뮤지컬에 대한 투자는 가장 매력적이랄 수 있다."[8]

그러나 지난 10여 년간 서구뮤지컬의 흥행은 외적인 가열현상과는 달리 내부적으로 여러 문제점을 노출시키고 있다. 다른 공연에 비해 상당한 정도의 대형 자본을 필요로 하는 뮤지컬은 고수익을 목표로 하는 이른바 '흥행의 꽃'이라 불리며, 브로드웨이를 비롯한 서구 여러 나라에서 단연 수익성 관련 부동의 1위를 차지하고 있다. 예를 들어 전설의 뮤지컬 <캣츠>는 웨스트엔드의 뉴런던 극장에서 1981년 5월 초연된 이래 2006년 6월까지 장장 21년간 공연되었다. 역사상 가장 오랜 기간 무대에 오른 이 공연은 총 8,950회 공연을 통해 약 800만 명의 관객을 동원하고 1억 3,600만 파운드(약 2,700억 원)라는 어마어마한 매출을 기록하였다. 또한 뮤지컬의 메카 브로드웨이에서도 1982년 8월~2000년 9월까지 18년간 쉬지 않고 오른 것으로 유명하다.[9] 이와 대조적으로 모스크바에서는 서구뮤지컬의 초기 공연이 객석을 절반도 채우지 못한 채 한 시즌 내에 마감하는 해프닝을 낳았다. 아직껏 짧은 흥행의 역사가 주원인이기도 한 데다 최근 몇 년간 상태가 호전되었다고는 하나 여전히 적자에 시달리는 기현상을 보이고 있다.

이 같은 서구뮤지컬의 고전(苦戰)은 러시아 극장문화의 독특한

---

8) "В России продюсеры увлеклись убыточными мюзиклами!," http://222.loja.ru/news/articles/2006/12/145.html (검색일: 2007년 2월 20일).

9) <캣츠>를 비롯한 주요 공연작에 대한 설명은 다음을 참조: 원종원, 『올 댓 뮤지컬』(서울: 동아시아, 2006), 17~19쪽.

환경과 관련지어 생각해 볼 수 있다. 다양한 장르의 음악극 전통을 가진 러시아에서 뮤지컬은 사실상 '러시아' 뮤지컬이란 수식어를 단 채 이미 80년대 초부터 일부 극장의 레퍼토리를 장식해왔다. 1981년 7월 렌콤 극장(Театр "Ленком")에서 초연을 올린 <유노나 와 아보스(Юнона и авось)>는 현재까지 무려 25년을 넘기며 서구 뮤지컬의 최장기 기록을 능가하고 있으며, 최근까지도 두 달 전 예매가 아니면 공연을 보지 못하는 진풍경을 낳고 있다. 음악보다는 연극적 전통에 기반하고 있는 러시아 창작뮤지컬은 2000년대에 들어와 <노르드 오스트(Норд-Ост)>와 <12개 의자들(12 стульев)>을 비롯해서 록오페라, 록뮤지컬 형식으로 활발히 제작 공연되고 있다. 이에 엔터프라이즈 극장들은 물론이거니와 기존의 레퍼토리 극장들 또한 자체 뮤지컬 제작에 열을 올리고 있다. 일찍이 메트로 엔터테인먼트와 손을 잡고 이미 수차례 서구뮤지컬을 기획한 오페 레타 극장은 창작극 <마우글리(Маугли)>, <제인(Джейн)>을 최근 정기 레퍼토리에 첨가하였다. 또한 음악극을 주요 레퍼토리로 하는 헬리콘-오페라 극장(Театр "Геликон Опера"), 스타니슬랍스 키 음악극장(Музыкальныйтеатр имени К. С. Станиславского и В. И. Немировича-Данченко)은 물론이거니와 대표적인 아카데미 드라마극장인 푸쉬킨 극장, 마야꼬프스끼 극장, 모스소비에트 극장 등에서도 레퍼토리에 창작 뮤지컬을 꾸준히 선보이고 있다.[10] 특히

---

[10] 스타니슬랍스키 음악극장과 같은 전통적인 음악극장의 레퍼토리는 오페레타를 위시한 경가극 장르가 주를 이루는데 최근에는 록-오페라, 록-뮤지컬 형식을 딴 작품들이 부각되고 있다. 푸쉬킨 극장의 록-오페라 <까빌리아의 밤(Ночи Карибии)>은 이탈리아 영화감독 펠리니의 영화를 무대화한 것으로 원작의 뼈대만 남긴 채 러시아적 분위기와 문제의식을 잘 담아 낸 것으로 평론가들의 주목을 받았으며, 어린이 뮤지컬 <보물섬(Остров сокровищ)>은 마야코프스키 극장의 <빨간 모자의 모험(Приключения красной шапочки)>과 더불어 인기 공연으로 자리 잡았다. 이들 극장의 레퍼토리와 공연평 관련해서는 다음을 참조: http://nescafe.theatre.ru (검색일: 2007년 3월 20일).

로조프스키(М. Розовский)가 이끄는 모스크바의 니키트스키 바로트 극장(Театр У Никитских Ворот)은 지난 20여 년 동안 러시아 뮤지컬 제작과 관련해 가장 돋보이는 레퍼토리 극장이다.[11] 레퍼토리 극장에서 오르는 뮤지컬은 일정기간 연속적으로 공연되는 엔터프라이즈 극장의 경우와는 달리 꾸준히 많은 관객을 동원하며 장기전에 돌입하고 있다.

오늘날 러시아 무대에서 서구뮤지컬이 그 가능성에도 불구하고 고전을 면치 못하는 또 다른 이유로 전용극장의 부재를 들 수 있다. "현대 예술 장르의 복합체"라고 칭해지는 대형 뮤지컬은 극적 구성을 바탕으로 노래와 춤, 여기에 상상을 뛰어넘는 무대장치 등으로 상징적 이미지를 연출하는 무대예술의 극치를 추구한다. 따라서 최첨단의 특수효과와 조명, 음향 시설을 갖춘 전문극장을 꼭 필요로 한다. 그러나 현재 모스크바에 서구 수준의 시설을 갖춘 뮤지컬 전용극장은 거의 전무한 실정이다. 소비에트 시기부터 일종의 쇼 극장으로 이름난 에스트라다 극장(Театр Эстрады)과 2002년 뮤지컬 공연을 위해 개조된 모스크바 청년궁전(Московский дворец молодёжи), 그리고 복합문화공간을 표방하며 만들어진 프로듀서 극장 테아트리움(Театриум на Серпуховке) 등은 대형 뮤지컬을 올리기에 비교적 용이하다고 할 수 있으나 전용관으로서는 부족하다는 평가가 지배적이다. 경쟁력 있는 뮤지컬 공연을 위한 '자유로운 장(свободная площадка)'의 부족은 거의 대부분의 극장 관계자

---

11) 최근 러시아내 뮤지컬 환경을 둘러싼 여러 공방 하에서 로조프스키의 극장은 그동안 구축해 온 탄탄한 소극장 뮤지컬 전통을 바탕으로 오늘날 러시아 뮤지컬의 발전을 선도하고 있는데, 대표작 <은둔자>, <비바, 퍼퓸>, <감브리누스>는 2006, 2007 뮤지컬 페스티벌에 지명되어 호평을 받았다. Александр Колбовский, "Бродвей на Никитской," http://www.smotr.ru/2003/2003_helikon_gershvin.htm (검색일: 2007년 2월 27일).

들이 공감하는 사항으로 뮤지컬 프로듀서인 게치멘-발덱(К. фон Гечмен-Вальдек)은 무엇보다도 정부 차원의 지원이 필요함을 주장한다. 그녀는 뮤지컬이 현대사회 대중에게 대단히 적합한 장르임을 강조하면서 다른 공연물들과 마찬가지로 체계화된 국가지원을 끌어내야 함을 거듭 밝히고 있다.

> 한 가지 희망은 아직 돈줄이 끊어지지 않았다는 것입니다. 〈……〉 그러나 이것은 모두가 사적 자금입니다. 아직도 이 장르를 지지하는 몇 명의 정신 나간 사람들은 존재합니다. 지금껏 이것은 일종의 고행이었습니다. 전문화되지 못한 고행! 이 고행은 좋은 것과 나쁜 것이 구별되지 않기에 90% 뮤지컬은 다 나쁜 것이라 할 수 있지요, 아시겠어요?[12]

서구뮤지컬의 도입에서 드러난 또 다른 문제 가운데 하나는 아직껏 자리 잡지 못한 저작권 개념의 부재이다. 이는 비단 공연뿐 아니라 포스트소비에트 시기 문화예술 창작물 전반에 해당되는 사항으로 특히 해외 뮤지컬의 경우 원 저작물과 2차 저작물의 구분에 대한 경계가 모호한 상태로 여전히 많은 작품들이 저작권을 무시한 채 러시아 무대에 올려지고 있다.[13] 1990년 초연을 올린 뒤 현

---

[12] "Круглый стол на тему: 'Музыкл, как новое театральное пространство'," C.25.

[13] 본격적인 비즈니스 극장을 표방한 엔터프라이즈 극장들과 메트로 엔터테인먼트를 비롯한 공연전문 프로덕션에 의해 중재되고 있는 최근 서구 공연의 수입 및 제작은 정상적인 계약을 바탕으로 로열티를 지불하는 상황이다. 그러나 기존의 레퍼토리 극장 및 소극장, 특히 지방 극장 등에서 러시아인 연출가와 배우들, 스텝들에 의해 러시아판으로 만들어진 공연의 대부분은 저작권 여부에 대한 고민이 없는 상태로 올려져왔다. 이는 자국어로 옮기는 외국 공연을 2차 저작물로 볼 것인가? 라는 오늘날 한국을 비롯한 여러 국가들에서 쟁점이 되고 있는 사항으로 러시아의 경우 아직껏 정착되지 못한 저작권법의 실태와 2차 저작물에 대한 명확한 기준의 부재 그리고 원 저작물의 도용에 대한 윤리의식의 미비함 등으로 저작권을 둘러싼 논의는 최근 문화예술계의 뜨거운 공방 가운데 하나라 할 수 있다. 이 논의와 관련해서는 다음을 참조: "Круглый стол на тему: 'Музыкл, как новое театральное пространство'," C.6~10 ; "Русский мюзикл: опасный конкурент или добродеятельный," http://theatre-fomenko. narod.ru/articles_common_11.htm (검색일: 2007년 3월 15일); "Авторские права на название мюзикла," http://www.informexpress.ru/conf/arh/_tocf.asp?showdata=5&counter=4760 (검색일: 2007년 3월 15일).

재까지 모스소비에트 극장의 고정 레퍼토리로 장기 공연에 돌입한 <지저스 크라이스트 슈퍼스타>는 그 대표적 예로 지난 17년간 한 푼의 로열티를 지급하지 않은 것으로 유명하다. 저작권 개념이 도마에 오른 현 시점에서 이 작품은 해외 저작권 보유자들의 주목의 대상이 되고 있다. 작곡가이자 뮤지컬 제작자인 주르빈(A. Журбин)은 2006년 뮤지컬 페스티벌의 총평으로 마련된 라운드 테이블에서 이 공연의 비합법성을 지적하며, 이런 작품이 아무런 필터링 없이 뮤지컬 페스티벌에 노미네이트 된 상황에 대해 특히 평론가들이 심각하게 반성해야 함을 촉구하였다.

> 〈지저스 크라이스트 슈퍼스타〉는 여태껏 내내 불법으로 공연되고 있는데, 우리는 이것을 더 이상 좌시해서는 안 됩니다. 불법입니다. 〈……〉 이런 공연을 국가적 페스티벌 목록에 넣어서는 결코 안 되는 것이죠. 거칠게 말하자면 이는 바로 감옥에 갈 일입니다. 〈지붕 위의 바이올린(Скрыпач на крышке)〉도 마찬가집니다. 이건 정말이지 심각한 사안입니다. 대단히 저돌적이며 호들갑스런 평론가들 〈……〉 우리 역시 당신들을 지켜보고 있다는 걸 유념해야 합니다. 당신들은 가끔씩 엄청난 오류를 범하고 있다는 걸 알아야 합니다.[14]

다른 한편 아직껏 열악한 뮤지컬 공연의 환경에도 불구하고 '장(場)'으로서 향후 러시아 뮤지컬의 가능성은 여러 측면에서 인정된다. 세계 속 러시아 공연예술의 위상이 보여 주듯이 무엇보다도 러시아 극장은 훌륭한 인적 인프라를 구축하고 있다. 소비에트 극장 문화의 전통 속에서 잘 훈련받은 뛰어난 배우와 스텝들 그리고 체계적인 도제식 교육 속에서 배출된 탁월한 연출가들, 해외 교류를 통해 더욱 성숙된 능력 있는 프로듀서들의 경쟁력은 제2의 극장문

---

14) "Круглый стол на тему: 'Музыкл, как новое театральное пространство'," С.10.

화 전성기를 맞고 있는 오늘날 러시아 뮤지컬 시장에서도 여전히 빛을 발하고 있다. 스테이지 엔터테인먼트의 CEO 욥 반 덴 엔드 (Joop van den Ende)은 러시아 시장 진출 기념사에서 오랜 전통과 대단한 잠재력을 가진 수준 높은 러시아 극장문화로 인해 모스크바로의 진입은 다른 어느 나라보다도 앞선 기술과 노하우, 마케팅 경험을 필요로 했음을 강조하였다.[15]

서구뮤지컬들 가운데 가장 오랜 공연 기록(2002년 5월 2004년 3월)과 가장 좋은 반응을 불러일으켰던 <노트르담 드 파리>의 경우 저명한 바르드 시인이자 가수인 율리 김(Юлий Ким)의 독창적인 번안으로도 유명하다. 율리 김은 번안과정에서 프랑스 노랫말의 파토스와 리듬을 자연스런 러시아어로 옮기는 작업이 대단히 어려웠음을 고백하였다: "알다시피 저는 많은 러시아 음악극의 리브레토 작가라 할 수 있습니다. 그러나 이번 작업에서 저의 관심은 전혀 다른 것, 즉 플라몽드(L. Plamondon)의 프랑스 시가 지닌 정신과 파토스를 어떻게 러시아어로 최대한 그럴듯하게 버무려 내느냐는 것이었습니다." 설문조사에서 드러나듯이 <노트르담 드 파리>의 러시아어 리브레토는 가장 잘 된 번안으로 평가받는다. 원작 리브레토의 작가 플라몽드는 러시아어 버전에서(그가 러시아어를 모름에도 불구하고) 더 역동적이고 정열적인 느낌을 받았음을 지적하면서 무엇보다도 번안극을 창작극 수준으로 소화해 낸 리브레토와 배우들의 높은 기량에 놀랐음을 밝히고 있다.[16] 사실상 서구뮤지컬

---

15) http://www.stageholding.com/misc/670.html (검색일: 2007년 2월 20일).

16) "Мюзикл Нотр-Дам де Пари"(19 Май 2002), http://www.echo.msk.ru/guests/4792/ (검색일: 2007년 3월 15일).

공연에서 러시아 배우들의 역량은 일찌감치 확인됨에 따라 <42번가>를 제외한 거의 모든 작품들이 현지 배우들에 의해 번안극으로 무대에 올려졌다. <로미오와 줄리엣>의 러시아어 버전 역시 프랑스 측 프로듀서 루벵(G. Louvin)으로부터 러시아어 리브레토의 독창성과 더불어 다른 어느 나라에서보다도 러시아 배우들의 기량이 뛰어났다는 평가를 받았다. 여기에 점차적으로 자리를 잡아 가는 제도적, 기술적 보완과 더불어 공연예술 전반에 대한 국가적 지원과 기업 후원금의 증가는 경쟁력 있는 러시아 뮤지컬 장의 활성화를 기대하게 만든다.[17]

3. 뮤지컬 관객: 무엇을 어떻게 소비하는가?

일반적으로 러시아 공연계에서 뮤지컬 장르는 '이등급'으로 취급되며 그다지 진지하게 관객들과 조우하지는 않는다. 연출가의 새로운 해석을 담아 관객들로 하여금 삶의 근원적 문제에 대한 성찰을 제시하는 연극과는 달리, 잘 알려진 스토리를 열정을 담은 음악과 강렬한 춤, 고도의 기술을 요하는 무대장치 및 효과 등으로 재현하는 뮤지컬은 대중의 기호와 소비 욕구를 잘 읽어 내는 프로듀서의 기획력에 의해 그 성패가 좌우된다고 할 수 있다. 그러기에 연극적

---

[17] 2003년부터 러시아 6대 대형 예술기관에 대통령 지원금이 책정된 것과 더불어 2004년에는 역시 대통령 직속으로 뛰어난 문화예술재원이 해외로 유출되는 사태를 막기 위해 볼쇼이와 기티스(ГИТИС)를 비롯한 주요 극장 임원들과 교원들의 임금을 정상화하는 방안이 추진되면서 극장의 열기는 더해지고 있다. 그러나 다른 장르에 비해 뮤지컬에 대한 국가적 지원은 부족한 상황인 반면에 가스프롬 산하 키네프(KINEF), 네스카페(NESCAFE), 포털사이트 www.mail.ru 등의 지원이 주목할 만하다.

전통이 강하고 '고정관객(зритель)' 층이 두터운 러시아 극장무대에서 브로드웨이식 뮤지컬은 마치 "사랑하지는 않으나 돈 많은 양자"로 여겨지며, 평론가들의 '가벼운' 멸시와 질투의 대상이 되곤한다.[18] 이는 우선적으로 지나치게 상업성과 결탁한 듯 보이는 서구뮤지컬에 대한 불편함을 드러낸 자연스런 비판인 듯 보인다. 동시에 러시아 공연예술에 대한 자부심과 음악극 전통이 강한 러시아에서 혼동을 낳고 있는 장르로서 뮤지컬의 개념 그리고 다양한뿌리를 가진 서구뮤지컬 자체에 대한 이해 부족에서 나온 복합적반응이랄 수 있다.[19]

평론가들 사이에서 뮤지컬이 그 장르적 정의에서부터 복잡한 논의들을 불러일으킨다면, 일반 관객들 사이에서 이 장르는 비교적단순하게 이해된다. 러시아 관객이 이해하는 뮤지컬은 현대 서구음악극 장르의 하나로 이야기에 춤과 노래가 곁들여져 흥을 돋우는 "거창하고 값비싼 쇼"에 가깝다. 뮤지컬 전문사이트의 설문조사에 따르면 러시아 뮤지컬 관객은 음악과 각본의 중요성 이외에 특히 춤과 가사 또한 중요한 요소로 지적했다. 뮤지컬은 몰두하기보다는 편하게 듣고 즐기는 가벼운 여흥의 일종으로 간주되는 것이다.[20] 또한 브로드웨이가 서구뮤지컬의 본산임에도 현재 러시아 무

---

18) "Экспансия мюзиклов в Россию," http://www.smotr.ru/2001/2001_itogi_kom.htm (검색일: 2007년 3월 17일).

19) 2006년 제1회 뮤지컬페스티벌 이후 가진 "극장공간으로서 뮤지컬"을 주제로 한 라운드테이블에서 확인된바 러시아에서 뮤지컬이란 용어는 '뮤지컬 코미디' 전반을 일컫는 광의의 해석에서부터 브로드웨이식 뮤지컬에 국한시키는 협의적 의미, 나아가 브로드웨이 공연의 다양성과 유럽과 미국 뮤지컬의 차이에 대한 문제제기에 이르기까지 극장관계자들 사이에서 다양한 논의를 불러일으키고 있다. 이 논의와 관련해서는 다음을 참조: "Круглый стол на тему: 'Музыкл, как новое театральное пространство'," С.3~6, С.11~15.

20) "Современный музыкл – это шоу, грандиозное и дорогое," http://www.postolencko.ru/podrobneeomuz.htm (검색일: 2007년 3월 17일).

대에서 오르는 공연의 대부분은 영국과 프랑스의 작품들이기에 러시아에 수입된 서구뮤지컬은 사실상 미국적이기보다는 훨씬 더 유럽적이라 할 수 있다. 특히 해외뮤지컬 시장에서 비교적 늦은 출발로 주변부에 위치한 프랑스 뮤지컬의 인기는 러시아 관객의 독특한 취향을 엿보게 한다.[21]

무엇보다도 주목할 만한 사항은 <메트로> 이후 라이선스 뮤지컬 공연에서 드러난 관객들의 반응이다. 2000년을 전후하여 오른 공연의 상당수는 객석을 반도 채우지 못한 상태에서 한 시즌을 겨우 넘길 정도로 고전을 면치 못하였다. 페레스트로이카 전후로 표출되었던 서구 공연에 대한 대중의 과도한 호기심과 열광은, 개방이 본격화되어 러시아에서 서구 공연을 감상하는 것이 원활해짐에 따라 공연 자체에 대한 관심과 평가로 자연스레 이동했다. 메트로 엔터테인먼트의 처녀작 <메트로>가 2달 반 공연이라는 초라한 기록을 세웠고 후속작품들 역시 한 시즌을 채우지 못하는 상황에 직면했다. 2005년 스테이지 엔터테인먼트의 야심작 <캣츠>의 러시아어 버전 역시 정확히 1년을 기록하며 막을 내리고 말았다. <드라큘라>는 3달, <위 윌 록 유>는 4달에 머물렀으며, 화려한 무대장치로 관심을 모았던 <시카고> 역시 2002~2003 시즌을 다 채우지는 못했다. 한편 <노트르담 드 파리>는 이례적으로 약 2년간 공연될 수 있었다. 이런 상황에서 2006년 10월 최소 두 시즌을 목표로 초연을 올린 <맘마미아>의 행보는 여러 면에서 주목받고 있다.

---

[21] 브로드웨이 뮤지컬 150여 년의 역사에 비해 프랑스 뮤지컬은 불과 30여 년의 짧은 역사를 갖는다. 그러나 오랜 음악극 전통에 기초한 프랑스 뮤지컬은 브로드웨이의 그것과는 거리를 보이며, 프랑스 관객들 역시 러시아 관객과 마찬가지로 철학이 부재하고 흥미 위주인 브로드웨이 뮤지컬에서 호감을 느끼지는 못하는 듯하다. 프랑스 뮤지컬의 특징에 관해서는 다음을 참조: 박병성, 「브로드웨이 뮤지컬을 쏜 프랑스 뮤지컬」, 『한국연극』, 2006년 3월호, 4~9쪽.

극장관계자들은 러시아 관객들의 이 같은 반응의 주요 이유로 티켓가격과 매일 연속으로 공연되는 레퍼토리 일정 그리고 아직껏 제대로 구비되지 못한 뮤지컬 '장'의 부족을 지적한다. 티켓가격의 경우 서구뮤지컬의 등장은 러시아 극장표의 엄청난 가격 상승을 부채질했다. 2002년 이후로 공연된 대부분의 라이선스 뮤지컬의 로열석 가격은 2,000~3,000루블을 호가했으며, 2004~2005 시즌에 공연된 <위 윌 록 유>의 최고석이 4,500루블을 기록하기도 했다. 그 결과 '뮤지컬 관객=명품 관객'[22]이라는 비난을 들어야 했다. 값비싼 서구뮤지컬의 관객은 대부분이 '비고정 관객(публика)'이며, 실제 로열석이 일반석보다 빠른 속도로 판매되는 아이러니컬한 상황이 벌어지고 있다. 물론 <이스트윅의 마법사>, <위 윌 록 유>, <맘마미아>의 경우 500~700루블 가량의 저렴한 좌석들도 있으나 그 수는 전체 좌석의 5%에도 못 미치는 소량에 불과하며, 로열석이 40~50%를 차지하는 기형적 구조를 하고 있다. 이 같은 뮤지컬 티켓가격은 기존 레퍼토리 극장표의 가격 상승으로 이어지면서 모스크바의 대표적 브랜드 극장인 모스크바 예술극장, 렌콤 극장, 마야코프스키 극장 등의 인기 공연 역시 연극임에도 2,000~3,000루블을 호가하는 상황을 낳고 있다. 이름난 극장의 비싼 좌석만을 고집하는 이른바 '명품 관객'이 이들 극장의 로열석을 차지함에 따라 소비에트 시기 고정 관객층을 자랑했던 레퍼토리 극장의 관객구성은 큰 변화를 드러내며, 이는 오늘날 러시아 극장관객의 양극화, 관객 소외현상이라는 새로운 문제의 주원인으로 작용하고 있다.[23]

---

22) '명품 관객'이란 이름난 공연의 최고 비싼 좌석만을 고집하는, 소수의 특권 관객층을 지칭하는 비유로 값비싼 라이선스 뮤지컬의 로열석을 차지하는 단골 관객이랄 수 있다.

여기서 좀 더 주목할 만한 사실은 서구뮤지컬의 부진이 티켓문제와 극장 시스템의 한계를 넘어 극장문화의 오랜 전통 속에서 다져져 온 러시아 관객들이 갖는 문화적 이질감 혹은 '의식'보다는 '양식'에 치우친 서구뮤지컬 자체의 특징에 크게 기인한다는 점이다. 이는 러시아 창작뮤지컬과의 비교에서 더욱 두드러진다. 위에서 언급한 <유노나와 아보스>의 인기는 아직도 예측을 불허한다. 평균 한 달에 2~3번 공연이 잡혀 있는 이 작품은 25주년을 넘긴 요즈음도 티켓판매 시작 하루, 이틀 만에 표가 마감해 버리는 연속 매진을 이어 가고 있다. 렌콤 극장의 신화이자 러시아 극장의 전설이 되어 버린 이 작품의 성공은 세대를 뛰어넘는 관객과의 조우에서 찾을 수 있다. 19세기 초 러시아 귀족이자 미국과의 합작회사를 경영하는 사업가 레자노프의 캘리포니아 항해를 다룬 이 공연의 객석은 25년째 극장을 찾는 60~70대 노년층에서부터 "러시아 노래와 춤으로 엮어진 러시아 귀족의 슬픈 운명"에 한껏 취하고 싶어하는 중년층, 그리고 마치 그 명성을 확인코자 작심한 듯 보이는 청년층에 이르기까지 다양한 세대 간의 하모니를 이루어 낸다.[24] 렌콤 극장의 예술감독이자 <유노나와 아보스>의 연출가인 자하로프(М. Захаров)는 '러시아 뮤지컬이 존재하느냐?'는 질문에 뮤지컬에서 무엇보다도 중요한 것은 "무대의 이상이 우리의 지성을 풍부하게 만들고 미래적 성찰을 위한 지평을 형성해 줄 수 있는 인간적 이야기와 사상"이라 답한다. 더 나아가 그는 이제 막 출발점에 선 러

---

[23] 러시아 극장의 관객 성향 및 양극화, 소외 문제와 관련해서는 졸고를 참조: 조유선, 『슬라브학보』, 258~264쪽.

[24] 이 작품에 대한 객석의 반응은 다음 사이트를 참조: "Юнона и авось, Зрительские," http://www.teatr.ru/th/perfcomm-view.asp (2007년 5월 7일 검색).

시아 뮤지컬이 그동안 축적된 러시아적 전통-로망스, 성가곡, 합창 등-을 바탕으로 점차적으로 그 이상을 성취해 낼 것이라 강조한다.[25] 한편 본격적인 러시아 최초의 대형 상설뮤지컬로 기획되어 2001년 10월 초연을 올린 <노르드-오스트>는 카베린(В. Каверин)의 소설「두 명의 대위(Два капитана)」를 각색한 작품으로, 같은 시기 공연된 서구뮤지컬보다 객석 점유율에서 단연 앞선다. 이 공연은 브로드웨이나 웨스트엔드에 버금가는 러시아 뮤지컬의 등장에 대한 기대로 세간의 관심을 불러일으킨 대표작이기도 하다.[26] 20세기 전반 조국전쟁의 소용돌이에 휩쓸린 두 세대의 비극적 운명과 화해를 그린 이 작품은 러시아 음악극의 명콤비 이바쉬첸코(А. Иващенко)와 바실리예프(Г. Васильев)가 약 3년에 걸쳐 기획, 제작하였고, 4백만 달러라는 당시로서는 막대한 자금을 투자한 것으로도 유명하다. 이름난 바르드 가수이기도 한 바실리예프는 이 공연의 리브레토를 쓰는 데만 꼬박 2년 반이 걸렸음을 고백하면서, 서구뮤지컬과 구분되는 이 작품의 음악적 특징을 러시아 바르드적 전통에서 찾을 수 있음을 지적한다. 그리고 문학작품을 원작으로 한 이유에 대해 "뮤지컬은 사소한 일상의 이야기가 아닌 거대한 볼거리를 자아내야 한다."라고 답하며, 본격 뮤지컬로서 <노르드-오스트>의 가능성을 강조한다.[27]

---

[25] "Существует ли в России мюзикл?"(25 сентября 2001), http://www.newsru.com/cinema/25Sep2001/muzikl.html (검색일: 2007년 12월 1일).

[26] 2003년 실시된 뮤지컬 전문사이트 설문조사에서 2002~2003 시즌 가장 영향력 있는 뮤지컬은 <노르드-오스트>(43%), <노트르담 드 파리>(40%), <시카고>(11%), <42번가>와 <드라큘라>(각 3%) 순이었으며, 응답자의 절반 이상은 새로운 러시아 뮤지컬이 제작되어야 한다고 답했다.

[27] "Крупнейший и единственный"(30. 08. 2001), http://www.ko.ru/document.asp?d_no=2972&p=1 (검색일: 2007년 12월 1일).

그런데 흥미롭게도 이 공연의 흥행에도 불구하고 평론가 및 고정 관객들의 반응은 냉담하기 이를 데 없다. 물론 공연 후기에 "대단한 작품이다", "감동적이었다", "최초의 본격 뮤지컬! 전투기가 등장하다" 등과 같은 긍정적인 일회성 멘트도 눈에 띄지만 전문가들의 반응은 '미흡함', '부족함'의 뉘앙스로 흐르고 있다:

> 말 없는 성공에도 불구하고 뭔가 꺼림칙하다 〈……〉 거의 모든 것이 대단히 정교하고 기술적으로 잘 만들어진 듯하지만 〈……〉 행위의 통일감은 얻지 못한 것 같다. 마치 온갖 양념과 조리법이 가미되었음에도 나온 음식은 중간 정도 수준이니. 흥행의 비밀을 아는 것만으로 그 성과를 덮기엔 역부족이다.[28]

> 노르드-오스트 극장은 관객들에게 아침부터 저녁까지. 쉬는 날도 없이 오직 〈노르드-오스트〉만을 보여 준다 〈……〉 점차적으로 뮤지컬에 대한 기대는 사라져 갔다. 머릿속에서 무대 위의 '생동감'에 대한 회의가 더해질 무렵…… 아역들이 잘했음에도 소리의 조화를 느끼기 힘들었다. 〈……〉 그럴 수밖에 없는 것이 그 많은 배우들 가운데 몇 명만이 노래를 부르는 게 아닌가! 〈……〉 만약 당신들이 「두 명의 대위들」을 읽지 않거나 동명의 영화를 보지 않았다면 무대에서 벌어지는 사건들을 이해하기는 꽤나 힘들 것이다. 그러니 프로그램의 내용이라도 잘 읽어 두는 게 좋지 않겠는가. 〈……〉 이런, 내 생애 처음으로 예술에 투자한 걸 아쉬워하다니! 아님 이게 예술이 아니었나? 에이, 전문가들에게 맡길 일이다![29]

유사한 반응은 <노르드-오스트>에 뒤이은 또 하나의 대형 뮤지컬 <12개 의자들>에서도 잘 드러난다. 1920년대 소비에트 정권 초기의 횡포와 세태를 풍자한 일프와 페트로프(И. Ильф и Е. Петров)의 동명 소설 「12개 의자들」을 무대화한 이 작품은 이미 영화를 통

---

28) Ирина Виноградова, "В направлении Норд-Оста"(1 ноября 2001), http://www.smotr.ru/opinion/nord_op.htm (검색일: 2007년 3월 15일).

29) Руслан Курепин, "Стоит ли сходить на мюзикл 'Норд-Ост'?," http://www.checker.ru/nordost.ru/erunda (검색일: 2007년 12월 1일).

해 러시아 대중들에게 '뮤지컬적 영화'로 각인되어 인기를 누려 온 터라 「노르드-오스트」이상의 기대를 모은 것으로 잘 알려져 있다. 그러나 초연과 함께 쏟아진 평론가들의 반응은 냉소를 넘어 대단히 공격적이다:

공연은 실패했다. 연출가 케오사얀(T. Keocaян)은 뮤지컬 대신에 열정도 재미난 트릭도 없이 아리아로 가득 찬 툴라 지역의 오페레타를 만들어 내고야 말았다. 〈......〉 시작부터 음울한 톤이 나오더니 〈......〉 일프와 페트로프의 소설이 그 어떤 불분명한 이유로 극도의 멜랑콜리 다발로 만들어져 있는 게 아닌가. 〈......〉 여기서 연출가 케오사얀이 성공한 것이 있다면 오직 하나 ― 뮤지컬 광고 회사와 그의 연출가적 야망만이 이에 만족한 듯 보인다.[30]

대신에 주인공들이 완전히 사라져 버렸다. 공연의 대부분을 무대 구석에서 풀어 내며 이따금씩 소설에 나오는 문지기들의 회자되는 구절만을 내뱉을 뿐이다. 이 축약된 무대 구성에는 그 어떤 연출법도 찾을 수 없으며, 심지어 연출가는 구성 상의 결정적인 순간들조차도 주목하지 않고 있다. 그 같은 조건에서 무얼 할 수 있단 말인가. 모를 일이다. 〈......〉[31]

뮤지컬―이것은 무엇보다 산업이다. 그런 다음에야 예술인 것이다(만약 '다음'이란 것이 온다면) 〈......〉 청년궁전에서 오른 「12개 의자들」의 초연은 오랫동안 고도로 광고에 노출되어 있었다. 기념품 제작자들은 '돈을 넣은 집 열쇠' 같은 것을 만들어 팔기도 하는데 〈......〉 「12개 의자들」이 완전히 시시해지지 않은 다음에야 대체 이런 것이 왜 필요하단 말인가? 제2의 「노르드-오스트」는 실패작이다. 멋진 '다음'은 이렇게 해서 오지 못했고, 산업은 예술이 되지 못한 게다.[32]

---

30) "Мрачный Бендер"(Новая газета 10 ноября 2003), http://www.smotr.ru/2003/2003_stulyev.htm (검색일: 2007년 2월 20일).

31) "Постановщики заблудились в 12 стульях"(Известия, 10 ноября 2003), http://www.smotr.ru/2003/2003_12stulyev.htm (검색일: 2007년 2월 20일).

32) "Не надо оваций"(Русский курьер, 10 ноября 2003), http://www.smotr.ru/2003/2003_12stulyev.htm (검색일: 2007년 2월 20일).

이 같은 반응들에서 결국 서구뮤지컬적 '양식'에 치중한 나머지 러시아적 '의식'을 제대로 살려내지 못함에 대한 비판과 더불어 아직 제자리를 잡지 못한 뮤지컬 장르에서도 여전히 존재론적 성찰과 서사적 전통을 기대하는 러시아 관객들의 성향을 엿볼 수 있다.

사실상 러시아 창작뮤지컬의 인기는 서구식 본격 뮤지컬을 표방했던 위 작품들보다는 소극장용 뮤지컬에서 더 잘 나타난다. 특히 1970~1980년대 이미 록오페라, 록뮤지컬 양식을 선보인 로조프스키의 니키트스키 바로트 극장은 레퍼토리의 절반가량을 음악극으로 채우고 있으며, 열성적인 고정 관객층을 확보하고 있는 것으로 잘 알려져 있다. 1988년에 초연되어 19년째 오르고 있는 간판 레퍼토리 <감브리누스(Гамбринус)>는 쿠프린(А. Куприн)의 작품에서 모티프를 취한 것으로 러시아의 주요 도시는 물론이거니와 브로드웨이를 비롯한 미국의 18개 도시 순회공연을 기록한 바 있다. 또한 독일 작가 쥐스킨트(P. Suskind)의 「향수(Das Parfum)」를 무대화한 최근작 <비바! 퍼퓸(Viva! Парфюм)>은 제1회 뮤지컬 페스티벌에서 호평을 받았으며, 공연 시작 전부터 늘어선 줄로 유명하다. 공연비평가 쉬마지나(М. Шимадина)는 이 공연의 성공을 "향수제조자-살인광"이라는 기본 뼈대만 남긴 채 프랑스적 배경을 18세기 러시아로 옮겨와 철저하게 러시아적으로 소화한데 있다고 지적한다.[33]

창작 뮤지컬의 이 같은 선전(善戰)은 우선적으로 소비에트 시기를 통해 잘 정착된 레퍼토리 극장 시스템에서 출발한다고 볼 수 있

---

[33] "Спектфкль в душком"(Коммерсант, 10 февраля 2006), http://www.smotr.ru/2005/ 2005_nik_parfum.htm (검색일: 2007년 2월 20일).

다. 매달 2~3회 정도 일정한 간격으로 짜인 레퍼토리 극장의 공연은 이 제도에 익숙한 러시아 관객들로 하여금 원하는 공연을 예약하고 기다리게 만드는 일상의 극장문화를 만들어 왔다. 더불어 라이선스 뮤지컬에 비해 훨씬 저렴한 티켓가격 역시 선택의 중요한 기준으로 작용하고 있다.[34] 반면 일정 기간 상설공연으로 기획되어 오르는 서구뮤지컬은 한 시즌 같은 공연을 같은 장소에서 매일 올리는 것에 익숙하지 않은 러시아 관객들에게서 비싼 가격과 더불어 일종의 묘한 거부감을 자아내기도 한다. 레퍼토리 극장의 경우 극장과 관객 사이에는 새로운 공연이 최소 2년 이상은 지속된다는 암묵적 믿음이 작용하기에, 적당한(원하는) 시간에 언제든 공연을 볼 수 있다는 기대감이 상존한다. 반면 몇 날 며칠이고 반복되는 일정에 있어서는 역시 언제든 볼 수 있기에, 오히려 꼭 오늘이 아니어도 된다는 생각으로 이어지면서 공연관람을 유예시키는 역작용을 낳기도 하는 것이다.

다른 분야와 마찬가지로 뮤지컬에서도 러시아적(혹은 소비에트식) 고뇌를 담은 주제는 관객들의 관심을 끄는 중요한 요소다. 창작 뮤지컬에 대한 이 같은 기대와 열기는 2007년 뮤지컬 페스티벌에서 잘 반영되어 나타난다. 무려 103편의 작품이 예선에 출품된 가운데 27편이 본선에 올랐으며, 그중 약 20편의 공연은 러시아 문학작품이나 민담, 설화, 전설적 인물 등을 소재로 각색한 작품들이다. 특히 음악상을 받은 <블라지미르 광장(Владимирская площадь)>은 도스토옙스키의 『상처받은 사람들(Унижённые и оскорблённые)』

---

34) 러시아 뮤지컬의 경우 극장과 좌석에 따른 차이를 보이나 대개 200~700루블에 이른다. <유노나와 아보스>의 경우가 그러하며, 로즈프스키 소극장의 경우는 대략 500루블로 관람이 가능하다. 이처럼 서구 뮤지컬 가격과는 거의 4~6배의 차이를 보이고 있다.

에서 모티프를 딴 작품으로 원작의 감상주의적 특징과 도스토옙스키식 '모순의 조화'를 긴박한 리듬과 연극적 요소를 통해 잘 살려 낸 "훌륭한 쇼"로 평가받는다.[35] 또한 작품상을 수상한 <검은 베일(Черная бурка)> 역시 현대 극작가 후가예프(Г. Хугаев)의 희곡을 각색한 것이다. 인간이 아닌 짐승들을 등장인물로 내세워 삶과 죽음, 사랑과 우정, 배신 등을 노래한 이 공연은 "철학적 잠언", 혹은 "어른을 위한 동화"라 칭해진다.[36]

이렇듯 오늘날 러시아에서 뮤지컬은 장르적 특성상 음악의 중요성에도 불구하고 여전히 연극적 전통 속에서 이해되고 있음을 알 수 있다. 뮤지컬 전문사이트에서 계속적으로 실시하고 있는 최근 설문조사에서도 확인되는바[37] 러시아 관객들은 버라이어티 쇼를 방불케 하는 브로드웨이식 뮤지컬보다 감성적이면서 철학적 깊이가 담긴 진지한 비극적 색채의 문학 작품의 무대화를 선호하고 있다. 도스토옙스키의 작품들이 현대 작가인 나보코프(В. Навоков)와 펠레빈(В. Пелевин)의 그것과 더불어 가장 선호하는 작품군에 들어 있다는 사실은 그 단적인 예라 하겠다. 또한 서구뮤지컬들 가운

---

[35] "Владимирская площадь," http://www.loja.ru/news/review/2007/01/183.html (검색일: 2007년 2월 25일).

[36] "Чёрная бурка," http://loja.ru/news/review/2007/01/184.html (검색일: 2007년 2월 25일).

[37] 러시아 뮤지컬 전문사이트에서 실시하는 설문조사는 2006년 사이트 방문자를 대상으로 조사한 것으로 총 30문항에 뮤지컬 공연 관련 질문들을 다소 구체적인 수준에서 던지고 있다. 응답자 수는 질문에 따라 차이를 보이는데 대략 100~240명 선이다. 그 중 아래 질문의 결과는 관객의 성향과 관련해 몇 가지 흥미로운 점을 추가적으로 보여 준다. 질문 뒤 괄호 안의 숫자는 응답자 수이다: 질문1) 뮤지컬에서 가장 중요한 요소는?(240) ― 음악(30%), 각본(28%), 무용(26%), 가사(20%); 질문2) 처음으로 본 뮤지컬 공연은?(164) ― 「노트르담 드 파리」(27%), 「유노나와 아보스」(26%), 「지저스 크라이스트 슈퍼스타」(10%), 「캣츠」(8%), 「노르드-오스트」(5%); 질문3) 뮤지컬은 어떤 언어로 듣는 것이 가장 아름다운가?(100) ― 프랑스어(23%), 러시아어(20%), 영어(4%), 이탈리아어(4%); 질문4) 뮤지컬로 각색하기에 좋은 작품은?(140) ― 『롤리타』(33%), 『차파예프와 푸스토타』(18%), 『죄와 벌』(14%), 『검은 외투』(4%) 순. 그 외 다른 결과는 다음 사이트를 참조: http://www.musicals.ru/index/php?item=422 (검색일: 2007년 5월 20일).

데 이례적으로 보이는 프랑스 뮤지컬(<노트르담 드 파리>, <로미오와 줄리엣>)의 약진 또한 비슷한 맥락에서 읽어 낼 수 있겠다.

4. 맺음말

이상에서 살펴보았듯이 서구 공연예술에서 가장 대중적인 장르이자 흥행의 꽃이라 불리는 뮤지컬은 오늘날 러시아 극장무대의 한 면을 장식하며 새로운 제작 방식과 기술력, 이국적 분위기로 공연계에 활기를 불어넣고 있다. 서구뮤지컬의 도입에서 가장 두드러진 활약을 보이는 러시아 내 공연 프로덕션의 등장은 프로듀서 중심의 독립극장 시스템의 정착과 더불어 뮤지컬 산업의 활성화를 꾀하는 중요한 발판을 마련하였다. 최근까지의 흥행 실적이 저조함에도 불구하고 서구뮤지컬의 외적 열기는 기대와 우려 속에서 기존 레퍼토리 극장의 뮤지컬 제작에 자극제로 작용하고 있다. 탄탄한 음악극 전통에 뿌리를 두고 있는 창작뮤지컬은 러시아 극장문화가 구축해 온 뛰어난 예술적, 인적 인프라를 바탕으로 서구뮤지컬의 한계를 넘어 러시아 관객들을 극장으로 끌어들이고 있다.

한편 포스트소비에트의 급변하는 문화적 동요 속에서 서구뮤지컬의 도입은 이전에는 없던 난제들을 야기하고 있음도 사실이다. 극장의 상업주의와 가장 밀착되어 있는 뮤지컬 공연은 이제 극장 운영에서 수익성 향상을 위해 다른 어떤 장르보다도 중요한 레퍼토리로 자리매김되고 있다. 엔터프라이즈 극장은 물론이거니와 이름난 레퍼토리 극장들 또한 서구식 기업형 극장의 시스템을 차용하면서 상품으로서 공연의 흥행에 열을 올리고 있다. 다른 분야에서와 마찬가지로 오늘날 상업주의는 공연제작과 극장운영에서 제1의 고려대상이 된 것이다. 더불어 서구 뮤지컬을 둘러싼 저작권 개념의 미비함과 뮤지컬 '장'의 부족, 티켓가격의 급등에 따른 관객의 양극화와 소외현상 등은 지금 '이곳에서' 뮤지컬 공연을 올리고 향유하는 모두가 해결해 나가야 할 당면한 과제라 할 수 있다.

그럼에도 불구하고 문화제국주의의 한 단면이라 여겨지는 서구 뮤지컬의 공세에 대한 러시아 관객들의 반응은 상당히 희망적이다. 극장을 통한 철학적 성찰과 존재론적 고뇌에 익숙한 러시아 관객들은 값비싼 버라이어티 쇼가 아닌 고전적 전통과 동시대의 문제의식을 잘 담아 낸 여전히 '의식' 있는 뮤지컬을 기대하고 있다. 렌콤의 신화인 <유노나와 아보스>의 기록은 단지 공연 레퍼토리의 기록이라기보다는 혼란의 시기 '러시아적'인 것을 찾고 고민하며 지켜 내려는 러시아 관객의 '실존적' 선택이랄 수 있다. 이 같은 경향은 아직껏 무르익지 않은 러시아 내 뮤지컬 '장'의 형성에서 중요한 요인으로 작용하고 있으며, 지구화 시대 러시아 연극과 더불어 향후 세계 속 러시아 뮤지컬의 경쟁력을 기대하게 만든다.

참고문헌

박병성. 2006. 「브로드웨이 뮤지컬을 쏜 프랑스 뮤지컬」. 『한국연극』, 2006년 3월호.

원종원. 2006. 『올 댓 뮤지컬』. 서울: 동아시아.

이수진·조용신. 2002. 『뮤지컬 스토리』. 서울: 숲.

쟝-피에르 바르니에. 2000. 『문화의 세계화』. 주형일 옮김. 서울: 도서출판 한울.

조유선. 2006. 「포스트소비에트 시기 공연문화의 변화상: 연극의 경우」. 『슬라브학보』, 제21권 3호. 239~270쪽.

"Авторские права на название мюзикла." http://www.informexpress.ru/conf/arh/_tocf.asp?showdata=5&counter=4760 (검색일: 2007년 3월 15일).

"В России продюсеры увлеклись убыточными мюзиклами!." http://222.loja.ru/news/articles/2006/12/145.html (검색일: 2007년 2월 20일).

Виноградова, Ирина. "В направлении Норд-Оста"(1 Ноября 2001). http://www.smotr.ru/opinion/nord_op.htm (검색일: 2007년 3월 15일).

"Владимирская площадь." http://www.loja.ru/news/review/2007/01/183.html (검색일: 2007년 2월 25일).

"Главные события в мире мюзиклов по итогам 2006 года." http://www.loja.ru//news/articles/2007/01/196.html (검색일: 2007년 2월 10일).

Ковальская, Елена. 2007. "Число зверя: Гастрольные спектакли на фестивале 'Музыкальное сердце театра'," *Афиша*, No.3(194). Афиша Индастриз, C.134~138.

Колбовский, Александр. "Бродвей на Никитской." http://www.smotr.ru/2003/2003_helikon_gershvin.htm (검색일: 2007년 2월 27일).

"Круглый стол на тему: 'Музыкл, как новое театральное пространство'," C.13~14. http://www.loja.ru/stenogramma.doc (검색일: 2007년 2월 18일).

"Крупнейший и единственный"(30. 08. 2001). http://www.ko.ru/document.asp?d_no=

2972&p=1 (검색일: 2007년 12월 1일).

Курепин, Руслан. "Стоит ли сходить на мюзикл 'Норд-Ост'?" http://www.checker.ru/nordost.ru/erunda (검색일: 2007년 12월 1일).

Лебедина, Любовь. "Кто заказывает музыку в спектаклях."http://www.smotr.ru/pressa/trud160103.htm (검색일: 2007년 5월 10일).

"Мрачный Бендер"(Новая газетаб 10 ноября 2003). http://www.smotr.ru/2003/2003_stulyev.htm (검색일: 2007년 2월 20일).

"Мюзикл Нотр-Дам де Пари"(19 Май 2002). http://www.echo.msk.ru/guests/4792/ (검색일: 2007년 3월 15일).

"Не надо оваций"(Русский курьер, 10 ноября 2003). http://www.smotr.ru/2003/2003_12stulyev.htm (검색일: 2007년 2월 20일).

Парин, Алексей. "Где прикол, а где прокол." http://www/smotr/ru/pressa/gm/gm_vmn.htm (검색일: 2007년 2월 27일).

"Постановщики заблудились в 12 стульях"(Известия, 10 ноября 2003). http://www.smotr.ru/2003/2003_12stulyev.htm (검색일: 2007년 2월 20일).

"Русский мюзикл: опасный конкурент или добродеятельный." http://theatre-fomenko.narod.ru/articles_common_11.htm (검색일: 2007년 3월 15일).

"Современный музыкл — это шоу, грандиозное и дорогое." http://www.postolencko.ru/podrobneeomuz.htm (검색일: 2007년 3월 17일).

"Спектфкль в душком"(Коммерсант, 10 февраля 2006). http://www.smotr.ru/2005/2005_nik_parfum.htm (검색일: 2007년 2월 20일).

"Существует ли в России мюзикл?"(25 сентября 2001). http://www.newsru.com/cinema/25Sep2001/muzikl.html (검색일: 2007년 12월 1일).

"Чёрная бурка." http://loja.ru/news/review/2007/01/184.html (검색일: 2007년 2월 25일).

"Экспансия мюзиклов в Россию." http://www.smotr.ru/2001/2001_itogi_kom.htm (검색일: 2007년 3월 17일).

"Юнона и авось," Зрительские. http://www.teatr.ru/th/perfcomm-view.asp (검색일: 2007년 5월 7일).

"Юнона и авось" отмечает юбилей. http://www.kleo.ru/items/news/2006/12/09/avos.shtml (검색일: 2007년 5월 7일).

http://nescafe.theatre.ru (검색일: 2007년 3월 20일).

http://www.musicals.ru/index/php?item=422 (검색일: 2007년 5월 20일).
http://www.stageholding.com/misc/670.html (검색일: 2007년 2월 20일).

* 설문조사

Анализ театральной аудитории на основе мсследований компании
Nestle(TM NESCAFE Gold), MASNI, 2005: 네스카페 후원, 조사기관
마스미 주관으로 2005년 2월 19~22일에 걸쳐 모스크바 주요 10개
극장의 관객 500명을 대상으로 실시.
Результаты опоросов, http://www.musicals.ru/index/php?item=422 (검색일:
2007년 5월 20일): 뮤지컬 전문사이트에서 2006년 사이트 방문자를
대상으로 뮤지컬 공연 관련 질문 총 30문항에 걸쳐 조사.

* 인터뷰

2007년 2월 17일, 모스크바: 니키트스키 바로트 극장(Театр У Никитских
ворот)의 예술감독 마르크 로조프스키(М. Розовский).
2007년 2월 20일, 모스크바: 뮤지컬 페스티벌 “Музыкальное сердце Театра”
음악 프로듀서 나탈리야 그로무쉬키나(Н. Громушкина).

기계형(Ki Kye Hyeong) ─────────────────────────────

러시아·유라시아 역사 연구가. 고려대학교 노어노문학과에서 학사를 마치고, 서울대학교 서양사학과에서 석사·박사 학위를 받았다. 서울대·연세대학교 등에서 강의하였고, 현재 한양대학교 아태지역연구센터 HK연구교수로 재직하고 있다. 주요 연구 분야는 제정러시아 말기와 소비에트체제 초기의 일상생활의 역사, 여성사이다. 「배급과 욕망 사이에서: 1920년대 소비에트러시아의 소비생활과 광고를 중심으로」, 「젠더의 시각에서 본 중앙아시아 고려인 이주: 우즈베키스탄 고려인 여성의 행위자로서의 경험과 역사적 기억을 중심으로」, 「소비에트시대 초기의 일상생활과 콤무날카 공간의 성격」, 「일상생활과 젠더정치: 소비에트시대 초기의 여성부, 1919~1923」, 「여성농민들 법정에 가다: 러시아의 가부장적 문화와 아내구타에 대한 태도의 변화」 등의 논문과 다수의 공저를 집필했다.

김성일(Kim Sung IL) ─────────────────────────────

러시아 문학 및 문화 연구가. 한국외국어대학교 노어과에서 노문학 학사 및 석사를 마치고, "20세기 초 러시아 유토피아 문학"을 주제로 상트페테르부르크 대학교에서 문학박사 학위를 취득했다. 한국외국어대·성균관대학교 등에서 강의하였고, 청주대학교 러시아어문학과 교수를 역임하고 현재는 동 대학교 문화콘텐츠학과 교수로 재직 중이다. 러시아 문화를 포함한 문화 일반론과 콘텐츠 기획론 등을 강의하고 있으며 A. 타르코프스키와 Yu. 노르슈테인의 영화에 대한 연구를 진행 중이다. 『러시아 문화와 예술』(공저), 『영화로 문화 읽기』(공저) 등의 저서와 『러시아 문화에 관한 담론 1, 2』(공역) 등의 역서, 「러시아 망명문학 연구」 등의 논문들을 다수 집필하였다.

김수환(Kim Soo Whan) ─────────────────────────────

러시아 문학 및 문화 연구가. 서울대학교 노어노문학과 학사·석사·박사수료 이후 러시아 과학아카데미(학술원) 문학연구소에서 "유리 로트만의 문화기호학 이론"으로 박사학위를 취득하였다. 서울대·고려대학교 등에서 강의하였고, 이화여자대학교 HK교수를 거쳐, 현재 한국외국어대학교 노어과 교수로 재직 중이다. 주요 연구 분야는 러시아 문학/문화이론, 기호학, 문화연구, 영화(이론) 등이다. 저서로 『사유하는 구조』(2011), 『잉여의 시선으로 본 공공성의 인문학』(공저, 2011), 『도시는 역사다』(공저, 2011), 『디지털 시대의 컨버전스』(공저, 2011), 『영화와 탈신화』(공저, 2009), 『기호, 텍스트 그리고 삶』(공저, 2006) 등이 있으며, 역서로 『기호계』(2008) 등이 있다.

김현택(Kim Hyun Taek)

러시아 문학 및 문화 연구가. 한국외국어대학교 대학교 러시아어과 졸업 후, 미국 University of Kansas에서 20세기 러시아 문학 전공으로 박사학위를 받았다. 한국외국어대학교 노어과 교수로 재직하며 러시아 문학 및 문화 관련 과목을 강의하고 있다. 『붉은 광장의 아이스링크: 문화로 읽는 오늘의 러시아』, 「바를람 샬라모프의 새로운 산문: 콜리마 이야기」 등 문학 및 문화 관련 단행본과 논문을 다수 내놓았다. 한국계 러시아 작가 아나톨리 김과 공동으로 『완판본 춘향전』을 러시아어로 번역 출간하기도 했으며, 최근에는 아나톨리 김의 자전에세이 두 권 『초원, 내 푸른 영혼』, 『나의 삶, 나의 문학』을 번역 출간했다.

박미령(Park Mee Ryoung)

러시아 문학 연구가, 한국외국어대학교 노어과에서 학사 · 석사를 마치고, 동 대학원에서 "바실리 벨로프 작품과 민속과의 연관성 연구"란 주제로 문학 박사 학위를 취득했다. 한국외국어대 · 청주대학교에서 강의하였고, 건국대학교 연구교수로 재직하면서 러시아 아동문학을 연구 중이다. 주요 논문으로 「따찌야나 똘스따야(T. Толстая)의 ≪끼시(Кысь)≫와 민담과의 연관성」, 「포스트소비에트 문학에 나타난 '새로운 아마조네스'」, 「20세기 초 러시아 아동문학에 나타난 입체미래주의의 영향」, 「현대 러시아문학에서의 환상: 현실과 역사의 해체와 전복의 서사」, 「러시아 아동문학 속의 성인과 아동의 이중적 텍스트구조」 등 다수를 발표했다.

박영은(Park Young Eun)

러시아 문학, 영화, 철학 사상 연구가. 한국외국어대학교 노어과를 졸업하고, 동 대학원에서 석사 및 박사학위를 취득했다. 학위 논문으로 "아나톨리 김의 우주론 연구"를 발표한 이후, 한국외국어대학교 외국문학연구소 연구교수 및 책임연구원을 거쳐 현재 한양대학교 아태지역연구센터에서 HK연구교수로 재직 중이다. 「러시아 우주론의 이론적 토대와 철학적 개념에 대한 고찰-과학, 종교, 예술이 통합된 장(場)으로서의 우주철학-」, 「블라지미르 솔로비요프의 상승의 진화론-로고스와 소피아의 결합체인 그리스도 양성론(兩性論)-」, 「블라지미르 베르나드스키 과학 이론의 문학적 수용 연구」, 「<사드코>의 스토리텔링(storytelling)과 OSMU(One Source Multi Use) 방식 고찰」을 비롯하여 러시아 철학자들의 사상이 작가의 세계관에 미친 문학적 반향과 현대 미디어 매체의 문화 산업적 변용에 관한 논문을 다수 발표하였고, 저서로는 『도스토예프스키』, 역서로는 『불타는 원』(표도르 솔로구프 저) 등이 있다. 최근에는 러시아를 포함한 유라시아 국가의 문학과 문화를 집중적으로 연구하고 있다.

오원교(Oh Won Kyo)

러시아 문학과 유라시아 문화 연구가. 서울대학교 노어노문학과에서 학사·석사 학위를 마치고 박사 과정을 수료한 후 모스크바국립대학교 어문학부에서 "A. P. 체홉의 객관성의 문학"이라는 주제로 문학 박사 학위를 취득하였다. 서울대·성균관대·충북대학교 등에서 강의했고, 서울대학교 인문학연구원에서 전임(선임)연구원으로 활동했으며, 현재 한양대학교 아태지역연구센터 HK교수로 재직하면서 체홉을 비롯한 러시아문학과 러시아문화(담론) 그리고 이슬람을 포함한 중앙아시아문화 등에 관심을 갖고 강의·연구 중이다. 「체홉 아이러니의 성격과 진화」, 「은닉된 논쟁: 고골의 <외투>와 체홉의 <관리의 죽음>의 비교 분석」, 「스딸린주의의 탈신화화」, 「1930년대 소비에뜨 문화의 패러다임으로서 '문화성'」, 「중앙아시아의 자디드운동(Jadidism)에 대한 재고」 등 다수의 논문을 집필하였으며, 저서로는 『유토피아의 환영: 소비에트 문화의 이론과 실제』(공저), 『현대러시아 대중문화의 양상과 전망』(공저) 등이 있다.

윤영순(Yoon Young Sun)

러시아 문학 및 문화 연구가. 경북대학교 노어노문학과 학사·석사를 졸업하고, "플라토노프의 창작에 드러난 작가 입장의 문제"(2005)로 모스크바 국립 사범대학에서 문학 박사 학위를 취득했다. 현재 경북대학교 노어노문학과에 재직하면서 러시아 문화, 러시아 소설, 러시아와 동유럽 영화에 대해 강의하고 있다. 현재의 관심사는 전공인 플라토노프의 작품과 더불어 포스트소비에트 문화 및 문학이다. 「시장과 소설: 바흐친의 라블레론과 19세기 러시아 소설장르」, 「소쿠로프와 콘찰롭스키의 포투단 강 읽기」 등의 논문과 『세계문학 속의 여성』(공저, 2011) 등의 저서가 있으며, 플라토노프의 장편 『체벤구르』의 번역, 출판을 앞두고 있다.

이문영(Lee Moon Young)

러시아 문학 및 문화 연구가. 서울대학교 약학대학에서 학사, 동 대학교 노어노문학과에서 석사 학위를 마쳤고, 모스크바 국립대학에서 "소통을 중심으로 살펴본 M. 바흐찐 미학이론의 발전"이라는 논문으로 박사학위를 취득하였다. 고려대학교 평화연구소, 국민대학교 유라시아연구소, 한양대학교 비교역사문화연구소 등에서 책임연구원 혹은 연구교수로 활동하였고 숙명여대·국민대·연세대·숭실대학교 등에서 러시아 문화 관련 강의를 하였다. 「글로컬리제이션과 경계의 기호들」, 「탈사회주의 국가의 사회주의 노스탤지어 비교연구」, 「현대 러시아 영화산업의 변화와 블록버스터」, 「1990년대 이후 지역연구의 쟁점과 전망」, 「바흐찐의 대화주의와 contradictio in adjecto」 외 다수의 논문을 발표하였고, 『현대 러시아 사회와 대중문화』, 『Между жизнью и культурой: философско-эстетический проект М. М. Бахтина』 등의 저서를 집필하였다.

이은경(Yi Eun Kyung)

러시아 문학 및 문화 연구가. 한국외국어대학교 러시아어과에서 학사·석사를 졸업하고, "안드레이 비토프의『푸시킨의 집』: 픽션과 논픽션의 경계 지우기"로 문학박사 학위를 취득했다. 한국외국어대·충북대·경상대학교 등에서 강의하였고, 현재 이화여자대학교 지구사연구소에서 선임연구원으로 재직 중이다. 러시아 유대계 작가들의 정체성과 포스트소비에트 이후의 러시아문학과 러시아생태문학에 대해 연구 중이다. 주요 논문으로는 「≪거장과 마르가리타≫에 나타난 카니발적 탈관과 역설적 전복성의 미학」, 「신화로서의 푸시킨과 A. 비토프의 오이디푸스 콤플렉스」, 「톨스토이의 ≪주인과 하인≫-≪전쟁과 평화≫, ≪홀스토메르≫의 프리즘으로 본 데자뷰 현상」, 「다닐 하름스의 ≪엘리자베타 밤≫에 나타난 부조리의 시간성과 자움어」, 「다닐 하름스의 ≪페테르부르크 시의 코미디≫: 무대공간으로서의 페테르부르크와 그 재현」 등이 있다.

이지연(Lee Ji Yeon)

러시아 문학 및 문화 연구가. 서울대학교 노어노문학과 학사·석사·박사 수료 이후 러시아 학술원 문학연구소에서 "이오시프 브로드스키의 작품세계: 모더니즘 전통과 포스트모더니즘적 전망"이라는 논문으로 박사학위 취득했다. 서울대·상명대·숙명여자대학교 등에서 강의하였고 경북대학교 선임연구원, 한림대학교 연구교수를 거쳐, 현재 한양대학교 아태지역연구센터 HK연구교수로 재직 중이다. 주요 연구 분야는 러시아 모더니즘으로부터 최근까지의 러시아 문학과 문화의 제 분야이며, 대표적인 논문으로는 「해체와 노스탤지어: 소츠아트와 소비에트 문화」(2005), 「재현에 관하여: 20세기 러시아 문학과 회화를 중심으로」(2006), 「아방가르드와 그림시」(2007), 「기념비와 스탈린 신화: 권력의 재현적 공간으로서의 소비에트 예술과 삶」(2008), 「일리야 카바코프의 '총체적 설치': 아방가르드 예술가의 꿈과 소비에트 삶의 예술」(2009) 등이 있다.

이항재(Lee Hang Jae)

러시아 문학 연구가. 고려대학교 노어노문학과에서 학사·석사를 졸업하고 동 대학에서 "투르게네프 후기 중단편 연구"로 박사학위를 받았다. 고리키세계문학연구소 연구교수와 한국러시아문학회 회장을 지내고, 현재 단국대학교 러시아어과 교수로 재직하고 있다.『소설의 정치학: 투르게네프 소설 연구』,『사냥꾼의 눈, 시인의 마음』,『러시아문학의 이해』(공저) 등의 저서와 「투르게네프 '산문시' 연구: '꿈' 이야기를 중심으로」, 「러시아 고전과 위 유희, 혹은 이어쓰기」 등 러시아문학에 관한 40여 편의 논문을 썼다. 옮긴 책으로『러시아문학사』,『러시아문학비평사』,『러시아 리얼리즘의 시학』,『루진』,『아버지와 아들』,『첫사랑』,『귀족의 보금자리』 등이 있다. 현재 투르게네프의 소설과 현대 러시아소설의 예술세계에 대해 관심을 갖고 연구하고 있다.

조유선(Cho You Seon)

러시아 문학 및 문화, 의료인문학 연구가. 고려대학교 노어노문학과 및 동 대학원에서 학사와 석사학위를 마쳤으며, 모스크바국립대학교에서 "문학작품의 통일성 문제: 도스토예프스키의 『카라마조프가 형제들』을 중심으로"라는 주제로 박사학위를 취득했다. 국민대학교 사회과학연구소와 유라시아연구소의 연구교수를 거쳐 현재 동 대학교 교양과정부 초빙교수로 재직 중이다. 러시아 문학을 비롯해서 문화연구 및 공연문화에 대한 다수의 논문을 발표했다. 최근 학문융합에 대한 관심을 갖고 런던 골드스미스 컬리지(Goldsmith College)에서 문화예술교육 연구로 석사학위를 취득한 후 의료인문학에 대한 연구를 시도하고 있다. 「포스트소비에트 문화와 '위기'의 문학: 문화정체성 연구를 위한 서론적 고찰」을 비롯하여 「포스트소비에트 공연문화의 변화상: 연극의 경우」, 「현대러시아의 학문구조와 문화학의 등장」, 「톨스토이와 도스토예프스키: 인간 고통의 두 양상」, 「의학교육과 예술의 창의적 만남」 등 다수의 논문을 발표했으며, 저서로 『도스토예프스키 읽기사전』, 『현대러시아 문화연구』(공저) 등이 있다.

해체와 노스탤지어
포스트소비에트 문화와 소비에트 유산
Deconstruction and Nostalgia
Post-soviet Culture and Soviet Legacy

초 판 인 쇄 | 2012년 2월 29일
초 판 발 행 | 2012년 2월 29일

엮 은 이 | 한양대학교 아태지역연구센터 러시아·유라시아 연구사업단
펴 낸 이 | 채종준
펴 낸 곳 | 한국학술정보㈜
주　　　소 | 경기도 파주시 문발동 파주출판문화정보산업단지 513-5
전　　　화 | 031) 908-3181(대표)
팩　　　스 | 031) 908-3189
홈 페 이 지 | http://ebook.kstudy.com
E-mail | 출판사업부　publish@kstudy.com
등　　　록 | 제일산-115호(2000. 6. 19)

ISBN　　978-89-268-3378-0 93340 (Paper Book)
　　　　978-89-268-3379-7 98340 (e-Book)